SECRETARÍA EJECUTIVA DE CLACSO

SECRETARIO EJECUTIVO: ATILIO A. BORON
ASISTENTE ACADÉMICA: SABRINA GONZÁLEZ

PROGRAMA GRUPOS DE TRABAJO: EMILIO H. TADDEI
PROGRAMA REGIONAL DE BECAS: BETTINA LEVY
PROGRAMA DE COOPERACIÓN SUR-SUR: CATALINA SAUGY
PROGRAMA DE COMUNICACIÓN AUDIOVISUAL: LILIANA A. DEMIRDJIAN
PROGRAMA DE ESTUDIOS SOBRE POBREZA: FABIANA WERTHEIN
OBSERVATORIO SOCIAL DE AMÉRICA LATINA: JOSÉ SEOANE

AREA INFORMACIÓN: DOMINIQUE BABINI
CAMPUS VIRTUAL: GABRIELA AMENTA
RED ACADÉMICA ELECTRÓNICA: GUSTAVO NAVARRO

AREA DE ASUNTOS INSTITUCIONALES Y JURÍDICOS: ANDREA VLAHUSIC
ADMINISTRACIÓN: ANA MARÍA BARROS

AREA DIFUSIÓN: JORGE FRAGA
ARTE Y DIAGRAMACIÓN: MIGUEL A. SANTÁNGELO
EDICIÓN: FLORENCIA ENGHEL
DISTRIBUCIÓN: MARCELO RODRÍGUEZ

IMPRESIÓN: GRÁFICAS Y SERVICIOS

PRIMERA EDICIÓN: *"Filosofía Política Contemporánea. Controversias sobre civilización, imperio y ciudadanía"*

CLACSO
Consejo Latinoamericano
de Ciencias Sociales

Callao 875, piso 3º
1023 Buenos Aires, Argentina
Tel: (54-11) 4811-6588 / 4814-2301
Fax: (54-11) 4812-8459
E-mail: clacso@clacso.edu.ar
http://www.clacso.edu.ar
www.clacso.org

ISBN 950-9231-87-8
© *Consejo Latinoamericano de Ciencias Sociales*

Queda hecho el depósito que establece la ley 11.723.
No se permite la reproducción total o parcial de este libro, ni su almacenamiento en un sistema informático,
ni su transmisión en cualquier forma o por cualquier medio electrónico, mecánico, fotocopia u otros métodos,
sin el permiso previo del editor.

La responsabilidad por las opiniones expresadas en los libros, artículos, estudios y otras colaboraciones incumbe exclusivamente a
los autores firmantes, y su publicación no necesariamente refleja los puntos de vista de la Secretaría Ejecutiva de CLACSO.

FILOSOFÍA POLÍTICA CONTEMPORÁNEA

CONTROVERSIAS SOBRE CIVILIZACIÓN, IMPERIO Y CIUDADANÍA

Atilio A. Boron
(Compilador)

GABRIEL COHN
CÍCERO ARAUJO
ALEJANDRA CIRIZA
ANDRÉ SINGER
ENRIQUE AGUILAR
SUSANA VILLAVICENCIO
JAVIER AMADEO
SERGIO MORRESI
MARILENA CHAUÍ
ATILIO A. BORON
SABRINA GONZÁLEZ
CLAUDIO VOUGA

DIANA MAFFÍA
FERNANDO HADDAD
JUAREZ GUIMARÃES
ÁLVARO DE VITA
FERNANDO LIZÁRRAGA
ROBERTO GARGARELLA
ADOLFO SÁNCHEZ VÁZQUEZ
ALAN RUSH
MIGUEL A. ROSSI
NESTOR KOHAN
EDUARDO GRÜNER
GILDO MARÇAL BRANDÃO

320.01 Consejo Latinoamericano de Ciencias Sociales
CON   Filosofía política contemporánea : controversias sobre
        civilización, imperio y ciudadanía.- 1ª. ed.– Buenos Aires :
        Clacso, 2002.
        384 p. ; 23x16.

        ISBN 950-9231-87-8

        I. Título. – 1. Filosofía Política Contemporánea

Se terminó de imprimir en el mes de abril de 2003
en los talleres de Gráficas y Servicios S.R.L.
Sta. María del Buen Aire 347 (1277)
Buenos Aires, Argentina
Se imprimieron 1.500 ejemplares.

Índice

PRÓLOGO
9

PRIMERA PARTE
CIUDADANÍA, REPÚBLICA Y DEMOCRACIA

GABRIEL COHN
*Civilización, ciudadanía y civismo:
la teoría política ante los nuevos desafíos*
15

CÍCERO ARAUJO
Civilización y ciudadanía
27

ALEJANDRA CIRIZA
*Herencias y encrucijadas feministas: las relaciones entre teoría(s) y
política(s) bajo el capitalismo global*
43

ANDRÉ SINGER
Para recordar algo de la relación entre izquierda y democracia
67

ENRIQUE AGUILAR
La libertad política en Montesquieu: su significado
73

SUSANA VILLAVICENCIO
La (im)posible república
81

JAVIER AMADEO Y SERGIO MORRESI
Republicanismo y marxismo
95

Segunda Parte
Liberalismo y socialismo en la teoría política contemporánea

Marilena Chauí
*Fundamentalismo religioso:
la cuestión del poder teológico-político*
117

Atilio A. Boron y Sabrina González
*¿Al rescate del enemigo?
Carl Schmitt y los debates contemporáneos de la teoría del estado y la democracia*
135

Claudio Vouga
South of the border: notas sobre la democracia en la América Ibérica
161

Diana Maffía
Socialismo y liberalismo en la teoría política contemporánea
173

Fernando Haddad
Sindicalismo, cooperativismo y socialismo
179

Juarez Guimarães
*Marxismo y democracia:
un nuevo campo analítico-normativo para el siglo XXI*
203

Álvaro de Vita
La teoría de Rawls de la justicia internacional
221

Fernando Lizárraga
*Diamantes y fetiches
Consideraciones sobre el desafío de Robert Nozick al marxismo*
239

Roberto Gargarella
Las precondiciones económicas del autogobierno político
259

TERCERA PARTE
LA FILOSOFÍA POLÍTICA Y EL DISCURSO DE LA POSMODERNIDAD

ADOLFO SÁNCHEZ VÁZQUEZ
Ética y política
277

ALAN RUSH
La teoría posmoderna del Imperio (Hardt & Negri) y sus críticos
285

MIGUEL A. ROSSI
La filosofía política frente al primado del sujeto y la pura fragmentación
305

NESTOR KOHAN
EL imperio de Hardt & Negri: más allá de modas, 'ondas' y furores
321

EDUARDO GRÜNER
La rama dorada y la hermandad de las hormigas
La "identidad" argentina en Latinoamérica: ¿realidad o utopía?
341

GILDO MARÇAL BRANDÃO
Problemas de la teoría política a partir de América Latina
373

PRÓLOGO

La presente publicación compila la casi totalidad de las ponencias presentadas a las Segundas Jornadas de Teoría Política celebradas entre los días 28 y 30 de agosto de 2002 en la Facultad de Ciencias Sociales de la Universidad de Buenos Aires, evento organizado por el Consejo Latinoamericano de Ciencias Sociales (CLACSO), el Departamento de Ciencia Política de la Facultad de Ciencias Sociales de la Universidad de Buenos Aires y su homólogo de la Universidad de São Paulo, Brasil. El tema de las jornadas fue *Ciudadanía, civilización y civismo: la teoría política ante los nuevos desafíos*. Los criterios organizativos generales, así como el tema seleccionado, fueron consensuados entre la totalidad de las instituciones convocantes y reproducen en lo fundamental la estructura de las Primeras Jornadas, realizadas en septiembre del año 2000 en la Universidad de São Paulo obedeciendo a una invitación a nuestra Cátedra de Teoría Política y Social de la Carrera de Ciencia Política de la UBA. El resultado de aquella reunión fue el libro *Teoría y Filosofía Política. La recuperación de los clásicos en el debate latinoamericano*, publicado bajo el sello editorial de CLACSO en marzo de 2002.

La intención fundamental del encuentro realizado en São Paulo había sido analizar y compartir los avatares que la la reflexión latinoamericana padece en el marco de la filosofía y la teoría políticas. Las contribuciones incorporadas al libro arriba mencionado dan cuenta de la riqueza y fecundidad de esa labor. Luego de aquel primer desafío emprendimos esta segunda iniciativa con la aspiración de dar continuidad a la iniciativa y poder ampliar el marco de la reflexión y el análisis. Nuevos colegas se sumaron a nuestros empeños y, felizmente, pudimos contar con la presencia señera del Profesor Adolfo Sánchez Vázquez, sin duda una de las expresiones más trascendentales de la reflexión filosófico-política de América Latina y el mundo hispano parlante. En el marco de las Segundas Jornadas, la Universidad de Buenos Aires hizo entrega a tan distinguido colega del título de *Doctor Honoris Causa*.

El presente libro está dividido en tres partes. En la primera se incluye una serie de trabajos vinculados de manera muy íntima a la problemática de la ciudadanía, la república y la democracia. En su ensayo Gabriel Cohn toma como punto de partida una referencia de Theodor Adorno para trabajar el concepto de civilidad, entendido como un modo específico de actuar que condensa un momento histórico único. Cícero Araujo, por su parte, pretende mostrar la articulación entre civilización y ciudadanía, y cómo un determinado concepto de civilización puede vincularse positivamente a un tipo de ejercicio de ciudadanía que tiende a ganar importancia creciente en la política contemporánea. Por su parte, Alejandra Ciriza aporta sus reflexiones sobre las herencias y encrucijadas del feminismo en el capitalismo global y las tensiones entre las tradiciones teóricas y los dilemas planteados por las realidades políticas.

En su artículo, André Singer propone re-examinar la relación entre el pensamiento de la izquierda y la cuestión de la democracia en un sentido teórico y práctico. A su vez, Enrique Aguilar explora la clásica distinción de las dos libertades de Constant y sus raíces en el pensamiento de Montesquieu, mientras que en su ensayo Susana Villavicencio se pregunta por el sentido de la tradición republicana en la Argentina. Cerrando esta primera parte, Javier Amadeo y Sergio Morresi avanzan en una indagación sobre la relación entre las transformaciones sociales y políticas de nuestra época y tres de los más importantes proyectos políticos de la modernidad: el liberalismo, el republicanismo y el marxismo.

La segunda parte del libro reúne una serie de ensayos sobre las diversas reformulaciones del liberalismo y el socialismo en la teoría política contemporánea. Marilena Chauí plantea una reflexión en torno a la persistente presencia del fundamentalismo en la tradición de la filosofía política. Claudio Vouga, por su parte, aporta algunas reflexiones acerca del significado de la democracia en su encarnación latinoamericana, mientras que Boron y González demuestran las incongruencias de ciertas teorizaciones contemporáneas que esperan mejorar nuestra comprensión de la democracia apelando a la obra de Carl Schmitt. En su ensayo Diana Maffía aborda el fascinante tema del lugar de las mujeres –sus luchas y sus reivindicaciones– en los paradigmas teóricos del liberalismo y el socialismo. A continuación Fernando Hadad propone una reflexión sobre sindicalismo, cooperativismo y socialismo, mientras que Juarez Guimarães incursiona en el tema de las complicadas relaciones del marxismo con la democracia a partir de los desafíos que imponen los comienzos del siglo XXI. Alvaro de Vita se interna en el análisis de las contribuciones que pueden esperarse de la elaboración de John Rawls sobre la justicia internacional, y Fernando Lizárraga examina los planteamientos críticos que Robert Nozick hiciera al marxismo. Cierra esta sección la ponencia de Roberto Gargarella sobre los prerrequisitos económicos del autogobierno político y la democracia.

La tercera y última parte versa sobre la filosofía política en el discurso de la posmodernidad. Comienza reproduciendo la conferencia magistral del Prof. Adolfo Sánchez Vázquez sobre ética y marxismo y la vigencia del proyecto emancipatorio de Marx después del derrumbe del así llamado "socialismo real". Hay en esta sección dos ensayos, de Alan Rush y Néstor Kohan, que tratan el tema del imperio y el imperialismo y su formidable impacto sobre la discusión teórica contemporánea; la obra de Michael Hardt y Antonio Negri constituye un común punto de referencia para ambas elaboraciones. El ensayo de Miguel Angel Rossi, por su parte, recupera la importancia de la crítica cuestión del sujeto y su fragmentación, mientras que Eduardo Grüner se interna en la escabrosa cuestión de la identidad argentina y Gildo Marçal Brandão propone una nueva reflexión sobre los problemas con que se enfrenta la elaboración de una reflexión teórico-política arraigada en la especificidad histórico-estructural de América Latina.

Tal como lo señaláramos en el primer libro, la publicación de estos trabajos de ninguna manera puede ser considerada como un sucedáneo de la imprescindible lectura de los clásicos. Ningún comentarista, por brillante que sea, puede reemplazar la riqueza contenida en los textos fundamentales de la tradición de la filosofía política. La realización de las Jornadas que dieron lugar a este libro han sido el resultado de una empresa eminentemente colectiva. Al igual que en la ocasión anterior, tanto las jornadas como el libro hubieran sido imposibles sin la entusiasta participación y el exhaustivo trabajo de los integrantes de nuestras cátedras de Teoría Política y Social I y II de la Carrera de Ciencia Política de la Universidad de Buenos Aires. Por la dedicación y participación en las jornadas que dieron lugar a esta publicación vayan nuestros más sinceros agradecimientos al actual Director de la Carrera de Ciencia Política de la UBA, Tomás Várnagy, y a Miguel Angel Rossi, Paula Biglieri, Liliana A. Demirdjian, Silvia Demirdjian, Martín Gené, Sabrina T. González, Daniel Kersffeld, Sergio Morresi, Bárbara Pérez Jaime y Patricio Tierno. Asimismo, no podríamos dejar de expresar idénticos sentimientos en relación a nuestro equipo que desde CLACSO aportó su desinteresada colaboración durante la realización de las jornadas. Valga pues nuestro reconocimiento para Gabriela Amenta, Alejandro Gambina, Natalia Gianatelli, María Ines Gómez, Bettina Levy y Andrea Vlahusic.

Al terminar la preparación de este libro cabe una vez más expresar nuestra satisfacción y agradecimiento por el arduo trabajo realizado por Florencia Enghel y Jorge Fraga en la tarea de corrección editorial y diseño y composición de un libro que quisimos que fuese no sólo excelente teóricamente sino a la vez bello y prolijo desde el punto de vista editorial. Un agradecimiento muy especial a Javier Amadeo y Sabrina González, quienes durante muchos años han venido prestándonos su inteligente colaboración en múltiples iniciativas vinculadas a la docencia e investigación en el campo de la teoría y filosofía políticas. Ellos tuvieron, una vez más, un papel destacadísimo en la concepción e implementación de las jornadas y en la producción de este libro.

Por último, quiero también dejar constancia de nuestra gratitud para con Celina Lagrutta y Gonzalo Berrón, quienes tradujeron con idoneidad cuatro capítulos del portugués al español. Sin el entusiasmo y la perseverancia que todos pusieron en este empeño, sin su inteligencia y dedicación, este trabajo jamás hubiera visto la luz. A todos ellos nuestro más profundo reconocimiento.

Buenos Aires, abril de 2003

Primera Parte

Ciudadanía, república y democracia

Civilización, ciudadanía y civismo: la teoría política ante los nuevos desafíos[*]

Gabriel Cohn[**]

Tomaré como punto de partida una referencia no convencional en el campo de la reflexión política. No entraré en el tema por la vía de la ciudadanía, del civismo o de la civilización directamente, sino por la vía de aquello que llamaría civilidad, un modo específico de actuar que en una dimensión específica condense todo aquello que nos preocupa en este momento. Y la referencia no convencional que tomaré como punto de partida es un ensayo de Theodor Adorno, el gran maestro de la teoría crítica de la sociedad.

Entre los bellos y pequeños ensayos y aforismos de su libro *Minima moralia* se encuentra uno cuyo título, tomado al pie de la letra, sería "tacto" -más precisamente "dialéctica del tacto"- pero que en realidad se traduce mejor por "civilidad". En él está en juego lo que aparentemente hay de más trivial –la sociabilidad cotidiana– aunque desde un ángulo muy especial, que le da al texto su tono crítico. Se trata de una particular forma social de la sensibilidad, la capacidad para relacionarse con el otro de forma plena y con pleno respeto. Esta es la cuestión de fondo.

¿Qué es lo que nos interesa de las observaciones de Adorno? El modo en que localiza su tema materialmente cuando afirma que la civilidad tiene un momento histórico único. Ese momento es aquel en el que la burguesía se libera de las trabas del *ancien regime*: las convenciones que antes pesaban sobre la acción se debilitan, pero no desaparecen del todo, y una nueva forma de individualidad emerge. Lo esencial es la conjugación de la emergencia de una forma histórica de individualidad y el debilitamiento, pero no plena desaparición, de las convenciones que rigen la sociabili-

---

[*] Traducción: Celina Lagrutta y Gonzalo Berrón.
[**] Profesor del Departamento de Ciencia Política, Universidad de São Paulo (USP), Brasil.

dad. En esas condiciones la nueva forma de individualidad en cuestión no queda suelta sin más, sino que encuentra un escenario privilegiado para ejercer relaciones, para establecer contactos sociales aún demarcados por las convenciones debilitadas del régimen anterior pero no más subordinados a ellas. Esta dialéctica original de la civilidad tiene cómo ejercerse porque en ese momento privilegiado no es paralizada en sus momentos constitutivos. No se produce la imposición imperativa de un cuadro de convenciones sobre la acción individual, ni se da la pura y simple presencia de una individualidad desencadenada, suelta, sin límites y sin referencias, indeterminada. Es ésta la dialéctica original que él ve como desgastándose a medida que las propias formas específicas que caracterizan a la civilidad se van emancipando, pierden sus referencias concretas y, al volverse autónomas, remotas, abstractas, en lugar de generar la justicia mutua traen consigo el germen de la injusticia. La manifestación del respeto al otro se vuelve vacía, desprovista de contenido, reinstalando por el lado de las propias nuevas formas de relación algo que las corroe precisamente en lo que tienen de civiles. Esto perjudica el desarrollo de lo que sería la dialéctica más profunda de la civilidad, que es el juego de gestos de renuncia consciente por parte del individuo, de su capacidad consciente de renunciar a ciertos actos en nombre del respeto a la dignidad del otro y, por otro lado, la propia manifestación de la individualidad, la individuación. En realidad, la civilidad, en la perspectiva de Adorno, comprende una dialéctica compleja entre el juicio consciente de cada cual sobre hasta dónde se puede llegar, entre esta renuncia consciente a ciertos actos que puedan agredir al otro, y al mismo tiempo el desarrollo de una individualidad autónoma no circunscripta externamente a un cuadro cerrado de convenciones.

Resulta difícil leer este texto sin recordar las referencias a aquello que Cícero Araújo, aquí presente, conoce muy bien: el pensamiento escocés del siglo dieciocho. Es en éste donde un autor como Pocock localiza la reinterpretación de las virtudes clásicas en términos de "maneras", de *manners*. A través de este prisma, lo que Adorno describe aquí evoca una manifestación peculiar de modos pulidos, de maneras refinadas de comercio (en el sentido lato del término) con otro lugar: precisamente aquella que corresponde a una forma del ejercicio de las virtudes clásicas que termina fundamentando lo que puede ser una concepción republicana de la convivencia de los hombres. De modo que el texto de Adorno, que aparentemente se refiere a algo muy menudo, muy fino dentro del campo de las relaciones sociales, es atravesado por el gran tema de las relaciones entre los hombres marcadas por un respeto republicano. Esta es la puerta de entrada que yo elegiría para proponer algunas cuestiones sobre cómo debemos pensar nuestros grandes temas en este momento específico.

Pocock distingue un lenguaje de las virtudes y un lenguaje de los derechos. En nuestro momento actual nos cabe una exigencia difícil, la de articular esos lenguajes. Ellos aparecen de varios modos en los debates contemporáneos, pero fundamentalmente nuestro problema es que no podemos elegir entre el lenguaje de las maneras y el lenguaje de las virtudes. Tenemos que articular el tema de las "maneras" como ejercicio moderno de las virtudes, que de modo muy indirecto podemos encontrar en

Adorno, con el tema de los derechos. En realidad, ambos se entrelazan en la cuestión de la ciudadanía. Podemos leer, claro está, la ciudadanía en dos registros. Primero, como participación activa, considerando el cuerpo constitutivo de la sociedad –en el registro de las virtudes republicanas, digamos. Después, como ejercicio de derechos –en el registro de las libertades liberales.

Otra vez estamos envueltos en un complicado juego de dos términos opuestos pero inseparables, ahora entre estas dos dimensiones de la ciudadanía. No intentaré tratar esa cuestión aquí. Sin embargo, está claro que también en relación a la ciudadanía existe algo así como una dialéctica entre el lenguaje del derecho y el lenguaje de las virtudes, entre el lenguaje de aquello que se puede reivindicar como propio y el lenguaje de los modos adecuados de relacionarse con aquello que remite al conjunto más amplio de la sociedad.

Está del mismo modo claro, y resulta de máxima importancia, que el lenguaje de los derechos tiene referencias universales aunque abstractas cuando se las toma *per se*, y que el lenguaje de las virtudes tiene referencias particulares, de contexto, igualmente abstractas cuando se las toma *per se*.

Es en este sentido que yo plantearía la cuestión de la civilidad como una suerte de concepto síntesis de lo que nos preocupa en este momento. Esto podría quizá ser desarrollado tomando como referencia dos paradigmas de la política, o del pensamiento político, dentro de lo que nos preocupa aquí hoy. Por un lado, el paradigma que se concentra en la oposición entre guerra y paz; por otro, aquel que se concentra en la oposición entre separación y vínculo. La perspectiva planteada por Adorno, en la cual detecto una especie de hilo conductor subterráneo de carácter republicano, tiene una postura clara respecto al contraste entre guerra y paz -en favor de la segunda, por supuesto. La visión de la política como confrontación directa, como guerra, como distinción amigo-enemigo, evoca de inmediato, como representante paradigmático, la figura de Carl Schmitt. La perspectiva propuesta por Adorno, aunque sin referencia política inmediata, remite a la cuestión de la búsqueda infinita de la reconciliación de las diferencias al interior del cuerpo social. Señala algo sobre lo cual volveré más adelante, que es la idea ampliada de política como proceso continuo y nunca acabado de construcción conjunta de un orden público, digno de ser vivido. Sin duda, una concepción de la política bastante abarcadora. Pero este paradigma es importante, aunque está sujeto a la objeción de que deja de lado el aspecto conflictivo de la vida social. Sin embargo no lo hace, porque la construcción conjunta del espacio público digno de ser vivido al cual me he referido está marcada por el conflicto. Lo que importa es que se trata de una construcción que incluye a todos, y que no dispensa las formas de la civilidad, aún porque el conflicto no se reduce al enfrentamiento destructivo.

Esto permite a la vez plantear la concepción de la política desde el ángulo de la paz (en contraste con la guerra) en el ámbito de una distinción más fuerte en lo que respecta al pensamiento político. La misma figuraría en este pasaje como la concepción que marca el momento del establecimiento de los vínculos, la ligazón, en oposición a la que marca, en la dimensión política, el momento de la separación. Si proyectáramos esa distinción sobre la trayectoria del pensamiento político, el momento moderno sería seguramente aquel en que el énfasis está en la separación. La idea de separación está asociada, en el sentido de lo que estoy planteando aquí, a la ubicación de la idea de interés en un lugar central de la cuestión política. Interés es exactamente aquello que se interpone entre las personas, lo que las vincula, sí, pero separándolas. En él, el momento de la separación predomina sobre el momento del vínculo. Ésta es la marca del pensamiento moderno en la política, porque es el foco en el interés el que lleva a pensar la acción política en términos de elecciones orientadas por preferencias. Por esta vía, adquiere nuevas facetas un problema central de la política, que es el de la organización. Y más allá de la cuestión de la organización, está el problema de la eficiencia. Puesto que la atención se concentra en los intereses de los individuos, éstos aparecerán como detentores de preferencias, capaces de realizar elecciones, y el problema político de cómo articularlas se plantea en términos de formas de organización, de la eficiencia de la organización y la administración de los hombres. Ésta es una manera eminentemente moderna de pensar la política, y contrasta con una manera que tiene antecedentes clásicos, relacionada con la idea de la política como ejercicio de ciertas virtudes cívicas. En esta última se enfatiza la deliberación en lugar de las preferencias y de las elecciones. Son importantes la deliberación y la formación de la voluntad política, y se plantea, como problema fundamental, no tanto la organización eficaz, sino la autonomía y la libertad. Ahora bien, la cuestión de la civilidad sólo tiene sentido al interior del paradigma que piensa a la política desde el ángulo de los vínculos que se establecen entre los hombres y, si me permiten el término, de la legitimidad de esos vínculos. Está en juego la capacidad de los hombres de construir el mundo de forma conjunta.

En estas condiciones el paradigma de la paz se vincula claramente con el paradigma del establecimiento de vínculos, a través del ejercicio de la deliberación cívicamente virtuosa.

Eso refuerza la concepción muy ampliada de política por la cual ella se define como construcción conjunta y conflictiva del espacio público —una tarea interminable, sin solución definitiva, un horizonte. Eso es una quimera, dirán algunos: es una concepción política pacificadora y complaciente, en el mal sentido del término; por ahí no se va a avanzar nada. Mi respuesta sería: no sé si es más quimérica que si yo defendiera aquí ciertas nociones que con frecuencia circulan entre nosotros, de fuerte carácter normativo e incluso ideológico, como por ejemplo la idea de sociedad civil. En ésta encontramos una concepción disimuladamente normativa, marcada por exigencias tópicas de un cierto momento histórico. Sin embargo, ella sobrecarga nuestro debate, y termina introduciendo muchas más fantasmagorías en nuestra reflexión política que si avanzamos hasta el fin y sostenemos que la política no puede ser pensada sin su dimensión normativa. Cuando hablo de la exigencia de la construcción conjunta del orden público, esto por lo menos es explícitamente normativo: es un horizonte de referencia, y no se refiere a una supuesta entidad que realiza el poder en alianza o enfrentamiento con otras. Lo mismo se aplica a un concepto como el de opinión pública, que también parece tener aún peso en nuestras concepciones y nuestros debates. También éste tiene su momento histórico, que ha sido olvidado. Así como la de sociedad civil, la noción de opinión pública emerge en un momento histórico particular, marcado por el enfrentamiento de un grupo social que buscaba atraer para sí la capacidad de legitimación ante el poder absoluto. Es un recurso para el embate político, como la idea de sociedad civil fue explícitamente un medio de lucha, inclusive en las confrontaciones por la ampliación de los derechos de Europa del Este. Invocar a la opinión pública significa reivindicar la legitimidad de una instancia de poder, no describir a algún grupo u organización. En el plano empírico, se reduce a una distribución de intereses privados, y no llega *per se* a justificar su referencia pública. Si queremos, entonces, pensar en términos de grandes formulaciones, debemos estar atentos a su carga normativa más que descriptiva, pues estamos lidiando con un instrumento conceptual que perdió su referencia al momento específico de su construcción, perdió su referencia propiamente política, de medio de enfrentamiento entre voluntades divergentes dentro de la sociedad, y la reconstrucción de eso (que pasa por la identificación del momento normativo de los conceptos) exige un continuo esfuerzo de reflexión. Esta propuesta, claro está, no trata de descalificar aquellos análisis políticos que van directamente al ámbito institucional. Mucho se puede conseguir por ese camino.

Paradójicamente, cuanto más nos sumergimos en el ámbito institucional más estamos en el terreno de las cuestiones de organización y administración, y menos en el de aquello que efectivamente permite ponerle el tono propiamente político a la reflexión.

Quisiera sostener aquí que los grandes temas que nos interesan hoy, los temas de la civilización, la ciudadanía, el civismo, tienen que ser abordados por vía indirecta. Para cubrir el ámbito de lo que importa políticamente, conviene ir de modo indirecto. Retomo en este punto la cuestión de la civilidad, que, al referirse a los modos de orientación de la conducta, remite a la dimensión cultural, a la dimensión de lo que yo denominaría la cultura política. No me refiero a una concepción más convencional, que de algún modo vincula cultura política a la opinión, a la distribución de respuestas a preguntas hechas a un conjunto de individuos en momentos dados para, digamos, detectar en qué medida se acepta la democracia, o en qué medida se tiene posturas autoritarias. Es un enfoque que yo no descalificaría sin más, pero que no llega al punto al que a mí me gustaría llegar. Pues interesa captar la dimensión significativa, la dimensión cultural de la civilidad, que a su vez traduce modos específicos de orientación de la conducta que ofrecen contenido significativo a la ciudadanía, a la civilización y a la acción cívica.

La cultura, pensada en términos políticos, en términos de cultura política en su acepción más amplia, debe también ser pensada como una tensión intrínseca, dialéctica, entre contenidos (tratados por las investigaciones convencionales sobre cultura política, o incluso sobre opinión) y pautas subyacentes a esos contenidos, que los organizan. Esas pautas, históricamente constituidas como ítems del repertorio cultural de las sociedades, ofrecen la clave para la organización significativa de la experiencia social. Son pautas de interpretación de la experiencia. La dimensión de la cultura que realmente me parece importante para pensar políticamente las cuestiones de la conducta social se refiere a estas pautas de interpretación de la experiencia. Ellas no son evidentes, no están presentes sin más, actúan subterráneamente en la acción de los hombres. Se refieren a aquello que yo llamaría temas fundantes en la experiencia social de los hombres situados dentro de un determinado espacio político (un espacio político nacional, una sociedad históricamente constituida); temas fundantes que tienen como característica estar profundamente arraigados y formar una suerte de éter en el interior del cual se da toda la percepción y acción política de los hombres. En realidad dichas pautas de interpretación –aquello que está detrás del modo en que los hombres espontáneamente interpretan su experiencia social, históricamente constituida– proveen registros de interpretación de la experiencia, son como claves de interpretación. Son claves hermenéuticas, que nos alertan contra cualquier concepción sustancialista de la cultura que la piense directamente en términos de contenidos significativos que circulan al interior de las sociedades. Lo que está en juego es cómo estos contenidos se articulan en complejos significativos determinados y, a partir de ello, el modo en que la experiencia social, después de interpretada, a su vez organiza nuevos contenidos.

A título de ilustración, haré una referencia rápida a lo que a mi entender caracteriza un tema fundante, una pauta fundamental de interpretación de la experiencia social en relación al caso brasileño. Es una conjetura, ni siquiera llega a ser una hipótesis, pero que cada vez más me parece plausible. Ella va en el sentido de que, en el caso de la sociedad brasileña, el tema fundante, la pauta decisiva de interpretación que se aplica al conjunto de la experiencia social, es el tema de la punición. Este tema fundamental de la punición se traduce de muchas maneras. Una de ellas resulta en una frase extremadamente expresiva: "Los inocentes pagan por lo pecadores". Tenemos aquí una concepción muy peculiar de la herencia cristiana, que está presente a lo largo de toda la sociedad. Y está presente de una manera muy importante, porque marca un modo de interpretar la experiencia según un registro que se proyecta en el plano de las grandes cuestiones que afectan a todos, pero simultáneamente las despolitizan, porque envuelve la continua presencia de la punición. No está en juego el perdón, o la compensación del mal por parte de quien lo ha practicado, sino la transferencia de los costos, de las penas, hacia el conjunto. La referencia a este conjunto abstracto, indeterminado, sustenta lo que a falta de un término mejor yo denominaría gestión distributiva de los costos y de las penas. La esfera pública, que podría ser la referencia política para reformular este gran tema, aparece en la acción espontánea del ciudadano común como un espacio vacío, una especie de área de despeje hacia donde se transfiere una punición, un costo o una desventaja que de algún modo pudiera recaer sobre estos o aquellos ciudadanos. La esfera pública no aparece como el campo denso al interior del cual se ejerce la civilidad, las formas y las maneras sociales e históricamente pulidas de relacionarse respetuosamente con el otro, sino que aparece como un área vacía, disponible para hacer lo que, en el lenguaje utilizado en otro contexto por Celso Furtado, sería la socialización de las pérdidas. Los costos son remitidos de manera indiferenciada hacia esta área común. Lo que yo sugiero es que eso remite a un punto fundamental a la hora de hablar de la civilidad y de la cultura política, en cualquier sentido más fuerte del término, de una sociedad como la brasileña. La sugerencia aquí se refiere al caso brasileño, y pienso que en ese caso el análisis puede avanzar bastante si marchamos en la dirección propuesta. Sería interesante intentar algo análogo para el caso argentino; pienso, por ejemplo, en formulaciones como las de Horacio González sobre el tema de la muerte en la cultura política argentina.

En esta misma dirección, todavía en referencia al caso brasileño, sería posible vincular el tema de la punición a otros dos estilos de acción en la arena política, que pueden ser identificados como posesivo y predatorio. El estilo posesivo se manifiesta en la propia concepción de lo que es público (en contraste con lo privado) en la sociedad. En esta concepción, público es lo que "es de todos" o, inversamente, lo que "no es de nadie". Es decir, se adopta el registro privado, de la posesión exclusiva, para vaciarlo de contenido ("de todos" o "de nadie" son ambos términos vacíos), pero no se alcanza el nivel de una concepción de lo público como referencia compartida para la acción, como criterio orientador de la acción. A esto también se asocia un punto de máxima importancia, que se manifiesta directamente en las políticas adoptadas por el poder público o por las instancias que se presentan como tal. Se trata de la tendencia a hacer cortocircuito de todas las etapas intermedias, vaciando o neutralizando pasos que puedan conducir a los resultados esperados, y comenzar por el final. Para usar un ejemplo trivial, en el que la dimensión punitiva también se manifiesta: se imponen multas a los conductores que transgreden las señales de tránsito antes de tratarse el estado de la propia señalización, de la calidad de las vías públicas (por cierto, un término expresivo y cargado de ambigüedades), sin hablar de la calidad mecánica de los vehículos y de la calidad cívica de sus usuarios. De allí a las técnicas de burla y de transferencia de daños, con frecuencia institucionalizadas como "asesoría", hay sólo un paso. Entre el estilo posesivo del agente privado y el cortocircuito entre propósito y resultado en el poder público se instala, como denominador común, el estilo predatorio. La síntesis de esto es bien ilustrada por la modalidad de acción del poder público que consiste en concebir a las penas pecuniarias (multas) a los ciudadanos prioritariamente como forma de recaudación.

El análisis hasta aquí realizado permite localizar uno de los numerosos desafíos que tenemos para enfrentar en la ciencia política, y en general en las ciencias sociales. Entre muchos otros, tenemos hoy que trabajar conjuntamente sobre un problema que juzgo de especial importancia: en este momento cabe hacer un esfuerzo para la producción de una nueva y robusta teoría de la experiencia social. Desde Marx (y también Simmel y los que se inspiraron en él, y tal vez mejor aun cuando se trabajó con ambos, como el joven Lukacs) poco se ha producido con envergadura suficiente para hacer frente a esta exigencia. Cuando Marx construye conceptos como "fetichismo de la mercancía", ofrece recursos analíticos poderosos, que pueden alimentar una teoría de la experiencia social, de cómo se constituyó históricamente una forma de experiencia social, de cómo ella adquiere significado, de cuales son los límites de estos significados –una concepción de la traducción significativa de la experiencia no simplemente descriptiva sino crítica. Ya no es suficiente trabajar estrictamente con estas categorías, pero quizás tengamos aliento para retrabajarlas o avanzar en otras. Sea como sea, siento la falta de una teoría de la experiencia social.

Es muy difícil pensar las cuestiones fundamentales de la política y aquellas que nos preocupan aquí estos días. Es difícil pensar la cuestión de la ciudadanía sin un instrumental poderoso para aplicar a la cuestión específica de la conducta ciudadana o de la organización ciudadana, o de todas las dimensiones de este complejo que se llama ciudadanía, sin disponer de la base para pensar el fundamento social de esa experiencia. Sin poder, por lo tanto, pensar de modo adecuado la naturaleza específica que una experiencia de este tipo asume en las condiciones muy peculiares del presente momento del capitalismo.

Tomar la cuestión de la ciudadanía por el lado de los derechos representa un avance notable, al permitir trabajar en términos de universalización. Pero quedarse sólo allí lleva a una universalización abstracta e insuficiente. Tomarla por el lado de las virtudes ofrece una contextualización inmediata, aunque conlleva el riesgo siempre presente de quedarse uno atado a lo tópico o puntual; en el extremo, de caer en el puro y simple relativismo. Nuestra cuestión consiste en cómo vincular entre sí esas dos dimensiones. Consiste en encontrar modos de pensar la articulación tensa entre la dimensión de los derechos y aquello que denominé dimensión de las virtudes, del ejercicio virtuoso de la ciudadanía. Se trata, finalmente, de articular universalización y contextualización.

Mi propuesta, en este punto, es que el tema que permite trabajar simultáneamente la dimensión universalista (o de los derechos) y la dimensión contextual (o de la ciudadanía) con referencia al ejercicio de la civilidad o de la organización civilizatoria es el de la responsabilidad. Se trata de un término cargado, que en general está presente en el lenguaje conservador, en el lenguaje de la derecha, pero en este punto vale la pena recordar una advertencia que ya sido hecha mejor por otros: no podemos dejar que las cuestiones fundamentales aparezcan como propiedad intelectual de la derecha. Cuando traigo al debate este término e incluso le atribuyo un papel central en el intrincado juego entre las referencias universales y las referencias estrictamente contextuales, lo estoy usando en un sentido muy específico. El centro de la cuestión consiste en contraponer responsabilidad a indiferencia. En esta perspectiva la responsabilidad no se refiere a la mera capacidad, o el deber, de responder por algún acto. Envuelve también la capacidad, y el deber -ético, no legal- de identificar al interlocutor a quien se responde, que puede ser, en el extremo, toda la humanidad en cada uno de sus representantes. Es en este sentido que se contrapone a indiferencia.

Al hablar de indiferencia me meto con lo que parece una marca fundamental en el funcionamiento del sistema político y económico en la fase actual del capitalismo. No se trata de caracterizar una actitud de determinados agentes, sino de algo inscrito en el propio modo de organización y de funcionamiento de las sociedades contemporáneas. En este sentido yo la denomino indiferencia estructural. Por cierto no es un dato novedoso que a determinados grupos sociales les importe poco lo que le ocurre al resto de la sociedad de la que forman parte, o que sociedades enteras ignoren a otras. Pero lo que tenemos actualmente no tiene precedentes, no sólo en términos de su escala, sino también por la naturaleza que este proceso asume. Básicamente consiste en que los grandes agentes, especialmente económicos, altamente concentrados y con un poder nunca visto antes en la historia, actúan de forma literalmente monstruosa, es decir, sin conciencia del alcance de su poder ni del encadenamiento de sus efectos. En el caso de los mega-agentes económicos que actúan a escala global, esto es especialmente nítido. Organizados en términos de sus intereses puntuales variables, en nombre de su propia eficacia concentran necesariamente la atención sobre una gama limitada de efectos de sus decisiones, aquellos efectos que inmediatamente se traducen en ventajas. Esto, de por sí, no los diferenciaría de empresarios convencionales, salvo por la escala inmensamente mayor de su poder. Lo que sucede, en estas condiciones, es que ellos necesariamente dejan de concentrarse sobre la secuencia de efectos que sus actos acarrean más allá de su éxito para obtener resultados esperados.

Dotados de una fuerza desmedida, no alcanzan, ni se preocupan por alcanzar, el control pleno de su poder, ciegos a las consecuencias más remotas de sus acciones. Esas consecuencias afectan, por supuesto, a poblaciones enteras, aunque sean rigurosamente irrelevantes para estos agentes.

Ello plantea la cuestión de la responsabilidad en nuevos términos. Exigencia fundamental para pensar seriamente la cuestión de la política y la ciudadanía, de la civilización y la acción civil, ella adquiere ahora un carácter específico. Se señala con urgencia su condición más literal, que es la capacidad de responder. Pero no sólo en el sentido de que el agente, individual o institucional, pueda ser exigido a raíz de sus actos, en alguna variante de *accountability*. En las condiciones contemporáneas la responsabilidad debe ser vista como lo que es en su esencia, es decir, lo opuesto a la indiferencia. Esto permite reubicar sobre la mesa la cuestión de los interlocutores, de la calificación mutua como interlocutor. No se trata simplemente de una especie de exigencia moral unilateral, dado que los agentes más poderosos son estructuralmente indiferentes a los efectos más remotos de sus decisiones.

Por lo tanto, la responsabilidad, la exigencia de responsabilidad, pasa por la quiebra de los mecanismos de indiferencia estructural en nuestras sociedades. Con esto, ella ocupa una posición central en la referencia que he tomado como punto de partida, la civilidad. Y ésta remite a la cuestión de formas de acción intrínsecamente políticas, que no encuentran límites a no ser en el ejercicio del respeto mutuo por el conjunto de los hombres, por la humanidad en su acepción cosmopolita. La diferencia estructural es la destrucción, es el punto extremo de la negación de la civilidad. Lo que estoy tratando de sugerir es que la civilidad, la acción civil, y, en el extremo, la civilización, sí constituyen el fundamento de cualquier política digna de ser tenida en cuenta, pues de lo contrario el resultado es quedarse restringido al plano estrictamente administrativo, técnico.

¿Cuál es el mejor escenario para pensar los avances en estas condiciones? Me permitiré un juego de imaginación, retomando la referencia de Adorno. La civilidad, dice él, tiene un momento histórico específico, de convenciones debilitadas asociadas a individualidades en vías de fortalecerse. Pensemos nuestra pequeña utopía en términos políticos globales: instituciones políticas debilitadas, individualidades políticas, particularidades políticas en ascenso. La individualidad no es pensada aquí como el individuo suelto, sino como la forma determinada que el todo asume en la figura del ciudadano y de sus formas de organización. El escenario bueno seria éste, de instituciones políticas en fase de debilitarse sin desaparecer, y del avance de las formas de individualización. Avance, por lo tanto, en el ámbito de la efectiva responsabilidad de la constitución de nuevas pautas civilizatorias. No ocurrirá tan pronto, y las cuestiones de organización y de acción política involucradas son difíciles. No obstante, si nuestra atención no logra ir más allá de la mirada de medusa de las instituciones tal como se encuentran (una pasable imagen de las modernas sociedades de control, dicho sea de paso), jamás avanzaremos un paso. Con todo, si quisiéramos simplemente romperlas, suponiendo que estando éstas destruidas, nosotros, sueltos y desencadenados, podríamos ejercer sin más nuestra racionalidad, también estaremos perdidos. La vida política más amplia, así como la pequeña dimensión de la civilidad, se hace mediante la búsqueda persistente de la autonomía libre, asociada a la renuncia consciente del acto de pura agresión destructiva. Entre la adhesión ciega, la furia destructiva y la indiferencia fría hay un espacio para la posición que ve en el otro, en el conjunto de los otros, a los compañeros de una construcción sin fin, la única que importa, de un mundo en vías de civilizarse.

Estamos hablando de civilización, y tenemos no sólo el derecho sino también el deber de hablar de la barbarie. Porque estamos preocupados por intervenir de manera reflexiva y consciente en este mundo, aun conociendo las enormes dificultades involucradas. Por ejemplo, tenemos el derecho y el deber de buscar en nuestras sociedades, y traer a la discusión, eso que llamé temas fundantes que orientan la interpretación, que dan sentido a la experiencia de los hombres; o por lo menos de entender algo de cómo esto funciona.

Pero lo hacemos contra el telón de fondo que dice que la barbarie está allí. No estamos viviendo un momento de construcción civilizatoria, vivimos un momento de barbarie. ¿Qué haremos frente a esto? Lo que utilizando un término ampuloso he denominado indiferencia estructural tiene como componente central la indiferencia –e indiferencia es barbarie, no civilización; civilización es exactamente la atención al otro. Esto implica un esfuerzo prolongado y nosotros estamos aquí, sí, actuando en este momento en un escenario que ofrece espacios relativamente reducidos de acción global, aunque ofrece muchos espacios de acción puntual. Uno de los grandes problemas de la reflexión y de la acción social y política del momento actual consiste exactamente en encontrar formas totalizadoras de articulación de la multiplicidad de acciones puntuales que se manifiestan al interior de nuestras sociedades. Esto contiene un problema, que es el de no reproducir las trampas que tal vez un poco precipitadamente señalé en referencia a términos como sociedad civil u opinión pública. Ya no podemos apostar a la multiplicidad o a la mera agregación de intereses particulares organizados. Pues una cosa es la referencia pública, y otra la organización del interés privado. Ahora el espacio de la totalidad está ocupado, éste es el dato nuevo post frenada del socialismo. Nunca me canso de recordar -y permítanme recordarlo una vez más, no creo que con ello esté siendo injusto con Rosa Luxemburgo, yo la leo como diciendo lo siguiente: cuando se plantea la cuestión de socialismo o barbarie, lo que se está planteando es que la crisis del capitalismo sin la alternativa socialista significa barbarie. Tal como ella planteaba la cuestión de la crisis como inevitable, planteaba la cuestión de la construcción del socialismo como alternativa necesaria. Esa construcción no se dio, y la crisis eventualmente está instalada, si bien no está abierta. El escenario no es bueno, es sombrío, pero no es tremendamente malo. ¿Cuál es nuestra tarea? Es encontrar el sentido de esos espacios e intentar articularlos, y avanzar en la búsqueda de un sentido global para la articulación entre los espacios de acción existentes y su ampliación, pero no, claro está, de una manera aditiva. Por el momento nos falta la capacidad teórica y práctica.

Prácticamente no es viable -y teóricamente es muy difícil- la capacidad de retomar aquello que fue el gran tema del marxismo: pensar la totalidad sin perder de vista los múltiples contenidos que se desprenden de su dinámica interna. Este es el momento de considerar seriamente la observación del viejo Freud: la voz de la razón es débil, pero persistente.

Tenemos esta tarea aun en tiempos sombríos, o tal vez ni siquiera tan sombríos; tenemos grados de libertad. Deberemos ser muy obstinados, muy persistentes, y capaces de reproducir en escala ampliada este acto de consciente locura que es el de venir hasta aquí y discutir ciudadanía, civilización, civilidad, como si todo el mundo lo estuviera discutiendo fuera de este salón. No lo está: una razón más para no dejar de discutirlas.

Civilización y ciudadanía*

Cícero Araujo**

I

Este texto pretende mostrar cómo determinado concepto de civilización puede vincularse positivamente a un tipo de ejercicio de ciudadanía que, según el diagnóstico que se presentará, tiende a ganar importancia creciente en la política contemporánea[1].

El sentido que daré aquí al término 'civilización' es una apropiación parcial de aquel que aparece en los conocidos abordajes sobre el asunto de Norbert Elias. En esa perspectiva, la civilización es un 'proceso', que no tiene nada que ver con un plan o designio pero que aún así sugiere la idea de una acumulación o crecimiento. Esa acumulación se explicita en dos direcciones fundamentales: la de la especialización de funciones y la de la individualización de la vida social. Esos dos desarrollos están relacionados al control de la violencia en su sentido más elemental, la violencia física. El primero se manifiesta bajo la forma de un control externo, resultante de la monopolización de la violencia por parte de la autoridad política; el segundo, bajo la forma de un autocontrol de la conducta. Permítanme una larga cita:

> "Las sociedades sin un monopolio estable de la fuerza son siempre aquellas en las que la división de funciones es relativamente pequeña, y las cadenas de acciones que ligan a los individuos entre sí son relativamente cortas. Recíprocamente, las sociedades con monopolios de la fuerza más estables, que siempre comienzan encarnadas en una gran corte de príncipes o reyes, son aquellas en

---

* Traducción: Celina Lagrutta y Gonzalo Berrón.
* Profesor del Departamento de Ciencia Política, Universidad de São Paulo (USP), Brasil. Coordinador del Area de Programación del Doctorado de ciencia Política de la mencionada institución.

las que la división de funciones está más o menos avanzada, en las cuales las cadenas de acciones que ligan a los individuos son más largas y mayor es la dependencia funcional entre las personas. En ellas el individuo es protegido principalmente contra ataques súbitos, contra la irrupción de la violencia física en su vida. Pero, al mismo tiempo, es forzado a reprimir en sí mismo todo impulso emocional para atacar físicamente a otra persona. Las demás formas de compulsión que, en ese momento, prevalecen en los espacios sociales pacificados modelan en el mismo sentido la conducta y los impulsos afectivos del individuo. Cuanto más apretada se vuelve la tela de interdependencia en la que el individuo está enmarañado, con un aumento de la división de funciones, mayores son los espacios sociales por donde se extiende esa red, integrándose en unidades funcionales o institucionales –más amenazada se vuelve la existencia social del individuo que expresa impulsos y emociones espontáneas, y mayor es la ventaja social de aquellos capaces de moderar sus pasiones; más fuertemente es controlado cada individuo, desde la tierna edad, para tener en cuenta los efectos de sus propias acciones o de otras personas sobre una serie entera de eslabones en la cadena social" (Elias 1993:198, nuestra traducción).

La especialización y la individualización son nociones interdependientes: no hay control externo sin autocontrol, y viceversa, de modo que las mismas se determinan y se refuerzan mutuamente. Pero ¿qué tiene que ver el autocontrol con la individualización? El autocontrol lleva a una aguda percepción de un 'yo' interior, que aparece cada vez más distinguido y enfrentado con el 'mundo exterior', y eso es lo que el término quiere indicar.

El monopolio, en cambio, es un subproducto del fenómeno más general de la división de funciones, que gradualmente induce a una separación de la actividad económica y otras actividades sociales de la actividad política, visualizada ahora como una 'función coordinadora' de esta creciente variedad de acciones compartimentadas pero sin embargo interdependientes. Esta función coordinadora va a constituir un aparato diferenciado, técnico, administrativo y militar en torno a la autoridad política.

¿Cuáles son las posibles relaciones de este proceso con los ideales de ciudadanía?

Si la especialización es una de las dimensiones centrales de la civilización, y si ella a su vez tiene que ver con el control externo de la violencia, me parece evidente que hay una potencial desavenencia entre ese vector y un antiguo ideal de la vida civil, asociado a la tradición republicana clásica, según el cual es decisivo el concepto de comunidad política.

La comunidad política refiere a un conjunto de prácticas que no concuerdan con la visión que considera a la política una actividad especializada, una actividad de 'peritos' (la política no sería comparable, por ejemplo, a la actividad del médico, del arquitecto o del constructor de navíos).

Sabemos que este contraste es recurrente en una de las grandes polémicas de la filosofía griega clásica, y sirvió de punto de apoyo para el ataque de Platón a la democracia ateniense. Pero ello no implica que la comunidad política tenga que ser concebida como una comunidad democrática, de igual acceso a todos los que son gobernados por ella. Una versión aristocrática de la comunidad política la entiende como una asociación restringida o jerarquizada, dominada por 'hombres prudentes'. Téngase en cuenta que, el hombre prudente, no es el perito en el sentido en que lo sería el arquitecto o el constructor de navíos, sino aquel que detenta 'conocimiento práctico' –un conocimiento eminentemente moral, y no técnico. Para justificar la restricción o jerarquización, tal conocimiento es reivindicado por un grupo especial de status, los 'nobles' o 'patricios', heredero de una supuesta larga y sofisticada experiencia en los negocios públicos.

Sin embargo, tanto en la versión aristocrática como en la anti-aristocrática (o plebeya, sobre la cual hablaré más adelante) de la comunidad política, ésta es concebida, por diferentes razones, como la asociación por excelencia, el más importante y deseable de todos los tipos de vida comunitaria, y por eso mismo debe ocupar el centro de toda actividad social. Hablar de comunidad política, por lo tanto, equivale a decir que la sociedad posee un centro moral, una especie de instancia 'consciente' hacia la cual convergen las cuestiones más importantes de la vida colectiva. Para usar una imagen clásica: la comunidad política es a la sociedad lo que la conciencia, la razón y la deliberación moral son a la persona individual.

Está claro que la idea de la especialización de la vida social tampoco se corresponde con la noción de que la sociedad posee un centro consciente y moral. En verdad, equivale más ajustadamente a la mejor a la visión de que la sociedad es fundamentalmente descentrada. El control externo de la violencia, en este caso, se manifiesta no como la forma coercitiva de aquel centro moral, sino como un resultado de segundo orden de la propia división social y técnica del trabajo, la cual incide en el campo de la actividad político-militar. El monopolio de la violencia por parte de la autoridad política significa simplemente que su empleo de la coerción pasó a ser una función de exclusiva competencia de ciertos agentes y no de otros. En esta perspectiva, la autoridad política es menos la expresión de una comunidad que de una organización, una 'máquina' institucional. A los efectos de su legitimación, esta organización puede incluso apropiarse de ideales normativos que son adecuados a una comunidad política; pero la entidad misma no es, ni puede ser, una comunidad[2].

II

Ahora bien, ¿qué decir de la otra dimensión del proceso civilizador destacada al principio? En Elias, el autocontrol es un condicionante psíquico y al mismo tiempo una adaptación del y al control externo de la violencia. Sin despreciar la importancia de una teoría psicológica de la civilización –Elias nítidamente se inspira en Freud en este punto– quiero tratar directamente la concepción de que el autocontrol constituye un control moral de la personalidad, dejando de lado la discusión sobre los mecanismos inconscientes que lo hacen posible, y pensarlo como el resultado de un crecimiento de la sensibilidad respecto al argumento y a la deliberación racional y moral. Utilizo el término 'sensibilidad' para indicar la fuerza emocional de esa racionalidad en una personalidad sometida al proceso civilizador. En ella, la racionalidad moral se vuelve un motivo para actuar, menos intenso tal vez que otras fuerzas emocionales, pero más continuo y estable.

Para usar un término de Hume: la razón moral es una 'pasión calma' (2000: 372-3). Por cierto, es impotente cuando se la confronta con las 'pasiones violentas' como la ira y el miedo. Sin embargo, en tanto que reflexiva y deliberativa, es más apropiada para orientar la personalidad en la dirección de sus intereses permanentes. En Hume la sensibilidad moral es innata, pero puede crecer o retraerse dependiendo del contexto. En un contexto de permanente amenaza de agresión física o de aguda carencia material, van a prevalecer las pasiones violentas. Es sólo cuando se vislumbran el orden pacífico y el progreso material que la sensibilidad moral puede pasar por un proceso de refinamiento o pulido, que tiene un efecto retroalimentador en la propia pacificación y en el progreso material.

Pienso que esa visión de Hume sugiere un interesante diálogo con el proceso civilizador de Elias, en especial en el modo de interacción entre el crecimiento de la especialización política, en detrimento de la clásica y republicana comunidad política, y el crecimiento del autocontrol del individuo vía la conducta moral. Ella ilustra muy bien, por ejemplo, el ideal de ciudadanía cultivado por aquella nobleza cortesana que constituye uno de los personajes centrales del estudio de Elías.

En varios de sus ensayos, Hume indica que el avance del comercio y de la opulencia en la Europa moderna, al mismo tiempo que suaviza la personalidad, también transforma a la comunidad política en una maquinaria institucional. Esto no quiere decir que la idea de comunidad desaparezca por completo sino que se despolitiza a fin de ceder espacio a la organización. Así, en lugar de insistir en una comunidad política, Hume hablará de una comunidad de 'buenas maneras' -*manners*- (1985: 127-137). Las buenas maneras, a pesar de tener una propensión a difundirse hacia todas las camadas sociales, deben concentrarse en su más alto grado de sofisticación en una comunidad en especial, una aristocracia de las buenas maneras.

El miembro de esta comunidad no es más el hombre prudente y pleno de virtudes políticas que mencioné más arriba, sino aquel *enlightened gentleman* idealizado en los círculos intelectuales europeos del siglo XVIII, que cultiva el 'comercio y las artes', y referencia la conducta social adecuada. Este grupo aparece como aquel que detenta la responsabilidad de controlar la calidad moral del conjunto de la sociedad y servir de mediador entre la plebe y la autoridad política (el Estado). Según esta cosmología social, sin la mediación de estos *gentlemen* esclarecidos la maquinaria política del Estado y la plebe se reforzarían mutuamente, revelando sombrías probabilidades de un gobierno despótico. Es así como Hume y sus colegas del *Scottish Enlightenment* defenderán, en sus teorías políticas, el ideal de la monarquía constitucional de Montesquieu.

III

Sabemos que este específico *gentleman* ideal de ciudadanía no sobrevivió a los dos siglos siguientes de democratización de la vida social, incluso de la política. En términos normativos, dicha democratización significó un renacer -con innovaciones importantes- de la idea republicana de comunidad política. Me refiero a un retorno en gran escala de la versión anti-aristocrática, plebeya, de la comunidad republicana, que al final nunca pudo ser plenamente practicada en la Antigüedad.

Esta comunidad política contrasta con la versión aristocrática en dos aspectos fundamentales: la crítica al ideal de bien común positivamente determinado, y la crítica a la noción de una jerarquía natural de status social, que justificaría el dominio de la comunidad política por parte de los hombres prudentes, los *gentlemen* politizados. Veamos cómo.

El contraste entre las versiones aristocrática y plebeya deriva de una controversia en el campo de la llamada 'constitución mixta'. El argumento de la constitución mixta apunta a mostrar las complicaciones tanto del gobierno aristocrático como del gobierno popular, y pretende argumentar, de esta forma, a favor de la excelencia de una combinación de ambos. El problema del gobierno aristocrático es que, pese a ser favorable a la conservación de la homogeneidad de la ciudadanía, lo que facilita la percepción y búsqueda del bien común, trae acarreado el riesgo del despotismo de los aristócratas sobre el resto de la ciudad, lo que también constituye una subversión del bien común. Así, la aristocracia necesita ser contenida para no volverse oligárquica. Una de las formas de contención es la apertura de la comunidad política a grupos no aristocráticos.

Pero he aquí un punto crucial de dicha fusión: la apertura no debe significar el fin de las distinciones de status social. Por eso, el reconocimiento de la ciudadanía a la plebe no implica la dilución de todos los ciudadanos en un único grupo de status, sino tan sólo la "unión" de plebeyos y patricios, preservando sus respectivas identidades. Este era el ideal de la *Concordia ordinum* (la concordia entre los órdenes) de Cicerón[3], que explicitaba el límite a la ampliación de las experiencias democráticas y que signó buena parte del pensamiento republicano de la Antigüedad y del Renacimiento.

De acuerdo con este argumento, el gran problema de las democracias tales como la ateniense es que la extensión de la ciudadanía se hacía sin las debidas precauciones para conservar la jerarquía de status. Primero, todos los ciudadanos, aunque seguían siendo sensibles a las distinciones sociales de status, una marca indeleble de la política antigua, eran reunidos igualmente en una misma *ecclesia*. No existía ningún espacio político distinguido para fijar y preservar un patrón más refinado, aristocrático en el sentido propio del término, de ejercicio de la ciudadanía: un espacio más apropiado para la 'inteligencia' y menos para los 'apetitos' -éstos deberían tener otro espacio-. Más sabio, según esta visión, era el ordenamiento institucional romano, que poseía sus asambleas populares (la principal de ellas constituida sólo por plebeyos), pero también el Senado, un ámbito de mucho más difícil acceso –aunque no inaccesible a gente oriunda de familias plebeyas–, muy disputado y selectivo, reservado a la alta política. Las exigencias morales e intelectuales sobre sus miembros eran también mucho más estrictas.

En segundo lugar, la democratización de la ciudadanía pone en cuestión la fuerte homogeneidad del selecto grupo de 'buenos ciudadanos' que caracteriza a la república aristocrática. Ahora se enfrentan en la arena política personas con patrones de vida muy desiguales, con niveles de riqueza, educación, formación cultural profundamente diferentes.

La posibilidad de desacuerdo respecto a lo que les es común aumenta enormemente, y entonces se multiplican las chances de la política de 'facciones', esa palabra tan execrada en la política antigua pero también en la política moderna hasta no hace mucho tiempo.

Esto también podría suceder en las constituciones mixtas, que son ordenamientos parcialmente democratizados. Pero la puja entre facciones propia de la política democrática pura plantea dos peligros mortales. Primero, una vez que diferentes camadas sociales, independientemente de su status, obtienen igual derecho de influencia (por ejemplo, igual poder de voto), esos nuevos ciudadanos, más vulnerables y menos independientes materialmente, pueden ser más fácilmente seducidos por la idea de hacer de la política democrática un modo para obtener recompensas económicas para sí, lo que les impediría dar la debida prioridad en sus deliberaciones a lo que sería beneficioso para la ciudad como un todo. Segundo, ésta posibilidad termina instigando la ambición y el enfrentamiento entre los miembros de la propia aristocracia. No faltaran los líderes de origen aristocrático que intenten sumar adeptos entre los nuevos y desposeídos ciudadanos. Este camino puede ser especialmente seductor cuanto más incidencia en la toma de decisiones tenga el número y menos relevancia posea la identidad de status.

Mientras que la variante aristocrática de la constitución mixta enfatiza los problemas derivados de la extensión de la ciudadanía, la variante plebeya da más importancia a los problemas derivados de su restricción. Los argumentos de esta última van básicamente en dos direcciones. Por un lado, el desprecio por las pretensiones de excelencia de la aristocracia, que son interpretadas como una excusa para disfrutar de privilegios políticos -cuando no materiales- exclusivos. Aquí hay una propensión a traducir los valores asociados a la condición de status por 'intereses', y así pensar las distinciones de status como diferencia de clase. No por casualidad autores de esta vertiente como Maquiavelo hablan de la lucha entre patricios y plebeyos simultáneamente como una lucha entre ricos y pobres y tienden por lo tanto a menospreciar la supuesta dignidad de una jerarquía natural de los 'órdenes', de una jerarquía fija de status social. Por otro lado, la advertencia de que la ambición de la aristocracia es más peligrosa para la 'libertad' de la República que las carencias materiales de la plebe. Al final, recordando aquella famosa afirmación de Maquiavelo, los ricos quieren dominar, mientras que los pobres simplemente no quieren ser dominados, y eso los vuelve menos propensos a querer sacrificar la libertad de la República en pro de sus intereses.

¿Quiere decir esto que la variante plebeya desprecia completamente los problemas políticos derivados de la emergencia de la clientela? De ningún modo. Las dos variantes del argumento de la constitución mixta se preocupan por los prerrequisitos de la buena ciudadanía, y luego por los problemas que la carencia material puede traer a su ejercicio.

Pero mientras que la variante aristocrática se preocupa por las carencias que llevan a la erosión de un cierto estilo de vida, la otra centra su reflexión sobre las carencias que llevan a la desposesión. Para esta última, la posesión hace referencia a los prerrequisitos para el ejercicio de una ciudadanía plebeya con independencia política y autonomía personal. En otras palabras, para ejercerla sin servilismo hacia ciudadanos más poderosos. La posesión es el prerrequisito para los bienes políticos primarios de la auto-estima y el auto-respeto, sin los cuales no hay forma de contener el servilismo, la transformación del plebeyo independiente en cliente. El plebeyo desposeído es el plebeyo políticamente inactivo ya que carece del respeto propio que lo motivaría a participar en la toma de decisiones. Presa fácil, por lo tanto, no sólo de la aristocracia, de los ricos en tanto grupo de interés, sino también de los 'aduladores de la multitud', de los liderazgos puramente personales, tan peligrosos para la República como la aristocracia sin frenos.

¿Pero qué define la 'posesión' del plebeyo? En la literatura clásica de sesgo plebeyo vamos a encontrar dos grandes insistencias: la posesión de las armas, y la posesión (modesta) de la tierra. Esta última, en particular, permite la distinción básica entre una situación social de carencia, marcada por la pobreza, que es la condición de la mayoría de los plebeyos pero no necesariamente causante de la vulnerabilidad política y la situación de completa destitución o desposesión. De ahí el ideal plebeyo del ciudadano que es simultáneamente soldado y pequeño propietario rural. Las armas y la tierra son tomadas como recursos políticos, recursos de potenciación política. Pero mientras que la posesión de las armas es pensada como una posesión colectiva –los plebeyos, como colectividad, son concebidos como una asociación de hombres en armas–, la posesión de la tierra es una posesión personal, un prerrequisito no sólo de la independencia política sino también de la integridad de la personalidad moral (la autonomía), sin la cual ni siquiera la posesión de las armas puede ser ejercida adecuadamente. No es casual que la lucha por la posesión de la tierra, y por su división más equitativa, esté en el centro de la reflexión republicana clásica de tenor plebeyo[4].

Llamo la atención hacia el vínculo específico entre política y moral que esta noción de ciudadanía implica. Pese a que pueda presentarse bajo la forma de 'derechos', la ciudadanía plebeya no es simplemente cuestión de tener derechos, sino de sumar poder político - poder para ejercer una influencia real en la toma de decisiones-. ¿Y cómo concentrar este poder si no se tiene privilegios, ni mucho menos riquezas? Sin tales recursos, tal sumatoria de poder sólo es posible a través de la construcción de una disposición interna, eminentemente moral, construida desde 'adentro hacia afuera'. En contrapartida, la alternativa, desde 'afuera hacia adentro' sería flagrantemente contradictoria con el ideal de independencia política, pues quien da recursos es quien ya tiene el poder. Quien da o presta a otro recursos, es decir, el 'patrono', tiende a ser el mayor beneficiario de la relación entre el donante y el que recibe la donación. Quien recibe crea un vínculo especial con el donante: la deuda, el primer paso para, en el plano político, establecer el compromiso de la clientela. Tal es el esfuerzo crítico de la ciudadanía plebeya: generar poder político sin cargar con el peso de la dependencia.

IV

Es imposible conciliar una percepción de lucha de clases, como ocurre en la versión plebeya de la constitución mixta, con un ideal de concordia entre los órdenes, que en Cicerón, por ejemplo, fundamentaba un bien común positivamente determinado. En la Antigüedad, la gran autoridad de que disfrutaba la jerarquía de los órdenes y la casi 'naturalidad' de la esclavitud ponían trabas a una percepción de lucha de clases. ¿Pero cómo hacer viable la constitución mixta en un contexto moderno en el cual esas trabas dejan de existir?

La moderna comunidad política plebeya, la comunidad nacional, es tomada como una unión conflictiva de dos comunidades de clase, los ricos y los pobres: los grandes propietarios de la tierra y los pequeños, los capitalistas y los trabajadores, y así sucesivamente. Para que de allí surja la percepción de una comunidad, el modo de concebir el bien común tiene que ser modificado: éste es determinado no positiva sino negativamente. Y ello sólo es posible a través de la 'externalización' del conflicto entre las clases. Dicho de otro modo, dentro de la noción compartida de patria o comunidad nacional, la heterogeneidad del pueblo se vuelve prácticamente despreciable cuando se está inmerso en un ambiente repleto de otras comunidades políticas cuyos destinos son contrarios entre sí. La comparación con este espacio más amplio y hostil propio de un contraste entre el interior y el exterior, permite restablecer la homogeneidad, si no por el postulado de la 'atracción mutua' natural entre los miembros, por la proyección de la figura del 'enemigo de la patria', la encarnación del bien común negativamente determinado[5].

Siendo una figura colectiva e impersonal, el enemigo de la patria no es aquel a quien se odia, sino simplemente el extraño, el miembro de otra comunidad nacional. Es un enemigo 'público', para rescatar el concepto schmittiano:

"Enemigo no es el competidor o el adversario en general. Enemigo no es siquiera el adversario privado que nos odia debido a sentimientos de antipatía. Enemigo es sólo un conjunto de hombres que combate, al menos virtualmente, o sea sobre una posibilidad real, y se contrapone a otro agrupamiento humano del mismo género. Enemigo es sólo el enemigo público, puesto que todo lo que se refiere a semejante agrupamiento, y en particular a un pueblo íntegro deviene público" (Schmitt, 1984: 25).

La figura del enemigo de la patria alcanza su perfección práctica en la época en que las comunidades nacionales preparan la 'guerra total'. La guerra total demanda el involucramiento de toda la nación contra el enemigo, y la reunión de todos los recursos humanos y materiales disponibles para destruirlo. Al exigir esto, ésta estimula la máxima externalización posible del conflicto de clases y al mismo tiempo el más alto grado de democratización —en el sentido de la universalización de la ciudadanía— de la comunidad política. Genera una amplia aunque tensa colaboración de clases, y una transformación en la infraestructura jurídica de la ciudadanía. Para hacer posible la guerra total, las camadas sociales privilegiadas son conducidas al compromiso de ceder el más amplio espectro de derechos a las camadas plebeyas —incluso el derecho de ejercer influencia en las decisiones fundamentales de la comunidad— a cambio de la máxima disposición de estas últimas para derramar 'sangre, sudor y lágrimas' en defensa de la patria.

Aquí cabe una aclaración. Pese a que la comunidad política con sesgo plebeyo no es homogénea, sino una mezcla de subcomunidades de clase, la misma no es una organización propiamente dicha en el sentido que he atribuido a este término al hablar de proceso civilizador. Ella todavía puede ser concebida como una comunidad política, es decir, una entidad con un centro deliberativo, con un espacio común en el cual las clases en tensión establecen los términos de su convivencia. Esta tensión hace que sus arreglos institucionales sean mucho más complejos que los de una comunidad homogénea o de carácter aristocrático, pero también torna difícil concebir a la política como una actividad de peritos, ya que el conflicto entre las clases y el imperativo de moderarlo introducen un elemento no especializado y no técnico en las decisiones colectivas.

En este cuadro, la lealtad del ciudadano es ambigua, pues está al mismo tiempo ligado a un Estado que encarna los términos de la convivencia entre las clases y le presta una identidad nacional, y a la subcomunidad que le presta su identidad de clase. En el fondo, dicha situación hace difícil que la comunidad política se autodefina como una asociación de individuos, ya que la relación con estos últimos es profundamente mediada por las subcomunidades. El resultado es, por lo tanto, no sólo un obstáculo a la especialización/mecanización de la política, sino también a su plena individualización.

Rigurosamente hablando, no tenemos un Estado tal como los pensadores contractualistas clásicos pensaron este concepto: una entidad soberana cuyos súbditos son personas individuales y no grupos. Por otro lado, en la medida en que la supervivencia de esa especie de 'constitución mixta' depende del enemigo de la patria, hay una relación de interdependencia entre el potencial estado de guerra entre las naciones, la identidad nacional y la identidad de clase.

El opacamiento de cualquiera de estos términos tiende a provocar un opacamiento de los demás: enfriar el potencial de guerra significa enfriar la identidad nacional, y luego la identidad de clase. Alguien podría objetar que el último eslabón enunciado no se sigue de los dos anteriores. Podría afirmarse, contrariamente a lo que sostengo en este punto, que el conflicto de clases condiciona a la guerra entre las naciones, pero no es condicionado por ésta. ¿No sería plausible que el fin de la identidad nacional tuviera como efecto no sólo la implosión de la colaboración social interna sino también llevar a una guerra de clases? Era exactamente eso lo que esperaban varios exponentes del socialismo a lo largo de la Primera Gran Guerra.

Es un hecho histórico que el desenlace desfavorable de una guerra total llevó, en los países derrotados, al colapso de la colaboración interna y a la apertura de un conflicto de clases sin moderaciones cuando no a la revolución social, que es la guerra total transportada a la lucha de clases. Pero eso no impidió, incluso después de un interregno de gran autofagia, el restablecimiento de la lógica nacional de los conflictos. Pues es también un hecho histórico que los conflictos políticos más relevantes de los últimos dos siglos sólo obtuvieron estructura, un formato estable –estabilidad que sólo es posible cuando hay espacio para el control de la violencia entre las partes en conflicto– gracias a la arena de interacción común que la idea y la experiencia de comunidad nacional propiciaron. Este fue el suelo del que brotó un moderno y productivo conflicto de clases. Es verdad que también lo limitó. Sin embargo, es ése un tipo de límite que posibilita y alimenta al propio conflicto, de manera similar a como la fuerza y el impulso de la piedra en la honda provienen de los límites dados por los elásticos y la funda de ésta.

¿Pero cuál es la relación entre este cuadro de plebeyización de la ciudadanía y el concepto de civilización que inspira al presente trabajo? Se trata de una relación ambigua. Por un lado, la constitución de una sociedad de naciones es contemporánea a la pacificación intranacional. En la medida en que legitima y consolida Estados, ella es favorable al control de la violencia. Por otro, sin embargo, tiene como contrapartida la potenciación de la violencia entre las naciones, cuyo horizonte es la guerra total. Y esta última tendencia va en sentido contrario al proceso civilizador. La resultante de esas dos tendencias contrarias, el saldo de su interacción, depende de la amplitud de los efectos destructivos que la guerra produce en comparación con la de los efectos constructivos de la pacificación interna.

Pienso que las experiencias de las dos guerras mundiales del siglo pasado, y el consecuente advenimiento de armas de destrucción total, trajeron un saldo muy desfavorable para el control de la violencia. Fueron experiencias de guerra total que solaparon el delicado equilibrio entre guerra, nación y clase, y eso trajo consecuencias en la evaluación normativa que contemporáneamente se hace de la relación entre dichos términos. No me parece accidental que en la última mitad del siglo hacer la guerra haya dejado de ser un derecho ilimitado e internacionalmente reconocido de cada país. Al mismo tiempo asistimos, en el campo del discurso jurídico y diplomático internacional, a una pérdida de la fuerza moral de la idea de enemigo de la patria (entendido, nunca está de más repetirlo, como 'enemigo público'), desde que la guerra entre las naciones más poderosas –que detentan recursos humanos y materiales de destrucción total– pasó a ser cada vez menos factible. Si el surgimiento de la guerra fría fue una señal importante en esta dirección, su agotamiento constituyó un paso crucial[6].

V

Estoy sugiriendo que la conciencia de que la guerra total puede llevar a la destrucción mutua de los beligerantes genera una presión normativa para transformar un cierto patrón de ciudadanía. La guerra, al dejar de ser una práctica tolerable y ejecutable, deja también de ser un factor de alimentación de los lazos internos de las comunidades nacionales. Si las relaciones de interdependencia aquí trazadas son correctas, este acontecimiento debe acarrear un enfriamiento de la ciudadanía plebeya practicada en el formato 'nación'[7].

Podríamos decir, extendiendo la línea de este razonamiento, que la percepción de que la guerra total es intolerable constituye sólo la punta de una percepción aún más amplia: la del peligro crecientemente mortal del 'estado de naturaleza' entre las naciones. Para Hobbes el término era sinónimo de un estado de guerra permanente, y lo empleaba tanto para los individuos como para las naciones. Ambas eran situaciones anárquicas, pero sólo la primera realmente hacía inviable toda convivencia social. Hobbes consideraba a la segunda perfectamente tolerable:

> "Aunque nunca existió un tiempo en que los hombres particulares se hallaran en una situación de guerra uno contra otro, en todas las épocas, los reyes y personas revestidas con autoridad soberana, celosos de su independencia, se hallan en estado de continua enemistad, en la situación y postura de los gladiadores, con las armas asestadas y los ojos fijos uno en otro (...). Pero como a la vez defienden también la industria de sus súbditos, *no resulta de esto aquella miseria que acompaña a la libertad de los hombres particulares*" (Hobbes 1998:104, cursivas en el original).

Es esta evaluación la que sufre un cambio radical cuando se toma conciencia de que las naciones pueden infligirse daños insoportables unas a otras, por agresiones bélicas directas o indirectas, como desastres ecológicos provocados por las manos del hombre. Cuanto más aguda es esa percepción, mayor es la disconformidad con el patrón de ciudadanía practicado en los formatos nacionales. La disconformidad no genera automáticamente nuevos arreglos institucionales, pero ciertamente pone a la orden del día la noción de una divergencia crucial entre lo deseable, el ideal normativo, y los arreglos institucionales efectivamente practicados. He aquí la precisa descripción de Elias:

> "La dificultad está en que esa tradición de relaciones internacionales, que con ligeras modificaciones sobrevive desde la época del Estado principesco, trae consigo, en el actual estado del desarrollo armamentista, peligros que no existían en la época del mosquete. A pesar de todas sus certezas, es improbable que los generales del alto mando estén en condiciones de prever las consecuencias del uso de armas nucleares. Las experiencias de catástrofe de Chernobyl sugieren que el uso de armas nucleares se revelará destructivo no sólo para los enemigos, sino también para los amigos y hasta para la población del propio país. Aún planeamos y actuamos dentro del contexto tradicional, como si las armas actuales se limitaran a destruir el territorio enemigo. Eso por cierto ya no sucede (...) hablar de la humanidad como la unidad global de supervivencia es perfectamente realista en nuestros días" (Elias, 1994:188-9, traducción nuestra).

Pese a reconocer que el '*habitus* social' de las personas, por su propensión a identificarse con 'subgrupos de la humanidad, en especial los Estados aislados', 'está más allá de esa realidad', Elias percibe señales de que comienzan a surgir identificaciones que superan las fronteras nacionales. La importancia creciente del concepto de derechos humanos, en oposición a los derechos de soberanía y de ciudadanía de los Estados, es la señal más clara en este sentido. No obstante, desde la perspectiva del proceso civilizador, esta tendencia contiene algo aún más significativo, al acentuar el vector de la individualización de la vida social:

> "Ya vimos que la evolución del clan y de la tribu hacia el Estado, como unidad más importante de supervivencia, llevó al individuo a emerger de sus anteriores asociaciones pre-estatales vitalicias (...) Como podemos ver, el ascenso de la humanidad hasta transformarse en la unidad predominante de supervivencia también marca un avance de la individualización. Como ser humano, el individuo tiene derechos que ni el Estado puede negarle" (Elias, 1994:189, traducción nuestra).

Dado que no hay nada que fuerce el proceso civilizador en la dirección de su expansión, hay que reconocer que el debilitamiento de la identidad nacional también trae consigo dos posibilidades contrarias al avance civilizatorio. La primera es la regresión a tipos de identidad como la del clan o la tribu, con sus diversos modos de transformar al enemigo público en un enemigo privado a la Carl Schmitt. La otra es el paso del conflicto moderado de clases hacia el conflicto sin límite, hacia la guerra total de clases. A pesar de tener motivaciones distintas, su efecto sería hoy poco diferente de la guerra total entre las naciones, y por lo tanto tendría caracteres similarmente autodestructivos[8].

El proceso civilizador sólo puede avanzar en sentido positivo, normativamente hablando, si trae acarreado un crecimiento del control de la violencia, si lo posibilita y estimula. Para ello –y admitiendo que el conflicto es inherente a las interacciones humanas– es necesario que las partes en conflicto, cualesquiera sean, renuncien al empleo unilateral de la fuerza y acepten el arbitraje imparcial del elemento político. Eso es lo que el Estado nacional alcanzó con relativo éxito, pero al precio de la externalización de la violencia en forma de guerra contra el enemigo de la patria. Como hemos visto, un precio que ahora se hace impagable. Sin embargo, la salida tribal y la guerra de clases son alternativas regresivas. ¿Qué salida queda entonces?

La alternativa que me parece más satisfactoria, aunque impone ciertos sacrificios al ideal republicano clásico de comunidad política, nos lleva de vuelta al punto de partida de esta reflexión: el control externo de la violencia combinado con el autocontrol personal. Por caminos tortuosos, reencontramos el sentido profundo del proceso civilizador señalado por Elias. El control externo de la violencia significa realzar, en el elemento político, su 'función coordinadora' especializada, y el autocontrol personal realza el pulimento, *a la* Hume, de la 'sensibilidad moral' del individuo. Si en el primer sentido el proceso vincula la política a una máquina institucional, destacándose la administración técnica de los conflictos, especialmente en los campos jurídico y económico, en el segundo vincula la política con la moral. Más que nunca, los dos sentidos no pueden ser independientes, y sí complementarios. ¿Y por qué deberían serlo?

La respuesta es simple, casi banal. Porque la expansión del proceso civilizador, a la vez que hace que los conflictos sociales sean más intrincados –reflejo de interacciones humanas cada vez más complejas–, tiene que transferir mayor responsabilidad a los individuos. Si la maquinaria especializada es un modo insoslayable de dar cuenta de esta complejidad, también lo es la autonomía personal. Gracias al crecimiento de la civilización, esta última se convierte no sólo en un imperativo moral, sino de la más elemental sociabilidad: pocas cosas que dependen de acciones concertadas podrían realmente funcionar hoy en día sin presuponer la autonomía personal. La experiencia cotidiana del tránsito frenético de automóviles ilustra bien esta afirmación:

> "Automóviles corren en todas direcciones, y peatones y ciclistas intentan encontrar su camino entre los vehículos; en los principales cruces, guardas intentan dirigir el tránsito, con un grado de éxito variable. Este control externo, sin embargo, se sustenta en la suposición de que todos los individuos están regulando su comportamiento con la mayor exactitud, de acuerdo a las necesidades de esta red. El principal peligro que una persona representa para otra en esta agitada situación es el de perder el autocontrol. Una regulación constante y altamente diferenciada del propio comportamiento es necesaria para que el individuo pueda seguir su camino a través del tránsito" (Elias, 1993: 196-7).

Por otro lado, si es verdad que la civilización trae progreso material y técnico, esto termina volviendo a las personas más poderosas, para bien o para mal: basta con observar los estragos que el poseedor de una moderna arma de fuego –virtualmente cualquiera de nosotros– es capaz de causar. Ya conocemos bien el poder físico que una cantidad portátil de explosivos de última generación, pero pasible de ser fabricado en casa, detenta hoy para amenazar la seguridad de centenas o millares de personas. Pero no necesitamos ir tan lejos: prestemos atención a la fuerza indirecta que concentra un simple conductor de automóvil, ya sea para propiciarle mayor comodidad o para herirse a sí mismo y a otras personas.

A fin de que la civilización signifique de hecho un ambiente favorable a la convivencia social, la transferencia del poder que ella posibilita necesita tener, como contrapartida, el correspondiente perfeccionamiento de la responsabilidad individual y de su disponibilidad para consentir la presión sutil de los compromisos morales. Caso contrario, un mayor progreso material y técnico y una mayor complejidad social pueden tener como resultado no más civilización y sí más barbarie. Esta conclusión parece inevitable: a partir de una determinada etapa de su crecimiento, el proceso civilizador refina moralmente a los individuos o se subvierte a sí mismo. La alternativa sería transferir al control externo aquello que debiera estar bajo la órbita del autocontrol. Es decir, llevar al paroxismo (y a la paranoia) las funciones de control de la maquinaria institucional, sin que haya ninguna fuerza social capaz de contenerla. Pero esto no sería más que una versión *high-tech* de aquel tan temido despotismo descripto por Montesquieu y sus seguidores.

El argumento que desarrollé puede sonar un tanto irreal, especialmente para quien piensa que el buen funcionamiento de las instituciones no debe depender de la disposición moral de los sujetos que interactúan con ellas. Es éste un razonamiento muy poderoso, y de larga respetabilidad en la teoría política: un supuesto que informa, en parte, el moderno argumento en favor de la constitución mixta. Busqué mostrar, no obstante, que los ideales de ciudadanía y de comunidad política que la sustentan, y las fuerzas sociales necesarias para poner tales ideales en movimiento, están cada vez menos disponibles y se vuelven más indeseables que deseables con las derivaciones autofágicas de la guerra total. Incluso el esfuerzo de transportar por analogía el argumento de la constitución mixta hacia el terreno de la especialización y de la maquinaria institucional a través de la teoría de los *checks and balances* – 'funciones' constitucionales que compiten con otras 'funciones' constitucionales, limitándose mutuamente– tan sólo pone paños calientes sobre la cuestión crucial. Se trata de otra forma, más suave por cierto, de hipertrofiar el control externo en detrimento del autocontrol. En las condiciones actuales, su mecánica puede incluso ayudar a retardar el despotismo, pero no a evitarlo. De ahí que el proceso civilizador no sólo produce la individualización, sino que pasa a necesitar la máxima realización de ésta para continuar. Definitivamente, nunca lo macro dependió tanto de lo micro.

Bibliografía

Araujo, Cícero 2000 "República e Democracia", en *Lua Nova* (São Paulo) Nº 51, 5-30.

Araujo, Cícero 2002 "Estado y Democracia", en Boron, Atilio A. y Álvaro de Vita (Compiladores) *Teoría y Filosofía Política: La recuperación de los clásicos en el debate latinoamericano* (Buenos Aires: CLACSO).

Cohn, Gabriel (S/D) "A Sociologia e o Novo Padrão Civilizatório". Mimeo.

Elias, Norbert 1993 *O Processo Civilizador, Volume 2: Formação do Estado e Civilização* (Rio de Janeiro: Zahar).

Elias, Norbert 1994 *A Sociedade dos Indivíduos* (Rio de Janeiro: Zahar).

Hobbes, Thomas 1998 (1651) *Leviatán* (México: Fondo de Cultura Económica).

Hume, David 1985 (1754) "Of the Rise and Progress of the Arts and Sciences", en Hume, David *Essays, Moral, Political and Literary* (Indianapolis: Liberty Fund).

Hume, David 2000 (1739-40) *A Treatise of Human Nature* (Oxford: Oxford University Press).

Mayer, Arno 2000 *The Furies: Violence and Terror in the French and Russian Revolutions* (Princeton: Princeton University Press).

Schmitt, Carl 1984 (1939) *El Concepto de lo Político* (Buenos Aires: Folios).

Wood, N. 1988 *Cicero's Social and Political Thought* (Berkeley: University of California Press).

Notas

1 Esta exposición contiene argumentos de carácter aún exploratorios y fue producto, en buena medida, de las discusiones realizadas por un grupo de profesores y estudiantes de postgrado del Departamento de Ciencia Política de la Universidad de São Paulo (USP) durante el primer semestre de 2002. En este sentido, el término 'civilización' fue uno de los temas largamente trabajado gracias a un texto inédito del profesor Gabriel Cohn (S/D), que fuera generosamente ofrecido por su autor para incentivar el debate. Hubo, como no podía dejar de ser, controversias sobre su significado, e incluso sobre la conveniencia de emplearlo. De cualquier modo, el propio debate que provocó sugiere ricas posibilidades de reflexión en torno al tema.

2 Para más argumentos en esta dirección ver Araujo, 2002.

3 Ver al respecto Wood, 1988.

4 En la modernidad, el paradigma de la posesión de la tierra de la literatura republicana clásica fue gradualmente substituido por el paradigma de la posesión del trabajo.

5 Para una sucinta interpretación de las consideraciones de Maquiavelo sobre la constitución romana, que son una referencia básica de este razonamiento, ver Araujo, 2000: 14-17.

6 Nótese, sin embargo, que la imposibilidad de ejecutar la guerra total entre las naciones más poderosas no es sinónimo del fin de la guerra para todas las naciones, ya que otras formas de violencia colectiva son posibles.

7 También contribuye dramáticamente este debilitamiento la crisis general de la posesión colectiva de trabajo, en la forma de las asociaciones de defensa material y civil de los trabajadores, que trae de vuelta el problema de la clientela, un hecho de debilitamiento interno de la constitución mixta plebeya.

8 Para los vínculos entre guerra total y terror revolucionario y contrarrevolucionario, ver Mayer, 2000.

Herencias y encrucijadas feministas: las relaciones entre teoría(s) y política(s) bajo el capitalismo global

Alejandra Ciriza[*]

Escenarios

Si hay algo que constituye una recurrencia en los últimos tiempos, es la enorme complejización de los debates en el campo de la teoría y la filosofía políticas. Del espectro de asuntos, variados y heterogéneos en grado sumo, nos interesa tomar como eje de nuestras preocupaciones la crisis de un conjunto de categorías y herramientas teóricas para pensar las condiciones de la acción, y las formas de articulación entre teoría y política en el campo del/los feminismo/s.

Si bien es cierto que el feminismo no constituyó nunca un cuerpo homogéneo ni desde el punto de vista teórico ni desde el punto de vista de las prácticas, la forma bajo la cual las viejas antinomias retornan remite, en mi entender, a un proceso de desarticulación de supuestos que aún con disidencias serias constituían el suelo común de lo que se entendía como feminismo en los años inaugurales de la segunda ola: un colectivo de identificación -las mujeres- y una cierta proximidad política con tradiciones progresistas, tanto liberales como de la izquierda variopinta que acompañara los reclamos mujeriles. Aun más: ajenas al dilema de la representación, las feministas hablábamos por nosotras mismas. Hoy un cierto corte cruza los campos de la teoría y la práctica política, a la vez que un límite sinuoso enreda activismos y financiamientos, organizaciones no gubernamentales y agencias, estados y organismos internacionales. Es difícil encontrar en las polémicas que ocupan a muchas de las teóricas feministas, cada vez más elaboradas y sinuosas, cada vez más autonomizadas, orientaciones que permitan guiar las prácticas en un horizonte que tiende a su vez al angostamiento de las posibilidades emancipatorias y a la multiplicación de las posiciones[1].

---

[*] Doctora en Filosofía. Investigadora del CONICET y profesora de grado y post grado en la Universidad Nacional de Cuyo y otras universidades. Sus campos de investigación y docencia son la epistemología de las ciencias sociales, la filosofía política y la teoría feminista.

Desde mi perspectiva, las encrucijadas actuales en los debates feministas deben no poco a la escisión entre producciones teóricas y prácticas políticas feministas y a la desarticulación respecto de la dimensión histórica. La pérdida de relevancia en orden a las coyunturas práctico-políticas y el abandono de un punto de vista de la totalidad, tal como lo entendía Lukács, así como el desvanecimiento de la densidad histórica, se producen en un doble registro. Por una parte, indudablemente, fragmentación e instantaneidad se hallan ligadas a los soportes mismos desde los cuales se produce hoy hegemonía. Por la otra, la aceleración en los procesos históricos, el vértigo en las transformaciones sociales, impide hallar conexiones entre pasado y presente, hace estallar la historia en esquirlas, desarticula la memoria. Las identidades políticas (si es que aún puede hablarse de semejante cosa), y más aún las de los vencidos, parecen cada día más ancladas a los avatares de las biografías, a la morosidad que han adquirido las vidas particulares con relación a la velocidad de las transformaciones sociales, que hace posible la subsistencia de rituales, prácticas, utopías que no parecen otra cosa que residuos de tiempos idos. La coexistencia entre lo más arcaico y lo más novedoso, entre los residuos del pasado y la última novedad tecnológica, cruza las estrategias, creencias, identificaciones de los sujetos en el terreno de la lucha política. Se podría decir que la descomposición del registro histórico de la experiencia ha producido una suerte de pérdida en la dirección de marcha. Los cambios en las relaciones entre historia y memoria, en la forma bajo la cual subalternos y subalternas se colocan frente a su pasado parece no contribuir a la construcción de una dirección que encauce la praxis emancipatoria. Una dirección del estilo de aquella que Benjamin invocaba, capaz de procurar orientación en el instante de peligro, de iluminar alguna salida en el momento de la crisis. Decía Benjamin en 1924: "Hasta las señales comunistas constituían en primer lugar el indicio de un vuelco que ha despertado en mí la voluntad, no ya como lo hice hasta aquí, de enmascarar por obra de un retorno al pasado los aspectos actuales y políticos de mi pensamiento, sino la voluntad de desplegarlos en mis reflexiones y hacerlo hasta el extremo" (Witte, 1990: 99).

Nos ocuparemos en este trabajo de uno de los dilemas históricos del/los feminismo/s: las tensiones entre las políticas de justicia y las de la identidad; entre la necesidad de reconocimiento de la diferencia, que nos aproxima a la crítica hacia el heterosexismo obligatorio y traza lazos de solidaridad con gays y lesbianas, con travestis y transexuales, y la necesidad de trazar estrategias conjuntas con l@s oprimid@s, con l@s desiguales más que con los diferentes.

En un contexto de complejización y transformación del escenario, la cuestión de la diferencia abre entre las teóricas feministas múltiples interrogantes y cruces ligados tanto con la cuestión de los límites del dimorfismo sexual como con los debates provocados por la intervención de quienes no pueden reconocerse en los emblemas del feminismo histórico (asunto, como alguna vez señalara Hobsbawm, de mujeres de clase media, occidentales e ilustradas). La imposibilidad de hablar de un feminismo se hace cada vez más visible. Incluso en países con una tradición fuerte, como Estados Unidos, "las *slashers* no creen poder expresar sus deseos de un mundo mejor, sexualmente liberado, más igualitario por medio del feminismo, ellas no sienten que puedan hablar como feministas, no sienten que el feminismo pueda hablar por ellas"(Jameson, 1996: 213). Existe, al parecer, un distanciamiento cada vez mayor entre feministas académicas y feministas militantes, a la vez que en el terreno de las prácticas aparecen nuevos sujetos cuyas demandas y estrategias no siempre son susceptibles de una vinculación armónica, aun cuando estén relacionadas con la cuestión del cuerpo, el género, la diferencia[2]. Es preciso considerar un factor más en lo que a la fragmentación teórica se refiere: no se liga sólo a la multiplicidad de los puntos de vista disciplinares, o a la complejización de los modelos teóricos de pensamiento, sino también a procesos históricos que articulan la organización capitalista del trabajo a la división entre trabajo manual e intelectual, y se traduce en procesos diferenciales de institucionalización, especialización e internacionalización del trabajo intelectual[3].

Un doble movimiento cruza el terreno teórico: si por una parte las polémicas se bifurcan, multiplican y complejizan perdiendo interés en orden a las reivindicaciones inmediatas o a las posibilidades de enlace con la práctica, por la otra los saberes instrumentalizables se revelan como aquellos que efectivamente guían las intervenciones de mayor envergadura, ya se trate de organizaciones de la sociedad civil o promovidas desde el estado. El terreno político en el que nos movemos se presenta, tras una apariencia de dispersión y fragmentación, paradójicamente homogéneo y consistente en lo que a la incorporación de las demandas de las mujeres se refiere. Del lado de la desigualdad vale para las mujeres lo mismo que para las excluidas y excluidos del sistema. Del lado de la diferencia, el sistema es casi inexpugnable, diría, y no precisamente propicio para la incorporación de demandas radicales[4].

El señalamiento del siglo XX como el del 'avance de las mujeres' no es menos ambivalente: mientras Perry Anderson señala la relevancia que ha adquirido la cuestión de la emancipación de las mujeres como relato cardinal de la época, ligado a un proceso de atenuación de la jerarquía de los sexos gracias a las presiones a escala mundial en favor de la incorporación de modificaciones antidiscriminatorias, Lipovetsky, a tono con los aires conservadores que por estos tiempos corren, no duda en destacar la incomodidad que el solo nombre de 'feminista' promueve en esta momento post, asociado a la juridización de las relaciones entre los sexos y a 'la fiebre victimista' provocada por las reivindicaciones mujeriles, a la vez que celebra la democratización de los ideales de belleza como signo del advenimiento de la 'tercera mujer', esa que en sus palabras "ha conseguido reconciliar a la mujer radicalmente nueva y la mujer siempre repetida" (Anderson, 2000: 13; Lipovetsky, 1999: 12)[5].

Si el campo académico está dominado por la multiplicación de las perspectivas y el abandono de las certezas, en el plano político la instalación de un sentido común conservador traza los límites de lo que se considera políticamente correcto o posible. Hoy es dificultoso incluso mencionar asuntos como el del aborto sin enfrentar una andanada de argumentos acerca de los derechos del niño por nacer y de advertencias (teóricas, éticas y políticas) sobre la clase de conflicto en cuestión[6]. Menos aún se pueden mencionar tópicos clásicos para el feminismo, como el placer (que hoy oscila entre los polos posmodernista del hedonismo *cool*, y el mucho más serio pero no por ello menos estetizado y retorizado asunto del deseo/el goce, modulados en un registro heredado de Lacan) o la libertad, asunto decididamente pasado de moda, acuciadas como estamos por la necesidad de obtener algunos derechos en una coyuntura en la que el enemigo no ha dejado de vencer[7]. Derechos, por otra parte, cuyo sentido dista de ser aceptado por el conjunto de las feministas como una herramienta emancipatoria.

Muchas, a la zaga de Derrida, ponen en cuestión el valor de los derechos, concebidos como demasiado ligados a una lógica de propiedad aplicada sobre el propio cuerpo y a lo que Laura Klein, por ejemplo, no ha dudado en denominar el juridicismo de los '90, que nos habría conducido a "una ilusión miserable: la vara jurídica como panacea existencial" que transforma el cuerpo en cosa, en objeto de derecho sobre el que se ejerce, como sobre un ente cualquiera, propiedad (Klein, 1999: 77).

Teoría y política: de los dorados '60 al fin de la historia

Si hace más de un siglo en la *Tesis 11* Marx anunciaba que había llegado el momento de transformar el mundo, y no sólo de interpretarlo, hoy el distanciamiento entre teoría y política adquiere una multiplicidad de formas que obedecen a los cambios en la relación entre economía y cultura, entre teoría y política. El peso de los retrocesos sociales y políticos hace sumamente dificultoso imaginar un proyecto emancipatorio. Si Sartre, en un espacio social marcado por las insurrecciones estudiantiles, la emancipación nordafricana y la revolución cultural china, había pensado que el marxismo constituía el horizonte obligado de todo pensamiento y había marcado con crudeza las consecuencias de la expansión colonial de Occidente, hoy es claro que las marcas están dadas por la caída del muro, el predominio del neoliberalismo y la fragmentación de las izquierdas. A ello hay que sumar, sin duda, alguna expectativa naciente pero aún incierta[8]. De modo que la respuesta a cuáles han de ser las herramientas teóricas para pensar un presente tenso constituye un espacio de disputa.

Debatimos en un terreno que no hemos elegido, un terreno en el cual la democracia sin atributos, por lo tanto la que (se dice) 'brota naturalmente' del suelo del mercado y la libre competencia capitalista se presenta como la panacea de todos los males. La asociación democracia -capitalismo se esgrime con la fuerza de las evidencias irrefutables aún cuando la experiencia de mayor éxito, la de la edad de oro del capitalismo haya demostrado la excepcionalidad del maridaje, aún cuando resulte más o menos claro que la recesión no tiene fin, que los procesos de ciudadanización constituyen hoy por hoy sólo parte de una retórica tan recurrente como vacía. Si a la luz de lo antedicho las relaciones entre capitalismo y democracia se advierten cada vez más de exclusión recíproca, sin embargo es preciso contar con esa suerte de 'sentido común democrático' que se ha instalado desde hace más de veinte años e impulsa, como si se tratara de algo natural, la creencia en la afinidad entre democracia, capitalismo y ciudadanización, representada imaginariamente 'a la Marshall' como correlación entre proclamación de un derecho y goce de una garantía.

La democracia que hoy es del caso opera como censura de la experiencia efectiva de las violaciones sistemáticas de la institucionalidad, a la vez que genera una serie de debates en torno del asunto de la ciudadanía y los derechos(Boron, 1997: 70). Es interesante señalar como síntoma la multiplicación de la bibliografía sobre la cuestión ciudadana, así como tener en cuenta a modo de necesaria advertencia la observación de Salvatore Veca: "a menudo se olvida la diferencia que hay entre el tener derechos, como miembro del club de la ciudadanía, y el tener riqueza, influencia, poder, como miembro del club del mercado"(Veca, 1995: 18). La "inflación normativa" del concepto tiende a presentar una cierta escisión entre economía y política. Sin embargo, el asunto fundamental de la cuestión de la ciudadanía consiste precisamente en requerir de un mínimo de inserción con vistas al goce de derechos (Ciriza, 1999 [a]). Hoy, en la Argentina, ese mínimo de inserción está en riesgo. Según información proporcionada por el diario *Clarín*, el 10 % más rico de la población recibe el 37,3% de los ingresos, mientras que el 10% más pobre sólo recibe el 1,3 %. El desempleo ha trepado al 23,8%, mientras los ricos ganan en realidad 45 veces más que los pobres (*Clarín*, 2002).

La insistencia sobre el asunto de la ciudadanía marca a la vez los límites y las presiones en una coyuntura de retrocesos políticos e ideológicos. Por una parte se ha dado en los últimos años una revitalización disciplinar de la filosofía política. Sin embargo, ésta se cumple en un contexto histórico de declinación de los debates propiamente políticos en un ambiente de dominio de la economía sobre la política. Al mismo tiempo, algunos acontecimientos, quizá en sí mismos triviales, constituyen indicadores sociales e ideológicos del retroceso. Derechos sociales que hace veinte años se imaginaban definitivamente conquistados retroceden bajo la andanada neoliberal, y el discurso de las responsabilidades fusiona sin pudor contribuyente, usuario y ciudadano. Al mismo tiempo, en el caso argentino, la Iglesia católica regula y obstruye, cuando no establece, las agendas gubernamentales en lo que a los derechos de las mujeres se refiere. Recordemos el decreto menemista que instituye el día "Del niño por nacer", la oposición a la regulación de la fertilidad, el bloqueo de los intentos de despenalización (no digamos de legalización) del aborto. Todo ello sin siquiera rozar asuntos como el de la tolerancia a la diversidad sexual. Aquello que hoy debatimos las feministas ha de encuadrarse necesariamente en este clima político, derivado de derrotas y límites estructurales que pesan cada vez con mayor fuerza sobre los sectores subalternos, y las mujeres aún lo somos.

Tal vez una de las dificultades no menores para una teoría y una práctica feministas bajo la coyuntura actual sea la de mantener aquello que constituyera nuestra marca de ingreso en el espacio público, allá por los años sesenta: el reclamo por la visualización de la significación política de la diferencia sexual, y el sentido de la justicia y la igualdad. Entonces los feminismos combinaban una extraña amalgama de radicalidad, contestación, marginalidad y exterioridad respecto de los mundos institucionalizados, y un cierto aire insurreccional que hoy al parecer se ha perdido. Las observaciones en ese sentido son confluyentes. Respecto del movimiento feminista francés dice Françoise Collin: "El reciente objetivo de la paridad en la esfera de la representación que anima la escena francesa no puede ocultar esta evolución, y de una cierta forma esta inversión: el desafío feminista que se desplaza de la sociedad civil a la representación, y de la insurrección a la institución"(Collin, 1999: 8). Y en tono de humorada señala la argentina Hilda Rais: "Luego entramos en las leyes del mercado (...)Así fue como la economía doméstica obligó al arte a convertirse en profesión, a constreñirse a presupuestos cada vez más exiguos otorgados por mecnas foráneos o autóctonos por cuyos favores se compite"(Rais, 1996: 93).

El clima de emergencia del feminismo estuvo encuadrado por una época que podríamos llamar de crisis de la modernidad madura. Insurrección, *joie de vivre*, liviano sobrepasamiento de límites, se han transformado (quién mejor para reconocerlo y señalarlo que el conservador Lipovetsky) en afán juridicista. En el plano de la política se trataba de revueltas juveniles: el estallido del '68 y su onda expansiva en el nivel mundial; el reguero de descontento, insurrección y protesta callejera que estremeciera a toda la América Latina tras el proceso revolucionario cubano; la derrota norteamericana en Vietnam; las guerras de emancipación nacional en África. En el plano de la teoría una serie de debates resquebrajaban las nociones de conciencia, sujeto e historia. El lenguaje adquiriría una enorme relevancia a medida que se advertía su peso en la estructuración de las imágenes del mundo, de las identificaciones y los deseos. Ya no se trataba de una cuestión de lógicos o filósofos empeñados en una terapéutica del lenguaje a fin de emancipar a la filosofía del pesado lastre de la metafísica, sino de discurrir y debatir acerca de su incidencia en la organización del mundo mismo, como productor de efectos identificatorios sobre los sujetos, como inductor de experiencias y conocimientos, como espacio de inteligibilidad y sentido, como materialidad significante. El lenguaje sobre el que se discute es el de la lógica del inconsciente, el que interpela al sujeto e induce prácticas y rituales en el espacio de inscripción las genealogías familiares, pero también el que se juega en el terreno mismo de la política (Laclau, 1975).

Una renovación tanto política como teórica acompañó la emergencia de la llamada segunda ola del feminismo.

La conmoción de las certezas obligaba a los marxistas no sólo a debatir acerca de la especificidad de los procesos económico-sociales en cada formación social, o las modalidades y efectos de las relaciones imperialistas, sino a polemizar en torno de la noción misma de clase, demasiado estrechamente ligada al resonante asunto del reduccionismo economicista. Una suerte de nueva luz iluminaba las relaciones culturales, a la vez que mostraba la especificidad de la política y los procesos que anudaban lo individual a lo colectivo en el terreno del lenguaje y del inconsciente. Lo político dejaba de consistir en un problema de sujetos colectivos constituidos como clase en el proceso de producción para ligarse a los territorios imprecisos de la reproducción y la vida cotidiana, a la sexualidad y la escuela, a los espacios de construcción del sentido común tanto como a las relaciones de explotación en el trabajo. Por añadidura, la advertencia acerca del carácter no consciente de la ideología hacía visible el espectro del deseo, las fantasmáticas, interpelaciones y reconocimientos jugados en el lenguaje y en el territorio ambiguo de los imaginarios individuales y colectivos. El corrimiento de la cuestión de la clase, la crítica del reduccionismo economicista, y la relevancia adquirida por el asunto de la hegemonía y las significaciones, desplazaban los intereses teóricos hacia el orden de lo simbólico y la cultura.

La crítica post-estructuralista aparecía para no pocos/as intelectuales como un territorio que permitía hallar respuestas adecuadas a las nuevas cuestiones a la vez que presentaba una mayor cercanía con las preguntas que las feministas se formulaban: el asunto de la diferencia, de las secretas afinidades entre *logos* occidental y falocentrismo, de las formas de inscripción de los mandatos sociales en la subjetividad, de las relaciones entre cuerpo y poder, entre diferencia sexual y política[9]. Ello contribuyó a producir la idea de que existiría una suerte de afinidad electiva entre feminismo y posmodernidad en el campo de la cultura, entre feminismo y post estructuralismo en el espacio de la producción teórica, entre feminismo y nuevos movimientos sociales en el campo de la acción política.

Nacidas de la crisis de los sujetos de la política clásica y anudadas a la conmoción de la noción de clase, las políticas y teoría feministas han sido vistas, a partir de un cúmulo de circunstancias, como difícilmente articulables a la tradición marxista. Sexismo de un lado y una diversidad difícilmente unificable del otro, así como interpretaciones diversas, incluso respecto de los alcances de lo político y lo politizable, han atentado contra las posibilidades de lo que podría llamarse, por parafrasear la ironía de Paramio, alguna forma de 'matrimonio feliz' (Stotz Chinchilla, S/D; Paramio, 1986). Y además, los empeños de mutua renegación no constituyen novedad alguna. Mabel Bellucci recordaba hace no demasiado tiempo las "omisiones" del manifiesto comunista y señalaba: "El Manifiesto Comunista es el llamamiento a la emancipación humana de mayor influencia universal (...) Pese a haber pensado a la clase obrera como un todo, el sujeto enunciado será los varones adultos. En este documento, los particularismos genéricos y etáreos no tuvieron estatuto de conflicto (... sin embargo) existieron demasiadas puntas como para que pasaran desapercibidas de la problemática social de entonces: mujeres obreras, mujeres luchadoras, mujeres escritoras... mujeres aclamando justicia en el espacio de lo público. Mientras que en el espacio de lo privado, la división sexual del trabajo -determinada por la reproducción biológica- fue entendida desde representaciones patriarcales: como una división natural, con todo lo que este sentido invoca" (Bellucci y Norman, 1998). Si el sexismo de Marx no deja lugar a demasiadas dudas, no está de más que se recuerde, en espejo, la renegación que muchas feministas hacen no sólo de las vinculaciones teóricas con el marxismo, sino de toda relación con la izquierda, aún cuando no sean pocas las que provienen de esa tradición en la Argentina[10]. Los años ochenta encontrarían a muchas feministas en la celebración entusiasta de la crisis del marxismo, y en el empeño por subrayar la discontinuidad entre clase y nuevos sujetos. La contraposición entre la escisión leninista entre política y privacía y la clásica consigna feminista mostraban la imposibilidad de articulación. A ello se sumaba la impugnación que el colectivo de mujeres había hecho de la famosa tesis de los dos tiempos: uno para resolver las contradicciones de clase, otro para la emancipación de las mujeres (Pasquinelli, 1986).

En cuanto a los feminismos, no sólo se trata de las marcas dejadas por las condiciones de su emergencia, de la heterogeneidad inevitable ligada a la crisis de los sujetos de la política clásica, de las ambivalencias y dificultades a la hora de articular políticas, sino de una multiplicación acelerada de la diversidad. Las diferencias no sólo refieren a las posiciones ideológico-políticas (la idea ya clásica de Norma Stotz Chinchilla de un feminismo liberal, radical y marxista) o a asuntos de estrategia política ligados a la complejización y ampliación del espectro del movimiento (feministas y movimiento de mujeres, además de las relaciones con el movimiento GLTTB Gay, lesbianas, travestis, transexuales, bisexuales) y a las estrategias relativas al aparato del estado, sino a los énfasis diferenciales bajo los cuales se considere la cuestión de la diferencia sexual. Si en los sesenta y setenta la especificidad de la diferencia podía ser leída en términos de equiparación de derechos y recuperación de un puesto para las mujeres en el orden humano a la manera en que pudiera haberlo hecho Simone de Beauvoir, la idea de una experiencia femenina específica, ligada a lo que en los ochenta (y para la tradición anglosajona) se llamara una ética del cuidado, no tardaría en echar un halo de sospecha sobre las nociones mismas de cultura, humanidad, valores. La experiencia humana misma sería diferente en un sentido fuerte. Las mujeres habríamos sido efectivamente las otras de la historia, las portadoras de un principio otro de cultura, identidad humana, relación con la naturaleza y con los otros /otras.

Ahora bien, ya fuera bajo el signo negativo de la opresión, o bajo el exultante de la radical alteridad frente al mundo de muerte creado por el sexo guerrero, la universalidad y omnipresencia de la opresión femenina en el espacio y en el tiempo dio origen a la creencia en la posibilidad de una cierta unidad. No se dudaba que el feminismo fuera (aún bajo el signo de la pluralidad, la variedad de las experiencias, la multiplicidad de las situaciones) la fuente de un nuevo principio de unificación de la experiencia humana, ligado a la utopía de la hermandad entre las mujeres y al descubrimiento de una subordinación/ alteridad tan radical que nos amalgamaba en un destino de opresión común[11]. En los años setenta y aún en los ochenta las mujeres construirían desde la "invisibilidad" y la exclusión del poder estrategias destinadas al descubrimiento de las poderosas articulaciones entre sexo y política, entre lo personal y lo político. Bajo el signo de las revueltas juveniles que recorrieron el mundo entero lograrían nuevas formas de protagonismo y reclamo, a la vez que una sorprendente articulación entre protesta política y vanguardia cultural, entre producción intelectual y práctica política.

La encrucijada actual, en cambio, ésta de la denominada tercera ola, está marcada por una parte por el aumento exponencial de las desigualdades bajo la expansión del capitalismo global, y por la otra por una fragmentación y multiplicación de las identidades que ha dado lugar a una multiplicidad de prácticas y sujetos. En su fase tardía el capitalismo implica la exclusión de porcentajes crecientes de la población y la concentración de capital en pocas manos, concentración que va de la mano del aumento tanto de las desigualdades entre países centrales y periféricos como de las desigualdades sociales en cada país.

Indudablemente el escenario se ha transformado. Más de treinta años de feminismos nos sitúan ante una fuerte modificación en las relaciones entre sociedad civil y estado, entre teoría y política, entre cultura y política, entre feministas y feministas, ante el desafío de encarar lo que entiendo como un rebrote conservador que impide poner sobre el tapete algunas de las demandas que en otras coyunturas no dudábamos en levantar; pero también ante una suerte de parálisis propia sobre la que me parece necesario reflexionar.

Políticas feministas: acerca de las articulaciones entre política, economía y cultura

Esclarecer la forma de relación entre economía, política y cultura parece un asunto relevante en orden a la cuestión de las políticas feministas. Marcados por la dispersión inherente a las políticas culturales y de la identidad, los feminismos parecen estar habitados por la exacerbación de las diferencias sin que sea posible encontrar un punto de anudamiento, ni tan siquiera de acuerdo entre nosotras. De la imaginaria fraternidad entre las mujeres hemos pasado a la proliferación de posiciones, a la conversión del feminismo en la casi idiolectal versión que acerca de él tenga cada feminista. Y eso, que aparentemente no es demasiado problemático desde el punto de vista teórico, es sólo un síntoma que se convierte a menudo en un obstáculo en el momento de articular acciones. La susceptibilidad narcisista nos hace pasar muchas veces sin escala ni transición de la fraternidad a la imposibilidad de concertar tan siquiera alianzas -no digamos estratégicas, lo que sería mucho desear- sino apenas tácticas. El debate en realidad es inmenso, pero para sintetizar de algún modo cabe traer a colación la perspectiva de Anna Jónasdóttir: "creo que es realista no suponer una hermandad genuina entre las mujeres; incluso ni siquiera solidaridad. Quizá la única unión realista a larga escala es la alianza para ciertos temas. La hermandad, concebida como un lazo afectivo de cierta profundidad, de amistad y a veces de cariño, probablemente sólo es posible entre pocas. La solidaridad, entendida como una vinculación que no presupone necesariamente amistad personal, pero que implica compartir cargas puede ser posible entre muchas. Las alianzas limitadas, sean defensivas u ofensivas pueden considerarse como la unión mínima entre todas las mujeres" (Jónasdóttir, 1993: 248).

Las relaciones entre capitalismo global y cultura presentan una doble faz: por una parte la cultura se fragmenta *ad infinitum* y el posmodernismo, como señala Jameson, se organiza como la forma de legitimación cultural del capitalismo tardío; por la otra, la cultura-mercancía se aleja cada vez más de las posibilidades de producir alguna forma de herida simbólica en el terso espacio del dominio tardo capitalista. Si los puentes entre capitalismo y cultura, entre vanguardias estéticas y formas de contestación política fueron de tránsito frecuente en la llamada edad de oro del capitalismo, y si el modernismo fue un arte de oposición: escandaloso, corrosivo, disonante respecto del principio de realidad establecido, los valores y el sentido común dominante, el posmodernismo en cambio se presenta como conciliador. Difícilmente produzca desacuerdos y escándalo (Jameson,1999). En un mundo de pasiones políticas y estéticas amortiguadas, es poco lo que escandaliza. Como dice Lipovetsky, nada parecía más lejos del clima de época que el disturbio y la confrontación. Sin embargo, la tensión se presenta en otro terreno. Tensión entre un proceso cada vez mayor de concentración capitalista y de unificación económica que coexiste con una fragmentación cultural extrema, colonización capitalista de todos los rincones del globo y reivindicación incluso exaltada de las especificidades locales de todo tipo (étnicas, culturales, religiosas), aumento brutal de las desigualdades y retirada de los ideales de compromiso social (Sen, 2000: 21-57). Es visible además una apelación constante a acuerdos y consensos en un clima de creciente amenaza bélica y de frecuente uso de la fuerza por parte de los poderosos. Esta tensión halla manifestaciones incluso en la "civilizada" Europa, donde la marcha genovesa fue duramente reprimida por la policía. Relata Ezequiel Adamovsky: "En la marcha nos enteramos de que los medios independientes también habían sido atacados con gases, y comenzaron a circular los rumores de que la policía había matado a un manifestante. Al día siguiente veríamos en los diarios la clara secuencia de fotos en las que se ve cómo un carabinero dispara su pistola a un metro de la cabeza de un manifestante desarmado, para luego pasar por encima de su cuerpo inerte con las dos ruedas del jeep policial. Se llamaba Carlo Giuliani, era un okupa hijo de un viejo y querido dirigente sindical italiano, y murió con veintitrés años" (Adamovsky, 2002: 5). No es difícil advertir las afinidades que presenta este acontecimiento con el asesinato de Kosteki y de Santillán en junio de 2002 en la Argentina.

La capacidad de contestación cultural en el viejo sentido de subversión en el campo de las significaciones se disuelve en mansedumbre de mercancía mientras las tensiones no son menores en el plano social: desigualdades crecientes y concentración cada vez mayor de la riqueza en pocas manos; pérdida de las garantías que ofrecía el llamado estado de bienestar; aumento de la pobreza; y caída libre, sin red, para los desocupados y excluidos del sistema. La brutal evidencia del aumento de la cesura social no produce, como en otros tiempos, identidades colectivas claramente polarizadas en torno a un eje de conflicto. Este coexiste con identidades políticas fragmentarias, complejas, difíciles de articular[12].

Si en la edad de oro del capitalismo la tensión entre economía y política hallaba aún un espacio de confrontación en el campo político, y los debates en torno del futuro de la clase obrera implicaban la creencia en alguna forma de articulación entre lo que entonces se llamaba los nuevos sujetos de la política y el proletariado, hoy al parecer la lucha política se dispersa en disputas identitarias que no hallan formas de articulación. Y es que los escenarios se han complejizado. Hemos perdido muchos de los parámetros que orientaban y direccionaban los conflictos y las alianzas en el pasado.

La lucha por el socialismo/las políticas identitarias: ¿caminos que se bifurcan?

Para Ellen Meiksins Wood, la globalización capitalista, la pérdida de un horizonte certero de cara hacia el futuro, la convicción de las dificultades inherentes a la construcción de una sociedad socialista, el fin del proletariado clásico, son traducidos por no pocos integrantes de la izquierda en términos de abandono de la lucha anticapitalista. La estrategia a desplegar, aquella posible dados los estrechos márgenes disponibles, consistiría en el abandono de los objetivos políticos macro y en la búsqueda de estrategias tendientes a liberar espacios en los intersticios del capitalismo por medio de luchas ligadas a las llamadas políticas de la identidad mientras se deja de lado el terreno de la lucha de clases. Desde su perspectiva las políticas de la identidad suponen la pérdida de la idea de un enfrentamiento al capitalismo a partir de una fuerza política inclusiva: "la clase como fuerza política ha desaparecido y con ella el socialismo como objetivo político. Si no podemos organizarnos a escala global todo lo que nos queda es ir al otro extremo. Todo lo que podemos hacer, aparentemente es volvernos hacia adentro, concentrándonos en nuestras propias opresiones locales y particulares" (Meiksins Wood, 2000: 115).

Las políticas de la identidad, de las cuales el feminismo sería una expresión, ilustrarían precisamente esa clase de estrategia de desmantelamiento de objetivos políticos y de concesión apaciguada. Sin embargo, si hemos de tomar al pie de la letra las invectivas de Judith Butler contra Nancy Fraser en una polémica recientemente publicada en la *New Left Review*, de lo que se trataría es exactamente de una evidencia de cierta tendencia marxista a despreciar los nuevos movimientos sociales acusándolos de ser portadores de demandas meramente culturales, y de llevar a cabo una "política cultural" fragmentadora, identitaria y particularista[13].

La acusación de Butler tiene la virtud de mostrar una descripción acertada de las políticas de la identidad y al mismo tiempo poner en evidencia las limitaciones de ciertos argumentos lanzados desde la izquierda. Tal como Butler lo indica: "el énfasis en lo cultural de la política de izquierda ha dividido a la izquierda en sectas basadas en la identidad (...) hemos perdido un conjunto de ideales y metas comunes, un sentido de la historia común, un conjunto de valores comunes, un lenguaje común e incluso un modo objetivo y universal de racionalidad (...) el énfasis en lo cultural de la política de izquierda instaura una forma política autorreferencial y trivial que se limita a hechos, prácticas y objetos efímeros en lugar de ofrecer una visión más sólida, seria y global de la interrelación sistemática de las condiciones sociales y económicas" (Butler, 2000: 110). Argumentos que apelan, desde un punto de vista muchas veces sospechosamente retrógrado y conservador, a la unidad perdida debido a "triviales ofensas" vinculadas al no-reconocimiento de identidad/ identidades. Incapaces de tolerar aquello de iconoclasta que aún en estos tiempos sigue ligado a las demandas feministas, los argumentos esgrimidos desde una cierta izquierda tienen un tufillo que los aproxima demasiado a los de la derecha cultural más conservadora. Desde ambos lados, en definitiva, se apela al retorno a la unidad.

Una breve referencia al caso argentino: en 1997 se llevó a cabo el XII Encuentro Nacional de Mujeres en San Juan. Los encuentros son un espacio compartido por feministas y mujeres de sectores populares en un ritual que se realiza desde 1985 en distintos puntos del país. La feroz oposición de la iglesia católica a la realización del evento sanjuanino estuvo impregnada de vahos de incienso y apelaciones a la Sagrada Familia, en un clima de evidente hostilidad a la reivindicación feminista de legalización del aborto, pero también por la labor realizada desde el interior mismo del Encuentro por algunos partidos políticos que, como el Partido del Trabajo y del Pueblo (PTP), intentan a toda costa invisibilizar la discriminación sexista, una 'trivialidad' frente a la dureza de la situación económica. Como indica con agudeza Marta Vasallo, "a la artillería fundamentalista el Encuentro respondió poniendo el acento en lo social, confinando al rincón de aquello que incomoda y conviene ocultar: los talleres sobre prostitución, aborto, lesbianismo" (Vasallo, 1997: 90).

Es probable que las políticas basadas en la lucha por el reconocimiento supongan limitaciones. Es posible incluso que el terreno de lo cultural implique el abandono e incluso el desconocimiento de la lucha anticapitalista. Sin embargo, no es abogando por la unidad, suprimiendo las diferencias por 'irrelevantes' o desconociendo las demandas en su especificidad que se avanza más rápidamente hacia el socialismo. Tal vez sería interesante considerar que la tendencia a la fragmentación, más que producto sólo del regocijo narcisista en las diferencias o de la resignación ante el avance del capitalismo, obedece a la lógica misma del capitalismo tardío, por aquello de hacer la historia en condiciones no elegidas, pero hacerla.

Concentración capitalista y fragmentación cultural no son sino caras de la misma moneda, de modo que la lógica de la lucha política, en mi entender, no debiera abandonar este carácter de apariencia paradojal -lucha en el terreno anticapitalista y lucha por la identidad- o por decirlo a la manera de Fraser: políticas de la justicia y la identidad, ligadas a ofensas diferentes, es verdad, pero las más de las veces para las mujeres o los gays, las lesbianas y l@s travestis pobres, profundamente imbricadas, necesariamente contradictorias e inescindibles.

Herencias y encrucijadas: ¿qué puede aportarnos a las feministas una reflexión desde el marxismo?

De lo dicho hasta aquí se puede inferir que las nuevas condiciones han traído aparejadas ciertas transformaciones en las relaciones entre política y teoría, entre economía y cultura. Si el panorama pudiera sintetizarse de alguna manera diríamos (a riesgo de simplificar) que las formas de lucha política se ligan a la demanda de reconocimiento a la vez que los escenarios internacionales constituyen, cada vez más, espacios de concentración de recursos técnicos, cognoscitivos y políticos. Las políticas feministas se han bifurcado, por decirlo de alguna manera: de un lado expertas, técnicas, intelectuales transnacionalizadas; del otro, quienes reclaman por el reconocimiento de las ofensas ligadas a sus identidades diversas, o a su carácter de excluidas por el capitalismo. De un lado, políticas de los derechos atadas a acontecimientos de alcance internacional, a la instalación de la cuestión de la democracia y la ciudadanía como asunto central de debate; del otro, proliferación de las diferencias y las identidades, estallido de las diferencias y las desigualdades[14]. En el campo de las producciones intelectuales la tensión puede esquematizarse, tal vez de un modo poco matizado, entre instrumentalización y estetización. Estudios llamados culturales y poscoloniales invaden la escena como herencia de la contestación deconstruccionista y postestructuralista, mientras una andanada de estandarización de proyectos y regulación de los financiamientos instala un estilo de producción que cabría perfectamente en la popperiana tesis de "ingenierías sociales fragmentarias". Las relaciones entre política y economía, entre política y teoría, se han convertido en una suerte de jeroglífico imposible de descifrar.

Mientras el capitalismo se presenta bajo la imagen de alternativa única a través de las narrativas reiteradas de los apóstoles del neoliberalismo, much@s intelectual@s y académic@s producen formas de interpretación teórica cada vez más irrelevantes en orden a la transformación del mundo, una suerte de acertijo incomprensible a los ojos de l@s sujet@s extraños al campo intelectual; a la vez que el campo de la economía se transforma en uno y el mundo es más global que nunca, los espacios culturales se presentan cada vez más como un territorio fragmentado.

Teoría y política constituyen hoy una unidad imposible. Fragmentación cultural y unidad del capitalismo globalizado, las dos caras de una moneda sin otra suerte que ésta: o bien la creencia en el azar catastrofista, que nos libera de toda reflexión acerca de las formas de intervención, de praxis humana, o bien la desencantada constatación de una necesaria, ineluctable, caída en la barbarie. Probablemente se podría resumir el asunto de la siguiente manera, a costa de una simplificación brutal: si el dominio capitalista ha cerrado todo horizonte de praxis política transformadora y el mundo ha devenido un jeroglífico indescifrable, y si por añadidura descifrarlo de nada sirve porque se han roto las articulaciones entre teoría y praxis política, la salida sólo puede proceder del azar, de un acontecimiento inesperado más allá de las fuerzas y las capacidades humanas, o bien el derrumbe en la barbarie capitalista es un destino ineluctable, anunciado hace más de tres décadas, en 1967, por el film *El planeta de los simios* de Franklin Schaffner.

Las transformaciones en el orden económico han implicado también una redefinición de la relación entre economía y política. Como afirma Meiksins Wood, la estructura de producción y explotación del capitalismo tiende a fragmentar la lucha de clases, a domesticarla, a hacerla local y particularista (Meiksins, 2000: 115). Esto es: mientras el capitalismo se globaliza, las luchas políticas tienden a ser presentadas como asuntos locales y dispersos, escaramuzas circunscritas a un lugar, intempestivas irrupciones en las escasas fisuras del capitalismo global. Por añadidura, una profunda escisión entre economía y política parece autorizar una visión escotomizada que tiende a separar y abstraer cada vez más las consideraciones acerca de la política separando derecho y garantía, emancipación política y social, ciudadanía y mercado, economía y política. Ello explica en buena medida la fragmentación, pero también, precisamente por ello, hace imprescindible una teorización de las articulaciones que existen entre economía y política, entre economía y cultura: una mirada que nos devuelva las conexiones entre las resistencias a la globalización capitalista y las identidades específicas, que establezca conexiones entre l@s okup@s europe@s y l@s trabajador@s desocupad@s que en la Argentina enfrentan también a una policía cada vez más brutal y represiva.

La lógica del capitalismo tardío ha implicado la mercantilización extrema de los productos culturales, a la vez que la profundización de la división entre trabajo manual e intelectual hasta límites desconocidos. La conversión de la cultura en mercancía reproductible y desacralizada, así como la fragmentación de las prácticas, conduce, lejos de lo que sostienen algunas interpretaciones en circulación ligadas al énfasis en el alivianamiento y la democratización (Landi, 1986) o a la creencia en un desplazamiento del campo de la producción al de los consumos (García Canclini, 1997), a un dominio directo de la economía sobre la cultura, así como a una creciente instrumentalización de los saberes.

No se trata, como afirman algunos posmodernizantes y deconstruccionistas *à la page*, de un mundo en el cual todo ha devenido simbólico, o cultural. En todo caso se ha cumplido un proceso de máxima abstracción ligado al dominio directo de la economía sobre la cultura, la política, la teoría.

Intercambiamos abstracciones, pero es la lógica del intercambio, y del intercambio mercantil, lo que constituye hoy por hoy, como hace más de dos décadas señalara Alfred Sohn Rethel, la forma de la síntesis del lazo social. Dominio directo de la economía, subordinación del trabajo intelectual a las demandas directas del capital bajo la forma de saberes técnicos no sólo referidos a las tecnologías de intervención sobre la naturaleza, sino a las de administración de las cosas y los 'recursos humanos' (Sohn Rethel, 1979; Ciriza, 1999 [b])[15].

El mundo del capitalismo tardío es simultáneamente el de la proliferación de las identidades diferenciales en el campo de la política, ligadas, se dice, a diferencias culturales. Y es también un mundo en el cual las relaciones entre teoría y política se desarticulan de manera acelerada. Los saberes académicos o bien se especializan y vinculan de una manera cada vez más explícita a requerimientos de tipo técnico, o bien se estetizan, acoplándose a la herencia posmoderna o post-estructuralista, apelando a lo que algunos no dudan en considerar como la forma sublime de politización de la teoría: la atención a una retórica cada vez más estetizante y, mal que nos pese, no sólo incomprensible para no iniciados, sino a menudo impotente y estéril. Es preciso señalar que esa argumentación no supone el rechazo de las conexiones entre arte y política ni la creencia en la argumentación racional como vía ni espacio privilegiado. Sin embargo, desde mi punto de vista, el arte no es la única vía de politización posible, ni la cultura el terreno privilegiado de contestación y revuelta, aún cuando sea importante. El terreno de la memoria, la recuperación de las experiencias de subalternas y subalternos, la exploración en torno de la inevitable pesantez del pasado que no se disuelve en el aire de una retórica más o menos poética, constituyen dimensiones de la práctica política que es preciso considerar.

Se impone con urgencia una lectura que permita advertir las conexiones entre prácticas y teoría teniendo en cuenta que los procesos que cruzan las relaciones entre académicas, técnicas y militantes, entre teóricas y políticas, exceden las fronteras del feminismo. Es preciso no ignorar que los requerimientos de división del trabajo nos alcanzan y suponen una recolocación de nuestros lugares como intelectuales; que los procesos de los últimos años han conducido a la diferenciación de las prácticas, a la especialización y la profesionalización, a la institucionalización y a la fragmentación, a la autonomización de los saberes y a una dependencia mucho más estrecha respecto de las demandas de la academia que de las demandas del ¿movimiento? feminista y de mujeres.

A diferencia de lo ocurrido en los dorados '60, hoy las feministas se hallan concentradas en la academia, refugiadas en ONGs, profesionalizadas en consultoras, institucionalizadas en el estado. A diferencia de lo ocurrido entonces, los grados de relación con el estado son estrechos: hemos hecho nuestra política y bebido amargos desencantos. A diferencia de lo ocurrido en los '60, tenemos leyes y convenciones, celebraciones y cupos, pero también ausencia de garantías para semejante proliferación legal e índices cada vez mayores de exclusión y pobreza, así como también un clima de conservadurismo visceral que hace inescuchables las demandas de otros tiempos.

Desde el marxismo como campo teórico hay quienes tenemos algo para decir. Algo más que recomendaciones relativas a la demanda de unidad y a la supresión de las políticas de la identidad, algo más que debates a propósito del carácter lateral o decisivo para el capitalismo de las ofensas relacionadas con la identidad sexual y el heterosexismo obligatorio. Tal vez lo que las feministas que procedemos de la tradición marxista podamos aportar sea un punto desde cuyo horizonte se pueden hallar los nexos entre economía y cultura, entre globalización tardo-capitalista y fragmentación cultural y política como escenarios producidos a lo largo de un proceso histórico no lineal ni progresivo, que ha desembocado bajo el capitalismo tardío en la conjunción entre desigualdad creciente en el orden económico y social y pasivización cultural, entre aumento de las desigualdades y estallido de diferencias. Esto sin embargo no implica la aceptación sin más de la exigencia de unidad y supresión de la especificidad de las demandas de quienes, desde identidades diferenciales, contestan el heterosexismo obligatorio.

En este punto no deja de ser relevante recordar aquello de la historia y la dimensión histórica y determinada de las prácticas. Los años '60 dejaron como herencia una crítica al reduccionismo economicista y a la unificación represiva de las diferencias. El señalamiento del carácter heterogéneo de los sujetos de la revolución nos dejó una serie de observaciones relevantes acerca de las relaciones entre producción y reproducción, entre condiciones estructurales y división sexual del trabajo. Las nuevas interpretaciones permitieron comprender la vinculación entre cuerpo y política, entre trabajo productivo y reproductivo, entre patriarcado y capitalismo, pero también hicieron advertir cuánto de patriarcal anidaba y anida aún en la propia tradición. La demanda de unidad, asumida en términos de intento de supresión de la diferencia, se sustenta en una suerte de expectativa de retorno a la unidad perdida bajo el signo de una nueva ortodoxia que minimice la cuestión de la diferencia sexual colocándola como reclamo secundario ante las urgencias de la hora. Conocemos los efectos históricos de obediencias y ortodoxias. Tal vez sea preciso recordarlos. La advertencia final del trabajo de Butler respecto del desprecio marxista por lo 'meramente cultural' debiera constituir un acicate, así como su aseveración relativa a "la comprensión de esta violencia (encerrada en la imposición sistemática de la unidad contra homosexuales y réprobos de todo tipo) ha motivado la adhesión al postestructuralismo de parte de la izquierda" (Butler, 2000: 121).

El acierto de Butler cuando objeta las posiciones que atribuyen a los combates contra el heterosexismo obligatorio un carácter meramente cultural no implica sin embargo que su posición sea adecuada en lo relativo al tipo de teoría necesaria para una interpretación de las condiciones bajo las cuales nos toca intentar hoy transformar el mundo. Los entusiasmos deconstructivos pueden ser leídos en clave de complemento de la eficacia instrumental de los decisores de organismos internacionales. Sin embargo la parodia sokaliana relativa al idiolecto obligatorio para circular en el campo de las ciencias sociales puede ser -y ello me parece en buena medida indudable- una muestra de ortodoxia reduccionista de izquierda marxista primitiva, una impostura en la que, como ha señalado Roberto Follari, se entrecruzan asuntos de índole disciplinar y político, pero también un síntoma de los efectos que muchas veces conllevan las políticas de reconocimiento y la reclusión en el mundo académico. Deconstruir no es equivalente a politizar, políticas culturales no significa en modo alguno ni inmediato innovación política. Nada hay de privilegiado en la perspectiva posmoderna.

Por cierto tampoco en la perspectiva marxista. La herencia crítica de los '60 no es en modo alguno obligatoria. Sin embargo, en mi entender, una asunción selectiva del legado puede abrir el horizonte hacia las tensiones irresueltas del presente, hacia la tolerancia ante la incertidumbre del momento histórico y ante la imposibilidad de cerrazón discursiva o lógica de las prácticas. Es interesante recordar que, como indica Del Barco: "No existe un concepto puro, desgajado de lo real, ni tampoco un real puro. Se trata de la heteronomía material que escinde la unidad basada en el sujeto trascendente. Una vez producido el estallido del espacio teológico del sujeto el pensamiento se constituye como la forma concreta de un real descentrado y disperso" (Del Barco, 1979). Imposible unidad del sujeto, imposible unidad entre práctica y teoría.

Las lógicas secretas que hacen de un producto cultural una mercancía, y de una demanda identitaria un efecto de las leyes del mercado, constituyen un entramado complejo que hace que muchas veces el hilo se pierda en el intrincado laberinto del capitalismo tardío. Por ello es interesante considerar la apelación a la unidad y al privilegio de la propia mirada a la manera de un síntoma. Es preciso una cierta vigilancia que permita advertir que no sólo las viejas tradiciones teóricas se nutren de apelaciones a la unidad o del espectro de la plenitud. El espectro de la plenitud no sólo amenaza a los ortodoxos marxistas, ansiosos de recuperar la unidad de la clase, sino a gays y lesbianas, travestis y transexuales cuando buscan en el campo de la política respuesta plena a demandas demasiado ligadas a la propia subjetividad como para constituir una demanda plenamente politizable. Una de las dificultades indudables para una política feminista y para una articulación adecuada entre izquierda cultural y social es que el anclaje de las demandas a la cuestión del reconocimiento, desde el punto de vista práctico, suele conducir, si no existe una perspectiva política más amplia que permita advertir las escisiones y diferencias en sociedades complejas, a políticas de subjetividades desgarradas[16].

De alguna manera lo que suele estar presente es el pedido de inscripción plena de nuestras subjetividades en el espacio de la política es la imposibilidad de diferenciar entre demanda narcisista de completud y demanda política. El juego político en las sociedades avanzadas, incluso para nosotras, feministas, implica formalización y abstracción, negociación y renuncias, puesto que se trata de demandar en un espacio marcado por la historia, la lucha de clases, la desigualdad, procesos históricos que, entre otras cosas, han dejado un brutal saldo de desigualdades, injusticias y derrotas cristalizadas en estructuras sociales y lógicas autonomizadas, además de una injusta, y las más de las veces despiadada, desconsideración de l@s diferentes. Ni qué decir si se trata de desiguales y diferentes.

Desde mi punto de vista, en tanto que heredera fragmentaria y selectiva de una tradición compleja y múltiple, me interesa recuperar la mirada hacia la historia como producto de las prácticas humanas; la apelación a la relación entre pasado y presente, así como la necesidad de instalarse en el terreno de la historia y de construcción de memoria como asuntos urgentes en orden a la edificación de hegemonía. La recuperación de las genealogías y las derrotas de los subalternos, esas derrotas que alimentan el odio inextinguible a la opresión, es, desde este punto de vista, una tarea ligada a la búsqueda de dirección y orientación para una praxis emancipatoria(Benjamin, 1982: 108).

La historia, ese territorio abierto a la praxis, eso que l@s seres humanos hacemos aun en condiciones que no elegimos, esa herramienta indispensable cuando de mostrar la genealogía humana -demasiado humana- de una práctica o una institución, constituye un lugar estratégico. De allí, como indica Jameson, que la idea del fin de la historia se presente como un ideologema tan poderoso, una expresión y representación ideológica de nuestros dilemas actuales[17].

Una perspectiva histórica es sin dudas indispensable para advertir que, en un país como la Argentina, donde tan difícil es la distribución de derechos civiles, una política de derechos para gays y lesbianas, travestis, transexuales y bisexuales constituiría un avance, aún cuando haya quienes sospechen de las políticas de los derechos y aún cuando no se pueda dejar de señalar sus inocultables límites. Pero nuestras políticas no pueden detenerse allí. El aumento de las desigualdades golpea a las mujeres de sectores populares, mientras a la sombra del triunfo político e ideológico del neoliberalismo retornan los ideales domésticos.

A mitad de camino entre avances legales que amenazan con convertirse en letra muerta de la ley si no contamos con la fuerza política para sostenerlos, y políticas de la identidad que muchas veces alientan la estetización de la teoría y la fragmentación ad infinitum de demandas que no son directamente politizables, las feministas argentinas, o al menos algunas de nosotras, las que nos reconocemos como herederas de una doble y no siempre articulable tradición, debiéramos intentar recuperar, a partir de nuestras herencias teóricas y políticas, el impulso para la persecución de nuestras utopías de justicia e igualdad y la reivindicación insistente del respeto por las diferencias, aún a sabiendas de la inextinguible tensión que conlleva la inscripción de la cuestión de la diferencia en el campo del marxismo.

Bibliografía

Adamovsky, Ezequiel 2002 "Imágenes de la nueva y de la vieja izquierda. Impresiones de viaje (Londres, Génova, Moscú, Buenos Aires)", en *El Rodaballo* (Buenos Aires) N° 14.

Anderson, Perry 2000 "Renovaciones", en *New Left Review* (Madrid) N° 2, 5-21.

Bellucci, Mabel y Viviana Norman 1998 "Un fantasma recorre *El Manifiesto*: El fantasma del feminismo". Marzo. Mimeo.

Benjamin, Walter 1982 (1941) "Tesis de Filosofía de la Historia", en *Para una crítica de la violencia* (México: Premia editora) 99-131.

Boron, Atilio A. 1997 *Estado capitalismo y democracia en América Latina* (Buenos Aires: Eudeba).

Bourdieu, Pierre 1994 "El campo científico", en *Redes, Revista de estudios sociales de la ciencia,* (Buenos Aires) N° 2, Vol. 1, 131- 160.

Butler, Judith 2000 "El marxismo y lo meramente cultural", en *New Left Review* (Madrid) N° 2, 109- 21.

Ciriza, Alejandra 1997 [a] "Derechos humanos y derechos mujeriles. A 20 años del golpe de estado de 1976", en *Veinte años después. Democracia y derechos humanos. Un desafío latinoamericano,* (Mendoza: EDIUNC).

Ciriza, Alejandra 1997 [b] "Desafíos y perspectivas. Qué feminismo hoy", en *Cuyo, Anuario De Filosofía Argentina Y Americana* (Mendoza) Vol. 14, 53-168.

Ciriza, Alejandra 1999 [a] "Democracia y ciudadanía de mujeres. Encrucijadas teóricas y políticas", en Boron, Atilio A. (Compilador) *Teoría Y Filosofía Política. La Tradición Clásica Y Las Nuevas Fronteras* (Buenos Aires: Eudeba).

Ciriza, Alejandra 1999 [b] "La situación de los/las intelectuales. Condiciones materiales de existencia y diferencia de género en la producción de saber", en *Páginas de Filosofía* Universidad Nacional del Comahue (Mendoza) Año VI, N 8.

"La crisis en los bolsillos: la peor distribución de la riqueza desde que hay datos", *Clarín* (Buenos Aires) domingo 31 de marzo de 2002.

Collin, Françoise 1999 "El diferendo entre los sexos. Las teorías contemporáneas", en *Travesías* (Buenos Aires) Año 6, N° 8, 33-39.

Da Rocha Lima, Valentina 1984 "Las mujeres en el exilio. Volverse feminista" (S/D).

Del Barco, Oscar 1979 "Concepto y realidad en Marx", en *Dialéctica* (México) Año IV, N° 7.

Fraser, Nancy 2000 "Heterosexismo, falta de reconocimiento y capitalismo, una respuesta a Judith Butler", en *New Left Review* (Madrid) N° 2, 123- 134.

García Canclini, Néstor 1996 "Comunidades de consumidores. Nuevos escenarios de lo público y la ciudadanía" en González Stephan, Beatriz (Compiladora) *Cultura y tercer mundo. Cambios en el saber académico* (Caracas: Nueva Sociedad).

García Canclini, Néstor 1997 *Consumidores y ciudadanos. Conflictos multiculturales de la globalización* (México: Grijalbo).

Hardt, Michael y Antonio, Negri 2000 *Empire* (Cambridge, Mass: Harvard University Press) [Traducción al español: *Imperio* (Buenos Aires: Paidós, 2002)].

Hirshman, Albert 1996 "Los conflictos sociales como pilares de la sociedad de mercado democrática", en *Agora* (Buenos Aires) Año 2, N° 4.

Irigaray, Luce 1974 *Speculum de l'autre femme* (París: Minuit). [Traducción al español: Speculum: Madrid, Saltés).

Jameson, Fredric 1996 "Sobre los estudios culturales", en *Cultura y tercer mundo. Cambios en el saber académico* (Caracas: Nueva sociedad).

Jameson, Fredric 1999 *El giro cultural* (Buenos Aires: Manantial).

Jónasdóttir, Anna J. 1993 *El poder del amor. ¿Le importa el sexo a la democracia?* (Madrid: Cátedra).

Klein, Laura 1999 "Los jinetes del derecho frente al muro de la naturaleza", en *Travesías* (Buenos Aires) Año 6, N° 8, 71-77.

Kurtz, Robert 2002 "La privatización del Mundo", en *Folha de Sao Paulo* (Brasil) 14 de Julio. En http://www.argenpress,info.

Laclau, Ernesto 1975 *Política e ideología en la teoría marxista* (México: Siglo XXI).

Landi, Oscar 1986 *Medios, transformación cultural y política* (Buenos Aires: Legasa).

Lipovetsky, Gilles 1999 *La tercera mujer* (Barcelona: Anagrama).

Meiksins Wood, Ellen 2000 "Trabajo, clase y estado en el capitalismo global", en *OSAL* (Buenos Aires) N° 1, Junio, 111-118.

Paramio, Ludolfo 1986 "Feminismo y socialismo: Raíces de una relación infeliz", en Labastida, Jaime (Compilador) *Los nuevos procesos sociales y la teoría política contemporánea* (México: Siglo XXI).

Pasquinelli, Carla 1986 "Movimiento feminista, nuevos sujetos y crisis del marxismo", en Labastida, Jaime (Compilador) *Los nuevos procesos sociales y la teoría política contemporánea* (México: Siglo XXI).

Rais, Hilda 1996 "No comáis vidrio", en *Travesías* (Buenos Aires) Año 4, N° 5, 91-97.

Sen, Amartya 2000 "Compromiso social y democracia: las demandas de equidad y el conservadurismo financiero", en Barker, Paul (Compilador) *Vivir como iguales* (Barcelona: Paidós) 21-57.

Sohn Rethel, Alfred 1979 *Trabajo manual y trabajo intelectual. Crítica de la epistemología* (Bogotá: El viejo Topo).

Stotz Chinchilla, Norma (S/D)"Ideologías del feminismo liberal, radical y marxista".

Vasallo, Marta 1997 "¿Qué hace una feminista en un encuentro como éste?, en *Travesías* (Buenos Aires) Año 5, N° 6, 85-93.

Veca, Salvatore 1995 "Individualismo y pluralismo", en Flores D 'Arcais, Paolo y otros *Modernidad y política. Izquierda, individuo y democracia* (Caracas: Nueva Sociedad) 117-125.

Witte, Bernd 1990 *Walter Benjamin. Una biografía* (Barcelona: Gedisa).

Zizek, Slavoj 1992 *El sublime objeto de la ideología* (Buenos Aires: Siglo XXI).

Notas

1 Los feminismos han devenido, bajo la forma de estudios de género e incluso bajo la menos civilizada de teorías feministas, parte del campo científico, cuyas reglas exigen que el producto obtenido, esto es, el conocimiento científico, sea presentado como relativamente independiente de sus condiciones sociales de producción (Bourdieu, 1994: 131).

2 La crítica respecto de las académicas no es sólo un fenómeno norteamericano. El recelo hacia la especialización constituye un asunto recurrente también en los debates feministas en Argentina, del mismo modo que el señalamiento de la distancia entre reivindicaciones feministas y demandas de las mujeres de sectores populares, cuya aproximación al feminismo ha sido y es conflictiva y problemática. La tercera fase, si hemos de considerar como tal la de la puesta en juego de la diversidad de las mujeres y de las diferentes posiciones feministas, nos toca en ese punto de modo pleno. Sin embargo, tal vez la diferencia respecto de los países centrales resida en la debilidad y fragmentariedad de las experiencias feministas en nuestro país. A esta diversidad entre mujeres (otrora sujeto privilegiado del feminismo) hay que sumar la emergencia del movimiento GLTTB y los estudios queer, a la vez fuente de renovación y de disputa.

3 Vale la pena señalar la pertinencia que mantienen las observaciones realizadas en este punto por la escuela de Frankfurt, tanto en lo atinente a la conversión de la abstracción real en abstracción científica, como en lo relativo al avance de la racionalidad instrumental como forma de organización material tanto del mundo como de las formas de conocimiento acerca del mundo (Sohn Rethel, 1979). La expansión de la instrumentalización cognoscitiva implementada a partir de la intervención de los organismos internacionales, así como la presión que estos modelos cognoscitivos ejercen a través de la exigencia de estandarización de los conocimientos y del imperativo de producir diagnósticos y proyectos capaces de cumplir con las exigencias de intervención focalizada y eficaz (lo que Popper hubiera llamado ingeniería social fragmentaria), constituyen ejemplos frente a los cuales nos hallamos cotidianamente, y respecto de los cuales no siempre disponemos de una explicación adecuada.

4 Dos breves referencias a la política reciente constituyen prueba suficiente: por una parte, la brutal represión policial contra l@s piqueteros y l@s trabajador@s desocupad@s es un indicador de los umbrales de tolerancia del sistema frente a la protesta social de l@s subaltern@s; por la otra, los decretos de la Corte Suprema de justicia intentando prohibir la anticoncepción de emergencia, así como las interferencias recurrentes por parte de jueces y camaristas respecto del derecho de l@s adolescentes a recibir información adecuada sobre sexualidad, anticoncepción, etc.

5 Lo que al parecer ignora Lipovetsky es que la regulación de la relación con la naturaleza, incluido el cuerpo humano, está también subordinada a la lógica de las relaciones sociales establecidas bajo el capitalismo, esto es, la propiedad privada. El capitalismo ha avanzado en la privatización de los recursos naturales, sobre la regulación de las relaciones sociales, en el dominio y control de las nuevas tecnologías, en la colonización y mercantilización de diversos aspectos de la vida humana, incluidos sueños y deseos (Kurtz, 2002). Es indiscutible que hoy existe la posibilidad de realizar modificaciones sobre el cuerpo por la vía de las intervenciones quirúrgicas, pero sería por lo menos ingenuo suponer que esto esté al alcance de tod@s.

6 Para algunos filósofos políticos se trata de conflictos del tipo "uno u otro", en torno de cuestiones innegociables como la vida (Hirshman, 1996: 128). La posición es, sin embargo, contestable.

7 Digo heredado de Lacan, porque en sentido estricto se trata de la transformación de algunas categorías teóricas procedentes del campo del psicoanálisis en herramientas de lectura en el campo de los estudios culturales y la teoría feminista, o de su redefinición en aras de una interpretación filosófico-política de la cuestión de la ideología y el sujeto político (Zizek, 1992).

8 Me refiero a la emergencia de una caleidoscópica gama de experiencias políticas, leídas a menudo como signos de la emergencia de nuevos sujetos de la transformación social. Negri ha optado por llamarlos "la multitud", mientras otros, más precavidos, hablan de "resistencias globales"(Hardt & Negri, 2002: 5).

9 En esos años la psicoanalista, filósofa y lingüista Luce Irigaray se interrogaba por los fundamentos simbólicos de la cultura occidental y publicaba en 1974 Speculum de L'autre femme: ejercicio de lectura de un texto clásico de Freud, La femineidad, el libro desmonta los supuestos falocéntricos que articulan la interpretación freudiana acerca de la constitución de la subjetividad femenina. El concepto de femineidad elaborado por Freud, según Irigaray, deriva del uso de un único modelo de genitalidad, y de una sola forma posible de transitar el complejo de Edipo elaborado sobre el patrón de la experiencia del pequeño varoncito. No sólo un único mapa de la genitalidad, sino un único modelo de deseo y placer, el masculino, deja a las mujeres o bien por debajo o bien por fuera del "modelo", que es masculino. Ahora bien, el a priori y el deseo de lo mismo no se sostiene sino gracias a la dominación que la lógica de lo mismo impone sobre las diferentes.

10 Las conclusiones del estudio de Valentina da Rocha Lima sobre el exilio brasileño son extensibles a las experiencias realizadas por las militantes políticas del cono sur durante la década del '70: de la militancia política en la izquierda al "descubrimiento", las mas de las veces contradictorio y doloroso, del feminismo (Da Rocha Lima, 1984; Ciriza, 1997 [a]).

11 He trabajado sobre este asunto en un escrito anterior haciendo énfasis en los desafíos teóricos de la academización de la producción teórica y los dilemas políticos resultantes del crecimiento acelerado ligado a la incorporación de las mujeres de sectores populares y el ingreso del estado (Ciriza, 1997 [b]).

12 Es imposible en estas exiguas páginas dar cuenta a la vez de la profundidad del proceso de exclusión y de la recurrencia del asunto de la fragmentación de las identidades políticas. Sin embargo, el viraje de los acontecimientos parece mostrar que las afirmaciones de García Canclini relativas a la nueva lógica integrativa y comunicativa de las sociedades massmediatizadas, en las cuales el consenso se organizaría a partir de una multiculturalidad estandarizada, estaban bastante lejos de un diagnóstico aceptable respecto de las formas de constitución de las identidades políticas. Nada parece apuntar en los últimos procesos, tanto en la Argentina como en el orden mundial, hacia una alegre globalización cultural ni hacia una pacífica coexistencia multicultural, pues los procesos de concentración económica y exclusión social comienzan a ser incompatibles con la "lógica integrativa y comunicativa" (García Canclini, 1996: 3).

13 Muchos de los tópicos del debate teórico Fraser/Butler son útiles para pensar la actual coyuntura argentina, debido a la emergencia de nuevas prácticas políticas ligadas al estallido de movilizaciones que inundaron en cascada las calles y espacios públicos entre el 19 y el 21 de diciembre de 2001. Al grito de "que se vayan todos" surgen nuevas prácticas políticas ligadas al rechazo de las formas tradicionales de la toma de palabra, la institucionalidad y la acción. Sin embargo, tal como he señalado en otro lugar, es preciso mantener una postura tensa entre lo viejo que no acaba de morir y lo nuevo que aun no acaba de nacer.

14 Sólo por citar los acontecimientos internacionales más resonantes: la Conferencia Mundial sobre la Mujer realizada en Beijing, el Foro de Organizaciones No gubernamentales que tuvo lugar en Huairou, la evaluación de la aplicación de la Plataforma de Acción, conocida como Beijing+5 .

15 La cuestión de las abdicaciones políticas de la academia ha sido objeto de una interesante cantidad de discusiones en los últimos tiempos. Así al menos lo entendía Marysa Navarro en las VI Jornadas de Historia de las Mujeres y I Congreso Iberoamericano de Estudios de las Mujeres y de Género realizado en Buenos Aires en agosto de 2000.

16 No puedo dejar de señalar, en consonancia con lo indicado por Fraser, que las relaciones entre economía y cultura, entre economía y política, no son simples de aprehender bajo el capitalismo tardío: "En las sociedades capitalistas (...) una institucionalización de relaciones económicas especializadas permite una relativa desvinculación de la distribución económica respecto de las estructuras de prestigio (...) por lo tanto (...) la falta de reconocimiento y la distribución desigual no son totalmente intercambiables" (Fraser, 2000: 125).

17 Si bien el sentido en el que Jameson discurre en "Fin del arte o fin de la historia" (1999) es diferente del apuntado aquí, su reflexión confluye con la nuestra. A propósito de Fukuyama y su célebre texto, Jameson indica que lo que Fukuyama señala en su escrito es la frontera de expansión del capitalismo, la imposibilidad de extenderse más allá una vez cumplida de manera radical la expansión mundial del mercado capitalista, una vez completada la conversión de todo objeto en mercancía, una vez agotadas las posibilidades de colonización y privatización de la naturaleza, una vez cerrada la fuga hacia adelante del progreso. También los límites de nuestra imaginación política ante el futuro.

Para recordar algo de la relación entre izquierda y democracia

André Singer*

Política e igualdad

Me propongo en este breve escrito reflexionar sobre dos aspectos que tienen que ver con la relación entre la izquierda y la democracia. El objetivo es volver a algunos temas que juzgo centrales para la actualidad política.

El primero empieza por restablecer que la democracia moderna fue hecha para defender la libertad, mientras que el segundo se relaciona con la posibilidad de ampliación de la participación cívica en el interior de la democracia moderna.

La pregunta general que deseo contemplar en este texto es: ¿es la democracia moderna real un valor desde el punto de vista de la izquierda? Considero importante enfrentar el problema, a la vez teórico y práctico, de la relación entre el pensamiento de la izquierda y la cuestión de la democracia. Elegir el punto de vista de la izquierda no es solamente una cuestión de preferencia personal, sino también de creer que los términos izquierda y derecha no han dejado de tener significado conceptual en el mundo contemporáneo. Siguen teniendo sentido en la medida que abordan un tema que desde mi punto de vista seguirá siendo fundamental siempre: el de la igualdad.

---

* Estas líneas reflejan una exposición oral presentada en el marco de las *Segundas Jornadas de Teoría y Filosofía Política. Ciudadanía, civilización y civismo: la teoría política ante los nuevos desafíos* realizadas entre el 28 y el 30 de agosto del 2002 en Buenos Aires, Argentina.
** Politólogo y periodista. Profesor del Departamento de Ciencia Política de la Universidad de São Paulo (USP). Fue Secretario de Redación de la Folha de São Paulo, y vocero de campaña del Partido de los Trabajadores (PT).

El tema de la igualdad es planteado por la propia naturaleza humana. Nosotros somos distintos, tenemos capacidades distintas, hacemos opciones distintas y por lo tanto obtenemos resultados distintos de nuestras acciones en el mundo, en lo que dice respecto a un montón de cosas, entre ellas a la acumulación de bienes materiales. Como creo que demuestra Rousseau (1973) -aunque muchas veces no sea leído de esa forma- la evolución de la desigualdad es natural. Lo que no es natural es la igualdad. Por eso la igualdad se pone como un valor por el cual determinados sectores de la sociedad pugnan en la lucha política.

Esto ocurre, evidentemente, porque para esos sectores la igualdad es más necesaria, más importante que para otras. Ahora bien, cuando hablo de izquierda y derecha, estoy hablando de algo que existe antes de la invención de esa denominación espacial que como ustedes saben tiene que ver con la disposición de los diputados en el hemiciclo de la asamblea francesa durante la revolución. Estoy hablando de algo que se puede identificar, en realidad, desde la antigüedad. La contraposición de la cual hablaba Maquiavelo, entre los grandes y el *popolo minuto*, tiene que ver con esto, con ese conflicto central que continuará existiendo y que en fases como ésta, de avance del capitalismo, se agudiza más.

Desde mi punto de vista ese conflicto seguirá existiendo, lo cual implica que nosotros vamos a seguir teniendo una izquierda y una derecha en la política, aunque éstas puedan incluso cambiar de nombre. El problema no son los nombres, sino los contenidos que están por detrás de ellos.

Izquierda y libertad política

Si la izquierda es uno de los polos del conflicto político, me parece importante que nosotros lo entendamos. El tema de la relación entre la izquierda y la democracia trae a colación a su vez el tema clásico de la relación entre la igualdad y la libertad.

La democracia moderna tiene que ver con el problema de la libertad. Yo diría que la democracia de los antiguos tiene que ver con la cuestión de la participación, de la completud del ser humano como alguien que participa del espacio público, sin lo cual no es considerado un ser humano completo, mientras que la democracia moderna tiene que ver específicamente con la cuestión de la libertad, en el sentido de evitar la tiranía, de evitar el despotismo, por lo tanto en su sentido negativo.

Los norteamericanos, que, para decirlo de manera sencilla 'inventaron' la democracia moderna en el siglo XVIII, la inventaron como una forma de evitar el despotismo. Cuando digo que es importante enfrentar el problema de la relación de la izquierda con la democracia, en otras palabras quiero discutir la relación entre la libertad y la igualdad.

Pienso que amplios sectores de la izquierda en los últimos años han incorporado una noción favorable a la democracia. Pero muchas veces eso ha ocurrido en un sentido que tiene menos que ver con evitar el totalitarismo que con la cuestión de la igualdad política. La incorporación de la democracia por la vía de la igualdad es mucho más fácil para la izquierda que la incorporación de la democracia por la vía de la libertad. Considero que tenemos la obligación de enfrentar ese tema.

El tema de la libertad es fundamental porque recién estamos saliendo de un siglo de totalitarismo. Además, no me parece que el totalitarismo esté excluido del horizonte de la humanidad. Creo que algunas contribuciones del psicoanálisis confirman lo que decía sobre eso Montesquieu (1975) en el siglo XVIII: el barón afirmaba que hay dos leyes fundamentales en la política. La primera es que cualquier poder librado a sí mismo tiende a lo absoluto. El poder no se frena a sí mismo. Mi impresión es que hay aportes en el psicoanálisis que sustentan esa afirmación, desde un punto de vista que tiene que ver también con la naturaleza humana. Es que en cierta medida el inconsciente tiene algo de totalitario, y si no camina hacia el totalitarismo es porque nosotros desarrollamos un aparato psíquico que nos civiliza, nos mantiene contenidos. Pero estos impulsos totalitarios no pueden ser eliminados. El gran descubrimiento del psicoanálisis es que esos impulsos estarán con nosotros hasta nuestra muerte. Ellos aparecen de formas cambiantes, distintas, en manifestaciones inconscientes. Nosotros no actuamos de forma totalitaria porque somos 'civilizados', pero muchas veces, cuando hay situaciones de guerra, por ejemplo, las personas pierden los límites, porque son autorizadas a perderlos.

La segunda ley de Montesquieu afirma que lo único que puede limitar el poder es otro poder. Esto plantea una cuestión fundamental que la izquierda no ha incorporado profundamente: el problema de que el poder tiene que ser dividido, no puede ser unificado. La única garantía, o por lo menos esperanza (garantías de hecho no hay), que nosotros tenemos de evitar el totalitarismo, es dividir el poder. Y hay que dividirlo en muchos pedazos. Hay un pasaje en el texto de los norteamericanos que crearon la democracia, que es *El Federalista*, que dice que la intención de la democracia es la fragmentación del poder, no solamente en tres poderes, el judicial, el parlamentario y el ejecutivo, sino en una serie extensa de frenos y contrapesos.

Eso hace que cuando uno analiza la constitución norteamericana surja la siguiente pregunta: ¿cómo puede funcionar ese sistema? Porque hay tantos frenos y contrapesos que nadie puede decidir nada. Madison decía: funciona porque tiene que funcionar, pero nuestro objetivo es que funcione lo más lento posible. Así que el objetivo de la democracia es funcionar lentamente, no está hecha para funcionar rápidamente.

Esto es terrible desde el punto de vista de la izquierda, mas aún de la izquierda latinoamericana, que se enfrenta a problemas sociales graves y urgentes. Nosotros tenemos que comprender bien el problema que está en la esencia de la democracia moderna: el problema de la libertad. Los norteamericanos no concibieron un sistema para que el pueblo tomara decisiones. Yo tampoco diría que concibieron un sistema para que el pueblo no tomara decisiones. Desarrollaron un sistema complejo para que el pueblo tuviera oportunidad de participar, pero con muchos frenos, con muchos contrapesos, porque el gran temor era la tiranía de la mayoría.

Cuando uno habla de la tiranía de la mayoría, siempre hay que recordar que Adolf Hitler ganó las elecciones. No hubo, en un primer momento, un golpe de Estado. O sea que la cuestión de la tiranía de la mayoría no es una ficción. Hay que recordar también que no es por otro motivo que la extrema derecha europea contemporánea adhirió a la democracia.

La extrema derecha europea adhirió a la democracia porque puede ganar las elecciones. Ganar elecciones, como decía Schumpeter (1965), no es una señal de valor. Cualquiera puede ganar las elecciones.

Democracia y progreso cívico

La democracia es un procedimiento. Como procedimiento, no implica un resultado. La voluntad de la mayoría no es siempre lo mejor, es simplemente la voluntad de la mayoría. Entonces surge esta pregunta: ¿es la democracia -en su dimensión mínima- un valor en sí?

Pienso que pese a todo la democracia en su dimensión mínima es fundamental. Con eso no quiero decir que nosotros no debamos pensar en ir hacia adelante. Pero no es posible avanzar sin entender la importancia de la democracia en su dimensión mínima. Entenderla para desarrollarla a partir de ella misma y no en contra de ella: ésta es la cuestión central.

Yo me pongo acá en defensa de la democracia que tenemos, con todos sus problemas, porque esta democracia es un régimen en el que los gobernantes son escogidos en elecciones libres en que más de un equipo compite por el poder con libertad de expresión. Son elecciones abiertas, donde la mayoría escoge quién va a gobernar, y quién va a controlar al que gobierne.

A eso yo agregaría algo que no está claro en Schumpeter y que también se debería considerar como una parte de la democracia mínima: la alternancia en el poder. Para dar un ejemplo práctico, yo diría que no había democracia en México hasta que el señor Vicente Fox ganó las elecciones hace poco tiempo. Mientras no haya alternancia en el poder, de hecho, no hay democracia en su dimensión mínima.

¿Qué pasa con esa democracia en su dimensión mínima? Dos cosas: en primer lugar, es muy insatisfactoria, porque no garantiza que los resultados sean buenos. Entonces, esta democracia, entendida como procedimiento, ¿es un valor que nosotros tenemos que defender en cualquier hipótesis?

Yo diría que sí, porque de alguna forma garantiza la libertad y permite una extensión de la participación. Libertad y participación son, evidentemente, valores. Stuart Mill (1995) dice que la democracia real, la que tenemos, puede enseñar a los ciudadanos a transformarse en aristócratas del espíritu. Aristócratas del espíritu son quienes tienen la actitud, la capacidad y el tiempo necesarios para participar de los asuntos públicos con verdadero espíritu cívico y responsabilidad, esto es, pensando en los intereses colectivos por encima de los particulares.

Esa visión tiene todo que ver con la idea de que la ciudadanía puede participar en el gobierno en tanto desarrolle la virtud cívica. En la democracia real, los que no forman parte del pequeño grupo que disputa las elecciones no participan, como decía Rousseau. Sólo participan en el día de las elecciones. Bobbio (2000) dice que hay dos democracias: la democracia real, que es la que tenemos, y la democracia ideal, que es una a la cual nos gustaría llegar. Una democracia donde todos participaran de los asuntos públicos es técnicamente posible. El problema no es técnico, sino de otra naturaleza. Hay posibilidades de avanzar hacia esa democracia ideal, pero no de llegar a ella. En eso estoy de acuerdo con Bobbio: lo ideal es ideal porque no es posible llegar a ello. Lo cual no quiere decir que no sea un horizonte hacia el cual podamos avanzar.

Para finalizar, quiero decir que así como podemos avanzar, podemos retroceder. Y me parece que la democracia real está retrocediendo con respecto a ese horizonte: estamos en una fase en la cual la democracia está empeorando y no mejorando. Yo plantearía como algunas causas de este deterioro los altos niveles de desigualdad económica y material (los millones de personas que se encuentran sumidas en la miseria tienen pocas posibilidades de acceder a la participación) y la concentración y el accionar de los medios de comunicación. Los medios de comunicación llevan adelante un proceso de des-educación. En vez de educar, están fundamentalmente involucrados con el proceso de competencia comercial, de venta masiva, lo que convierte a los espectadores en un público de masas. Un público de masas es un público regresivo y nunca un público progresivo. Entonces, cuanto más la sociedad se torne una sociedad de masas, menos progreso democrático tendremos.

Finalmente, un fenómeno que refleja lo peor de la calidad democrática es la 'presidencialización' de las democracias europeas. Esto de que las elecciones en Europa se hayan ido presidencializando, en el sentido de norteamericanización, que se hayan ido personalizando en torno a técnicas de marketing, es un retroceso democrático y no un avance. Estamos frente a algunos desafíos de esta democracia real, y si no los enfrentamos, aceptándola, no avanzaremos hacia la democracia ideal que queremos los de izquierda.

Bibliografía

Rousseau, Jean Jacques 1973 (1755) *Discurso sobre a desigualdade entre os homens* (São Paulo: Abril).

Montesquieu 1975 (1748) *O Espírito das Leis* (São Paulo: Abril).

Madison, James, Hamilton, Alexander y Jay, John (1780) *O Federalista* (São Paulo: Abril).

Schumpeter, Joseph 1965 *Capitalismo, socialismo e democracia* (Rio de Janeiro: Editora Fundo de Cultura).

Stuart Mill, John 1995 (1860-1861) *O governo representativo* (São Paulo: Ibrasa).

Bobbio, Norberto 2000 *Teoria Geral da Política* (Rio de Janeiro: Campus).

La libertad política en Montesquieu: su significado

Enrique Aguilar[*]

> *"[...] todos los antiguos respetos se veían amenazados. Montesquieu no deseaba perturbarlos, pero su obra iba a actuar sin él"*
> (Mornet, 1969: 77)

La expresión 'República y Democracia: entre la antigüedad y el mundo moderno', que sirviera de título a la sesión de las Segundas Jornadas de Teoría y Filosofía Política en las que se presentó este trabajo, resulta lo suficientemente estimulante como para dar origen a una amplia variedad de estudios relativos, por ejemplo, a las acepciones de los vocablos en juego, a las dos latitudes históricas mencionadas, a la diversidad de discursos que versan sobre el particular, e incluso a la feliz recuperación que el debate contemporáneo viene haciendo de las fuentes más representativas del republicanismo.

Inicialmente, el título antedicho me llevó a pensar en Benjamin Constant, quien, como nadie ignora, popularizó la distinción entre las llamadas dos libertades, política y civil, o bien antigua y moderna, conforme él las denominó. No me referiré aquí a su célebre discurso de 1819, pronunciado en vísperas electorales siendo el propio Constant candidato, circunstancia ésta que indujo a algunos intérpretes a tildar de oportunista la vena republicana de sus últimas líneas, como si en verdad no hubiese sido la experiencia bonapartista la que enseñara al autor hasta qué punto la libertad individual no puede sobrevivir sin algún tipo de compromiso ciudadano (Holmes, 1984: 19-22; Aguilar, 1998: 193-196).

---

[*] Director de la Escuela de Ciencias Políticas, Universidad Católica Argentina (UCA).

El trabajo, en cambio, estará centrado en Montesquieu, cuya concepción de la libertad allanó sin duda el camino para la distinción de Constant. Comencemos por recordar, en efecto, los renglones iniciales del Libro XI de *El espíritu de las leyes*, donde el autor se hace cargo de la equivocidad intrínseca a ese vocablo para concluir que en definitiva cada pueblo "ha llamado libertad al Gobierno que se ajustaba más a sus costumbres o sus inclinaciones" (Montesquieu, 1987: 106).

Así es como en las democracias, añade Montesquieu, se ha confundido frecuentemente "el poder del pueblo con su libertad" (ibid.): el autogobierno colectivo, por un lado, fórmula que de inmediato nos remite al mundo antiguo y al paradigma de la política basada en la virtud, y, por el otro la libertad, que en su atributo básico será entendida por Montesquieu no en términos participativos sino como un sentimiento de confianza en la seguridad individual. Para ilustrar este contraste basta con remitirse al capítulo "Algunas instituciones de los Griegos" (IV, 6), descriptivo de ese contexto de educación en la virtud, frugalidad, exigüidad del territorio e indignidad de las profesiones comerciales, propicio para el ejercicio de una ciudadanía activa, y, opuestamente, al capítulo "De la constitución de Inglaterra" (XI, 6) del cual es fácil inferir hasta qué punto Montesquieu, aunque no usara la expresión 'libertad moderna', tenía conciencia de ella al definirla textualmente como "la tranquilidad de espíritu que nace de la opinión que tiene cada uno de su seguridad", a lo cual agregaba: "Y para que exista la libertad es necesario que el Gobierno sea tal que ningún ciudadano pueda temer nada de otro" (1987: 107).

Mirada desde el Libro XI, la teoría hilvanada en los Libros II al V, según la cual la libertad política depende, en su manifestación democrática, de las condiciones de posibilidad vigentes en las austeras repúblicas antiguas, parece haber sido desplazada. Es que su residencia en Inglaterra había de sugerirle a Montesquieu la idea de que la libertad puede ser también resultado, a falta de aquellas condiciones, de una disposición institucional adecuada (Sabine, 1975: 407). Por consiguiente, el libro XI marcará, como ha precisado bien Natalio R. Botana, la distancia entre dos mundos diversos: el que diera contexto a la república democrática como expresión de una forma pura de gobierno, y el mundo de la modernidad, "expuesto mediante un régimen mixto que dispone a los poderes y a las fuerzas sociales en recíproco control, al paso que da libre curso a las pasiones antes contenidas en un molde estrecho" (Botana, 1984: 24). Dicho de otra manera, la distancia que media entre una libertad concebida sobre la base de "un sujeto virtuoso en unión moral con el cuerpo político" y la libertad moderna que, a su turno, "habrá de abandonar esa exigencia de participación y de bien público, inscripta en el alma del ciudadano, para reposar sobre el sentimiento subjetivo de seguridad individual" (ibid.: 35).

Renglones arriba, dentro del mismo capítulo 6 del Libro XI, Montesquieu había propuesto otra definición en la cual la libertad parece identificarse con la obediencia a la ley. Dice así: "la libertad política no consiste en hacer lo que uno quiera. En un Estado, es decir, en una sociedad en la que hay leyes, la libertad sólo puede consistir en poder hacer lo que se debe querer y en no estar obligado a hacer lo que no se debe querer". Y seguidamente: "Hay que tomar conciencia de lo que es la independencia y de lo que es la libertad. La libertad es el derecho de hacer todo lo que las leyes permiten, de modo que si un ciudadano pudiera hacer lo que las leyes prohíben, ya no habría libertad, pues los demás tendrían igualmente esta facultad" (1987:106).

Se advierte aquí una aparente tensión entre dos componentes: subjetivo el primero, en la medida en que refiere a la 'opinión' que cada ciudadano tiene sobre su propia seguridad, y objetivo el segundo, por cuanto identifica la libertad con la legislación. Es la tensión, como se ha escrito también, entre el derecho positivo y "la verificación por los individuos del sentido de éste para su capacidad de determinarse a sí mismos" (Agapito Serrano, 1989: 102-103). Isaiah Berlin llegó a afirmar que Montesquieu propuso la segunda definición (sobre la que vuelve, entre otros fragmentos, en el capítulo 20 del Libro XXVI) "olvidando sus momentos liberales" (Berlin, 1974: 160), toda vez que en su interior se escondería *avant la lettre* la pretensión rousseauniana según la cual el hecho de forzar a los individuos a acomodarse a la norma correcta -hacer coincidir la libertad con la ley- no sería sinónimo de tiranía sino de liberación. De ahí que, puesto a indagar qué pensaba Montesquieu acerca de la libertad, Berlin prefiera explorar otros aspectos (verbigracia, sus críticas al despotismo, a la Inquisición o a la esclavitud) que a su juicio echarían más luz sobre su escala de valores (Berlin, 1992: 228-232).

Otra es la interpretación de Pierre Manent, para quien estas definiciones, lejos de oponerse o contradecirse, tienden a ser 'progresivamente sinónimas' (Manent,1990: 141-43). En efecto, reiteremos que para Montesquieu la libertad es por una parte el derecho de hacer lo que las leyes permiten: la armonía -visto desde otro ángulo- o aun la identidad entre los deseos individuales y la política gubernamental (Macfarlane, 2000: 49). Es innegable que las leyes pueden encubrir, eventualmente, actos de opresión. Pero parece claro que Montesquieu está pensando en leyes insertas en un marco constitucional y, en última instancia, basadas en relaciones inmutables y objetivas de justicia, anteriores por consiguiente a las convenciones humanas. "Antes de que se hubieran dado leyes había relaciones de justicia posibles. Decir que sólo lo que ordenan o prohíben las leyes positivas es justo o injusto, es tanto como decir que antes de que se trazara círculo alguno no eran iguales todos sus radios", se lee al comienzo de la obra (Montesquieu, 1987: 8). Sin entrar a discutir el grado de consistencia que existe en un pensamiento abierto tanto a la diversidad histórica cuanto al reconocimiento de valores universales, podemos concluir de lo dicho que, en un régimen libre (con equilibrio de poderes sociales y políticos, según se desprende de la lectura que Montesquieu hizo de Inglaterra), la ley, que comprende normas objetivas, debería de ampliar la independencia individual de los ciudadanos al liberarlos del miedo y actuar como barrera de contención frente a la violencia (Starobinski, 1989: 118-119)[1].

En síntesis, la libertad política, considerada con relación al ciudadano, consistiría en la seguridad personal que éste experimenta al abrigo de las leyes y de una Constitución que, entre otras cosas, señale límites precisos a la acción del gobierno. Como dirá Constant, caracterizando la libertad de los modernos: seguridad en los goces privados y garantías concedidas por las instituciones a estos mismos goces (Constant, 1988: 76). Esa libertad, sobre la que Montesquieu se explaya en el Libro XII e inclusive en el XIII a propósito de las consecuencias de la tributación, podrá ser engendrada también por ejemplos recibidos, tradiciones, costumbres y especialmente por leyes penales que garanticen la inocencia o, en caso de culpabilidad, penas que no sean hijas 'del capricho del legislador' sino de la índole particular de cada delito (1987: 130).

¿Y qué decir de la libertad en su relación con la Constitución? La pregunta nos traslada a la fórmula de la distribución armónica de los poderes que el autor desarrolla sobre la base del modelo inglés. Es sabido que, para Montesquieu, el deseo de dominación no se inscribe, como en Hobbes, en la naturaleza del hombre, sino que surge una vez establecidas las sociedades, vale decir, cuando existen 'motivos para atacarse o para defenderse' (1987: 9). En otras palabras, el poder nacería sólo a favor de una posición social o política que procura ya cierto poder (Manent, 1990: 131). De ahí la importancia de que 'por la disposición de las cosas, el poder frene al poder' (Montesquieu, 1987: 106), según la célebre afirmación del Libro XI, resultado que se obtiene primordialmente mediante la construcción de diversas salvaguardias institucionales y constitucionales en el sistema político. Esta es la libertad que Montesquieu creyó ver establecida en las leyes de Inglaterra, al margen de que la disfrutase o no en los hechos el pueblo inglés (1987: 114)[2]. En cualquier caso, la división y equilibrio de los poderes, la representación del pueblo en la cámara baja y el cuerpo de nobles limitando al monarca desde la cámara alta y el sistema judicial, se le presentaban como resortes necesarios para asegurar la libertad del ciudadano (Botana, 1991: 187). A ello cabría agregar, sólo a título indicativo, puesto que escapan al propósito de este trabajo, las favorables consecuencias políticas que Montesquieu ve en la expansión del comercio, fundamentalmente tratadas en el Libro XX, y que en el estudio ya consagrado de Hirschman constituyen una aportación importante a su tesis política central (Hirschman,1978: 78-88).

Montesquieu comprendió la libertad en el sentido moderno de Constant. Si uno de los imperativos de nuestro tiempo es encontrar el modo de rescatar la libertad de los antiguos como garantía (así lo quería el propio Constant) que a la par proteja y perfeccione nuestras modernas libertades civiles, la concepción que intenté reseñar parece insuficiente. Asimismo, en la medida en que sea válido el contraste marcado por Sandel entre una tradición intelectual, -el liberalismo- que comienza por preguntarse de qué manera el gobierno debe tratar a sus ciudadanos, y por otro lado el republicanismo, que se interroga por los modos en que los ciudadanos pueden alcanzar su autogobierno (Gargarella, 2001: 50), Montesquieu no resulta difícil de ubicar habiendo contribuido como lo hizo a consolidar un lenguaje menos atento a la fuente del poder que a su ejercicio o, inversamente, más preocupado por el poder como amenaza de la libertad que por el consenso que legitima su origen.

Ahora bien, esta concepción de la libertad política como seguridad de cada cual bajo la protección de las leyes, ¿deja por completo de lado en nuestro autor todo contenido participativo? Ahí están, ciertamente, las páginas sobre la virtud como 'principio' de la república democrática. Empero, como ha indicado Althusser, en tiempos de lujo y comercio la virtud "se ha hecho tan pesada que había que desesperar de sus efectos si estos no pu[diesen] alcanzarse por reglas más ligeras" (Althusser, 1959: 77). Además, ¿no son acaso iguales en densidad las páginas sobre la moderación esperable en una república aristocrática o el honor requerido por las monarquías, destinadas estas últimas a ser rescatadas, en favor de las asociaciones intermedias y como freno a la tiranía mayoritaria, por las doctrinas liberales del XIX? Apenas si resulta necesario recordar que Montesquieu está lejos aún de la fórmula de integración entre el interés público y el privado a la que arribará en su momento Tocqueville. Y desde luego su concepción –tributaria seguramente de Locke- de la libertad dentro de la ley o, lo que es igual, de la ley como constitutiva de la libertad -"liberty to follow my own will in all things, where the rule prescribes not" (Locke, 1993: 126; Dedieu, 1909: 172-175)- no resulta asimilable a la de un republicano como Rousseau para quien la ley tiene ante todo una finalidad formativa (que excede, por lo mismo, la mera búsqueda de la coexistencia pacífica) con miras a la realización de nuestra naturaleza ciudadana (Béjar, 2001: 84-85).

Ello no obstante, en estos tiempos de globalización y dominio universal de la economía, tiempos de apatía, consensos quebrados e impugnación generalizada de la política, un fenómeno que se extiende a numerosos países, tal vez debamos prestar mayor atención al modo como Montesquieu reconstruye el mundo clásico, el mundo de la virtud definida por él como el amor a las leyes, a la patria y a la igualdad, que más que una serie de conocimientos es un sentimiento enderezado al bien general "que puede experimentar el último hombre del Estado tanto como el primero" (1987: 33). Permítaseme citar *in extenso* este pasaje del Libro III:

> "Los políticos griegos, que vivían en un Gobierno popular, no reconocían más fuerza que pudiera sostenerlo que la virtud. Los políticos de hoy no nos hablan más que fábricas, de comercio, de finanzas, de riquezas y aun de lujo.
>
> Cuando la virtud deja de existir, la ambición entra en los corazones capaces de recibirla y la codicia se apodera de todos los demás. Los deseos cambias de objeto: lo que antes se amaba, ya no se ama; si se era libre con las leyes, ahora se quiere ser libre contra ellas; cada ciudadano es como un esclavo escapado de la casa de su amo; se llama *rigor* a lo que era *máxima*; se llama estorbo a lo que era *regla*; se llama *temor* a lo que era *atención*. Se llama avaricia a la frugalidad y no al deseo de poseer. Antes, los bienes de los particulares constituían el tesoro público, pero en cuanto la virtud se pierde, el tesoro público se convierte en patrimonio de los particulares. La república es un despojo y su fuerza ya no es más que el poder de algunos ciudadanos y la licencia de todos" (1987: 20).

En el capítulo 27 del Libro XIX de *El espíritu...*, referido a la incidencia de las leyes sobre las costumbres y el carácter de una nación, Montesquieu advirtió el peligro de que en los pueblos modernos los hombres terminen siendo meros confederados en lugar de conciudadanos. Como sostiene Pierre Manent, esta alternativa puede ser planteada de diversas maneras: ¿somos miembros independientes de la sociedad civil o ciudadanos de un Estado? ¿Pertenecemos al espacio transnacional del mercado o al territorio de una nación? (1990: 149). Ambas cosas, se responderá. Si aceptamos esta dual condición, Montesquieu nos dejará satisfechos. Si, por el contrario, pretendemos superarla, difícilmente podamos desentendernos de Rousseau.

Bibliografía

Agapito Serrano, Rafael de 1989 *Libertad y división de poderes* (Madrid: Tecnos).

Aguilar, Enrique 1998 "Benjamin Constant y el debate sobre las dos libertades", en *Libertas* (Buenos Aires) N° 28.

Althusser, Louis 1959 *Montesquieu, la politique et l'histoire* (Paris: PUF).

Aron, Raymond 1996 (1967) "Montesquieu", en *Las etapas del pensamiento sociológico* (Buenos Aires: Fausto) Volumen I.

Béjar, Helena 2001 "Republicanismo en fuga", en *Revista de Occidente* (Madrid) N° 247.

Berlin, Isaiah 1974 (1958) "Dos conceptos de libertad", en *Libertad y necesidad en la historia* (Madrid: Revista de Occidente).

Berlin, Isaiah 1992 (1955) "Montesquieu", en *Contra la corriente* (Madrid: Fondo de Cultura Económica).

Botana, Natalio R. 1984 *La tradición republicana* (Buenos Aires: Sudamericana).

Botana, Natalio R. 1991 *La libertad política y su historia* (Buenos Aires: Sudamericana/Instituto Torcuato Di Tella).

Constant, Benjamin 1988 (1819) "De la libertad de los antiguos comparada a la de los modernos", en *Del espíritu de conquista* (Madrid: Tecnos).

Dedieu, Joseph 1909 *Montesquieu et la tradition politique anglaise en France* (Paris: Libraire Victor Lecoffre).

Durkheim, Emile 2001 (1893) "Contribución de Montesquieu a la constitución de la ciencia social", en *Montesquieu y Rousseau. Precursores de la sociología* (Madrid: Miño y Dávila).

Gargarella, Roberto 2001 "El republicanismo y la filosofía política contemporánea", en Boron, Atilio A. (Compilador) *Teoría y filosofía política. La tradición clásica y las nuevas fronteras* (Buenos Aires: CLACSO).

Goytisolo, Juan Vallet de 1986 *Montesquieu. Leyes, gobiernos y poderes* (Madrid: Civitas).

Hirschman, Albeto O. 1978 (1977) *Las pasiones y los intereses* (México: Fondo de Cultura Económica).

Holmes, Stephen 1984 *Benjamin Constant and the Making of Modern Liberalism* (New York: Yale University Press).

Locke, John 1993 (1689) *Two Treatises of Government* (Vermont: Everyman).

Macfarlane, Alan 2000 *The Riddle of the Modern World. Of Liberty, Wealth and Equality* (Wiltshire, Great Britain: Macmillan Press).

Manent, Pierre 1990 (1987) *Historia del pensamiento liberal* (Buenos Aires: Emecé).

Meinecke, Friedrich 1982 (1936) *El historicismo y su génesis* (México: Fondo de Cultura Económica).

Montesquieu 1987 (1748) *Del Espíritu de las Leyes* (Madrid: Tecnos).

Mornet, Daniel 1969 *Los orígenes intelectuales de la revolución francesa* (Buenos Aires: Paidos).

Sabine, George H. 1975 (1937) *Historia de la Teoría Política* (México: Fondo de Cultura Económica).

Starobinski, Jean 1989 (1953) *Montesquieu* (México: Fondo de Cultura Económica).

Notas

1 La relación entre universalismo y particularismo histórico es uno de los temas que mayores polémicas ha despertado en torno a Montesquieu. Entre otros estudios, recomiendo especialmente el capítulo sobre Montesquieu de *Las etapas del pensamiento sociológico*, de Raymond Aron (1996: 62-72), más favorable, por lo pronto, que la interpretación de Durkheim quien, como es sabido, consideraba a Montesquieu todavía 'prisionero de una concepción anterior' (Durkheim, 2001:39). Asimismo remito a un capítulo de Meinecke, enteramente dedicado a Montesquieu, que me parece imprescindible a la hora de situar al autor entre los precursores del historicismo (Meinecke, 1982: 107-157).

2 De nuevo estamos en presencia de un tema largamente debatido. ¿Es la lectura de Montesquieu fiel a la realidad inglesa de la época o más bien responde a un tipo ideal? Prescindiré aquí de la cuestión y a título ilustrativo remito tan sólo a Juan Vallet de Goytisolo (1986: 357- 398).

La (im)posible república

Susana Villavicencio[*]

La Argentina es una república -así lo declara nuestra Constitución- pero no siempre ha sido republicana. Las expresiones 'república liberal', 'república conservadora' y 'república restringida' dan cuenta de la indeterminación de este término para denominar no sólo un régimen político, sino también un sistema de valores. Por otro lado, la Argentina no fue siempre una república: hubo antes un gobierno colonial, ensayos republicanos e ilustrados que terminaron en fracasos; hubo períodos signados por prolongados enfrentamientos, anarquía y tiranía. La Constitución de 1853 funda la República tras el recorrido de un sinuoso camino que, como lo testimonia la historia política del siglo XIX, estuvo plagado de enfrentamientos, de mutuas proscripciones y amenazas de disolución. Es insistente, en el discurso de los políticos y de los filósofos de ese período, la reflexión sobre las dificultades de fundar la república. José Ingenieros, por ejemplo, en *La evolución de las ideas*, escribe comentando los postulados sociológicos de Alberdi: "la República no era una verdad de hecho en la América del Sur porque el pueblo no estaba preparado para regirse por este sistema, superior a su capacidad" (Ingenieros, 1957: 71). Dicho de otra manera, se necesitaba pasar por una república posible -centralizada y tutelar- para llegar a una república real donde la libertad política se realizara plenamente. Ese intento de fundar la República 'desde arriba', retomando la expresión de Halperín Donghi, constituye un legado cargado de ambivalencias, ya que los valores republicanos de civilidad y de civismo resultan vinculados a un régimen no inclusivo donde sólo algunos eran legítimos portadores de la 'capacidad' de gobierno. Las élites políticas de las que dependen los proyectos de nación se encontraban más cercanas a la idea de Guizot de 'soberanía de la razón' que a la de 'soberanía del pueblo', y legitiman en la racionalidad de sus propuestas una intervención política que retaceaba la distribución igualitaria de capacidades entre pobladores nativos.

---

[*] Profesora de Filosofía y Ciencia Política en la Facultad de Ciencias Sociales de la Universidad de Buenos Aires (UBA). Investigadora del Instituto Gino Germani de la UBA y asociada al Centre de Recherches Politiques de la Sorbonne-Université Paris I.

Por cierto, esta cuestión no es exclusiva de nuestra experiencia republicana, ya que la discusión acerca de la capacidad de juicio y de acción política de las masas populares ocupa un lugar destacado en los debates constitucionales de las repúblicas modernas tanto en Estados Unidos como en Francia. Pero la peculiaridad de las 'repúblicas sudamericanas' surge de esta soberanía desacoplada, en la que el pueblo real -los habitantes de estos territorios ligados aún al pasado colonial o sumidos en la 'naturaleza americana'- no se corresponde con su concepto, el pueblo ideal supuesto en las teorías del contrato. Ese hiato inicial, responsable de principios de legitimación opuestos y enfrentados, jalona la historia política del país. Podríamos entender que muchos de los diagnósticos de 'déficit de ciudadanía' con que la ciencia política ha denominado la falta de referencia a las instituciones políticas en los regímenes democráticos de hoy encuentran algún grado de explicación en ese 'espejo de la historia'.

Sin duda las razones son hoy diferentes para que la República no sea en la Argentina lo que debería ser. Tampoco los discursos sobre la necesidad de 'republicanizar la República' son los mismos en su naturaleza, estructura y función que aquellos de Sarmiento, Alberdi o Ingenieros. Pero lo que me interesa constatar aquí es la reiterada referencia a la incapacidad de la república para ser un principio de orden político o un referente claro de la identidad nacional. A diferencia de lo que ocurre en otros debates actuales sobre la tradición republicana, como los del 'comunitarismo' en Estados Unidos o los del republicanismo francés, en los que se discuten los fundamentos o los orígenes de un republicanismo realmente existente, la república se propone entre nosotros de modo negativo, no sólo por la aparición sistemática de dictaduras que la quiebran (sabemos desde Aristóteles que la tiranía es la degeneración de la república) sino también porque cuando existe de derecho no existe de hecho, como sería el caso en la actualidad. De cierta forma, la idea de República y la misma tradición republicana se plantean en la Argentina por ausencia, por debilidad o por falta.

De este planteo inicial derivan los motivos de este trabajo: primeramente podemos interrogarnos por el sentido de la tradición republicana en la Argentina en la singularidad de aquel momento fundacional. En segundo lugar, en la Argentina del 'que se vayan todos', en un momento en que la crisis de la política se manifiesta en una confiscación del espacio público de la república, en un dramático distanciamiento de los representantes de sus representados y en una suerte de apropiación de la soberanía, o bien en el hecho de que las decisiones que nos involucran están en manos de un grupo de expertos y fuera del alcance de un debate y de una participación ciudadana: ¿a qué apelamos con el republicanismo? ¿Qué significado adquiere esta tradición en el contexto político actual?

Frente a estas formas de exclusión, alcanza toda su magnitud la cuestión del sujeto de la república. ¿Qué es un sujeto político republicano? ¿Qué es un defensor de la república?

La fundación de la República

Un régimen de la razón

El republicanismo puede ser definido como un régimen político legalmente constituido y fundado sobre principios racionales que se sintetizan en el tríptico 'libertad, igualdad, fraternidad'. Como conjunto de principios, ideas y prácticas, tiene su fuente en el movimiento iluminista que pone el derecho natural y la teoría del contrato como fuente de la soberanía y base de la legitimidad. Tanto Montesquieu como Rousseau conciben el gobierno republicano como aquel en el cual el poder soberano es ejercido por el pueblo y se gobierna al amparo de la ley. De allí se desprende que la diferencia de este régimen político respecto de la monarquía que lo precede está dada por la separación del poder del cuerpo del monarca, su traspaso al cuerpo social, y en consecuencia la desimbricación de la ley y el poder del soberano y su fundamentación en principios racionales (Lefort, 1990). Aún cuando la República resulte monárquica durante un período (para Montesquieu el gobierno de la República puede ser monárquico o democrático), el rey es un representante y el pueblo es fuente de la soberanía.

Las reflexiones de filósofos y políticos *iusnaturalistas* acerca de la naturaleza del lazo social y de los fundamentos del Estado fueron permeando poco a poco los discursos de la sociedad en su conjunto y legitimando la noción universalista y republicana del ciudadano, en desmedro de la concepción particularista y patrimonial de fidelidad a la persona del rey.

El binomio *homme et citoyen* atraviesa desde entonces las bases de la ciudadanía moderna (Nicolet, 1992), y da forma al nuevo régimen político. El ciudadano republicano es un individuo cuya voluntad racional se expresa en la capacidad de juicio autónomo, y el régimen republicano es el adecuado a una humanidad que ingresa en la mayoría de edad.

De este modo, la república moderna se inscribe en una tradición que remite a la *polis* griega, a la *res publica* romana, y a la experiencia de las repúblicas del renacimiento italiano. Al igual que éstas, vuelve a sentar las bases de la comunidad política en la racionalidad, pero a diferencia del mundo clásico, en el cual la comunidad política es primera en el orden ontológico en relación al ciudadano, la modernidad antepone al individuo como fuente autónoma del poder. Esta fuente del poder político en el individuo será relevante para las dos perspectivas rivales de la política moderna, la republicana y la liberal. Si para la primera los ciudadanos son caracterizados por su participación en la formación de la voluntad colectiva, para la segunda los ciudadanos representan una esfera autónoma de acción privada, cuyos derechos y libertades deben ser garantizados frente a cualquier forma de ejercicio del poder. Estas bases filosóficas son la garantía del funcionamiento de un régimen de libertad política y de la formación del Estado de derecho.

Ahora bien, si estos principios, por su universalidad, pueden referirse a la noción de república de un modo general, hablar de tradiciones republicanas implica el despliegue singular de dichos principios en la historia política de cada nación. La historia de la República, frecuentemente confundida con la del Estado, se entreteje, así, con la del republicanismo como conjunto de valores, instituciones y prácticas que irán surgiendo en la trama histórica y darán forma a una tradición particular.

En ese sentido, las tradiciones políticas en las cuales se arraigan los principios influyen en la formación singular de cada sistema político y explican asimismo los destinos diversos de la República. Las repúblicas que fueron en el siglo XIX los espejos en los que se miraron las nuevas repúblicas sudamericanas -principalmente Francia y Estados Unidos- combinan en sus prácticas y sus instituciones los principios de libertad e igualdad de modo que dan lugar a formas republicanas diferentes entre sí. La persistencia que Tocqueville registra en la nueva república francesa de actitudes propias del Antiguo Régimen, y la 'tendencia a la igualdad' que retrata en el espíritu americano, abren dos caminos que se bifurcan a partir de los mismos principios en la construcción de un sistema político que persiste hasta hoy.

Para Claude Nicolet, la diferencia entre los liberales y los republicanos franceses está presente en la creencia, compartida en la sociedad, de que el bien público resulta de la adhesión activa de cada uno en la vida política y no depende solamente de la sociedad civil (Nicolet, 1992: 33). Este es el sentido de la virtud de las repúblicas antiguas de las que habla Montesquieu, o de la preeminencia del interés general sobre los intereses particulares que defiende Rousseau en el *Contrato Social*. Para el republicanismo, si bien hay una coincidencia con la doctrina liberal en la incorporación de la representación política en los textos constitucionales, el funcionamiento de un sistema político depende especialmente de "la voluntad, la calidad y la moral" de los hombres que lo componen. De este modo, el régimen republicano no reconoce ninguna diferencia fundamental entre gobernantes y gobernados. Por lo tanto, la sociedad y el régimen político van a estar en una relación estrecha, sin que exista una autonomía verdadera de lo social o de lo económico. De allí también que la preocupación por las condiciones sociales del régimen político serán prioritarias: no puede concebirse un sistema republicano sin una cierta civilidad, sin valores cívicos entre sus miembros.

Siguiendo la opinión de Odille Rudelle, podemos a esta altura afirmar que la República es más que un régimen institucional. En tanto modelo político, representa no sólo determinadas formas de acceso al poder y de acción política o de relación de los poderes públicos entre sí. La República, dice la autora, constituye una suerte de "ecosistema social en el que todos los elementos están en una estrecha simbiosis uno con otro: representaciones mentales, fundamentos filosóficos, referencias históricas, valores, disposiciones institucionales, organización y estructuras sociales, práctica política" (Berstein Serge, 1992: 7).

Esta idea de una interdependencia de los elementos que constituyen el republicanismo puede ser fructífera para analizar los avatares de la constitución de un régimen republicano en América Latina. Los ideales filosóficos marcan fuertemente los proyectos políticos de las élites republicanas. Es así que el sueño filosófico de una democracia republicana se reitera y se reformula en los momentos fundacionales de la nación, dando lugar a un imaginario de la República y a un lenguaje poblado de motivos republicanos que operan como sostén de las prácticas políticas. En segundo término, porque al diagnóstico de los males latinoamericanos, presente en los discursos políticos del siglo XIX, le es consustancial la idea de una intervención política desde arriba que será considerada legítima, puesto que para el republicanismo sólo una voluntad política puede generar las condiciones de defensa del bien de todos.

Un legado ambivalente

Los procesos de constitución de un orden político republicano, una vez producida la ruptura con el régimen colonial, han sido peculiares y complejos en los países de América del Sur.

Como quedó señalado al inicio, la formación de una base social de ciudadanos requerida para la consolidación de la nación republicana fue durante el siglo XIX un proceso iniciado desde arriba por las élites ilustradas, y en muchos casos resistido o tomado con indiferencia por la población. Estudios recientes sobre la formación de las repúblicas sudamericanas, como los de Murilo de Carvalho (1987) para el caso de Brasil, Carmen Mc Evoy (1997) para el Perú o Fernando Escalante Gonçalvo (1998) para México, coinciden en poner de manifiesto el divorcio existente entre las formas políticas del ideario republicano y el funcionamiento real de un sistema político que arrastraba modalidades de acción remanentes del colonialismo, o bien respondía a formas orgánicas de relación, los llamados "hábitos del corazón", que constituían el cemento de las sociedades latinoamericanas.

En efecto, si recorremos los textos de los filósofos y de los políticos sudamericanos del siglo XIX, nos encontramos reiteradamente con la declarada (im)posibilidad de la república, debida, a su propio juicio, a los obstáculos con los que la voluntad de organización republicana chocaba cada vez por la ausencia de una base social que diera sustento a esa forma de gobierno. La expresión que Murilo de Carvalho toma de las noticias publicadas en los primeros días de la República en Brasil para dar título a su libro *Os Bestializados* describe el sentimiento de sorpresa y de enajenación del pueblo respecto del establecimiento de la República, pero expresa asimismo la perplejidad y la desconfianza de las élites políticas ante la resistencia de las masas nacionales a las formas modernas de organización política. Este rechazo no podía sino confirmarles la inadecuación del 'pueblo soberano' al lugar que le cabría en las teorías del contrato social y en el imaginario de la nación cívica.

Ahora bien, estos problemas referidos a la instauración del orden político en la Argentina luego de la independencia han sido abordados reiteradamente por estudios históricos e historiográficos. En ellos predomina una perspectiva de interpretación de los procesos políticos que tiene su eje de análisis en los diversos proyectos que se fueron concibiendo como respuesta al problema de la fundación de la nación y las formas en que se intentaron llevar a la práctica. De este modo se pone el énfasis en los obstáculos que se encontraron en su implementación. En este sentido, el imprescindible estudio de Natalio Botana sobre la tradición republicana en la Argentina muestra cómo las iniciales ilusiones de estos mentores del orden político se fueron convirtiendo en definiciones cada vez más próximas al conservadurismo. Si en 1853 Sarmiento sueña con transplantar la República de Story y Tocqueville, una república de la virtud contenida en el municipio, veinte años más tarde justifica una República fuerte con el auxilio de Thiers y Taine (Botana, 1997). De ese choque entre la teoría y la práctica, nos dice el autor, "nació una concepción sarmientina de la república en la cual conviven tres vertientes: la tradición liberal que llegó hasta él, rebosante de porvenir; el hecho inevitable para Sarmiento de una república fuerte, constructora del monopolio de la fuerza en el Estado nacional, que combate los restos aún vivientes de aquellos personajes retratados en *Facundo*, y por fin impregnando todo, la tradición mas lejana, que la idea moderna de libertad criticaba acerbadamente, de una república inspirada en la virtud cívica del ciudadano consagrado a la cosa pública" (Botana, 1997: 200).

Alberdi, deudor de la fórmula doctrinaria de Guizot, verá la solución en la distinción entre libertad política y libertad civil. Siendo la libertad política una cuestión de capacidad, el problema de su establecimiento en la Argentina requería de una fórmula mixta de gobierno fuerte con derechos civiles amplios y derechos políticos restringidos, fórmula de transición necesaria para el desarrollo de las bases sociales de la república. De lo contrario, esa libertad política generalizada por el sufragio "conformaba una soberanía de hecho inepta para intervenir como creadora de una soberanía de derecho prevista en la constitución" (Botana, 1997: 345).

Estas posturas que impregnaban el ideario republicano en la Argentina cargándolo de ambigüedades son reveladoras de una tendencia, pronunciada en las élites nacionales, a negar el pueblo real por su incapacidad para colmar las determinaciones de su propio concepto. La paradoja de esta postura de los dirigentes identificados con los modelos republicanos es que, habiendo partido de la idea de emancipación del pueblo, por la que rompieron con los lazos coloniales, se encontraron rápidamente ante una segunda batalla, aquella de las ciudades frente a la campaña, o de la política moderna -republicana, democrática y liberal- frente a los hábitos políticos heredados del colonialismo de los sectores populares. Emancipar será entonces, para estos actores, equivalente a civilizar, porque la incorporación de nuevos hábitos de pensamiento y de acción cobraba en ellos el significado de ponerse a la altura de la civilización, liberando al pueblo de esas otras cadenas que los perpetuaban en la situación de atraso y de anarquía.

Los proyectos de emancipación de Sarmiento y de Alberdi, para referirnos a esos dos grandes artífices intelectuales de nuestra nacionalidad, son contrapuestos[1], pero ambos coincidieron en la relación necesaria entre sociedad y régimen político. Para ambos el régimen republicano no podía subsistir en una sociedad aislada y desintegrada. La imagen del 'desierto' a poblar, a cultivar, a atravesar por las diferentes vías del progreso, es a la vez la descripción de una realidad nacional y la metáfora del sentimiento que experimentaban frente a una situación que buscaron resolver por medio de diferentes propuestas de políticas económicas, agrarias, poblacionales, de inmigración, de educación.

Pero la tradición republicana que nutrió con su ideario muchos de estos proyectos queda marcada por ese hiato inicial que deviene del elitismo de sus fundadores.

De este modo, el modelo político de las élites que dio lugar a prácticas tuteladas de acción política y a una ciudadanía restringida conforma una herencia ambivalente en el siguiente sentido: los valores de civismo, civilidad y legalidad propios del republicanismo, así como la idea de ciudadanía que debería encarnarlos, quedan referidos a las prácticas de la exclusión de la 'república restringida'. Esta postura inicial también está en la base de principios de legitimidad opuestos cuya confrontación, con distintos grados de violencia e intolerancia, jalona nuestra historia política En otros momentos fundacionales, como fue la década del '80, resurgirá con la impronta de la ciencia que le da la hegemonía positivista el interrogante acerca de las condiciones de posibilidad de la república. Las masas inmigrantes, convocadas como mano de obra necesaria para el creciente desarrollo industrial, habían despertado con nuevas inquietudes, ahora de connotación 'social', y nuevas urgencias, el sueño reiterado de 'republicanizar' la república.

El regreso del ciudadano

Actualmente podemos reconocer una revalorización del republicanismo en el discurso político y en el debate teórico. La revalorización de esta tradición política tiene a nuestro juicio una significación diferente que aquella de la república de la exclusión, y surge de motivos diferentes. Dos elementos confluyen en esta constatación. Si en los momentos fundacionales los problemas a resolver eran los que planteaba el hacer una república democrática o el pasaje de la república aristocrática a una democrática, hoy, habiendo transitado por sucesivos quiebres de la democracia y por no menos distorsiones de su sentido y de sus instituciones, la cuestión que se plantea es más bien cómo hacer la democracia más republicana. El otro motivo responde a lo que denominamos el 'regreso del ciudadano', después de varios años de predominio de un pensamiento sociológico que privilegió modelos interpretativos de lo político basados en los determinantes estructurales.

Hay en efecto diversos retornos en las ciencias sociales de un discurso que pone el acento en la dimensión de agencia (O'Donnell, 2000 y 2002) que subyace a la idea de ciudadanía, o bien que se interroga por las condiciones de constitución del sujeto político[2] en democracia. En nuestro país, este regreso de la tradición republicana y sus valores de civismo, legalidad y responsabilidad está fuertemente unido al proceso de democratización iniciado en la década de los '80, que colocó la reflexión sobre la apertura del espacio público y la ciudadanía en el centro del debate político. Recientemente, a la luz de la crisis de la política representativa y de las acciones emprendidas por distintos actores sociales, se redescubre una categoría no muy evidente en un país con tradiciones populistas como el nuestro: la de sociedad civil. Todos estos motivos tienen el denominador común de dar entrada a una tradición que, sin duda y de manera compleja, ha jugado un papel esencial en la formación de nuestro sistema político. Recientes estudios sobre el republicanismo argentino, iniciados desde el campo de los estudios históricos[3], tienen el mérito de arrojar nueva luz sobre una tradición política que había quedado velada tras la marca del elitismo inicial.

Podemos agregar, también, que hoy son otros los males que aquejan a la república, y que en el contexto de la crisis de representación y de retiro del Estado el interrogante sobre el significado del republicanismo, de su tradición o de sus valores muestra una estrecha vinculación con la preocupación por el mantenimiento de un espacio público en el que esta cuestión pueda plantearse sin enfrentamientos, sin predominio de intereses privados o corporativos ni ejercicio del dominio de uno sobre otros. ¿Qué significa, entonces, el sujeto republicano? O como dijimos al inicio, si el ciudadano es la base de una democracia republicana, ¿cuáles son hoy las condiciones de una ciudadanía activa?

La primacía del sujeto

Podemos decir que, en el debate actual de la filosofía y la teoría política, el republicanismo representa la afirmación de una actitud ética en política, una voluntad de defensa del interés público frente al dominio los intereses económicos que hoy forman un verdadero 'cosmopolitismo del dinero', o bien, la necesidad de fortalecer el Estado de derecho frente al arrasamiento de los derechos más elementales de los individuos, la defensa de la dimensión institucional y del contrapeso de poderes frente a la usurpación del espacio público de la república y a las nuevas formas de despotismo de facciones que dominan el mundo de la política. Pero, asimismo, la apelación al republicanismo retoma la reflexión sobre las condiciones de formación de una sociedad civil cívica, del dominio del interés general frente a los intereses particulares y del retorno de un sujeto democrático participativo.

Entendemos que en la formación del Estado democrático las tradiciones modernas –liberalismo, republicanismo y democracia- han confluido y no se han dado solamente en el modo de la contradicción excluyente (O'Donnell, 2000 y 2002; Offe, 1990), de donde resulta que los ciudadanos en un Estado democrático son a la vez "1- la fuente última de la voluntad colectiva, en la formación de la cual están llamados a participar en una variedad de formas institucionales; 2- los sujetos sobre los cuales esta voluntad debe ser cumplida y cuyos derechos y libertades civiles prescribe, estableciendo una esfera autónoma de la acción 'privada', social, cultural y económica, restringida a la autoridad estatal y finalmente son; 3- clientes que dependen de los servicios, los programas y los bienes colectivos provistos por el Estado para asegurar sus medios de supervivencia materiales, morales y culturales y de bienestar en la sociedad" (Offe, 1990).

Las contradicciones que suponen las formas institucionales en las que estos tres componentes se plasman han sido discutidas reiteradamente en la teoría política. Así, por ejemplo, la tensión existente entre la concepción liberal de la ciudadanía, para la cual ésta supone un *status* o un conjunto de derechos vividos de forma más bien pasiva, y la concepción democrático-republicana, que supone por el contrario una responsabilidad con lo público asumida activamente, que se renueva en la oposición entre las nociones de *accountability* y *civility* (Barber, 1984 y 2000).

Sin embargo, lo que hoy aporta el republicanismo son los elementos filosóficos que dan base a la autonomía del sujeto, a su capacidad de juicio y de acción política, y que muestran la primacía de la dimensión de la persona y el vínculo inescindible de los derechos –civiles, políticos y sociales- para enfrentar los problemas en la democracia. En ese sentido la noción de agencia reconoce la importancia de la autonomía y la responsabilidad del sujeto en la democracia. "La presunción de agencia constituye a cada individuo en una persona legal, un portador de derechos subjetivos. La persona legal hace elecciones, y es responsabilizada por ellas, porque el sistema legal presupone que es autónoma, responsable y razonable –es un agente" (O'Donnell, 2002: 19).

La noción de agencia puede, a nuestro entender, abrir a dos tipos de reflexión. Por una parte, la noción de sujeto autónomo -persona-, que está en la base de la agencia, supone una capacidad de juicio político que se halla seriamente comprometida en las situaciones en que el avance de diversas formas de poder privado arrasa con las condiciones sociales de su ejercicio. Aquí, los conceptos de derechos civiles, sociales y políticos revelan su íntima vinculación. En efecto, la retracción de los derechos sociales que arrojan a la marginación a sectores cada vez mayores de la población no representa una esfera aislada de la capacidad de ejercicio de los derechos políticos. Lo mismo sucede con los derechos civiles, sin los cuales los ciudadanos viven en una situación de indefensión y el Estado de derecho se vuelve una declaración nominal. De esto se deriva que las condiciones de existencia de un sujeto político democrático estarán referidas tanto a la declaración de derechos que hacen a una sociedad democrática como a la existencia del Estado y a las garantías que brinde a sus ciudadanos[4].

El valor democrático de la confianza

Un segundo tipo de reflexión sobre las condiciones de un sujeto político democrático plantea la cuestión de la confianza en el ciudadano, invirtiendo la actitud inicial del republicanismo elitista que había partido de la desconfianza en los sectores populares. Una participación activa del ciudadano en la defensa del interés público que hoy se reclama supone el valor de la confianza.

La confianza tiene un desarrollo en las ciencias sociales que va desde el análisis de la actitud psicológica básica hacia el otro que nos permite la convivencia, hasta los comportamientos socialmente incorporados que consienten el funcionamiento de mecanismos complejos como el mercado, el dinero o los dispositivos tecnológicos de la vida moderna. Sin embargo, referida a la dimensión política, la confianza tiene otra estructura. La confianza es fundamentalmente una relación intersubjetiva que se desarrolla a través de acciones en el tiempo: la confianza 'se ofrece', 'se acepta', 'se devuelve'. De allí su importancia en la relación de los actores políticos entre sí y en la formación de una clase política (Lechner, 1987: 64; Luhmann, 1996). Asimismo, la confianza interviene en la formación de un espacio público democrático, instaurando una intersubjetividad constitutiva de la sociabilidad democrática. En esta perspectiva se ubica el artículo que Laurence Cornú dedica a la confianza como valor democrático. "La libertad política, dice la autora, necesita para existir de dos condiciones efectivas: una ley que garantice las libertades y que proteja el espacio de acción política (...) Pero aparte de la ley, la libertad necesita también actos que la instituyan de otra manera, que la interpreten y la muestren vivible, y que permitan su transmisión: actos de coraje, actos de confianza"[5] (Cornu, 1999: 48).

Una primera cuestión de la confianza concierne entonces al ciudadano, y será central en los debates políticos sobre el sufragio. En efecto, la universalización del sufragio, que es tal vez el dato más importante de la ciudadanía moderna, pone en cuestión la confianza en la capacidad del ciudadano para manejar los asuntos públicos. De allí la importancia que concomitantemente ha tenido la educación para los pensadores republicanos, a fin de que el ciudadano sea virtuoso y capaz de sacrificar su interés particular al bien común. Entre nosotros, Sarmiento ha sido un sólido defensor de la educación, a la que concebía como garantía de la emancipación y freno de la tiranía. Un pueblo no educado quedaba, a su juicio, fuera del proceso de civilización de la humanidad. Y por eso considera a la educación popular la principal herramienta de emancipación y la convierte en su pasión personal.

Pero la confianza es ambigua y está siempre expuesta a los riesgos que le hace correr su contracara, la desconfianza, que se suele mostrar sobre todo realista. Tal como lo recuerda el decir popular, 'la confianza mata al hombre', y por ende no puede ser ciega ni ingenua. En el ámbito de la política, para ser efectiva, la confianza tiene que establecer controles; no puede dejarse al azar. Cornu distingue en su análisis dos formas de lo político referidas a la confianza y a la desconfianza. En una, la desconfianza genera una forma de lo político en cuyo extremo está la sujeción absoluta, el dominio autoritario; pero también es la idea de la política dominada por el experto, de una política alejada de la ciudadanía y puesta fuera de un espacio de visibilidad y de debate. En el fondo, en ese espacio de decisión reservado al saber experto también está la desconfianza. Esta actitud está difundida en la modalidad gestionaria de lo político que ha impuesto el modelo neoliberal, y que aleja la decisión de los espacios deliberativos de la democracia a favor de los saberes reservados y técnicos.

En la otra forma de lo político hay un realismo de la confianza. "Una confianza que no sea ingenua, dice la autora, tiene que conocer las características de aquellos fenómenos capaces de arruinar los derechos del hombre, arrasar con ellos, tiene que conocer sus efectos y su posibilidad de producirse y encontrar los medios de impedirlos" (Cornu, 1999: 47). Impedir los impedimentos de la libertad, del mismo modo que Kant definía el derecho como 'el obstáculo al obstáculo de la libertad', es la función de las instituciones. Hay instituciones que deben delimitar las responsabilidades y organizar el poder para que se limite la posibilidad de usurpación y se prevengan los abusos. Estas serían las instituciones que previenen horizontalmente el abuso del poder (separación de poderes); otras instituciones deben multiplicar las chances de conductas racionales (educación). Tal es el sentido de la ley en el discurso republicano: 'conservar' los derechos y no sólo 'proclamarlos'. En un momento en que la crisis de la república amenaza con el arrasamiento de las instituciones, una reflexión sobre el republicanismo supone también rescatar el sentido de la legalidad. Es por eso que pensamos que la cuestión de la confianza y de la desconfianza en la fundación de la república cobra renovado interés. Entre otras cosas, porque supone la defensa de las instituciones frente al abuso de poder o la tentación del poder ilimitado de los gobernantes, pero también alerta sobre el entusiasmo en las acciones de masa.

Del análisis de los debates acerca de la 'invención' de la República en Francia, Cornu deduce un cambio de campo de la confianza. En una teoría del poder fuerte, los gobernados deben tener confianza y obedecer a aquellos a quienes han delegado el poder. Pero aquí se trata de los gobernantes que deben confiar en los ciudadanos y someter su desconfianza, porque es frente a ellos que deben responder lo que se les ha confiado provisoriamente. La desconfianza, por su parte, también cambia de campo, y no es una acusación hostil u odiosa, sino un análisis crítico racional. La desconfianza no se traduce tampoco en una apropiación de la soberanía por ninguna 'asamblea nacional' que absolutiza igualmente el poder y lo sustrae del juicio democrático.

Volviendo, entonces, a la pregunta inicial por el sujeto político, podemos responder desde dentro de esa tradición republicana: el sujeto es el ciudadano y la ciudadanía se traduce en una 'intersubjetividad libre de dominio' o en una 'sociabilidad en confianza', y se plasma en la ley como única garantía de la continuidad de los derechos. Preguntarse hoy por el sentido del republicanismo, inscribirse en esta tradición, supone 'resignificar' más que reproducir estos principios y darles un sentido en la práctica, porque más allá de los principios, de las instituciones y de su historia, la vida democrática se juzga a partir de prácticas concretas referidas a una cierta capacidad de relacionarse a propósito de los asuntos comunes. La vida democrática depende de una cierta vida del debate público a partir de modos ciudadanos de entender y habitar el espacio político.

Bibliografía

Balibar, Etienne 1992 *Les frontières de la démocratie* (París: La découverte).

Barber, Benjamín 1984 *Strong Democracy* (California: University of California Press).

Barber, Benjamín 2000 *Un lugar para todos. Cómo fortalecer la democracia y la sociedad civil* (Buenos Aires: Paidós).

Berstein Serge, Rudelle Odille (Director) 1992 *Le Modèle Républicain* (París: PUF).

Botana, Natalio 1997 *La tradición republicana* (Buenos Aires: Sudamericana).

Cornu, Laurence 1999 "La confianza como cuestión democrática", en H. Quiroga et al.

de Carvalho, José Murilo 1987 *Os bestializados. O Río de Janeiro e a República que nao foi* (Sao Paulo: Companhia das Letras).

Delmas Marty, Mireille 2002 "les systèmes de droit entre globalisation et universalisme des droits de l'homme", en Barret –Ducrocq (Editor) *Quelle Mondialisation?* (París: Academie Universelle des Cultures, Grasset).

Gonçalbo, Fernando Escalante 1998 *Ciudadanos imaginarios* (México: El Colegio de México).

Halperin Donghi, Tulio 1995 *Una Nación para el desierto Argentino* (Buenos Aires: Edición especial Centro Editor de América Latina).

Halperin Donghi, Tulio 1998 "¿Para que la inmigración?", en *El espejo de la historia* (Buenos Aires: Sudamericana).

Ingenieros, José 1957 *La evolución de las ideas argentinas T.V.* (Buenos Aires: Elmer Editorial).

Lechner Norbert 1987 "El realismo político: una cuestión de tiempo" en Lechner Norbert (Editor) *¿Qué es el realismo en política?* (Buenos Aires: Catálogos).

Lefort, Claude 1990 "Democracia y advenimiento de un lugar vacío", en *La invención democrática* (Buenos Aires: Nueva Visión).

Luhmann, Niklas 1996 Confianza (Barcelona: Anthropos).

Mc voy, Carmen 1997 *La utopía republicana. Ideales y realidades en la formación de la cultura política peruana 1871-1919* (Perú: Pontificia Universidad Católica del Perú).

Nicolet, Claude 1992 *La Republique en France* (París: Seuil).

O'Donnell, Guillermo 2000 "Teoría democrática y política comparada", en *Desarrollo Económico* (Buenos Aires) Vol. 39, N° 156.

O'Donnell, Guillermo 2002 "Human developement, human rights and democracy", en Documento de Trabajo 1, Taller "Calidad de la democracia y desarrollo humano en América latina". PNUD.

Offe, Claus 1990 "Tesis sobre la teoría del Estado", en *Contradicciones en el Estado del bienestar* (México: Alianza).

Quiroga, Hugo; Villavicencio, Susana; Vermeren, Patrice (Compiladores) 1999 *Filosofías de la Ciudadanía, sujeto político y democracia* (Rosario: Homo Sapiens).

Rancière, Jacques 2000 "Citoyenneté, culture et démocratie", en Mikhaël Elbaz et Denise Helly *Mondialisation, citoyenneté et multiculturalisme* (París: L Harmattan. Les presses de L'Université de Laval).

Notas

1 Es conocida la polémica que sostuvieron Alberdi y Sarmiento sobre los proyectos de desarrollo para el país luego de la Organización Nacional. Al respecto ver Natalio Botana (1997) y Tulio Halperín Donghi (1995).

2 Para un mayor desarrollo de constitución del sujeto político democrático ver los artículos aparecidos en la compilación de nuestra autoría, Quiroga H. et al. (1999). Al respecto, los trabajos recientes sobre la democracia de Etienne Balibar (1992) y de Jacques Rancière (2000) resultan fundamentales para abordar esta temática.

3 Nos referimos a los trabajos realizados entre otros por Hilda Sábato, Jorge Myers, Marcela Ternavasio, Pilar Gonzalez Bernaldo.

4 Además del citado trabajo de O'Donnell, que inicia una nueva y fecunda línea de investigación, los trabajos de Amartya Senn mencionados por el autor y los análisis sobre la situación de los derechos en el marco de la globalización de Mireille Delmas Marty (2002) nos han resultado de gran interés.

5 Seguimos en este análisis las reflexiones de Laurence Cornu (1999). El concepto de sujeto que desarrolla en su trabajo sobre la confianza se vincula a la concepción de lo político iniciada por Hannah Arendt. Para un desarrollo del tema de la confianza política ver el trabajo de Niklas Luhmann (1996) y las referencias al tema de Norbert Lechner (1987).

Republicanismo y marxismo

Javier Amadeo* y Sergio Morresi**

Padrones civilizatorios y proyectos políticos

El presente trabajo pretende esbozar algunas intuiciones tanto descriptivas como normativas que puedan ser adecuadas para pensar la relación entre las transformaciones sociales y políticas de nuestra época y tres de los más importantes proyectos políticos de la modernidad, el liberalismo, el republicanismo y el marxismo.

Nos gustaría retomar la idea expresada por Gabriel Cohn (2001) de que nos encontramos en un 'umbral civilizatorio', es decir, en el límite de pasaje de un padrón civilizatorio a otro. Para Cohn el actual modelo civilizatorio propuesto por el capitalismo se ha agotado, y acabada la fuerza civilizatoria del capitalismo lo que resta de éste es su fase de barbarie, que expresa contemporáneamente a través de la indiferencia, o como la llama el autor de la 'indiferencia estructural', entendiéndola como una actitud de los agentes centrales de la producción capitalista, una actitud que implica la falta de responsabilidad respecto de los efectos sociales de su accionar. Esto es posible merced a la adquisición de prerrogativas por parte de las personas jurídicas –empresas básicamente– que hoy por hoy tienen tantos derechos como los ciudadanos

---

* Licenciado en Ciencia Política por la Universidad de Buenos Aires (UBA) y candidato a Doctor por el Departamento de Ciencia Política de la Universidad de São Paulo (USP).
** Licenciado en Ciencia Política por la Universidad de Buenos Aires (UBA), doctorando en la Universidad de São Paulo (USP) y Profesor de Teoría Política y Social II en la Carrera de Ciencia Política de la UBA.

(probablemente más en términos efectivos, debido al respaldo económico que sustenta sus exigencias) pero sin la contrapartida de las obligaciones. En virtud de las grandes transformaciones del capitalismo actual, los monopolios y las grandes empresas han adquirido una importancia fundamental en la arena de las decisiones fundamentales de la vida económica y social. La masa de recursos con que cuentan las grandes empresas transnacionales hace que sus decisiones puedan transformarse en amenazas mortales para la estabilidad macroeconómica y política de las naciones. Las decisiones de 'inversión' de los grandes conglomerados tienen un efecto directos sobre la suerte, incluso la vida, de millones de personas. La globalización ha permitido que las decisiones 'privadas' de las empresas tengan una repercusión inmediata, funesta en muchos casos, sobre lo público. La indiferencia estructural implica la destrucción de los lazos sociales, y a la postre, el punto extremo de la negación de la civilidad. La crisis civilizatoria del capitalismo también hace sentir sus efectos desestructurantes en la esfera de la política, reduciendo a ésta a la lucha de los intereses privados.

Aunque de cierto modo la restricción del espacio político es un fenómeno concomitante al ascenso de la burguesía, es sólo con la globalización –entendida como la fase actual del capital internacionalizado enmarcada en un contexto del capitalismo neoliberal– que la política se ve limitada a poco más que la búsqueda inescrupulosa de ganancias a nivel global, a un conjunto de grandes negocios y negociados donde los pueblos no pueden, no quieren, ni tienen por qué reconocerse (Grüner, 2002). Esta degradación de la política al juego de intereses privados se completa con el más insidioso y macabro de todos los ideologemas de la posmodernidad: la democratización global, cuya idea de alcanzar la 'ciudadanía global' se ha visto tristemente desmentida por los hechos. Los elementos anteriores se articulan con la privatización absoluta de la práctica política, la cual se ve reducida a un espacio de consumo entre diversas 'mercancías' políticas, cada vez más indiferenciadas, y en donde asistimos a la reducción del individuo y del ciudadano a la figura del consumidor.

Desplazando a la ciudadanía, los megaorganismos económicos privados transnacionales han tomado el rol protagónico en las decisiones de los gobiernos y de los Estados neoliberales. Estos hechos, como sostiene Marilena Chauí (2002), indican que estamos delante de la privatización de la *polis* y de la *república*. El efecto fundamental de esa privatización, es la despolitización de la vida social. Así, continúa la autora, 'la privatización del espacio público y la despolitización son señales alarmantes de que podemos estar frente al riesgo del fin de la política'.

Otro de los elementos centrales donde se expresa la crisis civilizatoria del capitalismo es en los violentos rebrotes de fundamentalismo religioso, nacional o étnico, los cuales se han transformado en el gran peligro de la 'civilización occidental', o sea, de las potencias centrales beneficiarias de la globalización. Como si esos fenómenos, afirma Grüner (2002), fueran un inesperado e inexplicable rayo cayendo en un día sereno, y no un estricto aunque perverso producto de la dialéctica de expansión mundial, que victimiza regiones que no pueden ser incorporadas al subproletariado mundial de forma 'ordenada'. Los llamados fundamentalismos no son ninguna regresión a formas culturales arcaicas y superadas por la modernidad; por el contrario, son la 'consecuencia necesaria' de la fase de acumulación del capitalismo y de las formas de sociabilidad propuestas por éste.

Ante la crisis civilizatoria del capitalismo contemporáneo, el desafío que nos propone Gabriel Cohn (2001), y que nos gustaría retomar, consiste en profundizar la democracia, en el sentido de la ampliación de las áreas de relevancia en la sociedad para el debate, recolocando fundamentalmente el tema de la economía política en discusión, y enfatizando el tema de la responsabilidad. En suma, es hora de restablecer los lazos entre democracia y civilización, revalorizando la figura de la ciudadanía y exigiendo que las realizaciones de la democracia estén a la altura de las promesas intrínsecas de sus conceptos. La tarea es proponer de un modo conciente y comprometido los contornos de una forma de relacionamiento social que no sea la mera reiteración de la actualmente hegemónica. El abordaje que proponemos para repensar los enormes desafíos planteados por el momento actual pasa por una revalorización de la política como lugar desde donde pensar la emancipación y proponer una forma de sociabilidad civilizada, o sea, una sociabilidad más republicana. Nuestro planteo es que la salida del atolladero pasa por reubicar en lo público aquello que ha sido privatizado, y fortalecer el espacio público y la acción política para poder repensar una relación entre economía y política, donde la primera esté subordinada a la segunda, o sea, a las decisiones de un sujeto colectivo.

El agotamiento de la fuerza civilizatoria del proyecto político liberal

En un breve estudio en el que se plantea 'exponer al liberalismo', John Gray (1994) aduce que si bien es imposible explicarlo, pues el mismo carece de una esencia o naturaleza que lo defina, es posible trazar un esquema a partir de la identificación de los rasgos que distinguen a la tradición. Sin embargo: ¿cómo separar lo característico de lo accidental? ¿Cómo podremos escoger entre las numerosísimas ideas y prácticas reputadas como liberales aquéllas que son necesarias y suficientes para hablar de liberalismo? Norberto Bobbio ya había señalado esta dificultad. De acuerdo con el politólogo italiano, las dificultades que experimentamos al enfrentarnos con nuestro objeto se deben en gran parte a que el liberalismo no es una ideología que debe ser contemplada de acuerdo con un gran autor y sus seguidores o detractores (como es hasta el presente el caso del socialismo con Marx), sino tomando en cuenta a una amplia multiplicidad de ideas que van desde Locke hasta Tocqueville, de Kant a Stuart Mill y de Dewey a von Hayek. Así, pues, se trata de encontrar una caracterización lo suficientemente amplia como para que puedan ser incluidas en ella ideas disímiles (en ocasiones hasta el punto de la contradicción), pero que a la vez sea lo suficientemente restrictiva como para delimitar realmente algo y no quedar abierta a todo. Este 'liberalismo básico', afirma Bobbio, podría definirse así: "Como teoría económica, el liberalismo es partidario de la economía de mercado; como teoría política es simpatizante del Estado que gobierne lo menos posible o, como se dice hoy, del Estado mínimo (reducido al mínimo indispensable)" (Bobbio, 1991: 89).

El aserto de Bobbio nos parece certero porque cubre casi por completo nuestras expectativas de inclusión y exclusión. Ciertamente, no todos los autores reconocidos como liberales son defensores del libre mercado en sentido estricto, y algunos de ellos ni siquiera llegaron a conocerlo en la forma que hoy lo consideramos, como es el caso de Locke. Sin embargo, las excepciones son tan contadas que nos parece que la frase del italiano no pierde por eso nada de su agudeza. Por otra parte, al decir que el liberalismo es partidario de un Estado mínimo, Bobbio da justo en la tecla: hay una frontera que el Estado liberal no debería cruzar jamás, el libre mercado. Sin embargo, no se conoce sociedad liberal alguna en la que el Estado no interfiera en mayor o menor medida en el mercado (destruyendo monopolios naturales, proveyendo bienes públicos no puros, etc.), y son pocos los filósofos políticos que se atreven a sostener a rajatabla una idea semejante. Asimismo, es notorio que algunos estados han respetado el mercado, adquiriendo ellos mismos un tamaño descomunal, como es el caso de los fascismos.

Ahora bien, si partimos de la base de que el liberalismo no es, como pretenden algunos de sus defensores, una idea ahistórica sino una cosmovisión enraizada en un cierto período, podremos percibir que hay 'límites recurrentes' que justamente están en línea con los dos que acabamos de mencionar más arriba. Así, cuando digamos que el liberalismo es defensor de la economía de mercado y del estado mínimo, lo que queremos decir es que el liberalismo protege la propiedad privada, incluyendo la propiedad privada de los medios de producción; ergo, protege la existencia de un mercado de trabajo; procura un Estado de poderes limitados (Estado de derecho o constitucional); y se inclina por un Estado de funciones limitadas (Estado mínimo en la acepción moderna)[1].

Los problemas inherentes al paradigma liberal ya habían sido advertidos por Hegel, pero fue Marx quien más lejos llevó la crítica, atacando no sólo los efectos del modelo sino también sus principios radicales, sus raíces más proteicas y prometedoras.

En *Sobre la Cuestión judía*, Marx aborda la relación entre la emancipación política y la emancipación humana. El límite de la emancipación política (liberal) se manifiesta en el hecho de que el Estado puede librarse de sus límites sin que el hombre se libere realmente, convirtiéndose el primero en una suerte de mediador entre el hombre y su libertad. Todas las premisas de la vida egoísta de la sociedad civil permanecen en pie. Donde el estado político alcanzó su verdadero desarrollo, el hombre lleva (en el plano del pensamiento, pero también en el plano de la realidad) una vida doble: una celestial y otra terrena. Por un lado, la vida en la comunidad política en la cual se siente parte de un ser colectivo; por el otro, la vida en la sociedad civil, en donde actúa como un particular y se considera a sí mismo y a sus congéneres como medios, degradándose y convirtiéndose en el juguete de poderes que le aparecen extraños e indescifrables.

En la sociedad burguesa, la vida política es sólo apariencia, es excepción momentánea de la vida esencial de la sociedad mercantil. De este modo, se hace comprensible la crítica de Marx a la libertad garantizada en la Declaración de los Derechos del Hombre y del Ciudadano como la libertad propia del hombre concebido a la manera de una mónada aislada. En esta línea de pensamiento, el derecho del hombre a la libertad no se basa en la unión del hombre con el hombre, sino, por el contrario, en la separación del hombre en relación a sus semejantes. La libertad es el derecho a esa separación, 'el derecho de un individuo delimitado, limitado a sí mismo'. Así, la aplicación práctica del derecho humano a la libertad es el derecho humano a la propiedad privada. Para Marx el derecho de propiedad privada es el más importante de la sociedad liberal, pues implica el derecho del agente a disfrutar de su patrimonio y disponer arbitrariamente de él, independientemente de la sociedad, sin responsabilidad ante ella.

La libertad individualista y su aplicación liberal constituyen el fundamento de la sociedad burguesa; una sociedad que hace que todo hombre encuentre en el otro no la realización de su libertad, sino su límite irrebasable.

La tradición liberal descansa en un individuo que se erige en piedra fundamental de todo orden social. El estado, el mercado y la comunidad son entidades que se presentan como un producto de la interacción de los agentes. Sin embargo, para que estos organismos supraindividuales sean aceptados como legítimos, el liberalismo exige que los particulares que los conforman actúen libremente, esto es, de acuerdo con los patrones heredados de los planteos hobbesianos, sin interferencia externa.

Esta noción de la libertad individual (libertad moderna o negativa, de acuerdo con la clásica formulación de Constant retomada por Berlin) habita claramente en el espacio privado, en el interior moral de cada persona física y en el económico de cada persona jurídica. Es justamente este repliegue hacia lo privado el que ha posibilitado el surgimiento de un sujeto que, a diferencia de aquél de la república o el proyectado por el socialismo, se satisface excluyendo más que incluyendo a sus congéneres. Esto es cruelmente patente en las versiones deontológicas del liberalismo –cuyo caso paradigmático sea probablemente el libertarianismo de Nozick– pero también se trasluce en algunas teorías consecuencialistas –como lo es, para tomar otro ejemplo contemporáneo, la escuela de Virginia.

Aunque en principio la idea es discutible, creemos, siguiendo los planteos de Marx, que es preciso partir del individualismo para arribar a una concepción de libertad individual moderna o negativa (atomística en su extremo, aunque no siempre se haya presentado así). A su vez, esta noción de libertad es necesaria para brindar a la economía de mercado y al estado que esa sociedad requiere fundamentos y defensas. En efecto, es difícil imaginar una base distinta al individuo para el andamiaje liberal y su noción de racionalidad.

Sin embargo, esto no es una arista que quepa criticar *a priori*. Cabe aquí un pasaje de Dunn:

> "Tener individualidad es tener algo distintivo y ser un individuo no es otra cosa que el común destino humano. Pero ser individualista es abrazar ese destino con sospechosa alacridad: hacer de la necesidad un vicio. Tener individualidad –al menos como aspiración– no es sino hacer lo que nos es propio (...) Pero ser individualista es algo que tiende a no tener en cuenta los intereses de los demás o negar la presencia de todo compromiso afectivo fundamental para con los otros. Tener individualidad es una categoría casi puramente estética y a la postre una categoría afirmativa. Ser individualista es claramente una categoría moral con una fuerte deriva hacia lo negativo" (Dunn: 1993, 55).

Con esto queremos decir que, al afirmar que el modelo liberal está agotado, no estamos refiriéndonos a que su fundamento, el concepto de individuo, no requiera de nuestra atención. Nos referimos en cambio a que la forma que ha adquirido, el individualismo, ya sea moderado o extremo, nos hace girar recurrentemente sobre la idea de libertad negativa y, en consecuencia, sobre una organización social en la que libertad y propiedad quedan a la postre equiparadas, de manera tal que un hombre es más libre cuando más propiedades tiene él o menos propiedades tienen sus congéneres[2].

Ciertamente, la condición de propietario para el ejercicio de la libertad es casi tan antigua como la teoría política: aquél que no es dueño de su cuerpo (esclavo) no puede ser libre; quien no puede extender su propiedad más allá de sus manos (siervo) no puede ser libre; quien no puede plasmar su propiedad en una obra acabada y venderla (proletario) no puede ser libre. Y dado que un pueblo libre está formado de hombres libres, éste sólo puede ser conformado por aquellos que tengan una igual propiedad y, por ende, una igual libertad.

Con todo, aquí nos encontramos con una versión ridículamente reduccionista de la libertad. Sin embargo tendremos que aceptar ese reduccionismo, siquiera como un momento dialéctico de la libertad, pues como bien advirtió Hegel en su *Filosofía del Derecho*, las libertades negativas precisan de él y de su institucionalización. Además, a su vez, esas libertades negativas no son la negación sino el presupuesto de la libertad positiva, comunal o colectiva, en un moderno mundo democrático. Como afirma Wellmer: "la libertad negativa muda su carácter cuando se convierte en preocupación común. Pues entonces no sólo queremos cada uno nuestra propia libertad, sino que también perseguimos un máximo de autodeterminación para todos"(1996: 73).

Ahora bien, cabría preguntarse por qué sería necesario mudar de paradigma para llegar a la idea de libertad positiva. ¿No hay posibilidades de defender al individuo dentro del liberalismo sin caer en el individualismo negativo señalado más arriba por Dunn?

¿Acaso el liberalismo revisionista o el contemporáneo liberalismo igualitario no representan sendas no del todo exploradas para llegar a la meta de una sociedad más libre, igualitaria y democrática? Creemos que no. No sólo porque empíricamente esto no ha sido así, sino también porque lógicamente no tendría por qué serlo.

En la medida en que el liberalismo siga basándose en un individuo poseedor de los medios de producción, y entonces en una distribución crecientemente desigual de la propiedad y la libertad, manteniendo siempre la equiparación de ambas, parece imposible hacer el pasaje del individualismo a la protección de los individuos dentro de una comunidad positivamente libre. Ciertamente hay interesantes argumentos en contrario, pero cabe entonces preguntarse hasta qué punto estas ideas están dentro del proyecto liberal y cuánto le deben al republicanismo (Pettit, 1999: 124) o al ideario marxiano (Bidet, 1993: 108-125).

El proyecto republicano: la política como lugar de la emancipación

A lo largo de la historia moderna aparecen lo que puede llamarse 'resurgencias maquiavelianas', que deben ser vistas como la emergencia de una verdadera corriente de pensamiento político y filosófico. Esta sugerencia es presentada por Pocock en su sugestiva obra *The Machiavellian Moment*, consagrada el 'momento maquiaveliano' que sacudió la presentación clásica de la filosofía política moderna, hasta entonces enteramente dominada por el modelo jurídico-liberal, revelando la existencia de otro proyecto político, cívico, humanista y republicano. Retomando el clásico texto de H. Baron sobre el humanismo cívico, Pocock trae a la luz otra filosofía política moderna, que se extiende desde el humanismo renacentista italiano hasta la revolución americana, pasando por Maquiavelo y Harrington. Esta filosofía política afirma la naturaleza esencialmente política del hombre y atribuye como finalidad de la política ya no la visión restringida de la defensa de los derechos individuales, sino la ejecución de esa politicidad básica del hombre en la forma de participación activa, en cuanto ciudadano, en la esfera pública.

El humanismo cívico, afirma Baron (1966), produce una ruptura significativa en las líneas de pensamiento político existentes. En el nuevo pensamiento político, la República tenía tiempo, porque ya no reflejaba más la simple correspondencia con un orden natural eterno; era organizada en forma diferenciada; y una mente que aceptara la república y la ciudadanía como realidad principal debía comprometerse con la separación implícita entre orden político y orden natural. La República era más política que jerárquica; era organizada para alcanzar la soberanía y autonomía, y por lo tanto su individualidad y su particularidad. Creadora potencial de historia, la república es, de una sola vez, substraída a la eternidad, expuesta a la crisis, transitoria; más aún no universal, ella se manifiesta como una comunidad histórica específica. La forma-república, que resulta de la voluntad de crear, lejos del cristianismo, es un orden mundano secular, sometido a la contingencia del acontecimiento; está por eso expuesta a la finitud temporal, a la prueba del tiempo. La opción de la República como la única forma de *politéia* de forma de satisfacer las exigencias del hombre animal político, destinado a desenvolverse en el *vivire civile*, y a las exigencias de una historicidad secular. Se trata, gracias a la elección de la república, de concebir la comunidad política lejos de la dominación y del acceso a la temporalidad práctica. Contra el rechazo de la temporalidad, propia del Imperio o de la Monarquía universal, la idea republicana está ligada a una asunción del tiempo, y más todavía de una acción humana que, desdoblándose en el tiempo, trabaja efectivamente para separar al orden político del orden natural.

Desde los tiempos de de Platón y Aristóteles ha habido una discusión interminable entre los méritos de dedicarse a una vida activa en la actividad social *(vita ativa)* o a vivir en una forma filosófica buscando el puro conocimiento *(vita contemplativa)*. El pensamiento florentino se inclinó claramente en favor de la *vita ativa*, específicamente del *vivire civile*, una forma de vida dedicada a los temas cívicos y a la actividad de la ciudadanía. Un practicante de la *vita contemplativa* puede elegir contemplar las jerarquías inmutables del ser y encontrar su lugar en el orden eterno bajo un monarca, el cual cumplía el papel de guardián del cosmos divino; pero un exponente de la *vita ativa* está comprometido con la participación y la acción en una estructura social que gracias a la conducta individual hace posible la ciudadanía. Asistimos en este período, pues, a un redescubrimiento, por un lado, de la historia y de la posibilidad de que los hombres hagan la historia; y por otro, al redescubrimiento de la ciudadanía (Baron, 1966).

El humanismo cívico, en tanto continuador de la tradición ateniense, declaraba que la comunidad política era autosuficiente, es decir, universal, y concibió la actividad de gobernar no como una tarea que implicaba la racionalidad aislada de un gobernante especializado, sino como una 'conversación perpetua' entre ciudadanos comprometidos con la comunidad. De esta forma, los particulares, mediante la participación en la comunidad política, podían alcanzar la universalidad. En la escala de valores construida por los autores del humanismo cívico, la universalidad aparecía como inmanente a la participación en la red de la vida social y del lenguaje. La asociación entre ciudadanos era un bien necesario, colocado en lo más alto de la escala de valores; era un prerrequisito para alcanzar la universalidad, recuperando de esta forma la tradición griega y aristotélica que enfatizaba que la política era la forma más alta de asociación humana. La base filosófica del *vivere civile* estaba en la concepción de que era en la acción, en la producción de obras y hechos de todas las clases, que la vida del hombre alcanza la estatura de aquellos valores universales que le son inmanentes. El hombre activo se afirma a partir del compromiso total de su personalidad en la vida social, cosa que el hombre dedicado a la *vita contemplativa* sólo puede conocer a través de la introspección interior. La acción permite al hombre alcanzar la universalidad, y la política es la forma de acción que posee la universalidad (Pocock, 1975).

Los hombres del humanismo 'descubrieron' en Aristóteles, particularmente en su obra *La Política,* a un filósofo político originador de un cuerpo de pensamiento sobre la ciudadanía y la relación de ésta con la república; y desde éste punto de vista el pensamiento aristotélico revela su importancia para los humanistas y pensadores italianos, en busca de los medios para reivindicar la universalidad y la estabilidad del *vivire civile*. A partir de la separación entre acción y contemplación, Aristóteles concibe a la actividad en la cual el ciudadano gobierna y es gobernado como la forma más alta de la vida humana; uno en una comunidad de iguales que toman decisiones que afectan a todos. El individuo toma parte en la determinación del bien general, beneficiándose a partir de los valores obtenidos por la sociedad y, al mismo tiempo, contribuyendo mediante su participación pública en el mantenimiento de las valores sociales. Desde que la actividad política está relacionada con el bien universal, ella misma es un bien de orden superior que otros bienes, y el individuo, disfrutando de su ciudadanía, disfruta de un bien universal, se relaciona con la universalidad. La ciudadanía es una actividad universal y la polis una comunidad universal (Aristóteles, 1989). El universal y el particular se encuentran en el mismo hombre. La política, al igual que en el pensamiento de Marx, se constituye de esta forma en el eslabón que permite al hombre elevarse por encima de la vida cotidiana y alcanzar la universalidad. La república democrática, entendida en tanto relación política y democrática entre los hombres, es la forma política apropiada para que el hombre se reencuentre con su ser genérico.

Como afirma Pocock (1975), la teoría de la *polis* fue cardinal en la teoría constitucional de las ciudades italianas y de los humanistas italianos. En el caso de las comunas italianas ofrecía un paradigma adecuado pues explicaba cómo un cuerpo político, concebido como una ciudad compuesta por personas interactivas y también por normas universales e instituciones tradicionales, podía ser mantenido unido. Para los humanistas cívicos, partidarios del *vivere civile,* la teoría aristotélica sobre la *polis* ofrecía una elaboración indispensable para sus objetivos políticos: Aristóteles describía la vida social humana como una universalidad de participación en vez de una universalidad de contemplación. Los hombres particulares y los valores particulares, por ellos perseguidos, se encontraban en la ciudadanía, es decir, en una práctica común compartida mediante la cual pudieran buscar y disfrutar del valor universal de actuar promoviendo el bien común, y de ahí proceder a la búsqueda de los bienes menores.

Obviamente la teoría desarrollada por los humanistas cívicos implicaba un alto precio, en la medida que impone altas demandas y altos riesgos. La república debía ser una comunidad de ciudadanos y de valores, caso contrario se corría el riesgo de que una parte gobernara en nombre del todo. La ciudadanía es pensada como la actividad central de la vida social, una actividad que implica un alto costo pero al mismo tiempo altas 'ganancias', no sólo desde el punto de vista de la totalidad, sino también beneficios en términos de realización del individuo, de realización en la comunidad.

El papel central de las formas de sociabilidad cívicas también es recuperado por Maquiavelo, inclusive en *El Príncipe*, su obra 'menos republicana'. En ésta obra el florentino analiza la relación de la virtud de los ciudadanos con la estabilidad de la *politeia* y viceversa. Política y moralmente el *vivire civile* es la única defensa contra la fortuna, y un prerrequisito de la virtud en el individuo. En la concepción de Maquiavelo, si el fin del hombre es la ciudadanía, su naturaleza original se desarrolla, en forma irreversible, mediante la experiencia del *vivere civile*. Podemos ver en la concepción maquiaveliana, especialmente en los *Discursos*, una sociología de la libertad basada fundamentalmente en la noción del *vivere civile*, y también en el concepto de ciudadano armado como fundamento de una república libre, o sea, del rol de las armas en la sociedad. Como afirma Pocock (1975), el pensamiento de Maquiavelo puede ser relacionado con la tradición de Savonarola, y en este punto la noción de virtud cívica toma un significado más profundo. La virtud (y el fin) del hombre es ser un animal político; la república es la forma en la cual el hombre puede desarrollar su propia virtud, y es la función de la virtud imponerle la forma a la materia fortuna. La república es, en otro sentido, una estructura de la virtud: en una forma política en la cual la habilidad de cada ciudadano de colocar el bien común delante del propio, de forma tal que la búsqueda del bien común se transforma en precondición del bien de cada uno, la virtud de cada hombre salva a la de los otros de la corrupción, y de la presencia de la fortuna.

La república, entendida en tanto relación política entre ciudadanos, busca la realización de la totalidad, de la virtud del todo, a partir de la interrelación entre sus ciudadanos.

El momento maquiaveliano es pensado como el movimiento por el cual pensadores y sujetos políticos trabajan en la reactivación de la *vita activa* de los antiguos, más precisamente del *bios politikos*, vida consagrada a las cosas políticas, en oposición a la vida contemplativa. Esta rehabilitación de la vida cívica, o sea, de la vida en la ciudad y para la ciudad, reposa en la afirmación aristotélica según la cual el hombre es un animal político que no puede alcanzar su excelencia sino en y por la condición de ciudadano.

Este "descubrimiento" de la política implica una revolución mental en relación al hombre medieval: en cuanto este último se vale de la razón para que se le revelen, gracias a la contemplación, las jerarquías eternas de un orden inmutable, en el seno del cual estaba destinado a un lugar fijo. El partidario del humanismo cívico, al mismo tiempo que operaba un dislocamiento de la vida contemplativa para la vida activa, descubría una nueva configuración de la razón, susceptible, por la acción, de crear un nuevo orden humano, político, dando una forma al caos del universo de la contingencia y de la particularidad. Orientado a una toma de decisiones en común, ese nuevo modo de existencia cívica reconocía la naturaleza verbal del hombre, y tendía a concebir el acceso a la verdad como fruto de los intercambios libres en los cuales la retórica, tan presente en la ciudad antigua, retomaba su papel. Por último, el partidario del humanismo cívico concebía la esencia del hombre como fundamentalmente política, y a ésta como la forma de alcanzar la universalidad (Pocock, 1975; Abensour, 1998).

Como afirmamos al comienzo, nuestra voluntad es intentar rescatar la gran tradición del pensamiento republicano, pero desde un abordaje que también recupere la visión de la política elaborada por Marx. En este sentido buscamos entender los textos políticos de Marx como una obra de pensamiento, o sea, una obra orientada por una intención de conocimiento, y para la cual el lenguaje es fundamental. En la línea trazada por el trabajo de Miguel Abensour (1998), nuestra pregunta busca indagar una dimensión poco sistematizada de la obra de Marx, una interrogación filosófica sobre lo político, sobre la esencia de lo político, fuertemente acentuado en los escritos del período de 1842-44[3], pero que no continúa con la misma intensidad en el resto de la obra del filósofo alemán.

Esta dimensión puede ser rescatada ligando la obra de Marx a la filosofía política moderna, inaugurada por Maquiavelo. Se puede afirmar que el joven Marx, en la interrogación filosófica sobre lo político, mantiene una relación esencial con Maquiavelo, en la medida que este último es el fundador de una filosofía política moderna, normativa, esto es, que reposa sobre otros criterios y otros principios de evaluación que los de la filosofía política clásica. La idea que pretendemos sostener es que la concepción de política, de práctica política, el ideal de ciudadano, y el modelo de acción del humanismo cívico, tienen afinidades con los pensados por Marx. La idea de ciudadano implícita en el modelo de vida activa guarda importantes relaciones con la idea de hombre como ser genérico en tanto sujeto político. La recuperación por parte de los humanistas italianos de los conceptos de *vita activa* y de *vivere civile* corresponderían a un redescubrimiento por parte de Marx de la política y de la inteligencia de la política. Tanto para los republicanos renacentistas, como para Marx, la política –entendida como la praxis– es la forma de alcanzar la universalidad.

El proyecto marxista: la política como elemento de la universalidad

Retomemos ahora la interrogación apasionada de Marx por la política. En su intento por descubrir la esencia de la política moderna el filósofo alemán se orienta por un lado hacia los griegos, a partir de una concepción holista de la sociedad, por otro a los franceses modernos, y por último hay un claro vínculo con la problemática de la República. La búsqueda de lo político en el filósofo de Tréveris va en dirección del encuentro de una comunidad política en el seno de la cual el hombre pueda realizar sus verdaderas potencialidades, un lugar donde la emancipación social pueda superar los estrechos límites de la emancipación política. Para Marx la verdadera cosa pública se encuentra más allá de la separación del ser público y privado; en ella todo lo que es privado ha llegado a ser una cuestión pública, y todo lo que es universal se ha transformado en un asunto privado de cada uno. En la idea de Marx de 'verdadera democracia' se encuentra una vieja herencia del pasado europeo, el viejo ideal de comunidad. El modelo implícito es la idea de la ciudad antigua con su identidad de las existencias privada y pública, en la cual la cualidad del hombre y la cualidad del ciudadano no son cosas distintas sino cosas idénticas. Esto mismo es la fuente originaria de la idea de sociedad sin clases, como Marx llamaba a la 'verdadera democracia'.

Nos gustaría recuperar la lectura que Miguel Abensour (1998) hace de la obra de Marx *Crítica a la filosofía del Estado de Hegel* (en adelante *Crítica* de 1843)[4] cuando afirma que el filósofo alemán se aproximó a la inspiración republicana y maquiaveliana, elevando la escena política por encima de la facticidad de la vida cotidiana, principalmente consagrada a la reproducción de la vida. La búsqueda de Marx tiene como objetivo introducir "el medio propio de la política", ayudar a pensar la esencia de lo político y delimitar su particularidad. Existe para Marx una sublimidad del momento político, una elevación de la esfera política, en relación con otras esferas, que le es propia; representa un más allá.

En lo político es legítimo reconocer los caracteres de la trascendencia: una situación que va más allá de las otras esferas, una diferencia de nivel y una solución de continuidad en relación a las otras esferas de la vida social, valorizada por Marx cuando acentúa su carácter luminoso, el carácter extático del momento político: "La vida política es la vida aérea, la región etérea de la sociedad civil burguesa" (Marx, 1973: 137). En lo político, y por lo político, el hombre entra en el elemento de la razón universal y hace la experiencia, en cuanto pueblo, de la unidad del hombre con el hombre. El estado político –que también podríamos entender como la esfera pública– se desdobla como el elemento donde se realiza la epifanía del pueblo, el lugar donde el pueblo se objetiva en cuanto ser universal, ser libre y no limitado, allí donde el pueblo aparece, para el mismo, como ser absoluto, como ser divino. El proyecto de Marx en la *Crítica* de 1843, continúa Abensour (1998), es pensar la esencia de lo político en relación al sujeto real, que es el *demos*. Esto quiere decir que la búsqueda de la esencia de lo político y la búsqueda de la verdadera democracia coinciden necesariamente, o mismo se funden. Interrogarse sobre la esencia de lo político nos lleva a la esencia de la democracia; resaltar la diferencia específica de la democracia en relación a otras formas de régimen es lo mismo que confrontarse con la propia lógica de la cosa política. La 'verdadera democracia', entendamos como democracia que alcanza su verdad en cuanto forma de *politeia*, es la política por excelencia, la apoteosis del principio político. De donde se concluye que comprender la lógica de la verdadera democracia es alcanzar la lógica de la cosa política. La búsqueda de la esencia de lo político, en cuanto elección de la democracia como forma susceptible de exponer el secreto de esa esencia, no es para Marx una elección menor. La relación entre la actividad del sujeto, el *demos total*, y la objetivación constitucional en la democracia, es diferente de la que se efectúa en otras formas de estado. Las relaciones se traducen, en la democracia, por otra articulación entre el todo y las partes, lo que acarrea un efecto fundamental que vale como criterio distintivo de la democracia: la objetivación constitucional, la objetivación del *demos* bajo la forma de una constitución, es ahí objeto de una reducción.

En la *Crítica* de 1843 Marx invierte totalmente a Hegel. Prefiere pensar lo político en la perspectiva de la soberanía del pueblo. El pueblo es el Estado real. En vez de percibir a la democracia como la señal de un pueblo que permanece en un estado arbitrario e inorgánico, Marx, por el contrario, considera la forma democrática como el coronamiento de la historia moderna, el *telos* por el cual se entiende el conjunto de las formas políticas modernas. La democracia en cuanto forma particular de Estado (y no tan sólo en cuanto verdad de todas las formas de Estado) revela la esencia de cualquier constitución política, el hombre socializado.

"En la monarquía, la totalidad, el pueblo es clasificado en una de sus maneras de existir: la constitución política; en la democracia, la *constitución misma* aparece simplemente como una determinación única, la autodeterminación del pueblo. En la monarquía tenemos el pueblo de la constitución; en la democracia, la constitución del pueblo. La democracia es el *enigma* descifrado de todas las constituciones. En ella la constitución no sólo es *en sí*, según su esencia, sino también según su *existencia*, según su realidad constantemente referida a su fondo real: *al hombre real, al pueblo real*, y planteada como su *propia obra*. La constitución aparece como lo que es: un producto libre del hombre" (Marx, 1973: 80, énfasis en el original).

Hegel parte del Estado y hace del hombre el Estado subjetivado; la democracia, afirma Marx, parte del hombre y hace del Estado el hombre objetivado. De igual modo que la religión no crea al hombre, sino que el hombre crea a la religión, la constitución no crea al pueblo: el pueblo crea la constitución. Desde un cierto punto de vista, la democracia es a todas las formas políticas como el cristianismo es a todas las religiones. El cristianismo es la religión por excelencia, la esencia de la religión, el hombre deificado en forma de religión particular. De igual modo, la democracia es la esencia de toda constitución política, el hombre socializado como constitución particular es, a las otras constituciones, como el género a sus especies. Afirma Marx que la diferencia fundamental de la democracia es que "El hombre no existe a causa de la ley, sino que la ley a causa del hombre; es *una existencia humana*, mientras que en las otras formas políticas, *el hombre es la existencia legal*" (Marx, 1973: 81, énfasis en el original).

Para Marx, con la democracia se asiste a la constitución del pueblo, en el sentido jurídico y meta-jurídico, recibiendo el pueblo el triple estatuto: principio, sujeto y fin.

En esa relación de sí para sí, que se ejecuta en la auto-constitución del pueblo, la autodeterminación, la constitución, el Estado político representa apenas un momento; ciertamente un momento especial, pero sólo un momento. El pueblo presenta esa particularidad de ser un sujeto que es él mismo su propio fin. Así esa auto-constitución del pueblo que no se cristaliza en ningún pacto, que no debe cristalizarse en ningún contrato, culmina en un elemento de idealidad. La esfera política es colocada sobre el signo de la idealidad, en la medida que el pueblo no corresponde a una realidad sociológica, no tiene nada de social, pero se mantiene entero en su querer-ser político. La grandeza del pueblo es su existencia. En la forma democrática puede pensarse el reencuentro entre el principio material y el principio formal, en cuanto en la democracia se da la verdadera unidad entre del universal y del particular.

Marx remota el pensamiento político spinoziano en relación a la problemática de la democracia, oponiéndose a la elección hegeliana de la monarquía constitucional como punto culminante de las formas políticas, y escogiendo a la democracia para ese lugar prominente. Para Spinoza la democracia es la forma de régimen, de institución social que parece "más natural y el que más se aproxima a la libertad que la naturaleza concede a cada individuo" (Spinoza, 1986: 341). De ahí que la prioridad y preeminencia que Spinoza atribuye a esa forma de comunidad política, en su exposición: la democracia, siendo el régimen más racional y más libre, es la comunidad política por excelencia, siendo los regímenes aristocráticos o monárquicos apenas formas derivadas e insuficientemente elaboradas de la institución política. Para Marx, como para Spinoza, la democracia es el régimen más natural y figura como paradigma de *politeia*, como modelo de vida política verdadera; es precisamente en la medida que, para Marx, la esencia de la política no puede ser reducida al polo exclusivo de la relación señor-esclavo. Por el contrario, consiste en la práctica de la unión de los hombres, en la institución *sub specie rei publicae*, de un estar-junto orientado para la libertad, o en la práctica de la actividad mediadora de los hombres. En este sentido, el elemento político es en verdad aprehendido por Marx como un eslabón específico, irreductible a una dialéctica de las necesidades, o a una derivación de la división social del trabajo, como un momento que una sociedad humana, destinada a la libertad, no puede dispensar, bajo pena de caer nuevamente en el mundo animal, vivir y multiplicarse. En este, y por este elemento, se destaca el lugar donde 'el hombre real', en cuanto pueblo, universalidad de los ciudadanos, se expone permanentemente a la prueba de la universalización. La problemática que Marx propone es específicamente política, colocando en juego, en el nivel político, una teoría de la soberanía, y en el nivel, filosófico un pensamiento de la subjetividad. Contra Hegel que, intentando satisfacer el principio moderno de la subjetividad, hace del hombre el Estado subjetivado, para Marx se trata de demostrar que por lo contrario, en la democracia, el hombre como ser genérico, el pueblo, el *demos* llega, en y por el Estado, a la objetivación (Abensour, 1998).

El momento democrático de la *Crítica* de 1843 está en íntima relación con la realización práctica de la democracia evidenciada en la Comuna de París. Marx nos incita a pensar en un situación paradojal, en la cual el desaparecimiento del Estado político sólo puede intervenir dentro y a través de la plena conciencia de sí de una comunidad política accediendo a su verdad. En resumen, la desaparición del Estado podría coincidir con la aparición de una forma política que tiene a los ojos de Marx la cualidad de ser la forma política más perfecta. La desaparición del Estado estaría acompañada del contraste entre el Estado político y la democracia. Algunas obras de Marx señalan este problema. En la *Miseria de la Filosofía* (1847), evocando la sociedad sin clases posrevolucionaria, Marx anuncia que no habrá más "poder político propiamente dicho"; idea que es desarrollada más plenamente en la *Crítica del Programa Alemán*, donde afirma:

> "La libertad consiste en transformar al Estado, órgano erigido encima de la sociedad, en un órgano íntegramente subordinado a la sociedad". De ahí se levanta inmediatamente la cuestión: ¿qué transformación sufriría la forma-Estado en la sociedad comunista? Una respuesta tentativa debería buscarse en la República social: "La comuna no había de ser un organismo parlamentario, sino una corporación de trabajo, ejecutiva y legislativa al mismo tiempo (...) He aquí su verdadero secreto: la Comuna era, esencialmente, un Gobierno de la clase obrera, fruto de la lucha de la clase productora contra la clase apropiadora, la forma política al fin descubierta para llevar a cabo dentro de ella la emancipación económica del trabajo" (Marx, 1980: 67).

¿Cómo piensa Marx esta contradicción entre democracia y Estado? Considerando una situación revolucionaria, a diferencia de la respuesta jacobina que implica un reforzamiento del Estado, la tradición comunalista, claramente expresada en la *Guerra civil en Francia*, diferente de la anterior, atribuye como tarea de la revolución destruir el poder del Estado, substituyéndolo por una nuevo eslabón político, a ser inventado en el propio proceso revolucionario. Esto será posible porque los hombres de la Comuna se presentan como un sujeto para sí mismo, como su propio fin. Como voluntad política ella busca su propia manifestación política: "La gran medida social de la Comuna fue su propia existencia y su propia acción. Sus medidas concretas no podían menos de expresar la línea de conducta de un Gobierno del pueblo y por el pueblo" (Marx, 1980: 73).

El advenimiento de la revolución democrática implica plantearse el problema del Estado: "El grito de 'república social', con el que la revolución de febrero fue anunciada por el proletariado de París, no expresaba más que el vago anhelo de una república que no acabase sólo con la forma monárquica de la dominación, sino con la propia dominación de clase. La Comuna era la forma positiva de esta república" (Marx, 1980: 62).

El crecimiento de la verdadera democracia implica el desaparecimiento del Estado. Cuanto más la democracia se acerca a su verdad, es decir a la constitución de una comunidad política, más el Estado decrece, deja de ejercer su función primordial, su función de dominación. Más tarde, en carta a Bebel, Engels explicita la idea en estos términos: "mientras el proletariado necesite todavía del Estado, no lo necesitará en interés de la libertad, sino para someter a sus adversarios, y tan pronto como pueda hablarse de libertad, el Estado dejará de existir. Por eso nosotros propondríamos decir siempre, en vez de la palabra Estado, la palabra 'Comunidad' (*Gemeinwesen*) una buena y antigua palabra alemana que equivale a la francesa 'comune' "(Engels, 1955: 36).

El camino de desaparición del Estado no implica un camino de socialización acabada, que equivaldría a una desaparición de la política. Por el contrario, mantiene la política pero como un momento, en una coexistencia con otras esferas de la vida social, con otros momentos de la objetivación del sujeto real. Para Marx la lección de la Comuna es que la emancipación social de los trabajadores no se puede efectuar sino por medio de una forma política que Marx llama en varios pasajes 'constitución comunal'. Se trata de una forma política singular, destinada a escapar de la autonomización de las formas, no solamente porque los miembros de la Comuna son responsables y revocables en cualquier momento, sino sobre todo porque esa forma se constituye, alcanza su particularidad, confrontando con el poder del Estado, en una insurrección permanente contra el Estado-aparato, sabiendo que toda recaída, bajo la forma de dominación del Estado, cualquier que sea su nombre o su tendencia, significaría inmediatamente su decreto de muerte: "El régimen de la Comuna habría devuelto al organismo social todas las fuerzas que hasta entonces venía absorbiendo el Estado parásito, que se nutre a expensas de la sociedad y entorpece su libre movimiento" (Marx, 1980). Ese es el trazo distintivo de la Constitución de la Comuna en tanto forma política. Es en esa posición contra el Estado que esa constitución pasa a existir.

Retomemos el punto central que Marx plantea en la *Crítica de la filosofía del Estado de Hegel*, siguiendo a Abensour (1998): el hombre no se reconoce en cuanto hombre, el hombre no se reconoce en cuanto ser universal, el hombre sólo es hombre entre los hombres cuando tiene acceso a la esfera política, en la medida que participa del elemento político -del elemento político en términos democráticos. Es *sub specie rei publicae*, y solamente así tiene acceso a su destino de ser social. La constitución actúa al mismo tiempo como elemento revelador y purificador. Lejos de pensar que el advenimiento de la *societas* torna inútil obsoleta la *civitas*, es por el acceso a la *civitas* que se produce la emergencia de la *societas*. O incluso, no es porque el hombre es un animal social que se da una constitución, sino porque él se da una constitución, porque es el un *zoom politikom*, que revela su ser, efectivamente 'el hombre socializado'. La esencia política, es decir el hombre socializado, muestra la esencia del hombre tal como se puede manifestar, en la medida que se libera precisamente de los límites de la sociedad civil burguesa y de las determinaciones que de ella recorren. No es a través de las relaciones que se engendran en la sociedad civil que el hombre consigue cumplir su destino social. Por el contrario, es luchando contra ellas, rechazándolas políticamente, en su calidad de ciudadano de un Estado político, que él puede conquistar su esencia de ser genérico. A través de la experiencia política, vivida por el hombre en tanto ciudadano, éste se abre a la verdadera experiencia universal, a la experiencia esencial de la comunidad, a la experiencia de unidad del hombre con el hombre. Subordinada al principio del placer, la sociedad civil burguesa produce eslabones; pero éstos quedan afectados por una irremediable contingencia.

Solamente la 'desvinculación', en el nivel de la sociedad civil burguesa, permite la experiencia de una ligación genérica mediante la entrada de la esfera política. Marx escribe en relación con su significación política que: "el miembro de la sociedad civil burguesa se deshace de su estado, de su posición privada real. Es solamente en la esfera política que el miembro de la sociedad 'significa hombre: que su determinación como miembro del Estado, como esencia social, aparece como su determinación humana" (Marx, 1973).

Marx llega a concebir ese acceso a la existencia política, ese acto político, bajo la forma de una descomposición de la sociedad civil, se podría decir de una des-socialización, duplicada por una verdadera salida de sí misma de la sociedad civil, de un éxtasis: "su acto político (...) es un acto de la sociedad civil burguesa, que escandaliza y provoca el éxtasis de ésta". Evidentemente Marx piensa las relaciones de la esfera política como lo que se hace pasar por lo social bajo el signo de la discontinuidad. Para Marx la constitución, es decir, el Estado político, no viene a completar una sociabilidad imperfecta, que estaría en gestación en la familia y en la sociedad civil, sino que se sitúa en posición de ruptura con una sociabilidad no esencial: "El estado de la sociedad civil burguesa no tiene, ni la necesidad, es decir, un momento natural, ni la política, como su principio. El es una división de masas que se forman de manera fugaz y cuya propia formación es una formación arbitraria, y no una organización" (Marx, 1973: 123). El lugar político se constituye como un lugar de mediación entre el hombre y el hombre, como un lugar de *catharsis* en relación a todos los lazos no esenciales que mantienen al hombre distanciado del hombre. Llegamos a la paradoja de que el hombre hace la experiencia del ser genérico, en la medida en que se desvía de su estar-ahí social y que se afirma en su ser ciudadano, o antes, en su deber ser ciudadano. El demos es político o no es nada.

Retornando a lo político

La acción democrática pensada por Marx en la *Crítica de la filosofía del Estado de Hegel* implica la extensión del espacio público, la única forma de Estado que permite esa extensión, una experiencia de la universalidad, la negación de la dominación y la constitución de un espacio público isonómico. El actuar democrático puede fenomenalizarse en el espacio público en cuanto tal, modalizarse en el conjunto de la vida del pueblo. Solamente la generalización del actuar democrático consigue realizar la unidad del universal y el particular. Pero este reconocimiento no puede darse en un esfera política entendida en términos de una esfera pública liberal, es necesario trascender los estrechos límites impuestos por el proyecto político liberal para conseguir el reconocimiento del hombre en tanto ser genérico.

La política liberal vacía el espacio político e imposibilita el reconocimiento. El espacio político liberal transforma al hombre en un obstáculo para otro, al entender la libertad como libertad negativa, al entender al otro como alguien que imposibilita el ejercicio de mi libertad. El estado de derecho, que Marx critica brillantemente en *La cuestión judía*, expresa su imperfección original y aparece como él es, un dispositivo que buscar sustraer al individuo del arbitrio del poder, y desde el comienzo se posiciona como salvaguarda jurídica del individuo, y no como invención de un *vivire civile*, de una acción política orientada para la creación de un espacio público y la constitución de un pueblo de ciudadanos. El estado de derecho revela su verdadera pertenencia al paradigma jurídico liberal. Por el contrario, el paradigma republicano nos permite pensar a la política y a la democracia en otros términos. Sin rechazar el contenido formal de la democracia expresado en el estado de derecho, la visión republicana nos permite abrir la democracia a un objetivo diferente de aquel que lleva a la autonomización y absolutización del individuo, en la medida que la forma jurídica mantiene una distancia entre la justicia formal y justicia material. La democracia tan domesticada y banalizada por la experiencia liberal puede ser una forma que instituya políticamente lo social y que simultáneamente se vuelva contra el Estado, como sí en esa oposición le tocara a la democracia abrir de una manera más fecunda una brecha que permitiese la invención de la política. La democracia, pensada en los términos de la comuna, es la sociedad política que instituye un vínculo humano a través de la lucha entre los hombres y que, en cuanto institución, vuelve al origen, intentando siempre redescubrir la libertad. Es imprescindible elaborar un pensamiento de la libertad con nuevas exigencias, esto es, la libertad no puede más ser pensada contra la ley, sino a partir de ella, en armonía con el deseo de libertad que la hace nacer. La libertad no puede más ser concebida contra el poder, sino con el poder, comprendido de otra manera, como poder de actuar en consenso. Sobre todo, dado que la libertad no puede más erguirse contra lo político, de forma de librarse de él, pero lo político es en adelante el propio objeto del deseo de libertad, la política, vivificada por esa inspiración, es pensada, deseada, lejos de cualquier idea de solución, es practicada como una interrogación sin fin sobre el mundo y sobre el destino de los mortales (Abensour, 1998).

Por lo tanto, recuperar el lugar de la política es fundamental para pensar formas alternativas de sociabilidad que no pasen por el mercado, que pasen por la política.

Porque el lugar político debe volver a constituirse como el lugar de mediación entre el hombre y el hombre. No es a través de las relaciones que se engendran en la sociedad civil que el hombre consigue cumplir su destino social, es a través de la experiencia política vivida por el hombre en tanto ciudadano que éste se abre a la verdadera experiencia universal, a la experiencia esencial de la comunidad, a la experiencia de unidad del hombre con el hombre. Se trata por lo tanto de la subversión de la política entendida en términos liberales.

En la época ambigua, contradictoria y desgarrada, donde se combinan el máximo desarrollo técnico del capitalismo con la máxima catástrofe social, moral y cultural, parece verificarse la sombría profecía de los clásicos del marxismo: donde no hay "reino de la libertad" habrá indefectiblemente barbarie. Evitar la barbarie pasa hoy por la reconstrucción de lo político como un lugar de reunión y creación; pasa por el fortalecimiento de la política entendida como espacio de construcción colectiva; pasa por la reconstrucción de un padrón civilizatorio orientado a la autonomía del *demos*. Pasa –¿por qué no decirlo?– por un proyecto humanista y socialista.

Bibliografía

Abensour, Miguel 1998 *A democracia contra o estado. Marx e o momento maquiaveliano* (Belo Horizonte: Editora UFMG).

Anderson, Perry 2002 *Afinidades Seletivas* (São Paulo: Boitempo).

Aristóteles 1989 (333-323 a.c) *La Política* (Madrid: Centro de Estudios Constitucionales).

Baron, Hans 1966 *The crisis of the early italian renaissance* (Princeton: Princeton University Press).

Béjar, Helena 2000 *El corazón de la república. Avatares de la virtud política* (Barcelona: Paidós).

Bidet, Jacques 1993 (1990) *Teoría de la modernidad* (Buenos Aires: Letra Buena-El cielo por asalto).

Bobbio, Norberto 1991 (1984) *El futuro de la democracia* (México : Fondo de Cultura Económica).

Cohn, Gabriel 2001 *A sociología e o novo padrão civilizatorio*, mimeo.

Dunn, John 1996 *La agonía del pensamiento político occidental* (London: Cambridge University Press).

Engels, Friedrich 1955 "Carta a A. Bebel", en Marx, Karl y Friedrich Engels *Obras Selectas en dos tomos* (Moscú: Editorial Progreso).

Gray, John 1994 (1986) *Liberalismo* (Madrid: Alianza).

Grüner, Eduardo 2002 *El fin de las pequeñas históricas. De los estudios culturales al retorno (imposible) de lo trágico* (Paidós: Buenos Aires).

Maquiavelo 1996 (1519) *Discursos sobre la primera década de Tito Livio* (Madrid: Alianza).

Maquiavelo 2000 (1513) *El Príncipe* (Madrid: Alianza).

Marx, Karl 1967 (1844) "Sobre la cuestión judía", en Marx, Karl y Friedrich Engels *La sagrada familia* (México: Grijalbo).

Marx, Karl 1973 (1843) *Crítica de la filosofía del Estado de Hegel* (Buenos Aires: Editorial Claridad).

Marx, Karl 1980 (1871) *La guerra civil en Francia* (Progreso: Moscú).

Marx, Karl 1994 (1867) *El Capital. Crítica de la Economía Política* (México D. F.: Siglo XXI).

Pettit, P. 1999 (1997) *Republicanismo. Una teoría sobre la libertad y el gobierno.* (Barcelona: Paidós).

Pocock, J. G. A. 1975 *The machiavellian moment. Florentine political thought and the atlantic republican tradition* (Princeton: Princeton University Press).

Skinner, Quentin 1998 *Liberdade antes do liberalismo* (São Paulo: UNESP/Cambridge University Press).

Spinoza, Baruch 1986 (1670) *Tratado teológico-político* (Madrid: Alianza).

Wellmer, Albretch 1996 *Finales de partida: la modernidad irreconciliable* (Madrid: Ediciones Cátedra-Universidad de Valencia-Frónesis).

Notas

1 "El liberalismo es una doctrina del estado limitado tanto con respecto a sus funciones como a sus poderes. La noción común que sirve para representar al primero es el estado de derecho; la noción común que sirve para representar al segundo es el estado mínimo. Aunque el liberalismo conciba al Estado tanto como estado de derecho cuanto como estado mínimo, se puede dar un estado de derecho que no sea mínimo (por ejemplo, el estado social contemporáneo) y también se puede concebir un estado mínimo que no sea estado de derecho [como el Leviatán hobbesiano (...)] que al mismo tiempo es absoluto en el más amplio sentido de la palabra y liberal en economía. Mientras que el estado de derecho se contrapone al estado absoluto, el estado mínimo se contrapone al máximo" (Bobbio, 1989: 17).

2 Esto salta a la vista en los autores neoliberales, pero también puede rastrearse en algunas obras de pensadores del liberalismo igualitario. Véase como ejemplo la crítica que de Rawls hace Anderson (2002).

3 Las obras a las cuales son referimos son: los artículos periodísticos de Marx publicados en la *Gazeta Renana, La Cuestión Judía, Manuscritos Económico-filosóficos, Crítica la filosofía del Estado de Hegel* y *Crítica a la filosofía del derecho. Introducción.*

4 *Crítica* de 1843, el manuscrito fue escrito probablemente durante el verano de 1843, y publicado por Riazanov en 1927 en el primer tomo de su edicióm completa de la obra de Marx y Engels. El mismo es un trabajo preparatorio, es decir comentarios párrafos por párrafos, donde Marx emprende una crítica casi linear de la *Filosofía del Derecho* de Hegel, más exactamente de la 3º sección de la III parte consagrada al Estado (derecho público), del parágrafo § 261 al § 313. La *Crítica a la filosofía del Estado de Hegel* no debe ser confundida con *la Crítica a la filosofía del derecho. Introducción.*

SEGUNDA PARTE

*Liberalismo y socialismo
en la teoría política contemporánea*

*Fundamentalismo religioso:
la cuestión del poder teológico-político**

Marilena Chauí**

La condición posmoderna

En su libro *Después de la pasión política*, Josep Ramoneda, escribe:

"En Occidente hubo un empeño por construir un nuevo enemigo, porque el miedo es siempre una ayuda para el gobernante. El enemigo es el Otro, el que pone en peligro la propia identidad, sea la amenaza real o inducida. El temor al Otro favorece la cohesión nacional en torno al poder y hace que la ciudadanía sea menos exigente con los que gobiernan, que son también los que la protegen. En un primer momento, parecía que el fundamentalismo islámico estaba destinado a ser el nuevo enemigo (...) Pero las amenazas eran demasiado difusas como para que la opinión pública propagara la idea de que el islamismo era el nuevo enemigo. De modo que optó por un enemigo genérico: la barbarie. ¿Quién es el bárbaro? El que rechaza el modelo democrático liberal cuyo triunfo fue proclamado por Fukuyama como punto final de la historia (...) El que no se adapta al modelo triunfante queda definitivamente fuera de la realidad político social. O no llegó –barbarie del que acude con retraso al encuentro final–, o no llegará nunca –barbarie del eternamente primitivo que se hunde en el reino de las tinieblas (...) Como el bárbaro no es una alternativa y sí un atraso, restan solamente dos posibilidades: o su paulatina adaptación o su definitiva exclusión. Sin embargo, la cohesión social por el miedo se mantiene porque es necesario defenderse de la especial maldad de los bárbaros: de ahí la necesaria (casi siempre fundamentada) satanización de aquel al que se ha atribuido la condición de bárbaro" (Ramoneda, 2000: 22-23, traducción nuestra).

---
* Traducción de Celina Lagrutta y Gonzalo Berrón.
** Doctora y profesora de Historia de la Filosofía y de Filosofía Política del Departamento de Filosofía de la Universidad de São Paulo (USP), Brasil.

Ramoneda escribió antes del 11 de septiembre de 2001. Después de esta fecha, islamismo y barbarie se identificaron y la satanización del bárbaro se consolidó en una imagen universalmente aceptada e incuestionable. Fundamentalismo religioso, atraso, alteridad y exterioridad cristalizaron la nueva figura de la barbarie y, con ella, el cimiento social y político traído por el miedo.

Tomemos, sin embargo, otra perspectiva. En la Tesis 7 de *Sobre el concepto de historia*, Walter Benjamin escribe:

"Todos los que hasta hoy vencieron participan del cortejo triunfal, en el que los dominadores de hoy pisotean los cuerpos de los que están postrados en el suelo. Los despojos son cargados en el cortejo, como de costumbre. Estos despojos son lo que llamamos bienes culturales. (...) todos los bienes culturales que él [el materialista histórico] ve tienen un origen que él no puede contemplar sin horror. Deben su existencia no sólo al esfuerzo de los grandes genios que los crearon, sino al sacrificio anónimo de sus contemporáneos. Nunca hubo un monumento de cultura que no fuera también un monumento de barbarie. Y así como la cultura no está exenta de barbarie, no lo está, tampoco, el proceso de transmisión de la cultura. Por eso, en la medida de lo posible, el materialista histórico se desvía de ella. Considera su tarea como un cepillar la historia a contrapelo" (Benjamin, 1985: 225, traducción nuestra).

Este pasaje de Benjamin es rico en sentido, pero aquí nos interesa por un motivo particular: el de situar la barbarie al interior de la cultura o de la civilización, rechazando la dicotomía tradicional, que localiza la barbarie en el otro y lo sitúa en el exterior. Por el contrario, la tesis de Benjamin plantea la barbarie no sólo como el opuesto necesario de la civilización, sino como su presupuesto, como aquello que la civilización engendra al producirse a sí misma como cultura. El bárbaro no está en el exterior, sino que es interno al movimiento de creación y transmisión de la cultura, es lo que causa horror a aquel que contempla el cortejo triunfal de los vencedores pisoteando los cuerpos de los vencidos y conoce el precio de la infamia de cada monumento de la civilización.

Acerquémonos, pues, a la barbarie contemporánea.

Examinando la condición posmoderna, David Harvey (1992) analiza los efectos de la acumulación flexible del capital: la fragmentación y dispersión de la producción económica, la hegemonía del capital financiero, la rotatividad extrema de la mano de obra, la obsolescencia vertiginosa de las calificaciones para el trabajo como consecuencia del surgimiento incesante de nuevas tecnologías, el desempleo estructural resultante de la automatización, la exclusión social, económica y política. Estos efectos económicos y sociales de la nueva forma del capital son inseparables de una transformación sin precedentes en la experiencia del espacio y del tiempo. Esta transformación es designada por Harvey con la expresión 'compresión espacio-temporal', esto es, el hecho de que la fragmentación y la globalización de la producción económica engendran dos fenómenos contrarios y simultáneos: por un lado la fragmentación y dispersión espacial y temporal, y por otro, bajo los efectos de las tecnologías de la información, la compresión del espacio –todo pasa aquí, sin distancias, diferencias ni fronteras– y la compresión del tiempo –todo pasa ahora, sin pasado y sin futuro. En realidad, la fragmentación y la dispersión del espacio y del tiempo condicionan su reunificación bajo un espacio indiferenciado y un tiempo efímero, o bajo un espacio que se reduce a una superficie plana de imágenes y un tiempo que perdió la profundidad y se reduce al movimiento de imágenes veloces y fugaces.

Agreguemos a la descripción de Harvey algo que no puede ser olvidado ni minimizado, a saber, el hecho de que la pérdida de sentido del futuro es inseparable de la crisis del socialismo y del pensamiento de izquierda, es decir, del debilitamiento de la idea de emancipación del género humano o la pérdida de lo que decía Adorno en *Mínima Moralia* cuando escribió que 'el conocimiento no tiene ninguna luz salvo la que brilla sobre el mundo a partir de la redención'. Se ha perdido hoy la dimensión del futuro como posibilidad inscripta en la acción humana en tanto poder para determinar lo indeterminado y para superar situaciones dadas, comprendiendo y transformando el sentido de éstas.

Volátil y efímera, hoy nuestra experiencia desconoce todo sentido de continuidad y se agota en un presente vivido como instante fugaz. Esta situación, lejos de suscitar una interrogación sobre el presente y el porvenir, lleva al abandono de cualquier lazo con lo posible y al elogio de la contingencia y de su incertidumbre esencial. Lo contingente no es percibido como una indeterminación que la acción humana podría determinar, sino como el modo de ser de los hombres, de las cosas y de los acontecimientos.

Esta inmersión en lo contingente y lo efímero dio origen a sentimientos y actitudes que buscan algún control imaginario sobre el flujo temporal. Por un lado provoca el intento por capturar el pasado como memoria subjetiva, como se ve en la creación de pequeños 'museos' personales o individuales (los álbumes de fotografías y los objetos de familia), porque la memoria objetiva no tiene ningún anclaje en el mundo; por otro, lleva al esfuerzo por capturar el futuro por medios técnicos, como se ve en el recrudecimiento de los llamados mercados a futuro, que proliferan "en todo, desde el maíz y el tocino, hasta monedas y deudas gubernamentales, asociados a la 'secularización' de todo tipo de deuda temporaria y fluctuante, ilustran técnicas para descontar el futuro del presente" (Harvey, 1992: 263, traducción nuestra).

Más en profundidad, el fundamentalismo religioso y la búsqueda de la autoridad decisionista en la política son los casos que mejor ilustran la inmersión en la contingencia bruta y la construcción de un imaginario que no la enfrenta ni la comprende, sino que simplemente se esfuerza por bordearla apelando a dos formas inseparables de trascendencia: la divina (a la que apela el fundamentalismo religioso) y la del gobernante (a la cual apela el elogio de la autoridad política fuerte).

Si podemos decir que Marx y Baudelaire fueron los que mejor expresaron el pensamiento y el sentimiento de la modernidad –el primero al afirmar que la libertad no es una elección contingente, sino la conciencia de la necesidad, y el segundo al definir al arte como la captura de lo eterno en el corazón de lo efímero, podemos decir también que la posmodernidad es la renuncia a estas ideas y sentimientos, sin que, no obstante, la mayoría de las sociedades deje de buscar imaginariamente sustitutos a lo necesario y lo eterno. No por casualidad ambos resurgen en los hábitos de la religión, y por lo tanto la necesidad aparece como destino o fatalidad y lo eterno se presenta como teofanía, es decir, revelación de Dios en el tiempo.

El fundamentalismo religioso opera como una especie de retorno de lo reprimido, una repetición de lo censurado por la cultura, porque ésta, no habiendo sabido lidiar con él, no hizo más que preparar su repetición.

De hecho, ¿qué hizo la modernidad al proponer y realizar el 'desencantamiento del mundo'? Por un lado, buscó controlar a la religión, desplazándola del espacio público que la misma ocupó durante toda la Edad Media hacia lo privado. En esta tarea fue ampliamente auxiliada por la Reforma Protestante, que combatió la exterioridad y el automatismo de los ritos tanto como la presencia de mediadores eclesiásticos entre el fiel y Dios, desplazando la religiosidad hacia el interior de la conciencia individual. Por otro, empero, trató a la religión como un arcaísmo que sería vencido por la marcha de la razón o de la ciencia, desconsiderando así las necesidades a las que ella responde y los simbolismos que involucra. Se juzgó que la modernidad estaba hecha de sociedades cuyo orden y cohesión prescindían de lo sagrado y la religión, y se atribuyó a la ideología la tarea de cimentar lo social y lo político.

De esta manera, la modernidad simplemente reprimió a la religiosidad como costumbre atávica, sin examinarla en profundidad. Desde una perspectiva consideró a la religión como algo propio de los primitivos o de los atrasados desde el punto de vista de la civilización, y desde otra creyó que en las sociedades adelantadas el mercado respondería a las necesidades que anteriormente eran asumidas por la vida religiosa, o, si se quiere, juzgó que el protestantismo era una ética más que una religión, y que el elogio protestante al trabajo y los productores cumplía la promesa cristiana de la redención.

Sintomáticamente, la modernidad siempre menciona el dicho de Marx –'la religión es el opio de los pueblos', olvidándose de que esa afirmación estaba precedida de un análisis e interpretación de la religiosidad en tanto 'espíritu de un mundo sin espíritu' (y promesa de redención en otro mundo para quien vivía en el mundo de la miseria, de la humillación y de la ofensa, como la clase obrera), y como 'lógica y enciclopedia populares' (una explicación coherente y sistemática de la naturaleza y de la vida humana, de los acontecimientos naturales y de las acciones humanas, al alcance de la compresión de todos). En otras palabras, Marx esperaba que la acción política del proletariado naciera de una lógica que no implicara la supresión inmediata de la religiosidad, sino su comprensión y superación dialéctica; por lo tanto, un proceso mediato de su superación.

Justamente por no considerar siquiera las mediaciones necesarias y suponer que sería posible la supresión inmediata de la religión, la modernidad, después de alejar a las iglesias y de alojar a la religión en el fuero íntimo de las conciencias individuales, dio al mercado el lugar de la realización de la racionalidad. Ahora bien, en nuestro presente posmoderno, ¿qué es la racionalidad del mercado?

Podemos resumirla en un puñado de trazos: opera provocando y satisfaciendo preferencias individuales inducidas por el propio mercado, las cuales siguen la matriz de la moda y, por lo tanto, de lo efímero y lo descartable; reduce al individuo y al ciudadano a la figura del consumidor; opera por exclusión, tanto en el mercado de fuerza de trabajo, en el que el trabajador es tan descartable como el producto, como en el de consumo propiamente dicho, al cual es vedado el acceso a la mayoría de la población del planeta, es decir, opera por exclusión económica y social, formando, por todas partes, centros de riqueza jamás vista al lado de bolsones de miseria jamás vista; opera a través de luchas y guerras, con las cuales realiza la maximización de los lucros, es decir, opera por dominación y exterminio; extiende este procedimiento al interior de cada sociedad, bajo la forma de la competencia desvariada entre sus miembros, con la vana promesa de éxito y poder; sus decisiones son tomadas en organismos supranacionales, que operan en base al secreto e interfieren en las decisiones de los gobiernos electos, los cuales dejan de representar a sus electores y pasan a gestionar la voluntad secreta de esos organismos (la mayor parte de ellos privados), restaurando el principio de 'razón de Estado' y bloqueando tanto la república como la democracia, pues ensancha el espacio privado y reduce el espacio público. En ese mercado, la hegemonía pertenece al capital financiero y a la transformación del dinero en mercancía universal o equivalente a universal en moneda sin base en el trabajo. Finanzas y monetarismo introducen una entidad mítica mucho más misteriosa que las más misteriosas entidades religiosas: la 'riqueza virtual'. La virtualidad, por cierto, es el modo mismo no sólo de expresión de la riqueza, sino también de la forma de la competencia entre los oligopolios y entre los individuos, pues se realiza como compra y venta de imágenes y como disputa entre imágenes, de modo que no se refiere a cosas ni a acontecimientos, sino a signos virtuales sin realidad alguna. Aquí, rigurosa y literalmente, 'todo lo sólido se desvanece en el aire'.

El achicamiento del espacio público se da a través de las medidas tomadas para liquidar el estado de bienestar y resolver la crisis fiscal del Estado, es decir, su capacidad para, simultáneamente, financiar al capital y a la fuerza de trabajo, al primero por medio de inversiones y a la segunda por medio del salario indirecto, o sea, de los derechos sociales (vacaciones, salario familiar, seguro de desempleo, seguridad social, salud y educación públicas y gratuitas, etc.). El Estado posmoderno, es decir, neoliberal, disminuyó institucionalmente en el sector ligado a los servicios y bienes públicos, y por lo tanto cortó el empleo de fondos públicos para cubrir derechos sociales, canalizando casi la totalidad de los recursos para atender al capital. Si articulamos el modo de operación del mercado y el achicamiento del Estado en el área de los derechos sociales, veremos a la barbarie contemporánea en plena acción: la exclusión económico-social, la miseria y el desempleo llevan a la desigualdad y a la injusticia social a su máximo, tanto en las relaciones entre clases en cada país como en las relaciones internacionales.

De este modo, si articulamos la secularización moderna –que simplemente desplazó a la religiosidad hacia el espacio privado a la espera de que la marcha de la razón y de la ciencia acabaran por eliminar la religión, el mercado posmoderno –que opera por exterminio y exclusión y con la fantasmagoría mística de la riqueza y de los signos virtuales, el Estado neoliberal –caracterizado por el ensanchamiento del espacio privado y el achicamiento del espacio público de los derechos, y la condición posmoderna de inseguridad generada por la compresión espacio-temporal –en la cual el miedo a lo efímero lleva a la búsqueda de lo eterno, podemos comprender que la barbarie contemporánea provoque el retorno de lo reprimido, es decir, el resurgimiento del fundamentalismo religioso ya no sólo como experiencia personal, sino también como interpretación de la acción política.

Más allá de esto, el conjunto de trazos del mercado, la presencia política de megaorganismos económicos privados transnacionales en las decisiones de los gobiernos y el Estado neoliberal indican que estamos ante la privatización de la *polis* y de la *res publica*. Esta privatización produce como primer efecto la despolitización. De hecho, la ideología posmoderna es inseparable de la ideología de la especialización, según la cual los que poseen determinados conocimientos tienen el derecho natural de mandar y comandar a los demás en todas las esferas de la existencia, de modo que la división social aparece como división entre los especialistas competentes, que mandan, y los demás, incompetentes, que ejecutan órdenes o aceptan los efectos de las acciones de los especialistas. Esto significa que en política las decisiones son tomadas por técnicos o especialistas por regla general bajo la forma del secreto (o, si publicadas, lo son en un lenguaje perfectamente incomprensible para la mayor parte de la sociedad), y escapan completamente de los ciudadanos, consolidando el fenómeno generalizado de la despolitización de la sociedad.

La privatización del espacio público y la despolitización son señales alarmantes de que podemos estar frente al riesgo del fin de la política. Este fin puede ser anunciado no sólo por la ideología de la competencia, sino también por su contraparte, la teología política, que sostiene los fundamentalismos religiosos. En efecto, si seguimos las órdenes del técnico competente, ¿por qué no habríamos de seguir las de un líder religioso carismático, que habla un lenguaje incluso más comprensible (la lógica y enciclopedia populares de las que hablaba Marx)? La trascendencia de la competencia técnica se corresponde con la trascendencia del mensaje divino a algunos elegidos o iniciados, y no tenemos por qué sorprendernos cuando se entrecruzan el fundamentalismo del mercado y el fundamentalismo religioso.

Pero no es sólo esto. El trazo principal de la política, que se manifiesta en su forma máxima, cual es la democracia, es la legitimidad del conflicto y la capacidad para llevar adelante acciones que realizan el trabajo del conflicto, acciones que son efectuadas como contrapoderes sociales de creación de derechos y como poderes políticos de su legitimación y garantía. Aquí, una vez más, el retorno de los fundamentalismos religiosos nos pone frente a un riesgo de proporciones inmensas. ¿Por qué? En primer lugar, porque habiendo la modernidad desplazado a la religión al espacio privado, hoy el achicamiento del espacio público y el ensanchamiento del espacio privado pueden dar nuevamente a las religiones el papel del ordenamiento y la cohesión social. En segundo lugar, porque la historia ya mostró los efectos de ese ordenamiento y cohesión promovidos por la religión.

De hecho, las grandes religiones monoteístas –judaísmo, cristianismo e islamismo– no sólo tienen que enfrentar, desde el punto de vista del conocimiento, la explicación de la realidad ofrecida por las ciencias, sino que también tienen que enfrentar por un lado la pluralidad de confesiones religiosas rivales, y por otro la moralidad laica determinada por un Estado secular o profano. Esto significa que cada una de esas religiones sólo puede ver a la ciencia y a las otras religiones a través del prisma de la rivalidad y de la exclusión recíproca, una oposición no tiene cómo expresarse en un espacio público democrático porque no puede haber debate, enfrentamiento y transformación recíprocas en religiones cuya verdad es revelada por la divinidad y cuyos preceptos, considerados divinos, son dogmas. Porque se imaginan en relación inmediata con lo absoluto, porque se imaginan portadoras de la verdad eterna y universal, estas religiones excluyen el trabajo del conflicto y la diferencia y producen la figura del otro como demonio y hereje, es decir, como lo Falso y el Mal.

No es por lo tanto casual, en nuestro días, el súbito prestigio de Carl Schmitt: la política entendida como guerra de los amigos contra los enemigos y como voluntad y decisión secreta del soberano, cuya acción es indiscutible, se corresponde perfectamente con la manera en que los fundamentalismos religiosos conciben a la política como batalla del bien contra el mal, y la actividad soberana como misión sagrada porque es ordenada por Dios.

Los discursos de Sharon, Bin Laden y Bush son las expresiones más perfectas y acabadas de la imposibilidad de la política bajo el fundamentalismo de las religiones monoteístas reveladas. Con ellas, la política cede lugar a la violencia como purificación del Mal, y los políticos ceden lugar a los profetas, es decir, a los intérpretes de la voluntad divina, jefes infalibles.

De esta manera, el desencanto del mundo, obra de la civilización moderna, tiene que hacer frente al misticismo del mercado y a la violencia de la teología política. En otras palabras, tiene que hacer frente a la barbarie interna a la acción civilizatoria.

La crítica del poder teológico-político en Spinoza

Antes de aproximarnos a la crítica spinoziana de la teología política, conviene, de manera muy breve y sumaria, recordar algunas de las posiciones teóricas ejemplares con respecto a la relación entre fe y razón, teología y filosofía, tomando como referencia el cristianismo, aunque posiciones semejantes puedan ser encontradas tanto en el judaísmo como en el islamismo. Destaquemos cinco de ellas:

- la de Pablo y Agustín, que puede ser resumida en la oposición paulina, según la cual la fe es escándalo para la razón y la razón es escándalo para la fe, sin posibilidad de comercio ni colaboración entre ambas. Agreguemos a la afirmación paulina la concepción agustiniana de orden cósmico como jerarquía de los seres en la cual el grado superior sabe más y puede más que el grado inferior, que por eso mismo le debe obediencia. En lo que respecta al hombre, además de su lugar en la jerarquía universal, existe también una jerarquía entre los componentes de su ser, de forma tal que el cuerpo es el grado inferior, seguido de la razón, y ésta, suplantada por el espíritu o la fe. Aquí la razón no sólo está subordinada a la fe, sino que no es nada delante de ella. Por eso mismo, la teología sólo puede ser negativa;

- la de Tomás de Aquino, para quien la razón natural es de origen divino, así como es de origen divino la revelación o luz sobrenatural. Ahora bien, la verdad no contradice a la verdad; por lo tanto, aunque la revelación sea superior a la razón, ambas no se contradicen, pero la revelación completa y supera a la razón. La teología es positiva como teología racional y está subordinada a la teología revelada, la cual, para el entendimiento humano, sólo puede ser negativa y objeto de fe;

- la de Abelardo y Guillermo de Ockham, para quienes es necesario separar verdades de fe y verdades de razón, admitiendo la existencia de un saber propio de la fe y otro propio de la razón, independientes, y que no se contradicen no porque la verdad no contradice a la verdad, sino porque nada tienen en común. No existiendo relación alguna entre fe y razón, no pueden completarse ni contradecirse;

- la de Kant, cuando propone 'la religión en los límites de la simple razón', es decir, cuando después de separar razón pura teórica y razón pura práctica pone los contenidos de la fe y de la religión en la esfera de la razón práctica. De esta manera, expresando el espíritu de la modernidad, Kant circunscribe la religión a la esfera de la vida práctica y le niega validez a una teología racional o especulativa, así como a la teología revelada;

- la de Hegel, para quien la religión es un momento de la vida del Espíritu Absoluto, pasando de las religiones de la exterioridad (greco-romana y judaica) a las de la interioridad (cristianismo) y teniendo en el protestantismo su figura más espiritualizada, más alta y final, cuya verdad se encuentra en la filosofía. Podemos decir que la posición hegeliana es la inversión final de la posición paulino-agustiniana.

Estas cinco posiciones son tomadas al interior de la religión y de la fe. Todas salvan a la religión, ya sea excluyendo a la razón, recurriendo a una jerarquía entre fe y razón, estableciendo una separación de cara a la razón, o por medio de la filosofía de la historia, es decir, de la interiorización del tiempo judeo-cristiano como un tiempo dramático o referenciado, teleológico, epifánico y teofánico, de tal forma que la filosofía hegeliana es el punto culminante de la racionalización de la religión y de la sacralización de la razón.

A estas posiciones interiores a la religión cabe contraponer la de los libertinos de los siglos XVI y XVII y la de los *philosophes* de la Ilustración, con los cuales el desencanto del mundo se realiza desde el exterior de la religión, es decir, por la idea de que las religiones (sobre todo las reveladas) son ignorancia, atraso, obstáculos a la civilización y han sido instituidas con una única finalidad, cual es la dominación política por medio del engaño y del embuste. En esta perspectiva, la razón o la filosofía no salvan a la religión, sino que la destruyen o, en el caso de los defensores de la tolerancia, la excluyen del espacio público y la transfieren al interior de la conciencia en calidad de elección o preferencia subjetiva, es decir, de opinión que, en tanto opinión, debe ser tolerada, siempre que no interfiera en el espacio público, en el cual su presencia es causa de fanatismos, sectarismos y sedición, o en otras palabras, barbarie.

La posición de Spinoza se distingue de todas éstas. Es verdad que, como Abelardo y Ockham, juzga que fe y razón están separadas y que por lo tanto teología y filosofía son enteramente diferentes. Es verdad que, como Kant más tarde, aleja la religión y la teología del campo especulativo y coloca a ambas en el campo práctico. Es verdad también que, como los Ilustrados más tarde, considera a la fe o la religión una opinión del fuero íntimo que debe ser tolerada siempre que no interfiera en el espacio público provocando violencia y terror. Y es verdad que, como los libertinos, establece un vínculo necesario entre teología y dominación política por engaño y embuste. Sin embargo, estas semejanzas esconden diferencias profundas. Ockham separa dos esferas de saber; Spinoza demuestra que la separación entre filosofía y teología no es una separación entre dos tipos de saber, pues la teología no es un saber, y sí un no-saber. Kant retira la religión y la teología del campo especulativo, pero les da funciones prácticas en el campo de la salvación y la esperanza. Spinoza retira la religión y la teología del campo especulativo, admite que cualquier religión (revelada o no) es la búsqueda imaginaria de salvación, y afirma que la función práctica de la teología no es la de la religión, pues ésta busca imaginariamente la salvación, mientras aquella pretende alcanzar la servidumbre humana. A diferencia de los libertinos y los Ilustrados, no concibe a la religión como una forma arcaica o primitiva del espíritu humano, sino como la relación necesaria de la imaginación humana con la contingencia y con el miedo que esta genera. Y por fin, a diferencia de los libertinos y los ilustrados, que alejan la religión y la teología en tanto son formas de engaño y embuste, Spinoza busca la génesis de ambos y la manera como constituyen los cimientos o los fundamentos de un determinado tipo de poder, el poder teológico-político. Sin destruir estos cimientos y fundamentos, cualquier crítica de la religión y la teología corre el riesgo de mantenerlas sin que se note que se lo hace porque sus fundamentos no fueron destruidos.

Para comprender el surgimiento de la religión y del poder teológico-político, es necesario remontar a su causa primera: la superstición.

"Si los hombres pudieran conducir todos sus asuntos según un criterio firme, o si la fortuna les fuera siempre favorable, nunca serían víctimas de la superstición. Pero, como la urgencia de las circunstancias les impide muchas veces emitir opinión alguna y como su ansia desmedida de los bienes inciertos de la fortuna les hace fluctuar, de forma lamentable y casi sin cesar, entre la esperanza y el miedo, la mayor parte de ellos se muestra sumamente propensos a creer cualquier cosa.(...) (según ellos) aún más, Dios se opone a los sabios y ha grabado sus secretos, no en la mente, sino en las entrañas de los animales; y son los necios, los locos y las aves que, por inspiración e instinto divino, los predicen. Tanto hace desvariar el temor de los hombres. La causa que hace surgir, que conserva y que fomenta la superstición es, pues, el miedo. (...) los hombres sólo sucumben a la superstición, mientras tienen miedo (...), finalmente, que los adivinos sólo infunden el máximo respeto a la plebe y el máximo temor a los reyes en los momentos más críticos para un Estado" (Spinoza 1925: 5; 1986: 61).

El miedo es la causa que origina y alimenta la superstición y los hombres sólo se dejan dominar por la superstición cuando tienen miedo. ¿Pero de dónde viene el propio miedo?

Si los hombres pudieran tener el dominio de todas las circunstancias de su vida, dice Spinoza, no se sentirían a merced de los caprichos de la fortuna, es decir, del acaso o de la suerte. ¿Qué es el acaso? El orden común de la naturaleza tejido con los encuentros fortuitos entre las cosas, los hombres y los acontecimientos. Los hombres se sienten a merced de la fortuna porque toman este orden común, imaginario, como si fuera el orden necesario de la realidad. ¿De dónde viene el orden común? De la forma en que interpretan la realidad conforme a sus pasiones, pues éstas son la forma originaria, natural y necesaria de su relación con el mundo. El deseo, demuestra Spinoza en la *Ética*, es la esencia propia de los seres humanos. Las pasiones y los deseos son las marcas de nuestra finitud, de nuestras carencias y de nuestra dependencia de lo que nos es exterior y huye a nuestro poder.

Por esto mismo, la apertura del *Tratado Teológico-Político* propone una hipótesis —si los hombres tuvieran poder y control sobre todas las circunstancias de sus vidas— que será negada y de cuya negación vemos emerger la superstición.

Como no poseen el dominio de las circunstancias de sus vidas y son movidos por el deseo de bienes que no parecen depender de ellos mismos, los humanos son habitados naturalmente por dos pasiones, el miedo y la esperanza. Tienen miedo de qué males les ocurran y de qué bienes no les ocurran, así como tienen esperanza de que bienes les ocurran y de que males no les ocurran. Visto que estos bienes y males, que no parecen depender de ellos mismos, les parecen depender enteramente de la fortuna o del acaso, y como reconocen que tales cosas son efímeras, su miedo y su esperanza jamás terminan, pues así como cosas buenas les vinieron sin que supieran cómo ni por qué, también pueden desaparecer sin que sepan las razones de esa desaparición; y así como cosas malas les vinieron sin que supieran cómo ni por qué, también pueden desaparecer sin que sepan los motivos de su desaparición.

La génesis de la superstición se encuentra, por lo tanto, en la experiencia de la contingencia. La relación imponderable con un tiempo cuyo curso es ignorado, en el cual el presente parece venir como continuidad del pasado y nada en él parece anunciar el futuro, genera simultáneamente la percepción de lo efímero y del tiempo discontinuo, la incertidumbre y la imprevisibilidad. Deseosos e inseguros, los hombres experimentan miedo y esperanza. De su miedo nace la superstición. En efecto, la incertidumbre y la inseguridad generan la búsqueda de señales que permitan prever la llegada de bienes y males. Esa búsqueda los lleva a creer en signos. Esa credulidad lleva a la búsqueda de sistemas de signos indicativos, es decir, de presagios, y la búsqueda de presagios a la creencia en poderes sobrenaturales que inexplicablemente envían bienes y males a los hombres. De esa creencia en poderes trascendentes misteriosos nacerá la religión.

Así, por miedo de males y de la pérdida de bienes, y por esperanza de bienes y de su conservación, vale decir, por el sentimiento de la contingencia del mundo y de la impotencia humana para dominar las circunstancias de sus vidas, los hombres se vuelven supersticiosos, alimentan la superstición por medio de la credulidad y crean la religión como creencia en poderes trascendentes del mundo, que los gobiernan según decretos humanamente incomprensibles. Porque ignoran las causas reales de los acontecimientos y de las cosas, porque ignoran el orden y conexión necesarias de todas las cosas y las causas reales de sus sentimientos y de sus acciones, imaginan que todo depende de alguna voluntad omnipotente que crea y gobierna todas las cosas según designios inalcanzables para la razón humana. Por eso abdican de la razón como capacidad para el conocimiento de la realidad y esperan de la religión no sólo esa explicación, sino también que aleje el miedo y aumente la esperanza.

Pero Spinoza prosigue: si el miedo es la causa de la superstición, tres conclusiones se imponen. La primera es que todos los hombres están naturalmente sujetos a ella, y no, como afirman los teólogos, porque tendrán una idea confusa de la divinidad, pues, al contrario, la superstición no es efecto y sí causa de la ignorancia respecto de la deidad. La segunda es que ella debe ser extremadamente variable e inconstante, ya que varían las circunstancias en que se tiene miedo y esperanza, varían las reacciones de cada individuo a las mismas circunstancias, y varían los contenidos de lo que es temido y esperado. La tercera es que sólo puede ser mantenida o permanecer por más tiempo si una pasión más fuerte la hace subsistir, como el odio, la cólera y el fraude. Con facilidad los hombres caen en todo tipo de superstición. Difícilmente persisten durante mucho tiempo en una sola y en la misma. Pues bien, dice Spinoza, no hay medio más eficaz para dominar a los hombres que mantenerlos en el miedo y la esperanza, pero tampoco hay medio más eficaz para que sean sediciosos e inconstantes que el cambio de las causas del miedo y la esperanza. Por consiguiente, los que tienen la ambición de dominar a los hombres necesitan estabilizar estas causas, las formas y los contenidos del miedo y de la esperanza. Esta estabilización se hace por medio de la religión:

> "Nada extraño, pues, que, bajo pretexto de religión, la masa sea fácilmente inducida, ora a adorar a sus reyes como dioses, ora a execrarlos y a detestarlos como peste universal del género humano. A fin de evitar, pues, este mal, se ha puesto sumo esmero en adornar la religión, verdadera o falsa, mediante un pomposo ceremonial que le diera prestigio en todo momento y le asegurara siempre la máxima veneración de parte de todos" (Spinoza, 1925: 5; 1986: 61).

Oficiantes de los cultos, señores de la moralidad de los creyentes y de los gobernantes, intérpretes autorizados de las revelaciones divinas, los sacerdotes buscan fijar las formas fugaces y los contenidos inciertos de las imágenes de bienes y males y de las pasiones de miedo y esperanza. Esa fijación de formas y contenidos será tanto más eficaz cuanto más los creyentes crean que su fuente es la voluntad del propio Dios revelada a algunos hombres bajo la forma de decretos, mandamientos y leyes. En otras palabras, la eficacia en el control de la superstición aumenta si los contenidos de miedo y esperanza surgen como revelaciones de la voluntad y del poder de una divinidad trascendente. Esto significa que las religiones reveladas son más potentes y más estabilizadoras que las otras. La potencia religiosa se vuelve más fuerte si los diferentes poderes que gobiernan el mundo son unificados en un único poder omnipotente –el monoteísmo es una religión más potente que el politeísmo. La fuerza de la religión aumenta si los creyentes están convencidos de que el único dios verdadero es el suyo y que él los eligió para enviar sus voluntades. En otras palabras, una religión monoteísta es más potente cuando sus fieles se consideran elegidos por el dios verdadero, que les promete bienes terrestres, venganza contra sus enemigos y salvación en otra vida, que será eterna. Y, finalmente, la fuerza de esa religión es aún mayor si sus creyentes creen que el dios se revela, es decir, habla a los fieles, diciéndoles cual es su voluntad. La religión monoteísta de la elección de un pueblo y del dios revelado es la más potente de todas.

Ahora bien, la voluntad divina revelada tendrá un poder mucho más fuerte si la revelación no es algo habitual y al alcance de todos, sino algo misterioso dirigido a algunos elegidos – los profetas. Así, el núcleo de la religión monoteísta revelada es la profecía, pues de ella provienen la unidad y la estabilidad que fijan de una vez y para siempre los contenidos del miedo y la esperanza. Esa fijación asume la forma de mandamientos o leyes divinas, que determinan tanto la liturgia, es decir, las ceremonias y los cultos, como las costumbres, hábitos, formas de vida y de conducta de los fieles. En una palabra, la revelación determina las formas de las relaciones de los hombres con la divinidad y de los hombres entre sí. Por otro lado, la profecía es también la revelación de la voluntad divina en relación al gobierno de los hombres: la divinidad decreta las leyes de la vida social política y determina quién debe ser el gobernante, escogido por la propia divinidad. En una palabra, las religiones monoteístas reveladas o proféticas fundan políticas teocráticas, en las cuales el gobernante gobierna por voluntad del dios. Es esto lo que en el judaísmo y en el cristianismo aparece en el texto de un libro sagrado, los *Proverbios*, en el que se lee: 'todo poder viene de lo Alto/Por mí reinan los reyes y gobiernan los príncipes'. Es esto también lo que aparece en el cristianismo como el llamado 'principio petrineo de las Llaves', o lo que se lee en el Evangelio de Mateo: "Tu eres piedra y sobre esta piedra edificaré mi iglesia. Y las puertas del infierno no prevalecerán contra ella. Yo te daré las Llaves del Reino. Lo que unas en la tierra será unido en el cielo; lo que separes en la tierra será separado en el cielo".

Sin embargo, aunque las profecías estén consignadas en escritos sagrados inviolables —las religiones monoteístas reveladas son las tres religiones del Libro, judaísmo, cristianismo e islamismo—, el hecho de que estos escritos sean la fuente del poder teocrático los transforma en objeto permanente de diputa y guerra. Esta disputa y esta guerra se realizan en torno a la interpretación del texto sagrado, tanto en torno de quién tiene el derecho de interpretarlo, como del propio contenido interpretado. Es en la disputa y guerra de las interpretaciones que surge la figura del teólogo. Esto significa que la teología no es un saber teórico o especulativo sobre la esencia de Dios, del mundo y del hombre, y sí un poder para interpretar el poder del Dios consignado en los textos.

La teología es definida por la tradición judaica y cristiana como ciencia supranatural o sobrenatural, pues su fuente es la revelación divina consignada en las Sagradas Escrituras.

Ahora bien, Spinoza considera que la filosofía es el conocimiento de la esencia y de la potencia de Dios, es decir, el conocimiento racional de la idea del ser absolutamente infinito y de su acción necesaria. En contrapartida, considera que la Biblia no ofrece (ni es su finalidad hacerlo) un conocimiento racional especulativo de la esencia y la potencia de lo absoluto, sino un conjunto muy simple de preceptos para la vida religiosa y moral, que pueden ser reducidos a dos: amar a Dios, y amar al prójimo (los preceptos de la justicia y la caridad). No hay en la Biblia conocimientos especulativos o filosóficos porque, afirma Spinoza, una revelación es un conocimiento por medio de imágenes y signos con los que nuestra imaginación crea una imagen de la divinidad con la cual pueda relacionarse por la fe. He ahí por qué no hay que buscar en las Sagradas Escrituras especulaciones filosóficas, misterios filosóficos, exposiciones racionales sobre la esencia y la potencia de Dios. No están allí: el Antiguo Testamento es el documento histórico de un pueblo determinado y de su Estado, hoy desaparecido, la teocracia hebraica; el Nuevo Testamento es el relato histórico de la venida de un salvador, de su vida, de sus actos, de su muerte y de sus promesas a quien lo siga.

Dado que los escritos sagrados de las religiones no se dirigen al intelecto y al conocimiento conceptual de lo absoluto, no hay en ellos fundamentos teóricos para la aparición de la teología, entendida como interpretación racional o especulativa de revelaciones divinas. He ahí por qué, aparentando dar fundamentos racionales a las imágenes con las que los creyentes conciben a la divinidad y a las relaciones de la misma con ellos, el teólogo invoca la razón para 'después de garantizar por razones ciertas' su interpretación de lo que fue revelado. Encuentra 'razones para volver incierta' a la razón, combatiéndola y condenándola. Los teólogos, explica Spinoza, se preocuparon por descubrir cómo quitar de los Libros Sagrados sus propias ficciones y arbitrariedades, y por eso 'nada hacen con menos escrúpulo y mayor temeridad que la interpretación de las Escrituras'. No sólo eso. Si en esa tarea algo nos aflige, "no es el temor de atribuir al Espíritu Santo algún error, ni a alejarse del camino de la salvación, sino que otros los convenzan de su error y a que su propia autoridad quede por los suelos, y sean despreciados por los demás. Porque, si los hombres dijeran con sinceridad lo que confiesan de palabra sobre la Escritura, tendrían una forma de vida completamente distinta: no estarían agitadas sus mentes por tantas discordias, ni se debatirían con tantos odios, ni serían arrastrados por un deseo tan ciego y temerario a interpretar la Escritura y a excogitar novedades en la religión" (Spinoza, 1925: 115; 1986: 192).

Recurriendo a la razón o luz natural cuando ésta le hace falta para imponer lo que interpreta y expulsando a la razón cuando la misma le muestra la falsedad de su interpretación, o cuando ya obtuvo la aceptación de su punto de vista, la actitud teológica de cara a la razón delinea el lugar propio de la teología: ésta es un sistema de imágenes con pretensión de concepto cuyo objetivo es el de obtener por un lado el reconocimiento de la autoridad del teólogo (y no de la verdad intrínseca de su interpretación), y por otro la sumisión de aquellos que lo escuchan, tanto mayor si se logra por consentimiento interior. El teólogo apunta a la obtención del deseo de obedecer y de servir. De esa manera se hace clara la diferencia entre filosofía y teología. La filosofía es saber. La teología, no-saber, una práctica de origen religioso destinada a crear y conservar autoridades por medio del incentivo al deseo de obediencia. Toda teología es teología política.

Inútil para la fe –pues ésta se reduce a contenidos muy simples y a pocos preceptos de justicia y caridad, peligrosa para la razón libre –que opera según su necesidad interna autónoma, dañosa para la política –que trabaja los conflictos sociales con vistas a la paz, a la seguridad y a la libertad de los ciudadanos, la teología no sólo es diferente de la filosofía, sino que se le opone. Por ello, escribe Espinosa, "ningún comercio y ningún parentesco puede existir entre filosofía y teología, pues sus fundamentos y sus objetivos son enteramente diferentes".

Como se observa, Spinoza no dice que la religión es un imaginario arcaico que la razón expulsa, ni tampoco que la superstición es un defecto mental que la ciencia anula. No se trata de excluir a la religión ni de incluirla en la marcha de la razón en la historia, sino de examinar críticamente el principal efecto de la religión monoteísta revelada, a saber, la teología política. Spinoza indaga cómo y por qué hay superstición, cómo y por qué la religión domina los espíritus y cuáles son los fundamentos del poder teológico-político, pues si no se destruyen tales fundamentos, la política jamás logrará realizarse como acción propiamente humana en condiciones determinadas.

Al iniciar nuestro recorrido enfatizamos que la contingencia, la inseguridad, la incertidumbre y la violencia son las marcas de la condición posmoderna o de la barbarie neoliberal y del decisionismo de la 'razón de Estado', y que éstas son responsables por la despolitización (bajo la hegemonía de la ideología de la competencia y del achicamiento del espacio público) y el resurgimiento de los fundamentalismos religiosos, no solamente en la esfera moral, sino también en la esfera de la acción política. Si acompañamos la interpretación spinoziana, podemos destacar los siguientes aspectos: la experiencia de la contingencia, que genera incertidumbre e inseguridad, alimenta el miedo, y éste genera superstición; la finitud humana y la esencia pasional o deseante de los humanos los hacen dependientes de fuerzas externas que ellos no dominan y que pueden dominarlos; para conjurar la contingencia y la finitud, asegurar la realización de los deseos, reducir el carácter efímero de sus objetos y estabilizar la inestabilidad de la existencia, los humanos confían en sistemas imaginarios de ordenación del mundo: presagios, dioses, religiones y reyes, es decir, confían en fuerzas y poderes trascendentes; para no quedar al sabor de las vicisitudes de la fortuna, aceptan quedar a merced de poderes cuya forma, contenido y acción les parecen portadores de seguridad, siempre y cuando sean obedecidos directamente o por medio de la obediencia a sus representantes. La religión racionaliza (en sentido psicoanalítico) el miedo y la esperanza. La sumisión al poder político como poder de una voluntad soberana secreta, situada por sobre sus voluntades individuales, racionaliza lo permitido y lo prohibido. Esa doble racionalización es más potente cuando la religión es monoteísta, revelada y destinada a un pueblo que se juzga elegido por el dios. La potencia de esa racionalización político-religiosa es aun mayor si algunos peritos o especialistas reivindican la competencia exclusiva y el poder para interpretar las revelaciones (y por lo tanto las voluntades divinas), decidiendo respecto al contenido del bien y del mal, de lo justo y de lo injusto, de lo verdadero y de lo falso, de lo permitido y de lo prohibido, de lo posible y de lo imposible, además de decidir sobre quién tiene el derecho al poder político y a las formas legales de la obediencia civil.

Esa dominación es religiosa y política. Es teología política. Aquel que la ejerce, en tanto especialista competente, aboga para sí el conocimiento de las voluntades divinas y domina los cuerpos y los espíritus de los fieles, gobernantes y gobernados: es el teólogo político.

El poder político, en la medida en que proviene de revelaciones divinas, es de tipo teocrático. El comando, en última instancia, es del propio dios, imaginado antropocéntricamente y antropomórficamente como un super hombre, persona trascendente dotada de voluntad omnipotente, entendimiento omnisciente, con funciones de legislador, monarca y juez del universo.

Para Spinoza, se trataba por una parte de comprender las necesidades a las que la religión responde, y por otra de demoler aquello que proviene de ella como efecto político, es decir, la teología política. En términos spinozianos, demoler los fundamentos del poder teológico-político significa:

- comprender la causa de la superstición, esto es, el miedo y la esperanza producidos por el sentimiento de la contingencia del mundo, de las cosas y de los acontecimientos, y su consecuencia necesaria, a saber, la religión como respuesta a la incertidumbre y a la inseguridad, es decir, como creencia en una voluntad superior que gobierna a los hombres y a todas las cosas.

- comprender cómo surgen las religiones reveladas para fijar las formas y los contenidos de la superstición, a fin de estabilizarla y usarla como instrumento de ordenación del mundo y de cohesión social y política. También, realizar la crítica de la teología bajo tres aspectos principales: primero, mostrando que es inútil para la fe, pues la Biblia no contiene verdades teóricas o especulativas sobre Dios, el hombre y el mundo, sino preceptos prácticos muy simples –adorar a Dios y amar al prójimo- que pueden ser comprendidos por todos. El Antiguo Testamento es el documento histórico y político de un Estado particular determinado, el Estado hebraico fundado por Moisés, y no puede servir de modelo y regla para Estados no hebraicos. Por su parte, el Nuevo Testamento es un mensaje de salvación individual, cuyo contenido también es bastante simple, a saber, Jesús es el Mesías que redimió a los hombres del pecado original y los conducirá a la gloria de la vida eterna si se aman los unos a los otros como Jesús los amó. Segundo, criticando la suposición de que hay un saber especulativo y técnico poseído por especialistas sobre la interpretación de los textos religiosos, mostrando que conocer la Biblia es conocer la lengua y la historia de los hebreos, y por lo tanto que la interpretación de los libros sagrados es una cuestión de filología e historia y no de teología. Y tercero, mostrando que la particularidad histórico-política narrada por el documento sagrado no permite que la política teocrática, que lo anima, sea tomada como paradigma universal de la política, pues no es más que la manera en que un pueblo determinado, en condiciones históricas determinadas, fundó su Estado al mismo tiempo que su religión, sin que su experiencia pueda o deba ser generalizada para todos los hombres en todos los tiempos y lugares. Por consiguiente, todo intento teológico por mantener la teocracia como forma política ordenada por Dios es fraude y engaño.

- examinar y demoler el fundamento del poder teológico-político, es decir, la imagen antropomórfica de un dios imaginado como persona trascendente, dotado de voluntad omnipotente e intelecto omnisciente, creador, legislador, monarca y juez del universo. La Parte I de la *Ética* es simultáneamente la explicación de la génesis imaginaria del antropomorfismo y del antropocentrismo religioso y teológico, y su destrucción por medio de la demostración de que Dios no es persona trascendente cuyas voluntades se manifiestan en la creación contingente de todas las cosas y en la revelación religiosa, sino que es la sustancia absolutamente infinita cuya esencia y potencia son inmanentes al universo entero, el cual se ordena en conexiones necesarias y determinadas, nada habiendo en él de contingente. Solamente la crítica de la trascendencia del ser y del poder de lo Absoluto y de la contingencia de sus acciones voluntarias puede desmantelar el poder teológico-político;

- encontrar los fundamentos de la política en la condición humana o en los "hombres tal como realmente son" y no como a los teólogos les gustaría que fueran. La política no es una ciencia normativa que depende de la religiosidad del hombre, a quien el dios habría enviado mandamientos y la definición del bien y del mal, con la cual se construiría la imagen del buen gobernante virtuoso, que recibe mandato divino para dirigir y dominar las pasiones de los hombres. La política es actividad humana inmanente a lo social, que es instituido por las pasiones y acciones de los hombres en condiciones determinadas;

- dado que el origen del poder político es inmanente a las acciones de los hombres y que el sujeto político soberano es la potencia de la masa (*multitudinis potentia*) y que ésta decide actuar en común pero no pensar en común, el poder teológico-político es doblemente violento: en primer lugar, porque pretende robar a los hombres el origen de sus acciones sociales y políticas, planteándolas como cumplimiento de mandamientos trascendentes de una voluntad divina incomprensible o secreta, fundamento de la 'razón de Estado'; segundo, porque las leyes divinas reveladas, puestas como leyes políticas o civiles, impiden el ejercicio de la libertad, pues no regulan sólo usos y costumbres, sino también el lenguaje y el pensamiento, buscando dominar no sólo los cuerpos, sino también los espíritus;

- en la medida en que el poder teológico-político instrumentaliza la creencia religiosa para asegurar obediencia y servidumbre voluntaria, haciendo que los hombres juzguen honroso derramar su sangre y la de los demás para satisfacer la ambición de unos pocos, ese poder es ejercicio del terror.

Bibliografía

Benjamin, Walter 1985 "O conceito de história", en Benjamin, Walter *Obras escolhidas. Magia e técnica. Arte e política* (São Paulo: Brasiliense).

Harvey, David 1992 *A condição pós-moderna* (São Paulo: Loyola).

Ramoneda, Josep 2000 *Depois da paixão política* (São Paulo: Editora Senac).

Spinoza, Baruch 1925 (1670) "Tratactus theologico-politicus", en *Spinoza Opera* (Winters Verlag, Heideliberg: Edición Gebhardt, Carl) Tomo III.

Spinoza, Baruch 1986 (1670) *Tratado teológico-político* (Madrid: Alianza).

¿Al rescate del enemigo?
Carl Schmitt y los debates contemporáneos
de la teoría del estado y la democracia

Atilio A. Boron[*]
Sabrina González[**]

¿Por qué Carl Schmitt?

En este trabajo nos proponemos evaluar la eventual contribución que el pensamiento de Carl Schmitt podría supuestamente aportar para profundizar nuestra comprensión sobre el estado y la democracia en el capitalismo contemporáneo. Debemos confesar que esta tentativa nace de la perplejidad que nos produce la constatación del auge schmittiano en una literatura –que se nutre tanto de autores de prosapia liberal como de otros provenientes del otro confín del arco ideológico- que asegura haber encontrado en las elaboraciones conceptuales del teórico alemán herramientas imprescindibles para superar el actual *impasse* de la teoría política. Ante esta 'moda schmittiana' nuestra insatisfacción es doble. Por un lado, nos preocupa la relevancia que se le adjudica a la obra de un autor que sin la menor duda pertenece al núcleo duro del pensamiento autoritario y reaccionario del siglo XX. Parafraseando la clásica distinción de Schmitt entre *amigo* y *enemigo*, nos parece que pretender fortalecer la penetración y el rigor de la reflexión sobre la democracia yendo al rescate de uno de sus más enconados *enemigos* –tanto en el terreno de las ideas como en la práctica concreta de la Alemania del período entreguerras– constituye un mayúsculo error de apreciación y una muestra elocuente del estado de confusión que reina en el campo del pensamiento supuestamente progresista y contestatario. En este sentido, creemos importante apuntar que una cosa es intentar un 'diálogo crítico' con el pensamiento schmittiano, a lo que mal podríamos oponernos, y otra bien distinta es caer

---
[*] Secretario Ejecutivo del Consejo Latinoamericano de Ciencias Sociales (CLACSO). Profesor Regular Titular de Teoría Política y Social, Facultad de Ciencias Sociales, Universidad de Buenos Aires (UBA). Investigador Principal del CONICET.
[**] Licenciada en Ciencia Política de la Universidad de Buenos Aires (UBA). Docente e investigadora en la Facultad de Ciencias Sociales de la mencionada institución.

en una por momentos escandalosa sobrevaloración de los méritos de su obra. No se trata de ignorar las contribuciones teóricas que se generan al margen del pensamiento democrático liberal o de la tradición socialista. Pero es imprescindible señalar que Schmitt jamás abjuró de su lealtad con el régimen político que produjo la más horrorosa tragedia política del siglo XX. Doble insatisfacción, decíamos también, porque un conjunto de intelectuales y teóricos que se reconocen en el campo de la izquierda y que son –o mejor dicho, han sido– referentes teóricos importantes del mismo, son protagonistas fundamentales de la dolorosa rehabilitación de este pensador nazi. Cuando no pocos intelectuales conservadores y neoconservadores se detuvieron alarmados en las puertas del edificio teórico schmittiano, muchos de los que provenían del marxismo y otras variantes del pensamiento crítico se adentraron en el mismo irresponsable y desaprensivamente, sin medir las consecuencias de sus actos.

Podemos decir, en consecuencia, que la moda schmittiana reconoce varias fuentes de inspiración. Comencemos por mencionar a quienes estudiaron la obra de Schmitt con rigurosidad y sin estridencias, ajenos a momentáneos humores, pero a nuestro entender en la equivocada convicción de que existirían en los escritos del pensador alemán elementos de gran valor para la reconstrucción de la teoría política. En la Argentina, el ejemplo más destacado lo ofrece la obra de Jorge E. Dotti (2000)[1]. En un segundo término, la moda schmittiana se nutre también de eso que con su sabiduría Platón denominaba 'el afán de novedades', es decir, una actitud fuertemente marcada por el snobismo y la brillante superficialidad de quienes, tras las huellas de los sofistas, sustituían la reflexión medular por ingeniosos juegos de lenguaje ante la necesidad de demostrar que se está al tanto de lo que discuten los cerebros 'bien pensantes' de su tiempo. Para quienes han caído bajo esta influencia, el examen de la obra de Schmitt no precisa de otra justificación más allá del hecho de que aparentemente todo el mundo está hablando de ella. Sin embargo, debemos reconocer que nuestra mayor preocupación se centra en la tercera de las musas inspiradoras de esta moda schmittiana, las exuberantes exaltaciones que el pensamiento schmittiano ha logrado concitar desde la celebérrima 'crisis del marxismo', convertida en próspera industria académica y en segura avenida para el reconocimiento material y espiritual de un vasto ejército de intelectuales desilusionados a quienes los vertiginosos cambios histórico-políticos acontecidos en las dos últimas décadas del pasado siglo dejaron en posiciones un tanto incómodas. Una manera oportuna de expiar las culpas del pasado y de demostrar una renovada apertura intelectual -ese 'sano eclecticismo' tan apreciado por el mundillo académico- parecería ser la insensata sobrevaloración que muchos ex-marxistas efectúan de la obra de teóricos que hasta no hace mucho tiempo se encontraban en las antípodas de su pensamiento.

Una de las condiciones de existencia del marxismo ha sido la crítica permanente e incesante de otras teorías. Por lo tanto, lejos está de nuestra intención proponer una actitud de indiferencia frente a la producción schmittiana. No hay nada en el mundo más antimarxista que el talante sectario de aquellas buenas almas izquierdistas que creen que se puede ser un buen marxista leyendo tan sólo a los autores que se inscriben en esa tradición. Pero si esta actitud merece toda nuestra reprobación, lo mismo ocurre con la que adoptan quienes, frustrados ante la esterilidad del dogma, sobreestiman temerariamente toda producción intelectual ajena a la tradición marxista por el solo hecho de serla. Los casos de Chantal Mouffe y gran parte de los restos en descomposición del marxismo italiano son ejemplos paradigmáticos de esta variante. Téngase en cuenta que un pensador tan importante de esa corriente como Giacomo Marramao -quien durante años pontificó *urbi et orbi* sobre cuál debía ser la 'lectura correcta' del legado de Antonio Gramsci- se ha volcado de cuerpo y alma nada menos que a la 'recuperación' del, según él, injustamente olvidado Carl Schmitt[2]. El caso de Mouffe se inscribe en la misma línea involutiva, atribuyendo a la obra del pensador nazi una estatura y una densidad que crecen en proporción directa con el irreparable extravío en que ha caído la antigua partisana del mayo del '68 parisino. En un texto de 1993, esta autora, siguiendo los consejos de la derecha neoconservadora, declaró muerto al marxismo. Esto, claro está, traía aparejado un problema: la desaparición del léxico de las ciencias sociales de toda noción referida al antagonismo social. Por suerte, asegura Mouffe, disponemos del arsenal de conceptos schmittianos para dar cuenta de los antagonismos propios de la vida social y, de paso, aprovechándonos de su incisiva crítica, para "fortalecer a la democracia liberal" ante sus detractores (Mouffe, 1993: 2).

La actual crisis de las democracias capitalistas y la descomposición teórico-práctica del liberalismo político parecen ser los detonantes de la desmedida prominencia alcanzada por la obra de este jurista alemán. Ante panoramas tan despojados de alternativas, pocos parecen ser capaces de resistir la tentación que supone la posibilidad de recuperar opciones del pasado sin interrogar demasiado por las credenciales de los rehabilitados. No obstante, si bien es cierto que los signos de decadencia de las actuales democracias son tan evidentes como nefastos -en el mundo desarrollado y en la periferia- sería difícil asimilar esta declinante trayectoria con la experimentada por el parlamentarismo republicano de Weimar. Cabe preguntarse pues cuál es el común denominador que vincularía los desafortunados procesos en curso en los años '20 y '30 de la Alemania del siglo XX con los que reaparecen en los últimos tramos del siglo pasado y motivan una sorprendente exégesis del pensamiento schmittiano ante la cual no podemos menos que plantear nuestro más rotundo escepticismo.

De contextos socio-históricos y biográficos

Un axioma fundamental de nuestra perspectiva intelectual dice que no puede entenderse la obra de un autor al margen de las circunstancias y avatares que signaron a su tiempo y a su propia biografía. No se puede entender cabalmente la magnífica construcción utópica de Platón en *La República* si no tomamos en cuenta el contexto que presidió su elaboración. Es obvio que éste no basta para producir una obra de esa envergadura, pero crea las condiciones imprescindibles para su concreción. De la misma forma, comprender la obra de Maquiavelo sin prestar atención a las circunstancias por las que atravesaba la Italia del Renacimiento y las que se derivaban de la propia inserción del autor en tales luchas no puede sino conducir a lamentables equívocos. El tono sombrío que inficiona toda la obra de Hobbes, ¿es sólo producto de un rasgo de su personalidad o tiene que ver con el hecho de que aquella se desenvuelve durante el período más trágico y sangriento de la historia inglesa? El surgimiento del materialismo histórico, ¿es comprensible al margen de la instauración del modo de producción capitalista y la conformación de un proletariado industrial?

Sin caer en un ingenuo determinismo, que del contexto histórico conduciría sin mediaciones a la creación de una obra maestra del pensamiento político (o de la plástica, la literatura, la música, etc.), lo cierto es que las producciones culturales de una época requieren, para su correcto desciframiento, articular texto y contexto, la palabra con la escena, el pensamiento con la historia. En el caso de Schmitt los datos definitorios del contexto son particularmente desafortunados, tanto en lo social como en lo que hace a su propia participación en él. Durante su prolongada existencia, Schmitt –que muere casi centenario en 1985, habiendo nacido en 1888- fue testigo y actor de un país como Alemania, que transitó desde el Imperio Alemán, conducido por el así llamado Canciller de Hierro Otto von Bismarck, hasta los comienzos de la desintegración de la partición alemana resultante de la segunda posguerra, pasando por la derrota en la Primera Guerra Mundial, la caída del Imperio, la revolución de 1918, la formación y derrumbe de la República de Weimar, el nazismo, el holocausto, la derrota en la Segunda Guerra Mundial, el sitio de Berlín, la partición de Alemania, la estabilización y recuperación de la República Federal, la Guerra Fría y la construcción del Muro de Berlín. Nacido y educado en el seno de una familia católica de la pequeña burguesía de Westfalia, su carrera académica y política fue realmente impresionante y no poco llamativa si consideramos que sus leves oscilaciones políticas no trascendieron los límites de su formación originaria. Más aún, si alguna iniciativa adoptó con el paso de los años fue justamente la de acentuar aún más su identidad reaccionaria al manifestar su intensa adhesión al régimen nazi y su incondicional lealtad hacia el Führer. Al revés de lo que ocurriera con muchos de sus colegas, en el período de posguerra Schmitt rehusó cumplir siquiera con las mínimas formalidades impuestas por los aliados y el gobierno de la República Federal Alemana para satisfacer los requisitos de la 'des-nazificación', en un gesto que revelaba tanto la persistencia de sus viejas creencias como su indoblegable resistencia ante lo que consideraba un poder ilegítimo. Es más, con relación a lo primero es preciso reconocer que nuestro autor "nunca se disculpó públicamente por su complicidad con los horrores del Nacional Socialismo" (Scheuerman, 1999: 4). Habrá sido por eso que Gyorg Lúkacs concluye, en su clásico estudio, que "(e)n Carl Schmitt se revela todavía con mayor claridad, si cabe, cómo la sociología alemana desemboca en el fascismo (1983: 528- 537).

Crisis de la democracia y descomposición del liberalismo

Tal como se advierte de lo expuesto más arriba, es imposible desconocer que el ascendiente intelectual de Carl Schmitt en Alemania llegó a su punto más alto en los años '30, cuando los fragores de la catastrófica descomposición de la República de Weimar y el surgimiento, desarrollo y consolidación de los movimientos fascistas en Europa golpeaban duramente a las democracias liberales. Como señala Carlos Strasser: "la citada fama de Schmitt fue originalmente el producto de aquel momento político tan particularmente receptivo de ideas antiliberales y autoritarias como las suyas" (Strasser, 2001: 631). Como correlato, en el plano teórico se consagraba la supremacía de la política por encima de otras esferas de la vida social y, sobre todo, como instancia resolutiva de los conflictos sociales. No por casualidad el período de entreguerras asistió al florecimiento de teorías y concepciones fuertemente irracionalistas y al mismo tiempo altamente impugnadoras de la validez del dogma democrático imperante en esa época. El ejemplo tal vez más rotundo de este nuevo 'clima de opinión' lo ofrece la póstuma popularidad adquirida por Wilfredo Pareto y George Sorel -aunque éste último en menor medida; un reflejo más atenuado de este talante epocal lo encontramos en la obra de Max Weber y su postulación de una democracia plebiscitaria con fuertes improntas autoritarias[3].

Tras la derrota de los regímenes fascistas, la vigorosa recomposición del capitalismo keynesiano conjuntamente con las necesidades derivadas de la guerra fría y la competencia con el campo socialista en ascenso marcaron una suerte de respiro para los capitalismos democráticos. Pero el idilio fue corto. Tras los años dorados, el agotamiento del ciclo expansivo de posguerra y la proliferación de movimientos contestatarios en el corazón del sistema capitalista internacional tanto como en su periferia marcaron el inicio de renovados embates contra las opciones democráticas. No fueron pocos los críticos que desde entonces observaron el progresivo vaciamiento que sufrían las instituciones democráticas en los capitalismos metropolitanos. Sobresalen en este punto desde los análisis pioneros de autores tales como Herbert Marcuse, Nicos Poulantzas y C. B. McPherson hasta los que hiciera un autor como Sheldon Wolin en sucesivos artículos y notas editoriales de la revista *Democracy*. Lo interesante es que este consenso en torno a la crisis democrática en los capitalismos avanzados fue tan marcado y ostensible que no sólo atrajo la atención de las principales cabezas de la izquierda sino también de los más lúcidos representantes de la derecha conservadora. Entre estos últimos, el trabajo de Samuel Huntington y sus asociados en la Comisión Trilateral sobre las crisis de las democracias y las contradicciones que plantea su tendencial ingobernabilidad puso de relieve los alcances de la involución política en las sociedades capitalistas.

Desde entonces, las democracias liberales se han ido consagrando como rituales formales cada vez más carentes de significados y contenidos que le otorguen un pleno sentido a la expresión. En la periferia del sistema, y muy particularmente en América Latina, este deterioro se percibió especialmente en el ensanchamiento de la brecha entre las promesas y expectativas generadas por los discursos democráticos tras la traumáticas experiencias dictatoriales que asolaron al conjunto de la región y la realidad de las democracias de libre mercado que efectivamente aunaban las peores características formuladas en el panegírico de Francis Fukuyama.

En todo caso, y para resumir, si algo queda claro como balance de la era neoliberal abierta en el mundo desarrollado con el advenimiento al poder de Margaret Thatcher en Inglaterra y Ronald Reagan en los Estados Unidos es que los capitalismos democráticos[4] se fueron 'des-democratizando' paulatinamente hasta transformarlos en regímenes cada vez menos responsables ante las expectativas y demandas de la ciudadanía y con formidables poderes decisionales concentrados en la cúspide del estado y al margen de cualquier control parlamentario o judicial. Más recientemente, Noam Chomsky ha apuntado exactamente en la misma dirección al demostrar cómo la democracia norteamericana lo es para los ricos pero de ninguna manera para la inmensa mayoría de la población de ese país[5]. En el plano teórico, el reflejo de esta situación ha sido la consagración, en los marcos de las ciencias sociales de inspiración liberal, de una visión empobrecida de la democracia, reducida en el saber convencional de la academia a un mero método para elegir qué grupo de la clase dominante habrá de hacerse cargo de ejercer este dominio. Permítasennos dos aclaraciones. En primer lugar, decimos 'reflejo', pero de ninguna manera postulamos una relación meramente especular sino una de carácter complejo y signada por la presencia de numerosas mediaciones de diverso tipo. En segundo término, nótese que esta diversidad que aparentemente florece en las ciencias sociales 'ortodoxas' en realidad no es tal, dado que las distintas formulaciones de las teorías de la democracia (y de las presuntas transiciones hacia la democracia) son todas ellas tributarias de la obra de Joseph Schumpeter.

Los coletazos de la 'crisis del marxismo'

Ahora bien, si por un lado este renovado interés por la obra de Carl Schmitt tiene como telón de fondo el surgimiento de una plétora de corrientes neoconservadoras que acompañaron el auge de las prácticas políticas crecientemente regresivas de los capitalismos democráticos, por otra parte también se asienta sobre el confuso escenario de la izquierda intelectual contemporánea[6]. Sólo así puede comprenderse la sorprendente presentación que hiciera nada menos que José Aricó de una nueva edición de *El Concepto de lo Político* publicada durante su exilio mexicano. En dicho texto Aricó sostenía: "pareciera ser una necesidad insoslayable justificar la presencia en una editorial democrática de quien es por lo general considerado como un pensador político nazi por su adhesión al partido nacionalsocialista y, esencialmente, por la justificación teórica que él dio a la práctica y a las instituciones del nazismo" (Aricó, 1984: ix).

Aricó defendió ardorosamente su opción política y editorial frente a los daños ocasionados por una visión maniquea de la cultura que según él se encontraba epitomizada en la obra de Lúkacs dedicada al pensamiento irracionalista. La imperiosa necesidad de revalorizar la política, arrinconada por el estéril economicismo que prevalecía en amplias franjas del pensamiento marxista, llevó a Aricó a calificar a este pensador como reaccionario a la vez que 'proseguidor de Marx'. Sería esta última consideración la que le valdría el esfuerzo de una consideración seria y minuciosa de su obra, lo que constituye un retruécano vacío de todo significado pero de indudable atractivo en los campos minados del snobismo intelectual[7].

Según nuestro entender, algunos de los problemas de interpretación que señala Aricó re-envían al garrafal error de perspectiva que informa su evaluación sobre los méritos de la obra schmittiana. En efecto, tenía razón Aricó cuando nos planteaba, siguiendo una indicación de Umberto Cerroni, que el pensamiento crítico debe medirse con la gran cultura burguesa y los puntos más elevados de su producción intelectual. Se equivocaba empero cuando aseguraba que la obra de Schmitt es uno de tales puntos pues "ha fijado una impronta insoslayable en la vida espiritual del siglo XX" (Aricó, 1984: xxi). No existe parangón posible entre la influencia global proyectada por figuras tales como Nietzche y Weber, para citar los ejemplos que coloca Aricó, y la obra de Schmitt. Y tampoco se encuentra esta última, en el plano de la teoría política, a la par de la riqueza contenida en las reflexiones weberianas. La propia radicalidad del 'redescubrimiento' schmittiano a finales del siglo pasado revela la real falta de gravitación de su pensamiento durante la mayor parte del siglo XX. Y aún después de su tardía aparición, su influencia no trascendió el campo socialmente estrecho de la intelectualidad progresista desilusionada y de ninguna manera se convirtió en una influencia capaz de colorear con las tonalidades propias de su discurso el clima cultural de nuestro tiempo.

En realidad, las razones que postula Aricó para internarnos en el análisis de los textos schmittianos no son convincentes. No demuestra (en realidad, no podría haber demostrado) que la inyección de la supuestamente fresca savia vital del pensamiento schmittiano en el enfermo corpus teórico del marxismo podría salvarle la vida. Claro está que lo anterior no significa que el estudio de cualquier pensador relevante no constituya por sí solo un desafío interesante, pero de ahí a suponer que podrían hallarse en la obra de Schmitt los ingredientes que requeriría el marxismo para salir de sus tantas veces proclamada muerte hay una distancia insalvable. Esta es sin embargo la postura de Chantal Mouffe, quien no sólo cae en ese error sino en uno todavía mucho más grave. Porque si Aricó y por supuesto muchos otros- pretendía hallar una salida a la 'crisis del marxismo' por la vía de un paradojal injerto teórico como el de la obra schmittiana, las pretensiones de nuestra autora van mucho más lejos. Según sus propias palabras, el re-examen de la obra de Schmitt nos permitiría "repensar a la democracia liberal, con vistas a fortalecer sus instituciones" (1999: 1). Después de declarar en el prólogo de su compilación que todos los autores que en ella participan "son liberales de izquierda de un tipo u otro" y que no se trata de "leer Schmitt para atacar la democracia liberal sino para interrogarnos acerca de cómo podría ser perfeccionada" (1999: 6), en el artículo central de su contribución se apresura a dejar sentado que intentará "utilizar las perspectivas de la crítica (schmittiana) al liberalismo a fin de consolidarlo –al paso que reconocemos que no fue éste, naturalmente, su objetivo" (Mouffe, 1999: 52). Nada habría de censurable en esta actitud a no ser por el 'pequeño detalle' de que esta operación de salvataje del liberalismo -tanto en sus aspectos teóricos como en su encarnadura histórica, la democracia liberal- pretende ser lanzada desde el campo del pensamiento crítico que constituye su negación superadora, y más precisamente desde el materialismo histórico. Es cierto que ya casi no quedan vestigios de la pertenencia de Mouffe a este campo, algo que ya era evidente en la obra co-autoreada junto con Ernesto Laclau hace casi veinte años y de la cual hemos dado cuenta en otro lugar (Boron, 2000: 73-102). Sería intelectualmente mucho más honesto plantearse un rescate del liberalismo desde el liberalismo, sin aditamentos como 'de izquierda' que sólo añaden confusión a las mentes de las buenas almas inocentes. Por cierto, ninguno de nosotros se siente aludido por esa convocatoria a perfeccionar las instituciones del liberalismo: afortunadamente, las distintas derrotas en el campo de la práctica no nos hicieron arrojar por la borda la tradición marxista sino que nos desafiaron a desarrollar sus puntos débiles, a abrir nuevas avenidas allí donde los espacios estaban cerrados y a replantearnos la veracidad de viejas certidumbres que gozaban de nuestra inmerecida confianza. Pero no nos hemos pasado de bando y seguimos creyendo que la democracia liberal, aún perfeccionada como lo desea Mouffe con los influjos vigorizantes de Schmitt, sigue siendo una forma estatal por la cual una clase dominante prevalece por, y oprime a, todas las demás con el propósito de garantizar la indefinida reproducción de un orden social esencialmente injusto, explotador y predatorio, y ante tal constatación nuestra intransigencia no tiene atenuante alguno. No tenemos la menor intención de consolidar el liberalismo; lo que queremos es superarlo.

¿Existe una teoría política schimittiana?

Hemos hecho hasta aquí un detallado recorrido a los fines de situar a Schmitt, tanto como a la recuperación de su pensamiento, en un contexto socio-histórico que le diera contenido y expresión política a su teoría y a los alcances y consecuencias de la misma. Sin embargo, y dado que la obra de Schmitt es concebida por sus actuales propagandistas como una aportación fundamental para la comprensión de nuestro tiempo, resta una cuestión decisiva. Se trata precisamente de averiguar si existe o no una teoría del estado en la obra schmittiana, y en este sentido deberíamos poder dar respuesta a tres preguntas básicas, pilares de toda teoría del estado[8]:

1. ¿quién gobierna?
2. ¿cómo se gobierna?
3. ¿para quién se gobierna?

Lamentablemente, las respuestas que ofrece el autor ante estas preguntas son lo suficientemente ambiguas como para dejar un sabor amargo y una sensación de extrema insatisfacción. Pero es importante ir por partes. En primer lugar, veamos la cuestión de 'quién gobierna'. Según nuestro autor la esencia de lo político se define en el enfrentamiento esencial constituido por la dupla *amigo* y *enemigo*. En ese momento crucial de la política, la autoridad soberana es aquella que detenta el poder de derogar arbitrariamente derechos, garantías y libertades con la finalidad de reconstruir un orden debilitado por la irrupción de los agentes del desorden y la disolución social. El resultado es prácticamente una re-edición de la tautología de matriz hobbesiana: gobierna quien puede someter a sus rivales y pone fin a la guerra de todos contra todos. En este sentido, y dado que la preocupación schmittiana es antes que nada la de quien puede efectivamente ejercer ese poder definitorio para el enfrentamiento que se dirime en el sistema inter-estatal, quedan soslayadas las características sociológicas, políticas, económicas o culturales del ocupante de turno al interior de los diferentes estados nacionales. En consecuencia, allí donde Marx precisaba que quien gobernaba era la clase dominante, Weber aducía que mandaba quien controla la maquinaria político-administrativa del estado, e incluso Pareto señalaba claramente que quien ejercía ese poder era la élite dirigente, Schmitt no responde en forma alguna, o en todo caso admite respuestas múltiples a esta pregunta. Es decir, puede tratarse de una persona o, eventual y transitoriamente, de una dictadura de comisarios, con tal que prevalezca efectivamente sobre el resto, imponga su voluntad sobre el conjunto de la sociedad y demuestre de tal forma su capacidad decisoria; de ahí el 'decisionismo' schmittiano. Ni la clase, ni la élite, ni el aparato burocrático ni mucho menos la hegemonía son conceptos que aludan a probables bases y fuentes del poder político. No hay ningún aporte teórico que permita identificar los elementos sobre los que se funda su autoridad. El sustento parecería ser la pura voluntad del poderoso y su habilidad para imponerse a los demás. Sociológicamente hablando, en consecuencia, estamos ante una teoría que se define por su nulidad. Las cruciales preguntas que Maquiavelo expusiera en su célebre carta a Francesco Vettori y que desde entonces se convirtieron en un verdadero canon de la indagación política moderna, "cómo se adquieren los principados, cómo se mantienen, (y) por qué se pierden"[9], quedan sin respuesta en la construcción schmittiana. Idéntica falencia hallamos en el tema crucial de la 'sucesión del liderazgo', central en la preocupación weberiana, y que no encuentra paralelos en el análisis schmittiano. El tiempo político parece detenerse y suspenderse indefinidamente en el momento de excepción. Paradojalmente, todo lo que vive por fuera de ese momento de excepción, los llamados 'tiempos normales', son considerados como 'neutralización' o 'despolitización'. Schmitt no tiene nada que decir para tales momentos.

En lo que atañe a la segunda pregunta, 'cómo se gobierna', la respuesta de Schmitt muestra a las claras su profundo desprecio por la experiencia de Weimar y su crítica implacable al parlamentarismo. La simplicidad de la respuesta es harto elocuente: se gobierna decidiendo, quedando en un segundo plano el encuadramiento institucional o toda discusión sobre las bases de legitimidad. Estamos en un terreno en donde lo único que resulta relevante es la capacidad de tomar decisiones, haciendo caso omiso de cualquier consideración de tipo democrática, legal, constitucional o institucional. En este sentido, la noción tan exaltada del 'pueblo soberano' queda reducida a una graciosa formalidad carente por completo de eficacia por cuanto, por definición, nada puede interponerse ante la voluntad del poderoso. La misma noción del liberalismo clásico de un contrato que obliga tanto a los súbditos como a los príncipes desaparece por completo en el paisaje intelectual schmittiano. Todo contrato supone que ambas partes están obligadas y que el gobernante es un mandatario del pueblo soberano, nociones éstas que son inadmisibles para el pensamiento de Schmitt.

En relación con la última pregunta, '¿para quién se gobierna', la respuesta schmittiana es: para el pueblo -*amigos*- que necesita ser protegido de sus innumerables *hostis* -*enemigos*- con vistas a su supervivencia. El gobierno debe gobernar, es decir, decidir, y hacer esto para garantizar la existencia de una comunidad política —más ilusoria y simbólica que real— ante la amenaza que le plantean sus innumerables *hostis* que pululan en el sistema internacional. En ese sentido, gobierna para preservar la continuidad histórica de un *volk*; toda otra consideración es secundaria debido a que cualquier otro aspecto de la vida política nacional e internacional se refunde en la lógica antitética del *amigo* y el *enemigo*. Veamos un poco más detalladamente los aspectos señalados más arriba.

Sobre la oposición *amigo/enemigo* como la especificidad de la política

No poca desazón genera el encontrar toda la maravillosa complejidad de lo político y la política, que deslumbrara al genio de los griegos hace ya veinticinco siglos, reducida en la obra schmittiana a la oposición radical e intransigente en contra del *enemigo*. Si en Platón y Aristóteles lo político y la política remitían a todo lo concerniente a la vida de la polis, al "ciudadano, (a lo) civil, (lo) público, y también sociable y social", como destaca en su entrada sobre 'política' Norberto Bobbio en su célebre *Diccionario* (1982: 1242), en la obra del pensador alemán la política se convierte en un sucedáneo imperfecto e insuficiente de la guerra. Las 'afinidades de sentido' que vinculan a Schmitt con la ortodoxia nazi no son para nada casuales ni mucho menos sorprendentes. En efecto, Adolf Hitler solía referirse a la política como 'el arte de llevar a cabo la lucha vital que una nación necesita para su existencia terrenal'. Como veremos, el concepto de 'lucha vital' encaja perfectamente en el discurso schmittiano, obsesionado como está por reducir la política y lo político a la oposición entre *amigo* y *enemigo* y por asegurar a la nación —en su caso, claramente, Alemania— las condiciones materiales y territoriales que garanticen su existencia.

Veamos cómo plantea Schmitt la cuestión de la especificidad de la política:

> "(L)a específica distinción política a la cual es posible referir las acciones y los motivos políticos es la distinción *amigo* [*Freund*] y *enemigo* [*Feind*]. Ella ofrece una definición conceptual, es decir un criterio, no una definición exhaustiva o una explicación del contenido. (...) El significado de la distinción de *amigo* y *enemigo* es el de indicar el extremo grado de intensidad de una unión o de una separación, de una asociación o de una disociación; ella puede subsistir teórica y prácticamente sin que, al mismo tiempo, deban ser empleadas todas las demás distinciones morales, estéticas, económicas o de otro tipo" (Schmitt, 1984 [a]: 23).

Es cierto que, tal como afirma Schmitt, esta contraposición entre *amigo/enemigo* 'ofrece una definición conceptual, es decir un criterio, no una definición exhaustiva o una explicación del contenido'. Sin embargo, pese a esta advertencia del teórico alemán, su 'criterio' definicional de la política ejerce tal fascinación sobre su pensamiento que termina en realidad agotando todo el contenido de la vida política. Fuera de tal criterio ya no hay más nada. La política queda reducida a la lucha de unos contra otros. Y si en algún ámbito de la vida hay lucha, cualesquiera que sean su contenidos –religioso, económico, étnico, cultural, etc.– éste se volatiliza y adquiere necesariamente una naturaleza política. De esta manera, la política se convierte en una forma despojada de contenidos o, mejor, en una forma indiferente ante sus eventuales contenidos.

Para fundar la importancia de la distinción *amigo/enemigo* como constitutiva de la esencia de la política Schmitt nos remite a otras distinciones igualmente significativas y fundantes en distintos planos de la vida social. Así, nos dice:

> "Admitamos que en el plano moral las distinciones de fondo sean bueno y malo; en el estético, bello y feo; en el económico, útil y dañino o bien rentable y no rentable" (Schmitt, 1984 [a]: 22-23).

Según Schmitt, lo que torna específica a la política es el extremo grado de intensidad que marca la oposición *amigo/enemigo*. Es por eso que, prosigue nuestro autor, "no hay necesidad de que el *enemigo* político sea moralmente malo o estéticamente feo; no debe necesariamente presentarse como competidor económico y tal vez puede parecer ventajoso concluir negocios con él. El *enemigo* es simplemente el otro, el extranjero y basta a su esencia que sea existencialmente, en un sentido particularmente intensivo, algo otro o extranjero, de modo que, en el caso extremo sean posibles con él conflictos que no puedan ser decididos ni a través de un sistema de normas pre-establecidas ni mediante la intervención de un tercero 'descomprometido' y por eso 'imparcial'" (Schmitt, 1984 [a]: 23).

En consecuencia, como puede apreciarse, sobrevuela en estas definiciones una concepción absolutista de la política como una esfera muy especial que prevalece sobre todas las demás y es independiente de todas ellas. Como es notorio, una semejante concepción de la política no tiene otra alternativa que tener, como su presupuesto necesario, a la guerra y, por ende, a la violencia (Schmitt, 1984 [a]: 31). Guerra y política son dos caras de una única moneda. En este sentido, el planteamiento de Schmitt es mucho más radical y no sólo el reverso de la moneda del de von Clausewitz, para quien la guerra era 'la continuación de la política por otros medios'. Porque si para éste la continuidad de la política más allá de la guerra estaba fuera de cuestión, para Schmitt la supervivencia de la primera sólo es posible a condición de la permanencia de la segunda. La guerra es el desenlace natural e inexorable de la contraposición *amigo/enemigo*, si bien el autor alemán reconoce que esta confrontación no es estática y va cambiando a lo largo del tiempo.

Por otra parte, Schmitt sostiene, esta vez con razón, que toda teoría política se sustenta en una particular visión antropológica. Digamos en consonancia con ésto que el 'buen salvaje' rousseauniano y el *homo economicus* maximizador de las utilidades y las ventajas individuales son dos de las figuras principales con que cuenta la reflexión teórico-política. A la generosidad, altruismo e inocencia del primero se contraponen el egoísmo y la inescrupulosidad del segundo. Es obvio que la tradición marxista se funda en la imagen rousseauniana, mientras que el pensamiento liberal-burgués es tributario de la otra concepcción[10]. Por su parte, la visión schmittiana se constituye a partir de la exaltación del momento hobbesiano de la guerra de todos contra todos y la asunción de que el mismo, lejos de ser una situación transitoria y excepcional, es la esencia de la vida política. Así tenemos una tercera visión, la del *homo homini lupus*, que de la mano del teórico alemán culmina en la absoluta primacía del enfrentamiento *amigo/enemigo*:

> "En un mundo bueno entre hombres buenos domina naturalmente sólo la paz, la seguridad y la armonía de todos con todos: los sacerdotes y los teólogos son aquí tan superfluos como los políticos y los hombres de estado" (Schmitt, 1984 [a]:61).

De lo que se concluye que:

> "Si los distintos pueblos, religiones, clases y demás grupos humanos de la Tierra fuesen tan unidos como para hacer imposible e impensable una guerra entre ellos, si la propia guerra civil, aún en el interior de un imperio que comprendiera a todo el mundo, no fuese ya tomada en consideración, para siempre, ni siquiera como simple posibilidad, si desapareciese hasta la distinción entre *amigo-enemigo*, incluso como mera eventualidad, entonces existiría solamente una concepción del mundo, una cultura, una civilización, una economía (…) no contaminados por la política, pero no habría ya ni política ni estado. Si es posible que surja tal 'estado' del mundo y de la humanidad, y cuándo, no lo sé. Pero ahora, no existe" (Schmitt,1984 [a]: 50-51).

Conclusión: desaparecida la guerra, la política se desvanece en el aire. En sus propias palabras: "un globo terrestre definitivamente pacificado, sería un mundo ya sin la distinción entre *amigo y enemigo*, y como consecuencia de ello, un mundo sin política" (Schmitt, 1984 [a]: 32). Es por ello que en un breve prólogo de 1963 a la reimpresión de *El concepto de lo político* nuestro autor formulaba la siguiente pregunta retórica:

> "¿Cómo sería posible entonces suspender una reflexión sobre la distinción entre *amigo y enemigo* en una época que produce medios de destrucción nuclear y simultáneamente tiende a cancelar la distinción entre guerra y paz?" (Schmitt, 1984 [b]: 13).

La respuesta es evidente, y estaba contenida en la propia pregunta: no hay distinción entre paz y guerra y, naturalmente, entre ésta y la política. El círculo se cierra herméticamente.

Otro de los corolarios de la radical contraposición *amigo/enemigo* resulta ser la hiperpolitización de la vida social. Se desprende de esta concepción que todo es político, y que todo sería susceptible de despertar las intensas animosidades que suscita la lucha política. Se produce al interior del pensamiento schmittiano una sugerente paradoja. En efecto, quien comenzara su libro *El concepto de lo político* proponiendo una radical distinción entre estado y política, planteando correctamente que la segunda remite a un campo de de actividades más amplio e inclusivo que el primero, termina reenviando toda la política al seno del estado en la medida en que es el soberano –es decir, quien controla la maquinaria estatal– el que lleva la voz cantante en la batalla contra los *enemigos* internos y externos. Así, por ejemplo, Schmitt sostiene que:

> "Todos los sectores hasta aquel momento 'neutrales' -religión, cultura, educación, economía- cesan de ser 'neutrales' en el sentido de no estatales y no políticos. Como concepto polémicamente contrapuesto a tales neutralizaciones y despolitizaciones de sectores importantes de la realidad aparece el estado *total* propio de la identidad entre estado y sociedad, jamás desinteresado frente a ningún sector de la realidad y potencialmente comprensivo de todos. Como consecuencia, en él *todo* es político, al menos virtualmente, y la referencia al estado no basta ya para fundar un carácter distintivo específico de lo 'político'" (Schmitt, 1983 [a]: 19-20) [comillas y cursivas en el original].

De este modo, la teorización schmittiana del 'estado total' se ajusta nítidamente al dictum que proclamara Benito Mussolini cuando dijera 'todo dentro del estado, nada fuera del estado'. Pero esto también supone, aunque aquí transitamos por un terreno más resbaladizo, que en las otras esferas de la vida social, principalmente la económica, no existirían oposiciones capaces de dar origen a una contraposición *amigo/enemigo* o que, en caso de existir, éstas dejarían de tener un carácter económico para devenir en antagonismos de carácter político toda vez que se estaría poniendo en cuestión la supervivencia de un pueblo.

A modo de síntesis, la concepción schmittiana de la política se presenta como una suerte de reverso de la teoría kelseniana del derecho. Si Kelsen, desde el positivismo jurídico, postulaba la existencia de una teoría 'pura' del derecho como una sabia geometría de normas y regulaciones jurídicas, Schmitt en realidad formula una teoría 'pura' de la política, vaciada de todo contenido y susceptible de adquirir el que un gobernante esté dispuesto a introducirle. Si para Kelsen la formalidad de la norma constituía al derecho, para Schmitt éste no es sino el resultado de la voluntad política que se despliega en la decisión del soberano. Este formalismo politicista del jurista nazi conduce a una radical separación y aislamiento de la política de otras esferas de la vida social. Para poner un ejemplo, que podría multiplicarse fácilmente: ¿cómo se articularían las oposiciones políticas de *amigo/enemigo* con las que se derivan de los antagonismos clasistas asentados fundamentalmente en el terreno económico? No hay respuesta para ello. La política no remite a otra cosa que a sí misma.

El estado schmittiano

Bajo una tesis reconocida por el propio autor alemán como de formulación un tanto abstracta, éste critica la equiparación entre lo estatal y lo político que supone la democracia parlamentaria liberal y afirma:

> "El concepto de estado presupone el de 'político'. Para el lenguaje actual, estado es el status político de un pueblo organizado sobre un territorio delimitado. (...) En base a su significado etimológico y a sus vicisitudes históricas el estado es una situación, definida de una manera particular, de un pueblo, más precisamente la situación que sirve de criterio en el caso decisivo, y constituye por ello el status exclusivo, frente a los muchos posibles status individuales y colectivos" (Schmitt, 1984 [a]: 15).

La mirada crítica schmittiana se concentra en señalar la pérdida de sentido del ejercicio de la representación moderna liberal. Sintetizando, si bien el parlamento sería un órgano representativo y el mismo decidiría en nombre del pueblo -verdadera fuente de legitimidad-, éste carece de voluntad puesto que el ejercicio de la misma se encuentra mediatizado por la palabra de sus representantes. Según Schmitt, es este mismo mecanismo de representación de la soberanía el que carecería de significación ya que ante una situación crítica este manto de racionalidad formal desnuda su naturaleza impersonal y anónima. En su funcionamiento cotidiano, el parlamento democrático liberal funciona según una lógica mercantil de intercambio y no de acuerdo a los imperativos decisionales de la lógica política. Schmitt radicaliza su postura frente a las críticas formuladas por Max Weber contra la burocracia parlamentaria. A su entender, la frágil democracia de Weimar expuso descarnadamente la pérdida de justificación histórico-práctica de la idea misma de la democracia liberal. En este sentido, Schmitt no presta particular atención a la participación, antes bien, está especialmente preocupado por la representación y su cuestionamiento fundamental hace blanco en el desenvolvimiento de la burocracia parlamentaria. En su libro *Sobre el parlamentarismo* da cuenta de cómo, inhibido a la hora de tomar decisiones, el parlamento alemán quedó preso de las indefiniciones al haber hecho del aspecto deliberativo su norma de funcionamiento desentendiéndose de toda responsabilidad en materia decisional. Precisamente por su fijación en lo meramente deliberativo, el parlamento no haría política en el sentido schmittiano del término.

Schmitt radicaliza su postura frente a las críticas que hacia la democracia parlamentaria formulara Max Weber. Este último concebía la posibilidad de realización de una instancia de política positiva en el intercambio parlamentario que la postura schmittiana niega taxativamente. En última instancia Weber considera a un parlamento fuerte como la cuna eventual de futuros liderazgos. Schmitt, en cambio, considera a todo parlamento como un elemento negativo, inexorablemente asociado a la idea que Weber tiene sobre el parlamento impotente, sólo capaz de ejercer una política negativa (Weber, 1996: 1097). En una palabra, si en Weber el carisma complementa al parlamento sin abolirlo, en Schmitt el carisma está destinado a suplantar al parlamento. Como vemos la crítica de ambos a esta institución —que por cierto había sido anticipada en sus rasgos más generales por los escritos de Marx sobre la Comuna de París y los de Lenin sobre el poder soviético- llega mucho más lejos en la óptica de Schmitt que en la de Weber, comprometiendo la misma concepción de la democracia propuesta por el primero.

Pero hablar del estado es imposible sin recurrir a los conceptos de *enemigo* y guerra. A comienzos de los años '60 Schmitt reconoció la necesidad de construir una definición más precisa de la noción de '*enemigo*' que tomara en cuenta los diversos tipos de enemigos posibles- convencional, real, absoluto- en la que trabajaban al momento de aparición de la reimpresión mencionada (1963) Julien Freund (Universidad de Estrasburgo) y George Schwab (Universidad de Columbia)[11].

Ahora bien, como anticipáramos, el propio autor admite que la distinción *amigo/ enemigo* no remite a una explicación del contenido, pero agrega que no debe ser por esto considerada una metáfora ni un símbolo. La advertencia es taxativa, no se trata de ficción ni de normatividad, sino de la plausibilidad concreta de que todo pueblo dotado de existencia política se defina en base a este criterio. En este sentido, el *enemigo* es siempre *público*, es quien nos combate (el *hostis*) y no simplemente quien nos odia (*inimicus*).

> "*Enemigo* no es el competidor o el adversario en general. *Enemigo* no es siquiera el adversario privado que nos odia debido a sentimientos de antipatía. *Enemigo* es sólo un conjunto de hombres que combate, al menos virtualmente, o sea sobre una posibilidad real, y se contrapone a otro agrupamiento humano del mismo género. *Enemigo* es sólo el *enemigo* público, puesto que todo lo que se refiere a semejante agrupamiento, y en particular a un pueblo íntegro deviene público" (Schmitt, 1984 [a]: 25).

Nos preguntarnos, entonces, ¿qué o quién define los agrupamientos para configurar el enfrentamiento *amigo-enemigo*? La respuesta no se hace esperar, y ratifica la absoluta centralidad del estado en el pensamiento schmittiano:

"Al estado, en cuanto unidad sustancialmente política, le compete el *jus belli*, o sea la posibilidad real de determinar al *enemigo* y combatirlo en casos concretos y por la fuerza de una decisión propia. Es por lo tanto indiferente con qué medios técnicos será realizada la guerra, qué organización militar exista, cuántas posibilidades haya de ganar la guerra, a condición de que el pueblo políticamente unificado esté dispuesto a combatir por su existencia e independencia: él determina, por la fuerza de una decisión propia, en qué consiste su independencia y su libertad. (...) El estado como unidad política decisiva ha concentrado en sus manos una atribución inmensa: la posibilidad de hacer la guerra y por consiguiente a menudo de disponer de la vida de los hombres. En efecto, el *jus belli* contiene una disposición de este tipo; ello implica la doble posibilidad de obtener de los miembros del propio pueblo la disponibilidad a morir y a matar, y la de matar a los hombres que están de parte del *enemigo*" (Schmitt, 1984 [a]: 41-42).

Recapitulando, la respuesta schmittiana remite a la facultad decisoria del soberano como *ultima ratio* política incluso para considerar en la excepcionalidad la suspensión o supresión de los derechos y garantías individuales y exigir de sus ciudadanos la entrega de su propia vida y la eliminación concreta de otros individuos, seres humanos. El estatalismo de Schmitt culmina en una concepción religiosa, en donde el estado se convierte, como Moloch, en una cruel y sanguinaria deidad cuya furia sólo se aplaca ofrendando la vida de los inocentes. Es que para Schmitt, "todos los conceptos sobresalientes de la moderna teoría del Estado son conceptos teológicos secularizados" (Schmitt,1975: 65).

Sobre la democracia en la teorización schmittiana

Llegados a este punto, nos parece pertinente desarrollar la noción que sobre la democracia ofrece Schmitt. Comenzaremos señalando el abierto contraste con la visión que en *La República* ofreciera Platón. Éste esgrime con sutil ironía su desprecio por la democracia directa ateniense al decir que:

"es posible que sea el más hermoso de los sistemas de gobierno. Como un manto abigarrado, tejido con lanas de todos los colores, este sistema en que se mezclan todos los caracteres bien puede ser un modelo de belleza. Al menos (...) aquellos que admiran los objetos abigarrados, como suele ocurrirles a las mujeres y los niños, quizá lo consideren efectivamente hermoso" (Platón, 1988: 557 c).

Sin embargo, el entendimiento del fundador de la Academia no llega a nublarse al punto de desconocer como propias del régimen democrático la multiplicidad, la diversidad y la pluralidad. Antes bien, reconoce explícitamente la proliferación de las diferencias. En abierta oposición a este clásico, Schmitt no sólo no incluye lo diferente en su definición de democracia sino que, antes bien, se apura a señalar la homogeneidad como una necesaria característica de este régimen en las sociedades de masas de principios del siglo pasado. Para que no exista lugar a duda, en su escueta definición aconseja la intransigente eliminación de todo aquello que escape a dicha unidad homogénea:

> "Toda democracia descansa sobre el principio no sólo de la igualdad entre iguales sino también sobre el tratamiento desigual de los diferentes. La democracia requiere, por lo tanto, primero, la homogeneidad, y, en segundo lugar -en caso de ser necesaria- la eliminación o erradicación de lo heterogéneo" (Schmitt, 1988: 9)[12].

No es necesario ser muy perspicaz para descifrar los siniestros alcances prácticos de semejante planteamiento, sobre todo si se tiene en cuenta el momento histórico y el contexto político en el cual fue producido. Dado que Schmitt no era un inocente profesor de geometría explicando la naturaleza del triángulo isósceles como una forma esencial impasible ante las contingencias de la historia, de allí a justificar, como explícitamente lo hiciera Schmitt y sin ninguna clase de arrepentimiento posterior, la política nazi del holocausto del pueblo judío hay apenas un pequeño paso. No sólo eso sino que, por añadidura, a partir de una tal consideración se pueden justificar sucesivas 'limpiezas étnicas' acontecidas en Rwanda y en los Balcanes como parte de un genuino y valioso esfuerzo por asegurar la imprescindible homogeneidad que demanda un estado democrático. ¿Cómo no quedar perplejos ante los comentarios de algunos de nuestros contemporáneos –como Mouffe, por ejemplo- que aún después de leer estas líneas tienen la osadía de sostener que nuestras actuales democracias occidentales, ciertamente en crisis, pueden encontrar en la propuesta schmittiana un buen decálogo de consejos para su mejora y depuración? ¿Cómo reconciliar la exhuberante proliferación de identidades diversas y múltiples celebrada en la obra de la citada autora, o sintetizada en el ambiguo concepto de la 'multitud' propuesto por Antonio Negri, Michael Hardt y Paolo Virno, con la recurrencia a un autor como Schmitt que propone aniquilar toda forma de diversidad y establecer mediante una verdadera 'limpieza étnica' la pureza originaria de un pueblo incontaminado por sus *enemigos* internos?

Esta preocupación por la 'homogeneidad del pueblo' como condición necesaria de todo estado soberano lleva a Schmitt a considerar la problemática del '*enemigo interno*'. Constata que en las repúblicas griegas y el derecho estatal romano existía el concepto de *hostis* y junto con él dispositivos legales más o menos efectivos para combatirlos: destierro, proscripción, expulsión, ilegalización. En una aseveración que tiene clarísimas resonancias nazis, Schmitt señala que estas disposiciones se aplican a quienes el estado 'ha declarado *enemigo*". Examina la legislación griega y la romana, más precisamente la práctica de los jacobinos y el Comité de Salud Pública durante la Revolución Francesa y en especial su declaración de que "todo lo que está fuera de lo soberano es *enemigo*. (...) Entre el pueblo y sus *enemigos* no hay ya nada en común salvo la espada". Sugerentemente este autor pasa a analizar la historia política de los herejes, asegurando que "estos no pueden ser tolerados en el estado ni siquiera aunque sean pacíficos; (...) hombres como los herejes no pueden ser pacíficos" (Schmitt, 1984 [a]: 42-3). Es importante señalar aquí que esta observación de Schmitt está lejos de ser simplemente una hipérbole teórica puesto que debe recordarse que nuestro autor adhirió con entusiasmo a la expulsión de los judíos y los sospechosos de simpatizar con ideas izquierdistas de todos los ámbitos de la administración pública alemana poco tiempo después de la llegada de Hitler al poder (Scheuerman, 1999: 17). Se trataba, como puede verse, de una actitud política que encontró su traducción en el plano de la teoría.

Como se colige claramente de sus escritos, y durante una continuidad ininterrumpida que se extiende a lo largo de buena parte del siglo XX, es inútil tratar de hallar en la obra schmittiana las semillas de un pensamiento democrático. Proponerse dicha tarea equivale a embarcarse en un proyecto semejante a las labores de Sísifo si se recuerda que en un texto de la trascendencia de su *Teoría de la Constitución* Schmitt formula una crítica integral tanto al concepto mismo de democracia como a los regímenes democráticos que son su encarnación terrenal (Schmitt, 1982: 221-273). Esta empresa la aborda Schmitt desde una perspectiva claramente reaccionaria, inspirada en la obra de los grandes pensadores de la reacción clerical-feudal ante los 'extravíos' de la revolución francesa como De Maistre, Bonald y Donoso Cortés[13]. De ahí que no sea para nada sorprendente el hecho de que en el citado texto Schmitt planteara una tesis tan radicalmente incompatible con un proyecto democrático como la siguiente:

> "Resumiendo en pocas palabras, cabe decir: el pueblo puede *aclamar* ; en el sufragio secreto, sólo puede *elegir* candidatos que se le presentan, y *contestar Sí o No a un problema formulado con precisión, que se le somete*" (Schmitt, 1982: 269, cursivas en el original).

En otras palabras, el pueblo queda reducido al papel de un coro que no puede discutir ni deliberar. Apenas puede manifestarse en favor o en contra de lo que desde el poder se le propone. Y lo hace por la vía de la aclamación, o respondiendo con un sí o con un no a una pregunta que le formule el gobernante. También puede elegir, pero dentro de lo que se le ofrece. No puede inventar nada, ni forzar una alternativa que no figura en el menú de quienes gobiernan en su nombre. En un texto posterior, *Legitimidad y Legalidad,* Schmitt lleva su postura hacia un extremo aún más marcado al decir que "el pueblo no puede aconsejar, deliberar o discutir. Tampoco puede gobernar o administrar, ni crear normas. Sólo puede sancionar por medios de sus 'Sís' los borradores de normas que les son presentados a su consideración. Menos todavía puede plantear preguntas, sino que sólo puede responder sí o no a las cuestiones que se le someten" (Carl Schmitt en Scheuerman, 1999: 201).

El 'aire de familia' que tiene esta propuesta schmittiana –que coloca, paradojalmente, en manos del exaltado pueblo homogéneo de sus escritos la menos que módica posibilidad de decir que sí o que no a lo que le pregunta el soberano– con la tesis schumpeteriana que afirma que la democracia no es otra cosa que un método que sirve para que el pueblo tenga la posibilidad de aceptar o rechazar a los hombres que habrán de gobernarle, es más que contundente. De ahí la íntima conexión entre este planteamiento y los que luego habrían de resultar hegemónicos en la ciencia política norteamericana de la mano de Joseph Schumpeter y su teoría elitista de la democracia como un método. Como señala Scheuerman, tanto el economista austríaco como el jurista alemán coincidieron entre 1925 y 1928 en la Universidad de Bonn (Scheuerman, 1999: 183). Las críticas de Schmitt a la experiencia de la república de Weimar era bien conocida por Schumpeter y hay evidencia de que ambos autores intercambiaron escritos interactuaron con cierta frecuencia durante los años en que profesaron la enseñanza en esa universidad. Ambos eran relativamente de la misma edad –Schumpeter nacido en el año de la muerte de Marx, en 1883, y Schmitt en 1888–, compartían la misma afiliación religiosa católica y por cierto las mismas proclividades antidemocráticas (Scheuerman, 1993: 197). No es de extrañar pues la radical devaluación que la democracia sufre a manos de Schumpeter, anticipada ya en algunos de sus escritos de la década del '20 y ratificada plenamente en lo que quizás constituye su obra mayor: *Capitalismo, Socialismo y Democracia*. Esta desvalorización de la democracia, convertida en un simple método para determinar quién habrá de dominar al pueblo, encuentra sus raíces más profundas en la densa argumentación schmittiana denigratoria de las capacidades populares de autogobernarse.

Con todo, estas semejanzas entre las teorizaciones de ambos autores no deberían dar lugar a una fácil equiparación de las mismas toda vez que en la obra del economista austríaco el proceso de formación del liderazgo político cesarista y plebiscitario pasa por una instancia electoral que si bien acotada es cualitativamente distinta al silencio con que la constitución de ese liderazgo aparece en la obra schmittiana. En todo caso, no deja de ser sumamente preocupante que el *mainstream* de la ciencia política norteamericana se encuentre todavía dominada por autores como Schumpeter e, indirectamente, Schmitt, cuyas fundamentaciones son radicalmente incompatibles con una teoría democrática del estado. Más inexplicable todavía resulta la enfermiza pasión con la cual ciertos cuadros intelectuales en su momento vinculados con la tradición del materialismo histórico vuelven sus ojos hacia Schmitt en busca de remedios para los males que aquejan su teoría.

Elementos para un balance

Quisiéramos ofrecer, en esta sección conclusiva, algunos elementos para una crítica que desde la teoría marxista de la política se puede plantear a la propuesta teórica de Carl Schmitt. Por razones de espacio nos limitaremos en esta ocasión a bosquejar las que serían las líneas centrales de dicha crítica.

Primero, nos interesa particularmente enfatizar cómo la existencia de relaciones de dominación y explotación en el interior del campo de los '*amigos*' es diluida cuando no desconocida en el marco de la contradicción abstracta y formal entre *amigo/enemigo*. Esto es, una vez producida la diferenciación entre unos y otros la teorización schmittiana queda girando en el vacío. El estado 'homogéneo', ¿está liberado de todo tipo de conflictos? ¿No hay nuevos enfrentamientos que surgen del campo de los '*amigos*', producto de las contradicciones estructurales del orden social capitalista? ¿No estamos en presencia de una tipificación ahistórica y metafísica de la vida social, inasimilable para cualquier teorización fundada en el materialismo histórico? Los *amigos*, ¿son tales en relación a quién, y a qué temas? El resultado del diagnóstico schmittiano es la postulación de un orden social y estatal en el cual todo antagonismo de la vida social se esfuma por completo, con lo cual sus funciones legitimadoras de la sociedad capitalista quedan al desnudo. ¿Hasta qué punto esta imagen se corresponde con la realidad social? No hace falta demasiada indagación sobre este punto para comprobar su carácter fantasioso y el ocultamiento que produce de los fundamentos opresivos y explotadores de la sociabilidad burguesa.

Segundo, el formalismo de la díada schmittiana *amigo/enemigo* parece sobrevolar por encima de los cambios históricos y aplicarse, en consecuencia, tanto para descifrar la dinámica de los estados en la antigüedad clásica como para comprender las particularidades de los estados capitalistas a lo largo del siglo XX. La sucesión de los diferentes modos de producción no altera la centralidad de este antagonismo constitutivo de la vida política, indiferente ante las mutaciones experimentadas por el conjunto de la vida social. Asimismo, su utilización también pretende abarcar por igual tanto a los conflictos y clivajes que se producen dentro del estado nacional como a los que se dan en el sistema inter-estatal. ¿Tiene alguna utilidad un cuadro conceptual que se mueve en tal nivel de generalidad?

Tercero, la teorización schmittiana resulta insuficiente para dar cuenta de la tremenda complejidad del estado moderno, ámbito fundamental e irreemplazable de la dominación de clases en la sociedad capitalista. Toda la densa problemática de la hegemonía y la dominación queda reducida al formalismo de la oposición radical *amigo/enemigo*. Desaparecen del encuadre analítico el papel de la cultura y la ideología, los aparatos ideológicos del estado y la dinámica de la opinión pública, como también hacen lo propio los partidos, sindicatos y movimientos sociales y, en el plano estatal, el juego de las instituciones y agencias burocráticas del estado. ¿Puede servir semejante esquema conceptual para renovar y recrear el legado de la teoría marxista de la política?

Recapitulando: la obra de Schmitt es importante y merece ser estudiada. El pensamiento crítico se nutre de su permanente polémica con los puntos más altos del pensamiento conservador o reaccionario. En ese sentido, Schmitt es un interlocutor que no puede ni debe ser soslayado. Esto no significa, sin embargo, caer en la ingenua aceptación de su rol mesiánico como proveedor de una nueva clave interpretativa capaz de sacar a la teoría marxista de su presunta postración. Los problemas que Schmitt ha identificado en su larga obra son relevantes y significativos, si bien hay una clara exageración de sus méritos. Muchos de esos problemas habían sido reconocidos antes por autores como Wilfredo Pareto, Max Weber y, en cierto sentido, el propio Joseph Schumpeter. Otros habían sido objeto de análisis por parte de Marx, Engels y Lenin. Su diagnóstico no siempre es certero, su evaluación de los problemas de la democracia liberal no penetra en el corazón de este orden político asentado sobre una relación de explotación sintetizada en la teoría de la plusvalía que es sistemáticamente ignorada a lo largo de toda su obra. En otros casos, encontramos en sus escritos aperturas anacrónicas basadas en una lectura de la filosofía política medieval, la antigüedad clásica o el pensamiento contrarrevolucionario que no permiten comprender a cabalidad los problemas que hoy afectan a los capitalismos contemporáneos.

Pero si el diagnóstico de los problemas fue defectuoso, ¿qué pensar de la propuesta de resolución de tales problemas que plantea Schmitt? En este punto la respuesta no podría ser más negativa. Tal como lo observa Scheuerman, la debilidad de la ley no debería dar como resultado arrojar por la borda el imperio del derecho; las flaquezas del parlamentarismo no deberían resultar en la exaltación del autoritarismo plebiscitario; la crisis de la esfera pública no debería conducir a su radical absorción por el estado; la 'estatalización' del capitalismo contemporáneo, cuyas raíces Schmitt prefiere ignorar, no debe rematar en un decisionismo irresponsable, y así sucesivamente.

"Schmitt diagnosticó serios problemas dentro de la democracia liberal existente, pero en cada coyuntura su propia respuesta teórica exacerbó los problemas. Su adhesión al Nacional Socialismo vívidamente ilustra los peligros intrínsecos a sus respuestas moral e intelectualmente quebradas frente a los problemas enfrentados por la democracia liberal en nuestro siglo" (Scheuerman, 1999: 254).

Concluimos pues preguntándonos ¿cómo es posible plantear, como lo hacen tantos 'pos-marxistas' (en realidad, ex-marxistas), que Schmitt puede ser un aporte significativo en la tarea de recrear una concepción de la democracia adecuada a las necesidades de nuestro tiempo? Un autor que cae en el estatalismo más absoluto, que carece de una teoría del estado, que degrada la democracia a niveles de un tragicómico simulacro y que ofrece una versión empobrecida de la vida política, ¿puede ser efectivamente considerado como un faro esclarecedor en la actual crisis de la teoría y la filosofía políticas? Nos parece que convendría más bien acudir a otras fuentes, y que no va a ser en el legado schmittiano donde habremos de encontrar la solución a los problemas que afectan a la teoría marxista de la política.

Bibliografía

Aricó, José 1984 "Prólogo", en Schmitt, Carl 1984 [a] (1928) *El concepto de lo político* (Buenos Aires: Folios).

Bobbio, Norberto et al(1982) *Diccionario de Política* (México: Siglo XXI Editores).

Boron, Atilio A. 1997 *Estado, Capitalismo y Democracia en América Latina* (Buenos Aires: Oficina de Publicaciones del Ciclo Básico Común de la Universidad de Buenos Aires-Eudeba).

Boron, Atilio A. 2000 *Tras el Búho de Minerva. Mercado contra democracia en el capitalismo de fin de siglo* (Buenos Aires: Fondo de Cultura Económica).

Dotti, Jorge E. 2000 *Carl Schmitt en la Argentina* (Rosario: Editorial Homo Sapiens).

Dotti, Jorge E. y Julio Pinto 2002 *Carl Schmitt. Su época y su pensamiento* (Buenos Aires: Eudeba).

Lúkacs, Gyorg 1983 (1953) *El asalto a la razón. La trayectoria del irracionalismo desde Schelling hasta Hitler* (México: Editorial Grijalbo).

Maquiavleo, Nicolás 1979 (1513) "Maquiavelo a Francesco Vettori, 10 de diciembre de 1513", en *Cartas Privadas de Nicolás Maquiavelo* (Buenos Aires: Eudeba).

Marramao, Giacomo 1980 "Schmitt e il arcano del potere" Ponencia presentada al Seminario de Padua.

Mouffe, Chantal (editor) 1999 *The Challenge of Carl Schmitt* (London-New York: Verso).

Mouffe, Chantal 1993 *The return of the political* (London: Verso).

Pinto, Julio 2002 "Prólogo", en Dotti, Jorge E. y Julio Pinto (Compiladores) *Carl Schmitt: su época y su pensamiento* (Buenos Aires: Eudeba).

Platon 1988 (380-365 a.C) *La República* (Buenos Aires: Eudeba).

Scheuerman, William 1999 *Carl Schmitt. The End of Law* (Lanham: Rowman and Littlefield Publishers).

Schmitt, Carl 1975 (1928) "*Teología Política*", en Schmitt, Carl *Estudios Políticos* (Madrid: Docel).

Schmitt, Carl 1975 *Estudios Políticos* (Madrid: Docel).

Schmitt, Carl 1982 (1928) *Teoría de la Constitución* (Madrid: Alianza Editorial).

Schmitt, Carl 1984 [a] (1928) *El concepto de lo político* (Buenos Aires: Folios).

Schmitt, Carl 1984 [b] (1963) "Premisa", en *El concepto de lo político* (Buenos Aires: Folios) 3-14.

Schmitt, Carl 1984 [c] (1963) *Teoría del partisano* (Buenos Aires: Folios).

Schmitt, Carl 1988 (1923) *The Crisis of Parliamentary Democracy* (Cambridge: Massachusetts Institute of Technology).

Schmitt, Carl 1999 "Legalidad y Legitimidad", en Scheuerman, William *Carl Schmitt. The End of Law* (Lanham: Rowman and Littlefield Publishers).

Strasser, Carlos 2001 " Schmitt, Carl", en Di Tella, T.S; Hugo Chumbita, Susana Gamba y Paz Gajardo *Diccionario de Ciencias Sociales y Políticas* (Buenos Aires: Emecé Editores).

Weber, Max 1996 (1922) *Economía y sociedad* (México: Fondo de Cultura Económica).

Notas

1 Julio Pinto, en su prólogo a *Carl Schmitt. Su época y su pensamiento* señala los hitos principales de este itinerario. Desde el "Diálogo crítico" de José Aricó en 1984 hasta la 'rehabilitación' propuesta desde posiciones de izquierda por Giacomo Marramao media un largo trecho, sólo posible gracias al lamentable extravío teórico y práctico sufrido por el marxismo italiano desde la década de los '80 y en cuya confusión la figura de Schmitt surge como la de un gigante intelectual capaz de resolver los nuevos enigmas de la política que la herencia gramsciana se revelaba incapaz de resolver (Pinto, 2002: 8-9). De todos modos, saludamos la aparición del libro compilado por Jorge E. Dotti y Julio Pinto (2002), así como la publicación de *Carl Schmitt en la Argentina* (Dotti, 2000), ambos mucho más cautelosos que nuestros colegas europeos en la apreciación de las contribuciones de la obra del autor alemán a la teoría política contemporánea.

2 Para Marramao "el decisionismo de Schmitt tiene el mérito de dar cuenta, en un alto nivel de conocimiento teórico (…) la asincronía entre *ratio* económico-productiva y ordenamiento político institucional" (1980). Cuesta comprender como una cuestión como ésta, planteada con mucha mayor claridad desde los escritos juveniles de Marx y Engels, pueda aparecer ante los ojos del teórico italiano como una contribución decisiva a la teoría política. Se trata, por lo tanto, de un comentario tan pomposo como banal, pero que refleja el espíritu de la época y la increíble sobrevaloración que ha recibido la obra de Schmitt.

3 Es importante dejar sentado que existen diferencias relevantes entre los autores referidos -Schmitt, Pareto, Sorel y Weber- sobre las cuales, sin embargo, sólo podremos hacer algunos comentarios breves a fin de no disgregarnos de la reflexión central del presente artículo.

4 Para profundizar la contradistinción entre 'capitalismo democrático' y la confusa expresión de 'democracia capitalista' invitamos a retomar la reflexión desarrollada en *Tras el Búho de Minerva. Mercado contra democracia en el capitalismo de fin de siglo* (Boron, 2000: 161-164).

5 Huelga aclarar que la totalidad de las diversas formulaciones de esta teoría remiten, inexorablemente, a la concepción radicalmente errónea de la democracia como un simple método elaborada por Joseph Schumpeter y hegemónica, hasta el día de hoy, en las ciencias sociales. Hemos criticado la teorización schumpeteriana en otro lugar, razón por la cual remitimos al lector interesado en el tema a consultar los argumentos del caso en Boron, A. A. (2000).

6 El tema de la 'crisis del marxismo', caballo de batalla del pensamiento neoconservador, merecería un tratamiento exhaustivo que no podemos ofrecer aquí. Una aproximación al tema se encuentra en Boron, A. A. (2000).

7 Dicho esto sin desmerecer la importante contribución que José Aricó hiciera a la difusión del pensamiento marxista clásico y la obra de sus principales exponentes desde los *Cuadernos de Pasado y Presente* (originalmente comenzados a publicar en Córdoba, Argentina) y la Editorial Siglo XXI en México durante sus años de exilio. Su labor en el campo de la interpretación teórica, en cambio, no merece la misma valoración.

8 Ver para su mejor tratamiento el capítulo 5 de *Estado, Capitalismo y Democracia en América Latina* en Boron, A. A. (1997).

9 Cf. Maquiavelo a Francesco Vettori, 10 de diciembre de 1513, en *Cartas Privadas de Nicolás Maquiavelo* (1979: 118).

10 La visión antropológica de Maquiavelo podríamos ubicarla entre Rousseau y Adam Smith -con una inclinación hacia el primero pero sin la radicalidad con que el ginebrino formula su planteamiento- como tal vez la más cercana a la realidad. Pero este es un tema distinto, que nos llevaría muy lejos y que no podemos abordar aquí. Schmitt trata el tema en *El concepto de lo político* (1984 [a]: 56-61).

11 En este sentido, entendemos que la recuperación del pensamiento de Carl Schmitt en un contexto como el latinoamericano de los años '60 implica un cuestionamiento de la democracia como sistema social y revisiones que sin caer en el pacifismo obsoleto intentaron transformar la relación *'amigo/enemigo absoluto'* en *'amigo enemigo real'* como forma de una posible recuperación de lo humano ante el peligro de la destrucción total de la humanidad. Intentaremos analizar y corroborar la pertinencia de tales intuiciones.

12 "Every actual democracy rests on the principle that not only are equals equal but unequals will not be treated equally. Democracy requires, therefore, first homogeneity and second -if the need arises- elimination or eradication of heterogeneity".

13 Refiriéndose al español, Schmitt observa laudatoriamente en *Teología Política* que "Donoso no pierde nunca la grandeza segura de sí misma que conviene a un sucesor espiritual de los grandes inquisidores". Nos preguntamos si los modernos epígonos de Schmitt han meditado lo suficiente acerca de opiniones como ésta (Schmitt, 1975).

South of the border: notas sobre la democracia en la América Ibérica[*]

Claudio Vouga[**]

> *Si nada se repite igual*
> *todas las cosas son últimas cosas*
> *Si nada se repite igual*
> *todas las cosas son también las primeras.*
> Roberto Juarroz

Introducción

La cuestión central que pretendo abordar es la siguiente: ¿por qué hoy en los países de la América Ibérica la democracia política se encuentra amenazada o en crisis profunda? Y ¿por qué las masas populares parecen tan apáticas ante tales amenazas? Sobre todo, parecen atónitos frente a esta situación los hombres y mujeres de las generaciones que sufrieron en la lucha por la democracia, de formas más amenas algunas, otras más violentas, con el cercenamiento de sus ideas o del propio cuerpo.

A lo largo de la última década y media, esta democracia que vemos amenazada se ha mostrado extremadamente injusta con esas masas. En la mejor de las hipótesis la situación de miseria está estancada, y en la mayoría de los casos no hizo sino empeorar. En cualquier hipótesis, aumentó mucho la distancia social entre los que mandan y los de abajo.

Intentaré desarrollar dos argumentos que espero demostrar convergentes: el primero es el de que la democracia tiene que ser pensada en situación, es decir, en su contexto. O sea, la democracia no puede ser sólo un juego formal que ocurre en las nubes etéreas de la Ciencia Política. Si bien la democracia no se refiere directamente a contenidos, como nos lo enseña el maestro Bobbio, no puede sin embargo ser totalmente ajena a ellos, sobre todo si los contenidos resultantes del juego democrático desembocan en hambre, sufrimiento y humillación de millones de seres humanos.

---

[*] Traducción: Celina Lagrutta y Gonzalo Berrón.
[**] Profesor del Departamento de Ciencia Política, Universidad de São Paulo (USP), Brasil.

Creo que para tener una implantación profunda en nuestras sociedades la democracia tiene que derivarse, como nos lo enseña el conde de Tocqueville, de nuestro territorio, clima, costumbres, leyes; en fin, de las características peculiares de nuestras subculturas nacionales, donde sobresalen nuestras raíces ibéricas. Antes que nada, la democracia, despojada del contenido que sea, no puede admitir, como decía el poeta, que "nadie escupa sangre pa' que otro viva mejor"[1].

El segundo es el argumento de que, en esta *recherche* de nuestra democracia, la primera cosa a ser echada a la basura es el legado americano, esto es, de los Estados Unidos de América del Norte (EUAN). Afirmo, con énfasis, que el primero y mayor de los males políticos de la América Ibérica en los últimos ciento cincuenta años ha sido el régimen presidencialista importado de aquel país.

Recordando el título del libro de Michelangelo Bovero (2002), donde dicho sea de paso encontramos fuertes argumentos contra el presidencialismo, si quisiéramos prevenirnos contra el gobierno de los peores necesitamos en primer lugar y ante todo oponernos al régimen presidencialista que, como argumentaremos, lejos de ser un paradigma, no es más que un caso excepcional que sólo ha funcionado en un lugar y en condiciones históricas bastante determinadas.

Adjetivar la democracia

Han pasado ya trece años desde la caída del muro de Berlín y once del desmoronamiento de la Unión Soviética, y cada vez más los EUAN se comportan arrogantemente como potencia hegemónica, imponiendo su voluntad particular, que sólo apunta a un enriquecimiento siempre mayor de sus grupos económicos -en los últimos tiempos, aquellos que apoyaron a Bush Jr. en su campaña. Tal vez estemos evolucionando hacia el Imperio en el cual las naciones importan menos, como quieren Negri y Hardt (2001). Es cierto que todavía vivimos la edad del imperialismo, aunque ya no de los imperios en plural[2].

Nos vamos dando cuenta, mejor hoy que ayer, de que la lucha por la democracia no puede agotarse en el formalismo señalado. Los más ingenuos piensan tal vez que, por tratarse de un valor universal, de él se derivarían todos los demás. Otros, no tan ingenuos, defienden, como lo hacían durante las dictaduras militares, que el mismo debe ser el objetivo único de las luchas políticas. Ya en la América Ibérica la lucha por la democracia significó, sin que se diera un solo paso más allá, comprimir demasiado los límites de las luchas populares, dejando de lado la lucha contra el imperialismo, lo que se correspondía perfectamente con los intereses de los EUAN. En nuestros países, regímenes democráticos fueron derribados por inspiración norteamericana. Las dictaduras militares que los sucedieron, cumplido su ciclo, fueron sustituidas por regímenes de democracia formal, otra vez por influencia norteamericana. Está claro que -sobre todo en los países más importantes- la dinámica interna de las sociedades tiene un papel fundamental, pero queda la sensación de que la lucha por la democracia no fue más que un acto del teatro de la política de la potencia norteamericana, en el que nosotros éramos los títeres y ellos los manipuladores.

Porque más allá de sus fronteras la única preocupación de la nación del norte siempre fue enriquecerse y armarse, estando las dos cosas íntimamente ligadas.

Los atentados a las libertades individuales que se hicieron posibles luego del ataque a las torres de Nueva York sin que el mundo reaccionara a la altura de las circunstancias no lo eran antes de la caída del muro, en el mundo bipolar del equilibrio, cuando la Unión Soviética era un adversario real, con un modelo de sociedad alternativa, por monstruosa que fuera. Sobre todo con un ejército, misiles nucleares, submarinos atómicos, y no como ahora, esa quimera, ese terrorismo fantasmagórico, esa banda medieval de hombres a caballo que son los Taliban, tan convenientes para la farsa del 11 de septiembre de 2001[3].

Después del breve período que se sucedió al fin de la URSS, la *belle époque* de la globalización, cuando el mundo pareció lleno de esperanzas, pronto vino la dureza sin precedentes de la nueva explotación por parte del imperialismo yanqui. Imperialismo de nuevos tiempos, claro está, para el cual el sistema financiero internacional es más adecuado que las viejas compañías bananeras, y donde el viejo Foster Dulles parecería un niño de coro de iglesia a lado de los hombres que dominan el Partido Republicano hoy.

En el antiguo mundo bipolar, donde el poder americano era balanceado por la potencia soviética y su ideología, tentadora para el que entonces se llamaba Tercer Mundo, a veces había ayuda a los países pobres en nombre de la solidaridad democrática, para que no cedieran a la tentación bolchevique. Todo eso, sin embargo, terminó. Sin el fantasma del comunismo internacional, la solidaridad dejó de pagar dividendos y el único lenguaje que se pasó a hablar fue el lenguaje del *business*, cuyas reglas cada vez más pasaron a ser establecidas unilateralmente por los *buró* de la potencia imperial.

En épocas del macartismo, la democracia terminó por vencer porque era vendida como el valor de América, y los países eran inducidos a adoptar ese valor para combatir al socialismo identificado con la forma soviética del totalitarismo. Hoy, sin adversario, sin modelo alternativo de sociedad, el mercado parece ser parte de la naturaleza. Sin embargo, el mercado no es nada más que un sistema de las mercancías que forman parte del mundo natural, es una relación social de dominación[4].

Las apariencias ya no engañan. La máscara se ha caído, y el gobierno de Bush Jr. puede simplemente, de forma abierta, convocar a los ciudadanos a delatar y espiar. Las fronteras del Imperio están cerradas para aquellos de piel más oscura, y la garantía de los derechos humanos sólo vale para justificar invasiones o golpes de estado.

Urge que nosotros de la América Ibérica percibamos claramente que el desencanto que se va a apoderar de los pueblos de nuestros países no es el desencanto con la democracia, como si los regímenes militares hubieran sido mejores o indiferentes. Dictaduras militares que asesinaron a nuestros compatriotas y que arrasaron nuestros países por inspiración de los del norte, que entrenaron a los torturadores, equiparon las policías y ejércitos para realizar la represión interna. No, no es el desencanto con la democracia aquello a lo que asistimos en este invierno de nuestro descontento, sino con la democracia como modelo norteamericano: plutocrática y antisocial.

Las democracias transplantadas, como ya lo demostró Tocqueville, están destinadas al fracaso. Las democracias que en la América Ibérica podrán prosperar serán aquellas que estén de acuerdo con nuestros territorios y clima, con nuestras tradiciones, con nuestras costumbres, con nuestras leyes, con nuestra cultura y no con principios o reglas formales que los yanquis nos quieren imponer pero que ellos mismos no siguen, vistos los fraudes electorales en un sinnúmero de condados de Florida a favor de Bush perpetrados por el gobierno de su hermano y que terminaron por garantizarle la victoria (Le Winter, 2001: 69-102).

Es la democracia de los pueblos ibéricos en sus variantes española y portuguesa aquella que queremos y nos esforzaremos en desarrollar. Por más que estudiosos yanquis, en verdad muchos de ellos agentes disfrazados de la CIA u otros organismos de inteligencia, intenten hacernos creer lo contrario, la tradición ibérica no es tan sólo el *mandonismo*, la arbitrariedad, las sociedades esclavistas y explotadoras, el caudillismo, el autoritarismo implantado o internalizado en las clases dominantes ociosas. Todo esto forma parte de nuestra herencia, y el recuerdo de las dictaduras militares es reciente y está demasiado vivo en la carne de algunos de nosotros como para que pudiéramos olvidar. Sí, éste es un lado de nuestra tradición.

Está claro que las escuelas de Panamá y Virginia, donde los represores y torturadores de *nuestramerica* eran entrenados y adoctrinados por funcionarios del gobierno yanqui, civiles y militares, tienen un lugar importante en toda esa historia reciente. Por cierto, nunca está de más recordar, y debemos repetirlo siempre, que varios de esos especialistas en América Latina que adoctrinaban a policías y militares, con nombre y apellido, hoy circulan por ahí dando charlas y conferencias, incluso en nuestras universidades, pavoneándose como especialistas para darnos lecciones de democracia[5].

Y más aún, están los yanquis de manos limpias que nunca irían a inmiscuirse con el horror del asesinato y la tortura: los que en la lucha contra el comunismo sólo compraron, sobornaron, obsequiaron a intelectuales[6], institutos de investigación, dueños de periódicos, periodistas, líderes sindicales o estudiantiles, etc. También éstos tienen algo que ver con ese lado de nuestra historia presente y pasada. Después de todo, los males señalados no son tan sólo el fruto de nuestras peculiaridades, sino también –o sobre todo– de la acción deliberada de los agentes del amigo país del norte.

Pero nuestra tradición no se reduce al caudillismo y al autoritarismo, y ahora hablo principalmente pensando en Brasil, país que conozco mejor, aunque confío plenamente en que ejemplos iguales o semejantes se pueden encontrar a lo largo de la América de lengua castellana, desde Río Grande hasta Tierra del Fuego, pasando por el Caribe, la Amazonia y los Andes, de forma tal que no temo generalizar. Nuestra tradición es también el autogobierno y la sólida organización de la sociedad civil, infelizmente desconocidas por el conde de Tocqueville[7], que se impresionó con el ejemplo mucho más pálido de las *townships* de la América Inglesa. Nuestra tradición es la de la solidaridad y la importancia de la comunidad, derivadas no sólo del catolicismo de nuestros antepasados portugueses y españoles, sino también de las culturas africanas e indígenas, y alguna que otra más, dependiendo de las regiones por donde fueron filtradas, que hoy forman parte del patrimonio de los pueblos que constituyen *nuestramerica*.

Sí, conocemos ampliamente las características negativas del mundo ibérico y de su colonización de nuestras tierras. Historiadores, economistas y científicos sociales con la perspectiva del Imperio nos recuerdan a cada momento estos trazos, para que permanezcamos en nuestra inferioridad mirándonos en el espejo mágico que siempre nos dice que hay alguien muy al norte más bello, más inteligente, más exitoso, más rico, con más aviones bombarderos, más navíos de guerra que nosotros y también misiles intercontinentales con ojivas nucleares si es necesario.

Es tiempo de que pensemos en nuestras cualidades, nuestros puntos positivos. Pensemos, por ejemplo, en la conciencia de la diversidad y su ineluctabilidad, que es una de las características de nuestro mundo ibérico. Un mundo donde el Otro era una presencia constante, ya fuera en algunos momentos como dominador, o en otros como derrotado, pero siempre viviendo a nuestro lado: moros, marranos, cristianos nuevos, cristianos viejos, y poco a poco todos los pueblos con los cuales los colonizadores entraron en contacto en la expansión marítima y la mezcla de los hombres y de las mujeres y de sus descendientes. Después América.

Seguramente los portugueses y españoles de los siglos XVI y XVII consideraban a los indígenas americanos como seres inferiores, pero fue a partir de las relaciones que se iban estableciendo, del trabajo apostólico de los jesuitas, de los escritos de Bartolomé de las Casas, capaz de hacer una crítica de la manera bárbara en que se realizaba el contacto, así como de las obras de Suarez, Vitória, Marianna, teóricos a veces dejados incomprensiblemente a la sombra, que la propia noción moderna de contrato social y la de derechos del hombre surgirían. También es producto de la acción de estos hombres en las tierras de América y del mestizaje de su sangre con la sangre de ese Otro irreductible, lo que llevó al Occidente a elaborar la categoría *hombre*. Y de esta acción y de este pensamiento surgirían nuestros pueblos. Después, africanos y muchos otros europeos y hombres de otros lugares del mundo vendrían a juntar su voz a nuestra voz.

De esta conciencia, que después se vuelve respeto por la diversidad, se derivaría aquella que es la característica a partir de la cual, con las diferencias y particularidades de nuestros diversos cuadrantes, debemos comenzar a pensar la democracia que nos conviene. Me refiero al solidarismo comunitario de nuestras raíces ibéricas que nos traen el mejor legado de la organización medieval y el catolicismo, y que resulta en nuestros días, por ejemplo, en la teoría de la liberación o en el Movimiento de los Trabajadores Sin Tierra brasileño (MST), así como en tantas y tan variadas formas de cooperación entre campesinos, vecinos o habitantes en todos nuestros países.

En lo que se refiere a los aspectos más generales de la organización política, positivos o negativos -y como bien lo sabemos, frecuentemente muy negativos, es en las experiencias de la Revolución Mexicana y la Cubana, en los gobiernos de Vargas y Perón, en las ideas de Bolívar, José Bonifácio, San Martín, José Martí, Sarmiento, Haya de la Torre, Mariátegui, Gilberto Freyre, Guevara, sólo para citar algunos casos y personajes, en donde debemos buscar elementos que sirvan para pensar qué democracias serán las nuestras, y no el legado de los Fujimori, de los De la Rua, de los Cardoso (me refiero al presidente, no al sociólogo). Es en la inventiva popular y en sus élites orgánicas donde tenemos que buscar las raíces de nuestras democracias y de las instituciones que nos convienen.

La monstruosidad del nacionalsocialismo alemán, la arbitrariedad y truculencia del fascismo italiano, los crímenes del socialismo soviético parecen haber congelado la forma de la democracia delegativa de los EUAN, como si, más que de la historia, hubiera sido el fin de la política. Todas las naciones, todos los pueblos de pronto tenían que tener instituciones semejantes. Las viejas naciones derrotadas en la guerra -Japón, Alemania- supieron defenderse de alguna forma y preservar sus instituciones, el emperador, el parlamento y su canciller, retomando una tradición brutalmente interrumpida.

Nosotros de la América Ibérica, aún cuando fuimos oprimidos por las dictaduras más bárbaras, formalmente, poco nos alejamos del presidencialismo impuesto por el modelo americano al cual parecemos condenados para siempre. Busquemos por todas partes instituciones que nos convengan, sin miedos ni tabúes. Porque no hay vacas sagradas, lo sagrado sólo les interesa a aquellos que nos dominan. Vamos a pensar e inventar libremente el modelo político que sea para nosotros el más adecuado.

El tío de América[8]

Surgida todavía bajo el impacto de la Revolución Inglesa de 1640 y de la fuerte reacción que le siguió y culminó en la Revolución Gloriosa de 1688, a menos de cien años de su final, y motivada inmediatamente por el intento de Inglaterra de ejercer un poder de metrópoli que ya no poseía, la Revolución Americana y sus pensadores fundadores, lejos de representar el primer acontecimiento político del mundo moderno y la reflexión sobre ese mundo, es en verdad uno de los últimos episodios de las luchas políticas del *Ancien Regime*.

Voy a presentar algunos argumentos orientados a demostrar el arcaísmo del sistema político yanqui, sugiriendo un ejercicio de explicación alternativa, y no pura y simplemente de sustitución de una explicación parcial por otra igualmente limitada, tal como afirma Weber al final de *La ética protestante y el espíritu del capitalismo*. Para ser totalmente explícito, la proposición va en el sentido de pensar a los EUAN no como el primer país moderno, como a ellos mismos le gusta pregonar, sino como el último arreglo institucional con los restos del absolutismo, teniendo como objetivo frenar las pretensiones de la burguesía revolucionaria en ascenso, como bien emblematiza la trayectoria personal e intelectual de Thomas Paine, desde la agitación, pasando por la guerra de independencia y culminando con el país constituido y normalizado.

Las colonias inglesas que darían origen al país del norte no tenían una aristocracia o una camada aristocrática que garantizara con sus privilegios la no opresión por parte de un déspota, según la teoría de Montesquieu en *El Espíritu de las Leyes*. La aristocracia capaz de garantizar la libertad en el *Ancien Régime*, o después, la cultura aristocrática capaz de realizar el mismo papel, como sucedía en Europa incluso después de la Revolución Francesa.

Sin esta garantía de la aristocracia y su cultura, los pensadores de la independencia americana o bien no eran capaces de pensar plenamente su mudo contemporáneo, donde el proceso de industrialización adquiría una importancia creciente, refugiándose en el bucolismo esclavista tal como lo hizo Jefferson, *gourmet*, arquitecto, amante de vinos y de jóvenes esclavas, o bien –y fueron éstos los que dieron forma al país– se rodeaban de cuidados para defenderse del pueblo, déspota mayoritario potencial, actuando siempre para que su participación fuera mínima, apenas suficiente como para hacer funcionar el sistema.

Sistema organizado para que la representación popular fuera siempre obstaculizada por el correspondiente al monarca absoluto –la Presidencia al servicio del dinero, único principio estratificador existente, configurando la primera plutocracia moderna.

Resulta muy aclaradora en este sentido la lectura de los *Papeles Federalistas*, tanto de aquellos cuya autoría es atribuida a Hamilton, que llegó en un primer momento a pensar que los propietarios de tierras deberían constituir un cuerpo aristocrático como la aristocracia inglesa, como también los de Madison, cuyo argumento terminó por concretarse en un modelo político en el cual la existencia de una aristocracia era innecesaria.

En Inglaterra, después de la revolución de 1688, el rey, aún despojado de poderes absolutos, funcionaba como garantía de que sectores más radicales de la burguesía, partidarios del parlamento, no pusieran en riesgo el arreglo institucional. En el caso americano, donde tempranamente fue descartada la solución monárquica, el gobierno parlamentario aparecía como natural. Sin embargo no fue lo que se dio, pues la solución parlamentaria parecía como mínimo conducir a la dictadura de la mayoría tan temida por entonces. Sin una cámara aristocrática capaz de garantizar los derechos de las minorías a través del mecanismo del veto, como el abogado por Locke en el *Segundo tratado sobre el Gobierno Civil*, este papel le correspondería a la presidencia.

Todo el modelo ingeniosamente puesto en práctica a partir de la Constitución norteamericana y expuesto en los *Papeles Federalistas* era el de una participación restringida por parte de los ciudadanos, donde el único momento de voto directo en el nivel federal era el de la elección del representante en la Cámara Baja. La elección presidencial era el fruto de la elección de un colegio electoral, como lo es hasta hoy. También el Senado (en el caso americano, una cámara donde los estados constituyentes de la Unión se encontraban representados en igualdad de condiciones independientemente del tamaño de sus poblaciones) era elegido indirectamente, situación que fue modificada por enmienda constitucional posterior: enmienda número XVII, propuesta en 1912 y adoptada 359 días después (Corwin, 1986).

El tercer poder de la Constitución de los EUAN, la Corte Suprema, que desde muy temprano se convirtió en el verdadero orientador de los cambios a mediano y largo plazo a través del juicio de la constitucionalidad de las leyes, dependiente de la Presidencia y del Senado, también está alejado de cualquier tipo de control directo por parte de los ciudadanos.

Los padres fundadores de los EUAN sabían que al quebrar los lazos con Inglaterra dejaban de tener la tradición como aliada en el mantenimiento del orden, y armaron un sistema de gobierno que, bajo la apariencia de un gobierno popular, era en verdad un sistema en el cual los propietarios ricos jamás serían cuestionados en su poder. Y la Presidencia, que aparentemente sería el lugar de manifestación del principio popular –pensemos en el análisis de Marx del *18 brumario de Luis Bonaparte*– funcionaba en realidad como un residuo absolutista que garantizaba que la cámara elegida por sufragio directo mantendría su compostura, como en la Revolución Inglesa de 1688, sin pasar por los miedos y los trastornos de la Revolución de 1640.

Subrayo una vez más el hecho de que este sistema idealizado por la Constitución norteamericana es anterior a la Revolución Francesa y a todas las profundas modificaciones que subsiguientemente sobrevendrían en Europa derivadas de ella. Este sistema arcaico, sobreviviente de todos los acontecimientos que suceden a la Revolución, del Terror al Imperio pasando por el Termidor y por las Guerras Napoleónicas, y a su desenlace con el Congreso de Viena, sólo fue posible gracias al aislamiento proporcionado por el océano que separaba a las ex colonias inglesas de Europa.

Los EUAN se constituirían por lo tanto en un régimen de la época del absolutismo que tenía como modelo político el compromiso de la Revolución Inglesa de 1688. Compromiso entre el poder parlamentario y una garantía última del orden –la casa reinante y la cámara aristocrática. El sistema de las ex-colonias, al contrario que

Inglaterra, no tenía empero las ventajas de poseer una casa reinante o una aristocracia que, como muestra Montesquieu, terminaba por defender la libertad al defender sus privilegios.

Este modelo arcaico, este conjunto de arreglos que servían tan sólo y especialmente a las antiguas colonias inglesas de América del Norte, por una comedia de engaños, será el modelo de nuestras repúblicas en la América Ibérica. Este modelo de participación restringida se volverá, por arte de magia, el modelo de gobierno popular presentado como paradigma a las repúblicas que van surgiendo del resquebrajamiento del imperio español.

Pero dichas repúblicas surgen después de la Revolución Francesa, después de las revueltas de Haití, y el presidente es entendido como el conductor de los anhelos de cambio de los ciudadanos y no como el freno a esos anhelos, como en el caso de Norteamérica, donde existen tensiones permanentes entre un legislativo dominado por los propietarios y un ejecutivo elegido por voto directo que, en ocasiones, era el portavoz carismático de los anhelos de cambio de los de abajo. De más está decir que el sistema no podría realmente funcionar: más de ciento cincuenta años de crisis en nuestros países lo demuestran al hartazgo. Vale recordar a Tocqueville una vez más, puesto que en la década del '30 del siglo XIX, en su libro *La Democracia en América*, éste ya llamaba la atención hacia el caso de México, a donde las instituciones del vecino del norte habían sido transplantadas, y que vivía bajo constante inestabilidad política.

No es casual que el régimen político más estable de la América Ibérica a lo largo del siglo XIX haya sido la monarquía parlamentaria brasileña, pues en ella el emperador era justamente el freno y el árbitro de los conflictos políticos, dentro de un cuadro constitucional imaginado por Benjamín Constant donde a los tres poderes se sumaba un cuarto, *Napoleón oblige*. En realidad eran cinco poderes ensamblados, pues él imagina al legislativo dividido en un poder representativo de la opinión en una cámara electiva y un poder representativo de la continuidad (*durée*) en una cámara hereditaria, como poderes diferentes. Pero lo que nos interesa aquí es el *pouvoir royal*, un poder neutro, para Constant atributo del jefe de Estado, capaz de resolver los conflictos entre los poderes tradicionales.

Ese poder neutro, *pouvoir royal*, pasará a la Carta Constitucional brasileña de 1824 como Poder Moderador y será, en gran parte, el responsable por la estabilidad institucional del Imperio del Brasil durante el Segundo Reinado.

Naturalmente, el sistema político norteamericano sufrió una serie de modificaciones desde la elaboración en 1787 de la Constitución, consustanciadas en las diversas enmiendas constitucionales: desde la carta de derechos, pasando por las enmiendas de la Guerra de Secesión hasta la pintoresca enmienda número XVIII que prohíbe la fabricación, venta o transporte para fines de consumo de bebidas alcohólicas en el territorio de los Estados Unidos, o la enmienda XXI que revoca la número XVIII

(Corwin, 1986). Sin embargo, lo esencial de su andamiaje institucional permanece igual. Arcaico, de la época del absolutismo, el sistema político americano sólo funciona en las condiciones específicas del país para el cual fue creado.

Al contrario, los sistemas parlamentarios generados y perfeccionados en Europa desde las revoluciones contra el absolutismo, y después con las revueltas, revoluciones y luchas populares a lo largo del siglo XIX y XX, son regímenes capaces de dar cuenta de la diversidad y donde las mayorías y minorías son representadas y corresponsables. Los lugares hacia donde los regímenes europeos fueron transplantados (Australia, Canadá, Japón, India, Nueva Zelanda, etc.) mostraron ser capaces de dar cuenta de las diversas realidades.

Conclusiones

Tal vez la crisis por la que pasan nuestras democracias pueda conducirnos a una solución original y duradera.

En primer lugar creo que el abandono del presidencialismo à l'américaine es la precondición para la reformulación de nuestros regímenes políticos, pues esta invención de la época del absolutismo, este sistema arcaico de gobierno, sólo ha funcionado en el caso específico de los EUAN y aun así, como pretendo haber señalado, en base a un engaño fundamental convertido en un ardid de la plutocracia allí reinante.

En segundo lugar, que de la crisis que ahora atravesamos pueda construirse una democracia adjetivada, es decir, una democracia que deje de lado viejas tradiciones y se arraigue profundamente en el alma de nuestros pueblos.

Como afirmaba Stuart Mill en relación a los males de la libertad -que sólo se los podía combatir con más libertad- para la democracia y sus males también el único remedio es más democracia: plebiscitos y referéndums, asambleas de barrio y de cuadra, comisiones de vecinos, comisiones de fábrica, de empresa y de otros lugares de trabajo, corporaciones profesionales, en fin, todos los mecanismos de la democracia directa y participativa, algunas de esas estructuras provisorias, otras permanentes, sin miedo del pueblo, que seguramente estará sujeto a manipulaciones e instrumentaciones por parte de partidos políticos, demagogos, corporaciones, cuerpos burocráticos o cualquier otro tipo de interés agregado, todas empero menos nocivas de lo que hoy lo son los medios de comunicación de masas y los intereses del gran capital internacional.

Terminaré con algunos versos de Manuel Bandeira, que dicen de la poesía lo que podríamos decir de la democracia: después de todo, en nuestra época una no vive sin la otra.

Abajo los puristas
Todas las palabras sobre todo los barbarismos universales
Todas las construcciones sobre todo las sintaxis de excepción
Todos los ritmos sobre todo los innumerables.

Bibliografía

Boron, Atilio A. 2002 *Imperio e Imperialismo. Una lectura crítica de Michael Hardt y Antonio Negri* (Buenos Aires: CLACSO).

Bovero, Michelangelo 2002 *Contra o Governo dos Piores, uma Gramática da Democracia* (Rio de Janeiro: Editora Campus).

Constant, Benjamin (1819) *Principes de politique* Capítulo II "De la nature du puvoir royal" <http://gallica.bnf.fr/scripts/ConsultationTout.exe?O=88000&T=> Este documento ha sido extraído de la base de datos textuales Frantext realizada por el Institut National de la Langue Française (INaLF).

Corwin, Edward S. 1986 *A Constituição Norte-Americana e seu Significado Atual* (Rio de Janeiro: Jorge Zahar Editor).

Hardt, Michael y Antonio Negri 2001 *Imperio* (Rio de Janeiro: Editora Record).

Le Winter, Osvald 2001 *Desmantelando a América* (Lisboa: Publiações Europa América).

Marx, Karl 1959 (1867) *Le Capital, Critique de l'Economie politique* (Paris: Editions Sociales).

Stoner Saunders, Frances 2001 *La CIA y la guerra fría cultural* (Madrid: Editorial Debate).

Vouga, Claudio 2002 "La Democracia en el Sur de América, una visión Tocquevilleana", en Boron, Atilio y Alvaro de Vita (Compiladores) *Teoria y Filosofía Política: La recuperación de los clásicos en el debate latinoamericano* (Buenos Aires: CLACSO).

Notas

1 Canción *Preguntitas sobre Dios*, del cantautor argentino Atahualpa Yupanqui.

2 En el sentido de mi observación ver Borón (2002).

3 Verificar la instigante argumentación desarrollada por Le Winter (2001: 103-112 // 127-130), en particular "11 de setembro de 2001. Problemas com a Versão Oficial" y "Bush Beneficiou com as Bombas Voadoreas?".

4 Marx (1959) "Le caractèr fétiche de la marchandise et son secret". Libro primero, capítulo primero, IV.

5 Uno de los casos más significativos fue el del Sr. Lincoln Gordon, invitado por el "*Programa de seminários do curso de relações internacionais*", de la Universidad de Sao Paulo para realizar una conferencia, el día 11 de noviembre, titulada: "*Brasil e Estados Unidos: dos anos 60 ao século XXI*". En la invitación para el seminario el conferencista aparecía como ex-Embajador de los Estados Unidos en el Brasil,

y ciertamente el Sr. Gordon es bastante más que eso. No es en modo alguno un inocente *scholar*: de hecho se trata de uno de los personajes que conspiraron contra el gobierno constitucional brasileño en el golpe de estado de 1964. Incluso más grave, en el libro lanzado durante su visita al Brasil, el Sr. Gordon transcribe un telegrama enviado por él al gobierno de su país en marzo de 1964, en el cual afirma lo siguiente: "Dada a absoluta incerteza a respeito do momento em que pode ocorrer um incidente detonador (poderia ser amanhã ou qualquer outro dia), recomendamos: a) que se tomem o quanto antes medidas para preparar um fornecimento clandestino de armas que não sejam de origem norte-americana, para os que apóiam Castelo Branco em São Paulo, logo que se saiba quais são essas necessidades, e os arranjos ocorram. Hoje nos parece que o melhor meio de fornecimento é um submarino sem marcas de identificação, com desembarque noturno em locais isolados do litoral, no Estado de São Paulo, ao sul de Santos, provavelmente perto de Iguape ou Cananéia; b) isso deveria ser acompanhado pela disponibilidade de POL (bruto, acondicionado, ou ambas as formas podem ser necessárias), evitando também identificação do governo dos Estados Unidos, e os fornecimentos deveriam aguardar o início das hostilidades ativas. Providências nesse sentido (Dentel 13281) deverão ser tomadas imediatamente" (http://www.estado.estadao.com.br/editorias/2002/11/10/cad036.html). Una acción de este tipo, incitando explícitamente a su país a no respetar los acuerdos de Ginebra, no forma parte de las atribuciones de un embajador, pero sí caracteriza al Sr. Gordon como a un criminal de guerra. Y ese mismo criminal de guerra fue invitado, con todas las honras académicas, para pronunciar una conferencia en la mayor universidad del Brasil.

6 Da cuenta en el sentido de cómo los EUAN manipulan a los intelectuales de acuerdo a sus propósitos, es el libro de Stoner Saunders, Frances (2001).

7 Ver en este sentido Vouga (2002).

8 Alusión al film de Alain Resnais *Mon Oncle d'Amérique* en el que se ilustran las tesis de Henri Laborit, neurobiólogo francés, según las cuales las reacciones de los individuos se deben a pulsiones primarias y el comportamiento social es siempre consecuencia de mecanismos enzimáticos e bioquímicos. Laborit denuncia la manera por la cual la civilización capitalista establece y refuerza la competencia por el individualismo. Enteramente dominado por la producción y posesión de mercancías, el individuo busca su lugar en la jerarquía social ofuscado por la dominación de los otros. El tío de América, *L'Oncle d'Amérique,* de donde Resnais sacó el nombre de su film, es un juego de sociedad tipo Monopoly donde un personaje, el tío de América, es prácticamente dueño de toda la ciudad, y sobre todo del periódico de la ciudad, el Noticias de la Tarde (*Les Nouvelles du Soir*) donde son publicados consejos sobre la compra y venta de acciones. Gana el juego quien primero acumula cincuenta mil dólares: como se ve, es un juego de la década del '40 del siglo XX.

Socialismo y liberalismo en la teoría política contemporánea

Diana Maffía*

Entre las muchas maneras de comenzar este artículo, encuentro dos paradigmáticas. Una consiste en analizar las polaridades de la filosofía política y evaluar el lugar de las mujeres en esos paradigmas. Entre un modelo que transforma al sujeto en el resultado de las fuerzas sociales que lo preceden y determinan, y otro que universaliza en la abstracción a un sujeto idéntico que deberá hacer pactos para salir de su individualidad y formar así una sociedad, las mujeres hemos sido atrapadas con argumentos diferentes en los mismos lugares sociales que el mandato pre-moderno indicaba. Es decir, para nosotras no ha habido renacimiento ni modernidad, sino sólo expresiones diferentes del patriarcado.

Otra manera de iniciar esto es desde la experiencia, preguntándonos "cómo sería, en este fin" –nosotr@s diríamos comienzo- "de milenio, una filosofía libertaria que tomara en consideración dos guerras mundiales, el holocausto de millones de judíos, los campos del marxismo-leninismo, las metamorfosis del capitalismo entre el liberalismo desenfrenado de los años setenta y la globalización de los noventa" (Onfray, 1999: 10). Onfray agrega el mayo francés del '68. En América Latina deberíamos agregar dictaduras, desaparecidos, paramilitares, guerrillas, genocidios, hambre, desocupación, desesperanza. Y las mujeres deberíamos agregar aún feminización de la pobreza, violencia, abortos clandestinos, violaciones, prostitución y asesinatos impunes.

La relevancia de pensar como mujeres una filosofía política emancipadora proviene de que, históricamente, períodos de cambio progresista como el Renacimiento, la Revolución Francesa y algunas revoluciones contemporáneas, que se han pretendido liberadores para la humanidad, han sido profundamente regresivos para las mujeres (Gadol, 1976). Por eso, cuando las feministas luchamos contra la opresión y la explotación incluimos el fin de la opresión de género entre nuestras demandas.

---

* Doctora en Filosofía, feminista, docente e investigadora de la Universidad de Buenos Aires, Defensora del Pueblo Adjunta de la Ciudad de Buenos Aires, miembro del Comité de Dirección de la Revista *Feminaria*.

A principios del siglo XX, las anarquistas argentinas tenían un slogan: "ni dios, ni marido, ni patrón". No quería decir que no querían hombres -quizá hubiera sido mejor que exigieran "ni venganza, ni autoritarismo, ni explotación", pero el concepto de patriarcado como un sistema de opresión de género todavía no estaba claro, y parecía no haber lugar para pensar un dios que no fuera vengativo, un marido que no fuera autoritario y un patrón que no fuera explotador. La filosofía crítica tardaría todavía un siglo en llegar.

La división entre lo público y lo privado, característica del Estado liberal moderno, alegraba a los varones burgueses, patriarcas cabezas de familia independientes, que así separaban la esfera de la justicia de la esfera de la intimidad doméstica. "Todo un dominio de la actividad humana, a saber la nutrición, la reproducción, el amor y el cuidado, que en el curso del desarrollo de la sociedad burguesa moderna pasa a ser el lote de la mujer, es excluido de consideraciones políticas y morales, y es relegado al ámbito de la naturaleza" (Benhabib, 1990: 130). Con lo cual las relaciones de género mismas quedan fuera del amparo de la justicia.

Y es que mucho antes del contrato social se ha celebrado un implícito 'contrato sexual' (Pateman, 1988) que asigna a las mujeres el trabajo emocional y doméstico. Es por eso que las feministas de los '70 decían 'lo personal es político', porque esa forzada esfera doméstica estaba atravesada de relaciones de poder opresivas encubiertas por relaciones de afecto, naturalizadas de tal modo que por un lado no había responsabilidad moral en su establecimiento, y por otro lado no había esperanza alguna en su modificación emancipatoria.

Las mujeres éramos esa tierra indiscernible en que los hombres-hongos hobbesianos alcanzan su madurez plena sin ningún tipo de compromiso mutuo (Hobbes, 1966: 109). Las incapaces de contrato social (Rousseau, 1988), las que formamos parte de la propiedad privada del varón junto a la hacienda, los hijos y los criados (Kant, 1965: 55). Y todo esto en discursos universalistas que en la tradición occidental suponen como estrategia la reversibilidad. Esta reversibilidad, sin embargo, queda subrepticiamente transformada en fraternidad (comunidad de hermanos varones, y no todos los varones), escamoteando a las mujeres la cualidad de 'otro relevante' con el que se establecen las interacciones.

Como dice Seyla Benhabib: "las teorías morales universalistas de la tradición occidental desde Hobbes hasta Rawls son sustitucionalistas en el sentido de que el universalismo que defienden es definido subrepticiamente al identificar las experiencias de un grupo específico de sujetos como el caso paradigmático de los humanos como tales. Estos sujetos invariablemente son adultos blancos y varones, propietarios o al menos profesionales. Quiero distinguir el universalismo sustitucionalista del universalismo interactivo. El universalismo interactivo reconoce la pluralidad de modos de ser humano, y diferencia entre los humanos, sin inhabilitar la validez moral y política de todas estas pluralidades y diferencias. Aunque está de acuerdo en que las disputas normativas se pueden llevar a cabo de manera racional, y que la justicia, la reciprocidad y algún procedimiento de universalizabilidad son condiciones necesarias, es decir son constituyentes del punto de vista moral, el universalismo interactivo considera que la diferencia es un punto de partida para la reflexión y para la acción. En este sentido la 'universalidad' es un ideal regulativo que no niega nuestra identidad incardinada y arraigada, sino que tiende a desarrollar actitudes morales y a alentar transformaciones políticas que puedan conducir a un punto de vista aceptable para todos" (Benhabib, 1990: 127).

Así, la crítica feminista al liberalismo contemporáneo impugna la trampa que encierra el ideal abstracto de ciudadanía, construido a la medida justa de quienes 'casualmente' participaron en su definición. Incluso la *Teoría de la Justicia* de Rawls comete el desliz de dejar fuera del velo de ignorancia, en la situación original, el hecho de que quienes establecen la definición de justicia son patriarcas cabeza de familia. De esta manera, queda en un solo acto asegurada la estructura de la familia patriarcal y la preminencia del varón (Rawls, 1971).

El socialismo no ha recibido críticas tan duras como el liberalismo por parte de las feministas, fundamentalmente porque su propia entidad está puesta en duda desde 1989. Es este debilitamiento de la ideología dominante en la izquierda lo que hace hablar a Nancy Fraser (1997: 4-7) de la condición 'postsocialista' (parafraseando la 'condición posmoderna' de Lyotard). En *Iustitia Interrupta* (Fraser, 1997) define esta condición postsocialista por tres elementos.

El primero es la ausencia de cualquier visión que presente una alternativa progresista respecto del estado de cosas actual y tenga credibilidad. La consecuencia del fracaso de los socialismos reales tiene como consecuencia inmediata lo que Jürgen Habermas llamó "la nueva oscuridad y el agotamiento de las energías utópicas" (Habermas, 1984). Es de notar que el diagnóstico de Habermas sobre tal agotamiento de la izquierda antecede en varios años la caída del Muro de Berlín.

El segundo elemento constitutivo tiene que ver con lo que la autora llama el "cambio en la gramática de las exigencias políticas" (Fraser, 1997: 5). Las exigencias de igualdad social han ido siendo reemplazadas por exigencias de reconocimiento de la diferencia de un grupo (racial, de género, cultural etc.), dando lugar a políticas de la identidad alejadas de los debates sobre clase social. Muchos actores parecen distanciarse del imaginario político socialista, en el cual el principal problema de la justicia es el de la distribución, para adherir a un imaginario político 'postsocialista', donde el principal problema de la justicia es el reconocimiento. Este antagonismo oculta la correlación entre exclusión económica y exclusión cultural, y el modo conjunto de producir injusticia.

El tercer elemento es la globalización del capitalismo que mercantiliza las relaciones sociales y la condición de ciudadanía. Esta agresiva mercantilización produce un agudo crecimiento de las desigualdades, no sólo en términos de riqueza sino también de acceso a bienes sociales.

Frente al desaliento de la izquierda global, incapaz de competir ideológicamente con este estado de cosas, Nancy Fraser propone un esfuerzo de pensamiento programático que conciba alternativas provisionales al orden actual en un sentido progresista.

A pesar de que la relación entre el feminismo y la izquierda dista de ser fácil, debido a que las reivindicaciones feministas son vistas muchas veces como una afirmación de identidad particular que aleja la atención de las grandes causas universales (como la lucha de clases), el feminismo tiene mucho que aportar a la revitalización de estos ideales. En primer lugar, por el desenmascaramiento de la parodia de universalismo del sujeto eurocéntrico. En segundo lugar, por las prácticas desarrolladas en el movimiento de mujeres en su búsqueda por nuevas formas de ejercicio y distribución del poder y el protagonismo social. Y fundamentalmente, por la desarticulación de falsas dicotomías que dificultan la creación de alternativas novedosas.

Encuentro promisorio que nuevos movimientos sociales emancipatorios, sobre todo en nuestro país, recojan parte de las prácticas que el movimiento de mujeres en general, y el feminismo en particular, vienen desarrollando en sus construcciones políticas colectivas. La horizontalidad, el consenso, la aceptación de la pluralidad, la ruptura de los límites entre ámbitos de intervención social, la búsqueda de mecanismos no litigantes de resolución de conflictos, son parte de las herramientas sociales en estas nuevas construcciones de contrapoder.

A la polaridad entre igualdad y diferencia (la justicia como redistribución de los recursos sociales o como valoración de las identidades culturales, sexuales, raciales o de otro tipo) se opone la exigencia de tratar con equidad a individuos o grupos diferentes. A la polaridad entre público y privado se opone la exploración de espacios contra-hegemónicos de participación política, donde las relaciones políticas son relaciones de poder en todas las esferas, y se debate tanto los límites del espacio de lo íntimo como los límites de la intervención y obligaciones del Estado.

Signos de esta ruptura de límites son los sentidos profundamente políticos que han adquirido en Argentina términos aparentemente tan privados y femeninos como Madres, Abuelas, Hijos y Cacerolas.

Las mujeres invitamos a repensar el lenguaje, a investir con nuevas energías términos como rebelión, resistencia, insumisión, utopía, libertad, independencia, soberanía, emancipación.

Y tenemos algo más para traccionar estos cambios plurales, una intransigencia semántica: sólo llamaremos 'democracia' a un sistema capaz de desnaturalizar todas las formas de hegemonía y subordinación.

Bibliografía

Benhabib, Seyla 1990 "El otro generalizado y el otro concreto", en Benhabib S. y D. Cornell (Compiladoras) *Teoría Feminista y Teoría Crítica* (Valencia: Ediciones Alfons el Magnánim).

Fraser, Nancy 1997 *Iustitia Interrupta, Reflexiones críticas desde la posición "postsocialista"* (Bogotá: Universidad de los Andes/Siglo del Hombre Editores).

Gadol, Kelly 1976 "The Social Relations of the Sexes: Methodological Implications of Women's History", en *Signs*. Vol. 1, N°4.

Habermas, Jürgen 1984 "The New Obscurity and the Exhaustion of Utopian Energies", en Habermas, Jürgen (Compilador) *Observations on the Spiritual Situation of the Age* (Cambridge: MIT Press).

Hobbes, Thomas 1966 "Philosophical Rudiments Concerning government and Society", en *The English Works of Thomas Hobbes* (Darmstadt: Wissenschaftliche Buchgesellschaft)Vol II.

Kant, Immanuel 1965 *The Metaphysical Elements of Justice* (New York: Liberal Arts Press).

Onfray, Michel 1999 *Política del rebelde. Tratado de la resistencia y la insumisión* (Buenos Aires: Perfil).

Pateman, Carol 1988 *The Sexual Contract* (Stanford: Stanford University Press).

Rawls, John 1971 *A Theory of Justice* (Cambridge: Harvard University Press).

Rousseau, Jean Jacques 1988 (1762) *El contrato social (*Madrid: Alianza).

Sindicalismo, cooperativismo y socialismo

Fernando Haddad*

La lucha por una sociedad emancipada se modifica ante cada nuevo modo de organización y desarrollo de las fuerzas productivas, por la aparición de nuevos agentes sociales, por las nuevas formas de dominación de clase. En este momento en que muchas de nuestras convicciones sobre cómo actuar y qué rumbo seguir son poco sólidas, no tanto por la urgencia de transformar el mundo como por el sentido de responsabilidad frente al ya desmesurado sufrimiento de las camadas inferiores de la sociedad, aquellas relaciones que no han sido siempre bien establecidas se vuelven aun más problemáticas. Sin duda tal es el caso de la relación entre sindicalismo, cooperativismo y socialismo, a la cual me referiré aquí. Si recordamos la advertencia de Adorno sobre la mala praxis a la que ha contribuido la liquidación de la teoría en base a la dogmatización y a la prohibición del pensamiento, tal vez sería adecuado, en lo que a mí respecta, invertir las posiciones y preguntar a los colegas de la mesa, que yo estimo como los más calificados para juzgar justamente desde el punto de vista de la praxis lo que aquí se dirá, si al final no se trata simplemente de mala teoría.

Dado que ya se ha subrayado que bajo el capitalismo es imposible una práctica transformadora sin una teoría transformadora, el procedimiento adoptado aquí será el de someter la teoría marxista a la prueba de la historia. Si bien Marx trató muy episódicamente el asunto hoy propuesto, sus observaciones son tan penetrantes que deben ser sometidas a un examen riguroso que nos habilite, si se hace necesario, a reformular la teoría sin desprendernos de su contenido crítico. Recurro prioritariamente a sus textos de intervención dirigidos al movimiento obrero, y sólo puntualmente a los textos clásicos, en parte porque son aquellos los textos que nos permiten pensar con Marx la política, en parte para darnos una somera idea de cuán atrasados estamos teóricamente si comparamos el debate de hoy con el de la época de la aparición de las primeras organizaciones obreras.

---

* Traducción: Celina Lagrutta y Gonzalo Berrón.
**Profesor del Departamento de Ciencia Política, Universidad de São Paulo (USP), Brasil.

Comienzo por el tema del sindicalismo tal como fue tratado en el cuadernillo *Salario, precio y ganancia*. Allí, Marx dialoga con un obrero inglés, John Weston, cuya argumentación se reducía a lo siguiente: "si la clase obrera obliga a la clase capitalista a pagarle, bajo la forma de salario en dinero, cinco chelines en lugar de cuatro, el capitalista le devolverá, bajo la forma de mercancía, el valor de cuatro chelines en lugar del valor de cinco. Entonces la clase obrera tendrá que pagar cinco chelines por lo que antes de la suba de los salarios le costaba sólo cuatro". Tenemos aquí la vieja y conocida tesis de que ante un aumento de salarios nominales los patrones reaccionan con un aumento de los precios de la mercancía, anulando el efecto deseado por los trabajadores.

Contra esto, Marx inicialmente observa: "¿Y por qué ocurre esto? ¿Por qué el capitalista sólo entrega el valor de cuatro chelines por cinco? Porque el monto de los salarios es fijo. ¿Pero por qué es fijo precisamente en el valor de cuatro chelines en mercancías? ¿Por qué no en tres, en dos o en otra cantidad cualquiera? Si el límite del monto de los salarios está fijado por una ley económica, independiente tanto de la voluntad del capitalista como de la del obrero, lo primero que debería haber hecho el ciudadano Weston es exponer y demostrar esa ley".

Bien, una de las razones por las cuales Marx se hizo tan conocido fue justamente el hecho de haber expuesto y demostrado esa ley desconocida por los mismos formuladores de la teoría del valor trabajo. Sabemos por esa ley que el valor de una mercancía es determinado por la cantidad de trabajo socialmente necesaria para su reproducción. La primera providencia de Marx será, a partir de esta premisa, desautorizar la tesis central del argumento de Weston:

> "Si del valor de una mercancía descontamos la parte que se limita a reponer el de las materias primas y otros medios de producción empleados, es decir, si descontamos el valor que representa el trabajo pretérito en ella encerrado, el valor restante se reduce a la cantidad de trabajo agregada por el obrero que en último lugar se ocupa de ella. Si este obrero trabaja doce horas diarias y doce horas de trabajo medio se cristalizan en una suma de oro igual a seis chelines, este valor adicional de seis chelines será el único valor creado por su trabajo (...) Este valor, determinado por su tiempo de trabajo, es el único fondo del cual tanto él como el capitalista tienen que sustraer su respectiva participación o dividendo, es el único valor a ser dividido entre salarios y ganancias (...) Como el capitalista y el obrero sólo pueden repartirse ese valor limitado, es decir, el valor medido por el trabajo total del obrero, cuanto más reciba uno de ellos, menos obtendrá el otro, y así recíprocamente (...). Pero todas estas variaciones no influyen en el valor de la mercancía. Luego, un aumento general de los salarios determinaría una disminución de la tasa general de ganancia, pero no afectaría los valores".

Aplicada la ley del valor a la mercancía fuerza de trabajo, a primera vista esta constatación parece crear problemas a la propia teoría marxista, pues según la misma ley el valor de la mercancía fuerza de trabajo sería determinado, tal como el valor de cualquier otra mercancía, por la cantidad de trabajo socialmente necesaria para su reproducción. Esto significa, en palabras de Marx, que "el valor de la fuerza de trabajo, o en términos más populares, el valor del trabajo, es determinado por el valor de los artículos de primera necesidad o por la cantidad de trabajo necesaria para su producción. Por consiguiente, si en un país determinado el valor de los artículos de primera necesidad, en media diaria consumidos por un obrero, representa seis horas de trabajo, expresado en tres chelines, este trabajador tendrá que trabajar seis horas por día a fin de producir el equivalente a su sustento diario". Si, por ventura, la jornada de trabajo fuera de doce horas, la mitad de tal jornada será trabajo no pago y la tasa de plusvalía será, por lo tanto, del 100%.

Si todo lo demás fuera constante, sería muy improbable que los trabajadores lograran aumentar sus salarios sin subvertir la propia ley que transforma el aparente intercambio de equivalentes en su contrario: o sea, sería muy improbable que, respetada la ley que regula el intercambio de mercancías, los trabajadores llegaran a vender la mercancía fuerza de trabajo por encima de su valor de cambio. No obstante ello, es absolutamente posible compatibilizar la ley del valor, que iguala el salario a la subsistencia, con demandas por aumento salarial, sin por ello subvertir aquella ley. Ciertamente los ejemplos no habrían escapado a una mente sutil como la de Marx. El primero que yo subrayaría nos es conocido: se trata de la lucha para reponer la pérdida de una alza generalizada de los precios o, en otras palabras, la lucha por la reposición derivada de la disminución del poder de compra del dinero. Según Marx, "los valores de los artículos de primera necesidad y, por consiguiente, el valor del trabajo pueden permanecer invariables, pero su precio en dinero puede sufrir alteraciones, a condición de que se opere una modificación previa en el valor del dinero". Como aquellos eran los tiempos del patrón oro, la explicación no podría ser otra que la siguiente: "con el descubrimiento de yacimientos más abundantes, etc., dos onzas de oro, por ejemplo, no supondrían más trabajo que el que antes exigía la producción de una onza. En este caso, el valor del oro bajaría a la mitad, a 50%. Y como, en consecuencia de esto, los valores de las demás mercancías se expresarían en el doble de su precio en dinero anterior, lo mismo sucedería con el valor del trabajo". Por lo que Marx concluye: "decir, en este caso, que el obrero no debe luchar por el aumento proporcional de su salario equivale a pedirle que se resigne a que se le pague su trabajo con nombres y no con cosas".

Un segundo orden de consideraciones se refiere a las alteraciones en la jornada de trabajo, que, según nuestro autor, no tiene límites constantes. Aquí vale la pena recordar una lección de *El capital*. Al contrario de la fijación del valor de la fuerza de trabajo cuyo monto es definido por la ley que rige el intercambio de mercancías en una sociedad capitalista de forma general, en el caso de la fijación de la jornada de trabajo, no hay, por la lógica del sistema, ninguna regla que posibilite concluir cuáles son la duración y la intensidad que podrían ser consideradas inherentes a su funcionamiento, a no ser por el hecho de que el capitalista buscará extender la jornada al máximo y sus trabajadores acortarla al mínimo, razón por la cual Marx afirma: "no resulta de la naturaleza del intercambio de mercancías ningún límite a la jornada de trabajo o al trabajo excedente. El capitalista afirma su derecho, como comprador, cuando busca prolongar todo lo posible la jornada de trabajo y transformar, siempre que sea posible, un día de trabajo en dos. Por otro lado, la naturaleza específica de la mercadería vendida impone un límite al consumo por parte del comprador, y el trabajador afirma su derecho, como vendedor, cuando quiere limitar la jornada de trabajo a determinada magnitud normal. Ocurre así una antinomia, derecho contra derecho, ambos basados en la ley del intercambio de mercancías. Entre derechos iguales y opuestos decide la fuerza" (Marx, 1982: libro 1, cap. 8).

Pero volviendo al argumento de *Salario, precio y ganancia*, Marx, después de recordar que a diferencia de una máquina el hombre se agota en una proporción muy superior a aquella en que es usado en el trabajo, dirá que "en los intentos por reducir la jornada de trabajo a su antigua duración racional, o, donde no pueden conseguir una fijación legal de la jornada normal de trabajo, los intentos por contrabalancear el trabajo excesivo por medio de un aumento de salario, aumento que no basta que esté en proporción con el sobretrabajo que los agota, sino que debe estar en proporción mayor, los obreros no hacen más que cumplir un deber para con ellos mismos y con su raza". Destáquese, aquí también, que la lucha por el aumento de salarios, lejos de subvertir la ley del valor, no hace más que convalidarla. Un aumento de la jornada de trabajo acarrea mayor desgaste físico del trabajador, y el salario para reponer aquello que se consumió en el proceso de trabajo tendrá que ser más que proporcional a aquel aumento, ya que el desgaste del trabajador crecería a tasas crecientes relativamente respecto a la extensión de la jornada. Siendo así, si la jornada diaria pasara de diez a doce horas, la lucha por un aumento salarial superior al 20% sería la consecuencia lógica de la ley que rige el intercambio de mercancías. En caso contrario, "puede ocurrir que el capital, al prolongar la jornada de trabajo, pague salarios más altos y que, sin embargo, el valor del trabajo disminuya, si el aumento de los salarios no corresponde a la mayor cantidad de trabajo expoliado y el más rápido agotamiento de la fuerza de trabajo que de ello resultará".

Lo mismo vale para un aumento de intensidad del trabajo: "aun con una jornada de trabajo de límites determinados, como existe hoy en día en todas las industrias sujetas a las leyes fabriles, se puede hacer necesario un aumento de salarios, aunque sólo sea con el fin de mantener el antiguo nivel del trabajo. Mediante el aumento de la intensidad del trabajo, se puede hacer que un hombre gaste en una hora tanta fuerza vital como antes, en dos (...) Al contrabalancear esta tendencia del capital, por medio de la lucha por la suba de los salarios, en la medida correspondiente a la creciente intensidad del trabajo, el obrero no hace más que oponerse a la depreciación de su trabajo y a la degeneración de su raza".

Hay todavía otras razones por las cuales los trabajadores deben luchar por aumentos salariales. Marx afirma que el trabajador moderno participa de toda la miseria del antiguo esclavo, sin disfrutar empero de la seguridad de la que aquel disponía. Durante toda su vida el esclavo dispone de una cantidad fija e inmutable de medios de subsistencia, mientras que el obrero dispone de una cantidad muy variable, que puede, en caso de desempleo, reducirse a nada. Pues bien, la razón de ser de esta inseguridad es la dinámica cíclica de la economía capitalista que pasa de estar en franca prosperidad a la calma, la depresión, la recuperación. Marx observa que "los precios de las mercancías en el mercado y la tasa de ganancia en el mercado siguen estas fases, ora descendiendo abajo de su nivel medio, ora sobrepasándolo. Si consideráis todo el ciclo, veréis que algunos desvíos de precios del mercado son compensados por otros y que, sacando la media del ciclo, los precios de las mercancías del mercado son reguladas por sus valores. Pues bien. Durante las fases de baja de los precios en el mercado y durante las fases de crisis de recesión, el obrero, si es que no es dejado en la calle, puede estar seguro de que verá sus salarios rebajados. Para que no lo engañen, aun con esta baja de precios en el mercado, se verá compelido a discutir con el capitalista en qué proporción se hace necesario reducir los salarios. Y si durante la fase de prosperidad, en la que el capitalista obtiene ganancias extraordinarias, el obrero no lucha por una suba de salarios, al sacar la media de todo el ciclo industrial, veremos que ni siquiera recibió el salario medio, o sea el valor de su trabajo. Sería el colmo de la locura exigir que el obrero, cuyo salario se ve forzosamente afectado por las fases adversas del ciclo, renunciara al derecho de ser compensado durante las fases prósperas". La consecuencia obvia de estas consideraciones es que el trabajador, al reunir algunos ahorros en la fase de prosperidad, lejos de revocar la ley que fija su salario en el nivel de subsistencia, en verdad la confirma, ya que en la fase de depresión deberá valerse de esos mismos ahorros para sustentarse, debido a que su salario, en esa fase, aunque mantenga su empleo, podrá descender a un piso por debajo de lo necesario para su propia reproducción.

Nos interesa ahora destacar otros dos ejemplos señalados por Marx. El primero, excepcional y poco probable, pero en tesis posible, supone una disminución de la productividad del trabajo de modo que como consecuencia se necesite más trabajo para producir aquella cantidad de bienes primarios necesarios para la reposición de la fuerza humana consumida en el proceso de producción. En este caso, un aumento de los salarios sería inevitable. Con la caída de la productividad del trabajo, el precio de la canasta de bienes necesarios para la reproducción del trabajador subirá en la exacta medida que se exigirá por un precio mayor por la venta de la fuerza de trabajo. Una vez más, el aumento salarial no viola, sino que convalida, la ley del valor.

Lo sorprendente de *Salario, precio y ganancia* es el hecho de que Marx haya desarrollado otro caso sin mencionar aquello que lo distingue de los hasta aquí considerados. Se trata del caso de la elevación de la productividad del trabajo, o sea, el movimiento opuesto al anteriormente descripto. Por simetría, deberíamos esperar que a un aumento de la productividad del trabajo le corresponda una inmediata reducción de los salarios, dado que los costos de reproducción de la mercancía fuerza de trabajo habrían disminuido. Sin embargo, el texto dice lo siguiente:

> "Al elevarse la productividad del trabajo, puede suceder que la misma cantidad de artículos de primera necesidad, consumidos en media, diariamente, baje de tres a dos chelines, o que, en lugar de seis horas de jornada de trabajo, basten cuatro para producir el equivalente del valor de los artículos de primera necesidad consumidos en un día (...). La ganancia subiría de tres a cuatro chelines y la tasa de ganancia, de 100 a 200%. Aunque el nivel de vida absoluto del trabajador siguiera siendo el mismo, su salario relativo, y, por lo tanto, su posición social relativa, comparada con la del capitalista, habría empeorado. Oponiéndose a la reducción de su salario relativo, el trabajador no haría más que luchar para obtener una parte de las fuerzas productivas incrementadas por su propio trabajo y mantener su antigua situación relativa en la escala social".

¿En qué difiere este caso de todos los demás? En los ejemplos anteriores, la lucha por el aumento salarial tenía un carácter defensivo en un sentido muy preciso. Sea por la pérdida del poder de compra de la moneda, por el aumento de la jornada de trabajo o por la intensificación del trabajo, o incluso por la oportunidad de valerse de las fases de escasez de mano de obra que sólo compensa las fases de abundancia, la lucha por el aumento de salario, si es victoriosa, no hace más que proporcionar al trabajador la misma cantidad de artículos de primera necesidad imprescindibles a su mera reproducción en cuanto trabajador. Pero en este último caso no; aquí, el enfoque es completamente nuevo. Porque si el trabajador logra mantener su posición social relativa comparada a la del capitalista, él tendrá, indiscutiblemente, en caso de aumento de la productividad del trabajo, una cantidad mayor de bienes a su disposición. Técnicamente hablando, si el trabajador consigue frenar el aumento de la tasa de plusvalía relativa, eso significará que su salario, medido en términos de valores de uso, habrá subido en la misma proporción que el aumento de la productividad del trabajo. Si a un aumento de la productividad no corresponde un aumento de salario, el nivel de vida del trabajador continuará igual, tal como lo reconoce Marx en el pasaje citado. De forma simétrica, si a un aumento de la productividad corresponde un aumento de salario de la misma medida, el nivel absoluto de vida del trabajador aumentará, aunque su posición social relativa comparada a la de la clase dominante permanezca igual.

Marx introduce en este pasaje de *Salario, precio y ganancia* una indeterminación que está ausente en *El capital*. En esta obra, la indeterminación se refiere únicamente a la fijación de la jornada de trabajo: por un lado, el capitalista afirma su derecho como comprador cuando busca prolongar la jornada de trabajo; por otro, el trabajador afirma su derecho como vendedor cuando quiere limitarla. "Se produce así una antinomia, derecho contra derecho, ambos basados en la ley del intercambio de mercancías. Entre derechos iguales y opuestos decide la fuerza". En *Salario, precio y ganancia*, la lucha del trabajador por el mantenimiento de su posición social relativa introduce otra indeterminación, ahora en la fijación del nivel salarial.

No por otro motivo, en *Salario, precio y ganancia* la cuestión de la fijación de la jornada no aparece disociada de la cuestión de la fijación del salario, lo que queda claro en la siguiente observación: "la máxima ganancia sólo se encuentra limitada por el mínimo físico de los salarios y por el máximo físico de la jornada de trabajo. Es evidente que, entre los dos límites extremos de la tasa máxima de ganancia, cabe una escala inmensa de variantes. La determinación de su grado efectivo sólo se asienta a través de la lucha entre el capital y el trabajo; el capitalista, intentando constantemente reducir los salarios a su mínimo físico y prolongar la jornada de trabajo a su máximo físico, mientras el obrero ejerce constantemente presión en sentido contrario". Está claro que en este embate entrarán en juego factores históricos y sociales: las diferencias de país a país, las diferentes tradiciones y culturas, el nivel de maduración de la clase trabajadora, etc.

Para Marx, sin embargo, la perspectiva para los trabajadores no era de las más favorables. Según sus pronósticos, "el propio desarrollo de la industria moderna contribuye forzosamente a inclinar cada vez más la balanza a favor del capitalista y contra el obrero y que, como consecuencia de esto, la tendencia general de la producción capitalista no es hacia la elevación del nivel medio normal del salario, sino al contrario, a hacerlo bajar, empujando el valor del trabajo más o menos hasta su límite mínimo". Desde este punto de vista, sorprendentemente, el resultado de su investigación termina coincidiendo con las intuiciones del obrero John Weston, un escéptico en cuanto a las posibilidades de éxito del movimiento sindical, tal como el propio Marx hiciera notar al inicio de su exposición. Al contrario de la conferencia de Weston, empero, la de Marx abre nuevas perspectivas para los trabajadores, aunque como contratendencias cuyo predominio, improbable para él, la historia de los cien años siguientes a la polémica en cuestión terminaría por demostrar. Contratendencias que están, tal como se verá a continuación, plenamente contempladas en la exposición de Marx, aunque él no haya dado cuenta de las consecuencias que tendrían en el caso de que se afirmaran históricamente gracias a un conjunto de condiciones inimaginables.

Veamos la cosa más de cerca. En un pasaje Marx hace notar la diferencia de enfoque que lo separa de Weston, aunque ambos, como se dijo, comulguen en el mismo sentimiento en relación a las posibilidades de éxito del movimiento sindical. Dice el texto: "Tomemos, por ejemplo, la elevación de los salarios agrícolas ingleses, de 1849 a 1859. ¿Cuál fue su consecuencia? Los agricultores no pudieron elevar el valor del trigo, como les habría aconsejado nuestro amigo Weston, ni siquiera su precio en el mercado. Al contrario, tuvieron que resignarse a verlo bajar. Pero durante once años introdujeron máquinas de todo tipo y nuevos métodos científicos, transformaron una parte de las de labranza en pastoreo, aumentaron la extensión de sus unidades productivas y con ella la escala de producción; y debido a éste y otros procesos, haciendo disminuir la demanda de trabajo gracias al aumento de sus fuerzas productivas, volvieron a crear un excedente relativo de la producción de los trabajadores rurales. Tal es el método general según el cual opera el capital en los países antiguos, de bases sólidas, para reaccionar, más rápida o lentamente, contra los aumentos de salarios".

Aquí, como se ve, el movimiento es opuesto al anteriormente presentado. Los trabajadores agrícolas ingleses obtuvieron beneficios de una fase de prosperidad económica excepcionalmente larga y vieron sus salarios aumentados al mismo tiempo que el precio del trigo que producían -y que los reproducía- bajaba sin cesar. Con la introducción de nuevas técnicas y métodos científicos los propietarios disminuyeron la demanda de fuerza de trabajo, mercancía que, volviéndose superabundante, vio nuevamente corregido su precio. Mantuvieron sus ganancias, sin que se transfiriera el aumento de salarios a los precios, sino más bien todo lo contrario.

En el caso anteriormente analizado tenemos una situación de demanda por aumento salarial precedida por un aumento de la productividad del trabajo -los trabajadores intentando mantener su posición social relativa comparada a la de los capitalistas- mientras que aquí la reacción es de los capitalistas contra el aumento de salarios por medio del aumento de la productividad del trabajo. Nada nos impide, lógicamente, concebir estos movimientos como complementarios, bastando para ello introducir una pieza más en nuestro esquema: para volverse virtuoso, el círculo se cierra con la exigencia de la reducción de la jornada de trabajo.

Y es en ese momento cuando Marx introduce uno de los elementos fundamentales para entender por qué las contratendencias se volvieron la marca del siglo XX en Occidente, al menos hasta finales de la década de 1960: la política. "En lo que concierne a la limitación de la jornada de trabajo – dice Marx – en Inglaterra como en todos los países, ésta nunca fue regulada sino por *intervención legislativa*. Y sin la constante presión de los obreros *actuando por fuera*, esta intervención jamás se daría. En todo caso, este resultado no se habría alcanzado por medio de convenios privados entre los obreros y los capitalistas. Y esta misma necesidad de una acción política general es precisamente lo que demuestra que, *en la lucha puramente económica, el capital es la parte más fuerte*".

Los resaltados, todos míos, en el pasaje anterior, no quieren sugerir, como una lectura rápida e ingenua podría indicar, que el *Estado de Bienestar* era una perspectiva presentada por Marx. Su escepticismo respecto a las posibilidades de reformar el sistema y su ironía respecto a las conquistas de los trabajadores bajo el dominio del capital son ampliamente conocidos. Con mucho desdén, Marx afirma, por ejemplo, en *El capital* (libro I, Cap. 8): "el pomposo catálogo de derechos inalienables del hombre será así sustituido por la modesta Carta Magna que limita legalmente la jornada de trabajo y establece claramente, por fin, 'cuándo termina el tiempo que el trabajador vende y cuándo comienza el tiempo que le pertenece'. ¡Qué transformación!". Marx simplemente señala en *Salario, precio y ganancia* el hecho de que las intervenciones legislativas en provecho de los trabajadores son conquistas sindicales que trascienden la arena económica y se realizan en la política, ámbito donde los trabajadores tienen más chances de victoria contra el capital. Afirmar que el sindicalismo explica el Estado de Bienestar es casi tan equivocado como afirmar que el Estado de Bienestar es una consecuencia automática del desarrollo del capitalismo. Pero lo que se busca defender aquí es que el Estado de Bienestar, desde un punto de vista marxista, tiene en el sindicalismo su presupuesto dialéctico, su determinación más fundamental, aunque se reconozca que su plena constitución contó con condiciones históricas ausentes o sólo embrionariamente presentes en la época en que las tesis de Marx se hicieron públicas, y que, sin estas condiciones, sería un emprendimiento imposible.

Tres de esas condiciones son dignas de comentario: el sufragio universal, la transformación de la ciencia en un factor de producción y la adopción por parte del Estado de políticas anticíclicas de cuño keynesiano. En relación al primero, sabemos desde *La cuestión judía* que Marx lo tomaba como una consecuencia natural y previsible de la sociedad moderna.

El sufragio universal, en aquella obra, era considerado no como la emancipación de los súbditos frente a la dominación y opresión de los poderosos, sino como la emancipación del propio Estado frente a otras esferas que le servían de base de legitimación. Marx se refiere explícitamente a la religión y a la economía. El Estado moderno no carece más de un fundamento religioso, volviéndose laico, ni de un fundamento económico, dispensando el voto censitario. En una palabra, se vuelve democrático. Diferencias y desigualdades son idealmente superadas y todos ante sus ojos adquieren la condición de ciudadanos, más allá de que en el ámbito de la sociedad civil el mismo Estado reponga las condiciones para que aquellas diferencias y desigualdades sirvan como verdaderos presupuestos materiales de su propia existencia. Sin embargo, una cosa es la adopción del sufragio en una sociedad donde los intereses de la clase trabajadora no son conscientes, no están aún bien delineados, etc.; y otra es el papel que el sufragio universal tiene en una sociedad madura, con un proletariado plenamente desarrollado y organizado. Por eso, ya en el *Manifiesto*, Marx reconoce que "la primera fase de la revolución obrera es la conquista de la democracia", tema que Engels va a explorar con más profundidad en su testamento político. En la jerga de la obra de juventud, la emancipación política del Estado aparece como el presupuesto de la emancipación humana, y la democracia, del socialismo, pero en *La cuestión judía* se trata de una democracia sin proletariado en tanto clase para sí, mientras en el *Manifiesto* la perspectiva es la de una democracia revigorizada por el sindicalismo, pues es en la fábrica donde los trabajadores se unen originalmente, se educan después en la industria en tanto rama de actividad, y en la nación como clase, superando finalmente la competencia económica que los aleja a unos de otros en el plano de la sociedad civil. Cabe destacar también que las primeras conquistas legislativas son, en ciertos países, anteriores a la propia adopción del sufragio universal, y que éste aparece en ciertas circunstancias históricas como una conquista legislativa de carácter sindical, especialmente en ciertos procesos de redemocratización en los que los sindicatos, siempre aliados a otros sectores de la sociedad, tuvieron un papel prominente. En una palabra, la lucha por la universalización del sufragio es una lucha de la acción sindical y por la acción sindical, dado que ésta gana ímpetu con la democracia y hace inscribir en las "cartas magnas" derechos sociales cuyos embriones, de fines del siglo XVIII a inicios del XIX, habían sido cruelmente abortados.

Una segunda condición de la constitución del Estado de Bienestar fue la transformación de la ciencia en factor de producción. Aquí también Marx fue mucho más allá de lo razonable para su tiempo. En un pasaje de los *Grundissse*, establece: "el cambio de trabajo vivo por trabajo objetivado, es decir, la posición del trabajo social en forma de oposición entre capital y trabajo –es el último desarrollo de la relación valor, y de la producción que descansa sobre el valor. Su presuposición es y permanece –la masa de tiempo de trabajo inmediato, el *quantum* de trabajo utilizado como factor decisivo de la producción de riqueza [...] pero a medida que la gran industria de desarrolla, la creación de riqueza efectiva se vuelve menos dependiente del tiempo de trabajo y del *quantum* de trabajo utilizado, que de la fuerza de los agentes que son puestos en movimiento durante el tiempo de trabajo, poder que a su vez –su poderosa efectividad– ya no tiene ninguna relación con el tiempo de trabajo inmediato que cuesta su producción, sino que depende más bien de la situación general de la ciencia, del progreso de la tecnología, o de la utilización de la ciencia en la producción". Una formulación que va más allá de aquella de *El Manifiesto*, en donde Marx, de forma absolutamente pionera, revela el carácter progresista de la burguesía que "sólo puede existir con la condición de revolucionar incesantemente los instrumentos de producción". Pero ni él habría de poder suponer, no obstante, que la burguesía abdicaría de esa prerrogativa contratando una parte de la camada de trabajadores más calificados para llevar adelante una tarea histórica suya, disponiéndose inclusive a compartir con ese grupo social las ganancias extraordinarias que el proceso de innovación científico-tecnológica proporciona. En particular después de la segunda revolución industrial, la ciencia penetra la producción de una forma inédita, parte de las fuerzas productivas se convierten en fuerzas creativas, y la innovación se vuelve una rutina.

Si recordamos que una de las posibilidades del sindicalismo era la de luchar por el mantenimiento de la posición relativa del trabajador comparada con la del capitalista por la incorporación al salario de los aumentos de productividad del trabajo, aquí también se abren perspectivas nuevas para el movimiento de los trabajadores, en particular en los países democráticos.

Por último, pero no por ello menos importante, la tercera condición: la adopción de políticas keynesianas anticíclicas. Como vimos, una grave limitación del movimiento sindical estaba dada por el hecho de que la crisis económica corroía los ahorros de los trabajadores eventualmente acumulados en la fase de prosperidad. La depresión hacía converger el salario medio del ciclo completo hacia aquel mínimo necesario a la reproducción de la fuerza de trabajo vendida al capitalista. Una política fiscal floja, inconcebible en el período liberal clásico a no ser en momentos extraordinarios de guerra abierta, se volvió la regla en muchos países, incluso después de superada la fase de depresión que inicialmente la exigió, ora sustentando políticas sociales que proporcionaban pulposos salarios indirectos a las camadas no propietarias, ora sustentando, en un período de estratificación de la economía mundial, corridas armamentistas que incluso en los países de producción endógena de tecnología dinamizaron el proceso de internalización de la ciencia en el proceso de producción, creando los ahora llamados sistemas nacionales de innovación. Los sistemas nacionales de innovación, a su vez, reforzaron el movimiento de estratificación de la economía mundial, y la oligarquización de la riqueza mundial de ella derivada abrió aún más espacios para la acción sindical en los países centrales, tanto más facilitada cuanto más prosperaban los movimientos revolucionarios en los países periféricos.

Con respecto a las políticas anticíclicas, todavía es fundamental resaltar un aspecto nuevo asociado a la gestión de la deuda pública. Un título de la deuda pública da a su detentor, como se sabe, derecho a la participación en los ingresos futuros del Estado. Como detentor del título, al capitalista individualmente considerado no le importa si el dinero recaudado con la venta del título sirvió para construir escuelas o para fabricar armamentos, a pesar de que en una sociedad de clases la disputa por el destino de los fondos públicos sea una cuestión que se resuelve en la lucha, abierta o velada. Pues bien, el endeudamiento público introduce una variable clave para entender la pacificación de los conflictos saludada en los treinta gloriosos años del capitalismo: la disputa por el producto social puede ser diferida en el tiempo. La idea de que capitalistas y obreros, dado el valor producido, sólo pueden aumentar su participación en el producto social a expensas de la participación del otro sufre una dislocación. A través de la acción del Estado se puede transferir la renta de los capitalistas hacia los trabajadores por medio de tributos, o se puede realizar la misma operación vendiendo al capitalista un título de la deuda pública en lugar de cobrarle un impuesto. En este último caso, la decisión sobre quién tiene que pagar la cuenta es postergada a la próxima generación. La gestión de la deuda pública, por lo tanto, permite coordinar dos movimientos que a los ojos de Marx parecían mutuamente excluyentes. En un texto que trata la cuestión de los fondos públicos en el paso del capitalismo al socialismo, observa:

"Primero: los gastos generales de la administración, no concernientes a la producción. En esta parte se conseguirá, desde el primer momento, una reducción muy considerable, en comparación con la sociedad actual, reducción que irá aumentando a medida que la nueva sociedad se desarrolle. Segundo: la parte que se destine a satisfacer necesidades colectivas, tales como escuelas, instituciones sanitarias, etc. Esta parte aumentará considerablemente desde el primer momento, en comparación con la sociedad actual, e irá aumentando a medida que la nueva sociedad se desarrolle. Tercero: los fondos de atención a las personas no capacitadas para el trabajo, etc.; en un palabra, lo que hoy compete a la llamada beneficencia oficial". La deuda pública, correctamente administrada, permite, por un largo período, pero no para siempre, aumentar los gastos sociales sin la necesidad de desarmar el modo capitalista de administrar. En este contexto específico y limitado en el tiempo conviven aspectos del Estado burgués y aspectos de un futuro Estado socialista, lo que hizo a uno de los principales sociólogos brasileños imaginar que se constituía entonces un modo socialdemócrata de producción.

Sufragio universal, ciencia incorporada a la producción y políticas anticíclicas. Donde estas tres condiciones se combinaron de manera sinérgica, el movimiento reformista prosperó incontrastablemente. El sindicalismo, sin embargo, no podría ser concebido simplemente como una cuarta condición del Estado de Bienestar. El sindicalismo es una determinación del Estado de Bienestar en el sentido de que es él quien justamente determina su posición objetiva, o sea, lo pone como categoría histórica. No es, por lo tanto, una condición entre otras. Tanto es así que, cuando cambia el encuadre político de la lucha sindical, aún en presencia de aquellas tres condiciones, las conquistas sociales sufren un retroceso. Con la transnacionalización del proceso de acumulación de capital productivo y financiero, que se da en parte por razones ideológicas y en parte por razones técnicas asociadas a la tercera revolución industrial, el sindicato es, correlativamente, el blanco prioritario del poder político que lo enfrenta directamente, y del poder de las empresas que, dada la movilidad conquistada, los esquiva. La lucha sindical, organizada en la mejor de las hipótesis en bases nacionales, enfrenta a un enemigo transnacional que le parece invisible y, de cierto modo, invencible. Los objetivos de la lucha sindical se estrechan al punto de apenas contemplar la reivindicación de más empleos mientras se asiste al corte ininterrumpido de puestos de trabajo y a la transformación de parte de las fuerzas productivas en fuerzas destructivas: el lumpen moderno.

Desde esta perspectiva, el vaticinio de Marx, que parecía infundado frente al buen desempeño del sindicalismo en la segunda posguerra, vuelve a ganar fuerza. En *Salario, precio y ganancia* decía que "las luchas de la clase obrera en torno al patrón salarial son episodios inseparables de todo el sistema del salariado; que en un 99% de los casos, sus esfuerzos para elevar los salarios no son más que esfuerzos destinados a mantener de pie al valor dado del trabajo". Frente a esto, Marx arengaba a los trabajadores a transponer los estrechos límites de la acción sindical que no supera el sistema de trabajo asalariado, sino que más bien opera por dentro de él. "La clase obrera —concluye Marx— debe saber que el sistema actual, incluso con todas las miserias que le impone, engendra simultáneamente las condiciones materiales y las formas sociales necesarias para la reconstrucción económica de la sociedad. En lugar del lema conservador '¡un salario justo por una jornada de trabajo justa!', deberá escribir en su bandera este lema revolucionario: '¡abolición del sistema del trabajo asalariado!'".

Esto inmediatamente traslada la discusión hacia el tema del cooperativismo y nos ayuda a entender la primera razón por la cual éste fue relegado a un segundo plano. En el famoso prefacio a la *Contribución a la crítica de la economía política*, Marx ya había sugerido que "ninguna formación social desaparece antes de que se desarrollen todas las fuerzas productivas que ella contiene". Si esto es verdad, ¿por qué los trabajadores, en los '30, años gloriosos, abandonarían una estrategia segura que les traía beneficios inmediatos por otra revolucionaria, siempre arriesgada y de resultados inciertos? En otras palabras, la lucha por la abolición del sistema de trabajo asalariado sólo podría ser llevada a cabo una vez agotadas las posibilidades efectivas, concretas y significativas de mejoras en la relación de asalariamiento. La imagen del *Manifies-*

to de que "los proletarios no tienen nada propio para resguardar", no se ajusta a ciertos períodos históricos que pueden tener una duración relativamente prolongada. El propio Marx vivió un período de relativa calma post 1848, asociada a una prosperidad económica duradera que le sirvió de clave explicativa para las derrotas revolucionarias de aquel año y el período comparativamente más sereno que le siguió.

Pero existe otra razón fundamental que explica el relativo fracaso del cooperativismo. Se trata de la incomprensión teórica, relacionada al experimento histórico soviético, sobre lo que Marx entendía por planificación –en oposición a mercado, cuestión, como veremos, umbilicalmente asociada al tema de cooperativismo. Planificación central y mercado fueron tomados, desde la polémica de los años '30, como conceptos económicos, cuando frente a la ciencia de Marx los conceptos económicos son inmediatamente conceptos políticos. En un pasaje de importancia equiparable al que inaugura *El capital*, no por casualidad tomando de éste la forma, se lee: "en la sociedad en que domina el modo capitalista de producción, se condicionan recíprocamente la anarquía de la división del trabajo y el despotismo de la división manufacturera del trabajo".

Anarquía y despotismo son conceptos de la teoría política desde los griegos. Disociados de estos, los conceptos de mercado y planificación orientan poco la acción de aquellos que desean la superación del sistema de trabajo asalariado. Pues una cosa es negar el trabajo asalariado, y otra es superarlo. Teóricamente, los socialistas se dividieron en dos grupos: los que defendían el socialismo de mercado y los que defendían el socialismo de planificación central. En estos dos modelos, el trabajo asalariado no parece tener lugar. Sin embargo, desde el punto de vista de Marx, si la nueva sociedad no hubiera superado efectivamente aquellas dos determinaciones de la división del trabajo bajo el capitalismo, no habría posibilidad de hablar de socialismo.

Para que este punto de vista quede claro es imprescindible acompañar la evolución del pensamiento marxista sobre el tema del cooperativismo desde el *Manifiesto* hasta la *Crítica al programa de Gotha*, o sea, durante casi treinta años. La primera manifestación de interés de Marx por el cooperativismo es su conocida evaluación del llamado socialismo utópico. Dice el texto: "la forma rudimentaria de la lucha de clases y su propia posición social los llevan [a los socialistas utópicos] a considerarse muy por encima de cualquier antagonismo de clase. Desean mejorar las condiciones materiales de vida para todos los miembros de la sociedad, incluso de los más privilegiados. Por consiguiente, no dejan de apelar indistintamente a la sociedad entera, e incluso se dirigen preferentemente a la clase dominante. Pues, en verdad, basta comprender su sistema para reconocer que es el mejor de los planes posibles para la mejor de las sociedades posibles. Repelen por lo tanto toda acción política, y en especial toda acción revolucionaria, buscan alcanzar su fin por medios pacíficos e intentan abrir un camino al nuevo evangelio social por la fuerza del ejemplo, por experiencias en pequeña escala que, naturalmente, fracasan". Se ve con claridad cuál es la principal objeción de Marx a los utópicos: la falta de conciencia de que la sociedad capitalista, como un todo, está dividida en torno a intereses de clase irreductibles. La visión de la sociedad futura surge así en la mente de miembros de la clase dominante, que a su vez predican para sus propios pares. Y por lo tanto, la construcción de la sociedad futura dispensa la acción política, privilegiando necesariamente la acción ejemplar de pequeña envergadura.

No obstante, Marx no deja de reconocer los méritos de un pensamiento que encierra elementos críticos. Los utópicos "atacan a la sociedad existente en sus bases. Por consiguiente, proveyeron en su tiempo materiales de gran valor para esclarecer a los obreros. Sus propuestas positivas relativas a la sociedad futura, tales como la supresión de la distinción entre ciudad y campo, la abolición de la familia, de la ganancia privado y del trabajo asalariado, la proclamación de la armonía social y la transformación del Estado en una simple administración de la producción, todas esas propuestas sólo anuncian la desaparición del antagonismo entre las clases". La supresión del trabajo asalariado y la transformación del Estado en una simple administración de la producción son, en este punto, los aspectos que merecen atención. La bandera del cooperativismo, empuñada con entusiasmo por los utópicos, aparece como una primera manifestación contra el trabajo asalariado. Una manifestación que Marx jamás descuidará. En el *Manifiesto de lanzamiento de la Asociación Internacional de Trabajadores* Marx aumentará el grado de satisfacción y de exigencia con respecto al cooperativismo.

"Pero el futuro nos reservaba una victoria aún mayor de la economía política de los obreros sobre la economía política de los propietarios. Nos referimos al movimiento cooperativo, principalmente a las fábricas cooperativas levantadas con los esfuerzos desayudados de algunos *hands* [obreros] audaces [...]. Por la acción, y no por palabras, demostraron que la producción en gran escala, y con la aplicación de los preceptos de la ciencia moderna, puede ser realizada sin la existencia de una clase de patrones que utilizan el trabajo de la clase asalariada; que, para producir, los medios de trabajo no necesitan ser monopolizados, sirviendo como un medio de dominación y de explotación contra el propio obrero; y que, así como el trabajo esclavo, así como el trabajo servil, el trabajo asalariado es tan sólo una forma transitoria e inferior, destinada a desaparecer ante el trabajo asociado que cumple su tarea con gusto, entusiasmo y alegría. En Inglaterra, las semillas del sistema cooperativista fueron lanzadas por Robert Owen; las experiencias obreras llevadas a cabo en el Continente fueron, de hecho, el resultado práctico de las teorías, no descubiertas, pero sí proclamadas en voz alta en 1848".

Aquí aparece con mayor claridad el significado de la cooperativa en la construcción teórica marxista. La cooperativa ha de ser tan eficiente como la empresa capitalista. La referencia a la escala de la producción y a la utilización de la ciencia moderna no deja dudas en cuanto a este propósito. La cooperativa, en una palabra, debe estar en condiciones de competir con la gran industria capitalista en pie de igualdad.

Además, el trabajo, ahora asociado, representa un paso más allá del trabajo asalariado, ya que dispensa la figura del patrón.

Resta sin embargo analizar en qué medida, en los términos en que planteamos el problema, la cooperativa representa la posibilidad de superación del despotismo de la división manufacturera del trabajo y de la anarquía de la división social del trabajo. Estas cuestiones complejas exigen un esfuerzo de comprensión. Tomemos el siguiente pasaje de *El capital*:

> "El trabajo de supervisión y dirección surge necesariamente toda vez que el proceso inmediato de producción se presenta como un proceso socialmente combinado y no como trabajo aislado de productores independientes. Posee una naturaleza doble. Por un lado, en todos los trabajos en que muchos individuos cooperan, la conexión y la unidad del proceso se configuran necesariamente en una voluntad que comanda y en las funciones que no conciernen a los trabajadores parciales, sino a la actividad global de la empresa, como es el caso del director de una orquesta. Es un trabajo productivo que tiene que ser ejecutado en todo sistema combinado de producción. Por otro lado, omitiéndose al sector mercantil, este trabajo de dirección es necesario en todos los modos de producción basados en la oposición entre el trabajador –el productor inmediato– y el propietario de los medios de producción. Cuanto mayor es esta oposición, tanto más importante es el papel que este trabajador de supervisión desempeña. Por esto es que alcanza su máxima expresión en la esclavitud. Pero es también indispensable en el modo capitalista de producción, pues el proceso de producción es en él al mismo tiempo proceso de consumo de fuerza de trabajo por parte del capitalista. De la misma manera, en estados despóticos, el trabajo de superintendencia y la intromisión general del gobierno abarca dos cosas: la ejecución de tareas comunes que se derivan de la propia naturaleza de toda colectividad, y las funciones que se derivan específicamente de la oposición entre el gobierno y la masa del pueblo (...) Las fábricas cooperativas demuestran que el capitalista como funcionario de la producción se volvió tan superfluo como lo es, para el capitalista más evolucionado, el terrateniente" (*El capital*, libro III, cap. XXIII).

El trabajo combinado, según Marx, cualquiera que sea, exige un trabajo de dirección.

Es común a toda sociedad, emancipada o no, en la medida en que sea mínimamente compleja.

Sin embargo, en las sociedades donde hay oposición entre el trabajador y el detentor de los medios de producción -el esclavismo, el despotismo o el capitalismo- este trabajo de dirección desempeña una función importante y de otra naturaleza, asociada a la explotación del esclavo, de la masa del pueblo o del obrero, respectivamente. Pero en el capitalismo no será la simple ausencia de la figura del patrón lo que promoverá la supresión del despotismo de la división del trabajo dentro de la fábrica, pues en las modernas sociedades por acciones, por ejemplo, donde la distinción entre la figura del propietario del capital y la figura del funcionario del capital ya es patente, no por ello la producción está organizada sobre bases 'republicanas', por llamarlas de algún modo.

La ausencia de la figura del propietario tanto en la sociedad por acciones como en la cooperativa no dejó de llamar la atención de Marx, que incluso fundamentaba el desarrollo de esas nuevas formas de propiedad dentro del mismo fenómeno de expansión del sistema de crédito: "Sin el sistema fabril oriundo del modo capitalista de producción, no podría desarrollarse la cooperativa industrial de los trabajadores, y tampoco podría hacerlo sin el sistema de crédito derivado de ese modo de producción. Este sistema, que constituye la base principal para la transformación progresiva de las empresas capitalistas privadas en sociedades capitalistas por acciones, también proporciona los medios para la expansión progresiva de las empresas cooperativas (...) Tanto las empresas capitalistas por acciones como las cooperativas industriales de los trabajadores deben ser consideradas formas de transición entre el modo capitalista de producción y el modo asociativo, con la diferencia de que, en un caso, la contradicción es superada negativamente y, en el otro, de forma positiva" (*El capital*, libro III, cap. XXVII).

¿Por qué en la sociedad por acciones la contradicción es superada negativamente y en la cooperativa positivamente? Supongamos que una empresa capitalista se constituya por medio de emisión de acciones. Supongamos ahora que una cooperativa se constituya por medio de un préstamo bancario. En el primer caso, los trabajadores deberán generar dividendos para los accionistas; en el segundo, intereses para el banquero. Dividendos e intereses pueden o no ser fijados en un mismo nivel, dependiendo del riesgo involucrado y de muchas otras variables, pero eso no cambia la naturaleza del problema. En los dos casos, hay trabajo de dirección involucrado en la coordinación del trabajo combinado. No obstante ello, la diferencia más importante en este ejemplo no es de naturaleza económica sino política. "El carácter antagónico del trabajo de dirección desaparece en la fábrica cooperativa, siendo el dirigente pagado por los trabajadores, en vez de representar al capital frente a ellos" (*El capital*, libro III, cap. XXIII). Valiéndonos de la metáfora de Marx, todo sucede como si músicos dueños de sus instrumentos de trabajo, aunque comprados a crédito, contrataran a un director de orquesta para dirigirlos. El director, en este caso, no representa al capital ante los músicos. El dirigente contratado por el colectivo de los trabajadores puede incluso llegar a representarlos ante el banquero que les financió el emprendimiento.

Con la cooperativa, por lo tanto, una nueva formación social parece despuntar a partir del desarrollo de la antigua formación social. Pero hasta aquí se observa que la cooperativa significa tan sólo la superación de una de las determinaciones de la división del trabajo bajo el capitalismo, justamente la división despótica del trabajo dentro de la manufactura. Es necesario preguntarse ahora hasta qué punto esto apuntaría a la superación del modo capitalista de producción en su conjunto. El siguiente pasaje esclarece la posición de Marx:

> "Las fábricas cooperativas de trabajadores, al interior del régimen capitalista, son la primera ruptura de la vieja forma, a pesar de que naturalmente, en su organización efectiva, reproduzcan y tengan que reproducir, por todas partes, todos los defectos del sistema capitalista. Sin embargo, dentro de ellas se suprimió la oposición entre capital y trabajo, aunque todavía apenas bajo la forma en la cual son los trabajadores como asociación los capitalistas de ellos mismos, es decir, aplican los medios de producción para explotar el trabajo propio" (*El capital*, libro III, cap. XXIV).

La cooperativa es una negación del capitalismo no lo suficientemente negativa como para proporcionar una superación positiva. Es la negación del principal fundamento del sistema, la propiedad privada individual, pero una negación limitada, ya que es promovida al interior del régimen capitalista. Producir en la escala óptima y con la mejor tecnología es la condición de supervivencia de la cooperativa en la competencia con las demás empresas, cooperativas o no, pero no es la garantía de emergencia de una nueva formación social.

Mantenida la anarquía de la división social del trabajo, los trabajadores no se libran totalmente de la figura del patrón. Funcionan como patrones de sí mismos, reproduciendo inclusive el sistema de explotación del trabajo. El sujeto automático sigue operando incluso sin la presencia de carne y hueso de uno de sus soportes.

Como quedará claro, la correcta comprensión del alcance del cooperativismo en la obra de Marx exige una incursión en el campo de la política, al igual que para la comprensión del alcance del sindicalismo. Sin embargo, si en el caso del sindicalismo los avances más significativos dependían de intervenciones legislativas promovidas por la "presión de los obreros actuando por fuera", en el caso del cooperativismo su éxito, según la teoría, dependía de la mismísima conquista del poder político. El texto arriba citado, *Manifiesto de Lanzamiento de la Asociación Internacional de Trabajadores*, continúa así:

> "Al mismo tiempo, la experiencia del período transcurrido entre 1848 a 1864 probó por sobre toda duda que, por mejor que sea en principio, y por más útil que sea en la práctica, el trabajo cooperativo, si es mantenido dentro del estrecho círculo de los esfuerzos casuales de obreros aislados, jamás conseguirá detener el desarrollo del monopolio en progresión geométrica, liberar a las masas, o al menos, aliviar de forma perceptible el peso de su miseria. Es tal vez por esa misma razón que aristócratas bien intencionados, portavoces filantrópicos de la burguesía y hasta agudos economistas, pasaron de repente a elogiar *ad nauseam* el mismo sistema cooperativista de trabajo que habían intentado en vano cortar desde la raíz, llamándolo utopía de soñadores, o denunciándolo como sacrilegio de socialistas. Para salvar a las masas laboriosas, el trabajo

cooperativo debería ser desarrollado en dimensiones nacionales y, consecuentemente, incrementado por medios nacionales. No obstante, los señores de la tierra y los señores del capital usarán siempre sus privilegios políticos para defender y perpetuar sus monopolios económicos. En vez de promoverlos, continuarán poniendo todos los obstáculos posibles en el camino de la emancipación de los trabajadores (...) Conquistar el poder político se volvió, por lo tanto, la tarea principal de la clase obrera".

Ahora ya no basta con que la fábrica cooperativa tenga escala de producción y utilice la mejor técnica disponible, sino que el sistema cooperativo mismo, en conjunto, debe asumir dimensiones nacionales, lo que exige (aún hoy) medios nacionales, tales como el sistema de crédito, el sistema tributario, y el recientemente creado sistema de innovación (departamentos privados de investigación y desarrollo, agencias estatales de investigación, universidades públicas y privadas, medios de divulgación científica y tecnológica, etc.), lo que implica la conquista del poder político. No se trata ya de intervenciones legislativas negociadas con el Parlamento mediante la presión externa, sino, dada la envergadura del emprendimiento, de la acción del propio proletariado organizado como clase en el poder.

La diferencia de enfoque político entre sindicalismo y cooperativismo es expresada en la famosa crítica que Marx hizo al margen del conocido programa de Gotha, de inspiración lassalleana. En una de sus proposiciones el programa decía: "a fin de *preparar el camino hacia la solución del problema social*, el Partido Obrero Alemán exige que sean creadas cooperativas de producción, *con ayuda del Estado y bajo control democrático del pueblo trabajador*. En la industria y en la agricultura, las cooperativas de producción *deberán ser creadas* en proporciones tales *que de ellas surja la organización socialista de todo el trabajo*"(énfasis en el original). Con su acostumbrado sarcasmo ante seudo-teorizaciones que a duras penas conducían a la acción política de la clase obrera, Marx vocifera:

> "La lucha de clases existente es sustituida por una frase periodística: 'el problema social', para cuya 'solución' 'se prepara el camino'. La 'organización socialista de todo el trabajo' no es el resultado del proceso revolucionario de transformación de la sociedad, sino que 'surge' de la 'ayuda del Estado', ayuda que el Estado presta a las cooperativas de producción 'creadas' por él mismo y no por los obreros. ¡Esta fantasía de que con créditos de Estado se puede construir una nueva sociedad como se construye una nueva vía de ferrocarril es digna de Lassalle! Debido a un resquicio de pudor se plantea 'ayuda del Estado' bajo control democrático del 'pueblo trabajador'. Pero, en primer lugar, el 'pueblo trabajador', en Alemania, está constituido, en su mayoría, por campesinos, y no por proletarios. En segundo lugar, 'democrático' quiere decir en alemán 'gobernado por el pueblo'(*volksherrschaftlich*). ¿Y qué significa eso de 'control gobernado por el pueblo del pueblo trabajador'? Y, más allá de eso, tratándose de un pueblo trabajador que, por el simple hecho de plantear estas reivin-

dicaciones ante el Estado, exterioriza su plena conciencia de que ni está en el poder ¡ni se encuentra maduro para gobernar! (...) El hecho de que los obreros deseen establecer las condiciones de producción colectiva en toda la sociedad y antes que nada en su propia casa, en una escala nacional, sólo quiere decir que actúan para subvertir las actuales condiciones de producción, y esto nada tiene que ver con la fundación de sociedades cooperativas con la ayuda del Estado. Y, en lo que se refiere a las sociedades cooperativas actuales, éstas sólo tienen valor en la medida en que son creaciones independientes de los propios obreros, no protegidas ni por los gobiernos ni por los burgueses" (*Crítica al programa de Gotha*, III).

En este pasaje se manifiesta la diferencia de perspectiva entre sindicalismo y cooperativismo. En los dos casos los trabajadores se posicionan como clase, y el éxito de este posicionamiento depende de la acción política. Sin embargo, en el caso del cooperativismo la acción política se debe traducir en poder político, lo que no sucede con el sindicalismo. Ya no se trata de una reivindicación de los trabajadores ante el Estado burgués. No se trata ni siquiera de hacer llegar a un obrero a la jefatura del Estado. Poder político es poder de clase. El éxito del cooperativismo exige de los trabajadores que renuncien a su natural indisposición a gobernar. Esto no significa que el movimiento cooperativo deba esperar un gobierno de los trabajadores para desarrollarse, antes bien, significa que la genuina cooperativa debe ser encarada por sus miembros, desde el origen, como un emprendimiento político y no sólo económico. No obstante, Marx, contrario a las utopías, entiende que solamente por medio de un gobierno de los trabajadores será permitido al sistema cooperativo asumir dimensiones nacionales, una necesidad sobre la que frecuentemente vuelve a insistir. ¿Y por qué tal insistencia? ¿Qué es lo que cambia en la naturaleza del cooperativismo con la escala nacional? ¿Opera en alguna medida la ley de la transformación de la cantidad en calidad? ¿Hay una relación entre un eventual cambio cualitativo y el tema aún no resuelto de la superación de la anarquía de la división social del trabajo?

Dejemos que el propio Marx responda:

"La Comuna —exclaman— pretende abolir la propiedad, base de toda civilización. Sí, caballeros, la Comuna pretendía abolir esa propiedad de clase que convierte el trabajo de muchos en riqueza de unos pocos. La Comuna aspiraba a la expropiación de los expropiadores. Quería hacer de la propiedad individual una realidad, transformando los medios de producción, la tierra y el capital, que hoy son fundamentalmente medios de esclavización y explotación del trabajo, en simples medios de trabajo libre y asociado. ¡Pero eso es el comunismo, el "irrealizable" comunismo! Sin embargo, los individuos de las clases dominantes suficientemente inteligentes como para percibir la imposibilidad de perpetuar el sistema actual —y no son pocos— se erigieron en apóstoles prolijos y enfadosos de la producción cooperativa. Si la producción cooperativa es algo más que una impostura y un ardid; si ha de sustituir al sistema capitalista; si las sociedades cooperativas unidas regulan la producción nacional según un plan común, tomándola bajo su control y poniendo fin a la anarquía constante y a las convulsiones periódicas, consecuencias inevitables de la producción capitalista –¿qué será eso, caballeros, si no comunismo, comunismo 'realizable'? (*La guerra civil en Francia*, III).

La superación de la anarquía de la producción capitalista exige un tipo de cooperación de segundo orden. Exige que las cooperativas cooperen entre sí. La cooperativa, como vimos anteriormente, es la negación del despotismo. La cooperación entre las cooperativas, siempre que regulen la producción nacional según un plan común, es la negación de la anarquía. La primera negación es insuficientemente negativa, y sin que los trabajadores detengan el poder político puede transformarse en un ardid de las clases propietarias. La segunda negación exige el poder político y suple la insuficiencia de la primera negación. En conjunto, representan la definitiva superación de las dos determinaciones de la división del trabajo bajo el capitalismo, lo que equivale a decir que representan la superación del propio capitalismo.

Dicho esto, tenemos todos los elementos para evaluar los conceptos de socialismo de mercado y socialismo de planificación central. El primero es una fantasía. Imaginar que los trabajadores, habiendo superado la propiedad privada capitalista, dejarán de profundizar las relaciones de cooperación que los unen en nombre de la llamada libertad de mercado, es desconsiderar por un lado que ese mismo mercado es nada sin la mercancía que le permite penetrar todos los poros de la sociedad contemporánea, la mercancía fuerza de trabajo, y por otro que, en presencia de esta mercancía que funda el modo capitalista de producción, el mercado nada tiene de libre.

A pesar de esto, la propuesta tiene su lógica razón de ser, además de estar plenamente justificada históricamente. En primer lugar, porque un gobierno de los trabajadores no puede abolir el mercado. Tendrá que convivir con las reglas del mercado hasta que la economía cooperativa gane dimensiones considerables, lo que se dará en la misma proporción en que los propios trabajadores se reeduquen para una economía solidaria no fundada en el egoísmo. Tendremos que aprender a responder a estímulos no pecuniarios para trabajar y, principalmente, para crear, innovar, inventar. Marx era absolutamente consciente del problema cuando decía: "la clase obrera no esperaba de la Comuna ningún milagro. Los obreros no tienen ninguna utopía lista para introducir '*par décret du peuple*'.

Saben que para conseguir su propia emancipación, y con ella esa forma superior de vida hacia la cual tiende irresistiblemente la sociedad actual, por su propio desarrollo económico, tendrán que enfrentar largas luchas, toda una serie de procesos históricos que transformarán a las circunstancias y a los hombres" (*La guerra civil en Francia*, III).

En segundo lugar, porque el socialismo centralmente planificado es tan sólo una bella expresión para caracterizar lo que debería ser llamado por el nombre propio de despotismo.

El socialismo centralmente planificado es la mera extrapolación de la lógica de la división manufacturera del trabajo a toda la sociedad. Es la sociedad funcionando como una gran fábrica, siendo ésta la imagen que Adorno, por ejemplo, tenía del sistema soviético a partir de los años '30. Las semejanzas y diferencias entre socialismo y despotismo no escaparon a Marx, que en un pasaje muy poco comentado de los *Grundisse* observa: "en realidad sería o bien el gobierno despótico de la producción y el administrador de la distribución, o bien solamente un *board* que guardaría los libros y la contabilidad de la sociedad trabajadora colectiva. La colectividad de los medios de producción es aquí presupuesta". La propiedad colectiva, por lo tanto, es común a los dos modos de producción; sin embargo, en el socialismo el déspota se transforma en un mero tenedor de libros de toda la sociedad.

Sabemos que Stalin no encajaba en la figura del contador.

Desde un punto de vista marxista, no obstante, caracterizar al sistema soviético como un caso de despotismo, sin mayores calificaciones, es completamente insuficiente. Más que eso, es caer en la trampa preparada por Nietzche cuando dice: "el socialismo es el fantasioso hermano más joven del casi decrépito despotismo, del cual quiere ser heredero; sus aspiraciones son, por lo tanto, en el sentido más profundo, reaccionarias" (*Humano, demasiado humano*, § 473). Esta trampa capturó no sólo la mente de todo el pensamiento elitista de comienzos del siglo XX, sino también la de un miembro importante de la Escuela de Frankfurt (Karl Wittfogel). El sistema soviético nada tenía de reaccionario. Se trata de una manifestación absolutamente moderna frente a la expansión del imperio del capital. El *quid pro quo* de moderno por reaccionario se establece por la manera en que las regiones periféricas al sistema reaccionaron ante esa expansión. Marx puede verificar cómo eso se dio en América y en los principados danubianos:

> "No fue el capital quien inventó el trabajo excedente. Siempre que una parte de la sociedad posee el monopolio de los medios de producción, el trabajador, libre o no, tiene que agregar al tiempo de trabajo necesario para su propio mantenimiento un tiempo de trabajo excedente destinado a producir los medios de subsistencia para el propietario de los medios de producción. Poco importa que ese propietario sea el noble ateniense, el teócrata etrusco, el ciudadano romano, el barón normando, el señor de esclavos americano, el boyardo de Valaquia, el moderno señor de tierras o el capitalista. Es evidente que, en una formación social donde predomina no el valor de cambio sino el valor de uso del producto, el trabajo excedente es limitado por un conjunto más o menos definido de necesidades, no originándose en la naturaleza propia de la producción ninguna codicia desmesurada por trabajo excedente. En la antigüedad, el trabajo en exceso sólo alcanzaba los límites de lo monstruoso cuando estaba en juego obtener valor de cambio en su materialización autónoma, en dinero, con la producción de oro y plata. Hacer al trabajador trabajar hasta la muerte se vuelve, en ese caso, la forma oficial del trabajo en exceso. Basta leer

a Diodoro de Sicilia. Sin embargo, condiciones monstruosas de trabajo constituían excepciones en el mundo antiguo. Pero, cuando pueblos cuya producción se encontraba en los estadios inferiores de la esclavitud, de la servidumbre, etc. entran en un mercado mundial dominado por el modo de producción capitalista, volviéndose la venta de sus productos al exterior el interés dominante, se sobrepone a los horrores bárbaros de la esclavitud, de la servidumbre etc. la crueldad civilizada del trabajo en exceso. El trabajo de los negros en los estados meridionales de América del Norte preservaba cierto carácter patriarcal mientras la producción se destinaba a la satisfacción directa de las necesidades. Pero en la medida en que la explotación del algodón se volvió un interés vital de aquellos estados, el trabajo en exceso de los negros y el consumo de su vida en siete años de trabajo se volvieron partes integrantes de un sistema fríamente calculado. No se trataba más de obtener ciertas cantidades de productos útiles. El objeto pasó a ser la producción de la propia plusvalía. Fenómeno semejante sucedió con la servidumbre, por ejemplo en los principados danubianos" (*El capital*, libro I, cap. 8).

Pues bien, la esclavitud en América y la llamada segunda servidumbre en Europa oriental no pueden ser consideradas fenómenos reaccionarios; por el contrario, son derivaciones de la integración de todas las regiones del planeta a la órbita del capital. De cierta forma, el alerta que Marx dirigió a los alemanes en el prefacio de un libro que trata de la economía inglesa, *De te fabula narratur*, no vale para todos los pueblos y regiones que encontraron su propia manera de insertarse en la nueva y cruel civilización de la plusvalía. Así como la esclavitud y la servidumbre pasaron a servir a los intereses de la acumulación primitiva de las naciones "bárbaras", la esclavitud general de los estados despóticos fue revitalizada con esa misma función. En Rusia y China, por lo tanto, no hubo una mera restauración del despotismo oriental. Se instauró un despotismo moderno, aunque se reconozca que el viejo despotismo cumplió un papel histórico fundamental, de la misma forma que la servidumbre en relación a la segunda servidumbre, o la esclavitud africana en relación a la esclavitud americana. Parafraseando a Marx, diríamos que los horrores bárbaros del a esclavitud, de la servidumbre y también del despotismo se sobrepusieron a los horrores de la civilizada y fríamente calculada producción de plusvalía. El hecho de ser moderno, sin embargo, no hace al sistema soviético menos despótico. Pero no por ello lo hace menos anti-cooperativo. En realidad, se trata del opuesto simétrico de lo que Marx entendía por socialismo: la cooperación a la segunda potencia emprendida por el poder político de los trabajadores.

Tomando a la planificación despótica por la libre asociación socialista, el movimiento revolucionario no se transformó en su contrario, un movimiento reaccionario, sino que ofreció a la humanidad mucho más de lo mismo de lo que ésta ya estaba harta.

El colapso del sistema soviético y la desorganización del Estado de Bienestar abren nuevas perspectivas para los trabajadores. Aliados a las fuerzas creativas y a las fuerzas destructivas de la sociedad cuya propensión a la cooperación es aún mayor que la suya en virtud de su relación más tenue con el trabajo asalariado, podrán retomar el sendero que conduce a la emancipación. Esto no significa jamás abandonar la acción sindical, sino organizarla sobre nuevas bases. Vale todavía hoy lo que decía Marx en *Salario, precio y ganancia*: "si tal es la tendencia de las cosas en este sistema, ¿quiere esto decir que la clase obrera deba renunciar a defenderse contra los abusos del capital y abandonar sus esfuerzos para aprovechar todas las posibilidades que se le ofrecen de mejorar en parte la situación? Si lo hiciera, se vería degradada a una masa informe de hombre hambrientos y arrasados, sin probabilidades de salvación. (…) Si en sus conflictos diarios con el capital cedieran cobardemente, los obreros quedarían, por cierto, descalificados para emprender otros movimientos de mayor envergadura".

Bibliografía

Marx, Karl 1982 *O Capital* (Difel: Rio de Janeiro).

Marx, Karl y Friedrich Engels (S/D) *Obras Escolhidas* (Alfa-Omega: São Paulo).

Marxismo y democracia: un nuevo campo analítico-normativo para el siglo XXI

Juarez Guimarães[*]

No es difícil constatar que el debate académico contemporáneo sobre la democracia o sobre la república en general prescinde del marxismo en cuanto fundamento, como interlocutor e incluso como oponente crítico.

Hay razones de orden histórico y de cultura política que sustentan este fenómeno. El modo en que se procesó la caída de los sistemas de poder del Este Europeo expresó una victoria del capitalismo, de sus valores e instituciones. A su vez, el punto de saturación del horizonte de la cultura contemporánea por parte de la visión de mundo liberal redujo el espectro de la imaginación política a una interlocución entre corrientes en el interior de sus fundamentos de civilización.

Creo que existe una tercera razón, de orden teórico, que está en la base de este fenómeno y que es interna al propio campo del marxismo. La misma se refiere a su dificultad congénita de estabilizar un campo analítico-normativo coherente de crítica al capitalismo. La crisis del marxismo es, históricamente, bastante anterior a los acontecimientos de la última década, y en vez de ser una mera consecuencia de éstos, está también en la propia base de estos fenómenos. Así como la Unión Soviética se desplomó de dentro hacia fuera bajo la presión del capitalismo, también las ciudadelas del llamado marxismo ortodoxo (en su sistematización más extrema, el marxismo-leninismo) habían sido separadas y desorganizadas por la presión de la visión liberal del mundo. Y fue en torno y a partir del tema de la democracia, de la incompatibilidad de los fundamentos entre la realización de las promesas emancipatorias del marxismo y la libertad, que esa erosión del campo teórico del marxismo se instituyó y se difundió.

---

[*] Economista. Doctor en Ciencias Sociales por la Universidad Estadual de Campinas (UNICAMP) y profesor del Departamento de Ciencias Políticas de la Universidad Federal de Minas Gerais (UFMG).

Si esta evaluación es correcta, la reincorporación del marxismo en el debate contemporáneo sobre la democracia debe recorrer necesariamente un doble trayecto crítico: el de la polémica con el liberalismo y el de la reconstrucción de su campo analítico-normativo. Este esfuerzo para reposicionar al marxismo en el debate contemporáneo sobre la democracia, siempre siguiendo este doble proceso crítico y autocrítico, pasa a nuestro modo de ver por tres desafíos: superar la interdicción liberal que pesa sobre el marxismo acerca de la incompatibilidad de fundamentos con la democracia, esto es, demostrar la posibilidad de convivencia entre marxismo y democracia; demostrar la centralidad del marxismo para refundar un campo analítico-normativo que proyecte la superación de los impasses contemporáneos de la democracia; invertir, en consecuencia, la afirmación de Norberto Bobbio de que hay una relación de necesidad entre liberalismo y democracia, demostrando los fundamentos de dominación que presiden esta visión de mundo.

Marxismo crítico y reinvención del socialismo

Si es cierto que son varias las visiones de mundo anticapitalistas -conservadurismo de fondo romántico, milenarismos e ideologías utópicas, anarquismo- son también múltiples las fuentes de la tradición socialista -el asociativismo de las guildas, el marxismo, el comunitarismo cristiano e inclusive los llamados "socialismos liberales" o liberalsocialismos, que van desde el último John Stuart Mill hasta ciertas corrientes del pensamiento italiano en el siglo XX.

Pero también es cierto que fue en torno de la tradición marxista que se organizaron las corrientes anticapitalistas y socialistas de mayor continuidad, influencia e impacto de los últimos dos siglos. No por casualidad, sino por tres razones fundamentales: en el origen del marxismo estaban tres complejos culturales ricamente configurados en la aurora de la modernidad capitalista (el idealismo alemán, la economía política inglesa y los jóvenes movimientos socialistas); su campo analítico se mostró particularmente fértil y heurísticamente productivo; y además, su organicidad respecto al moderno movimiento obrero europeo le posibilitó un camino de expansión internacional.

Pero aprendimos ya que la cultura del marxismo fue desde siempre plural. La propia noción de marxismo occidental contrapuesta a la noción de marxismo ruso es insuficiente para captar este pluralismo. Andrew Arato (1984) ya localizaba en la cultura marxista de la II Internacional por lo menos cinco fundamentaciones filosóficas del marxismo diferentes y alternativas[1]. Aquí, sin embargo, de nuevo es posible afirmar que fue la tradición del marxismo ruso la que ejerció una condición estructurante del marxismo en la mayor parte del siglo XX, no sólo en relación a su cuerpo dogmático (el llamado marxismo-leninismo) sino también en relación a su crisis (las varias vertientes del trotskismo, el euro-comunismo, el althusserianismo, el maoísmo fueron también configurados en relación a sus problemáticas e impasses).

Lo que parece haberse agotado en la última década de los '90 no fue el marxismo, sino la perspectiva de comprender sus dilemas a partir de una óptica rusa, esto es, a partir de octubre de 1917 y de sus desdoblamientos históricos y culturales; más precisamente, la cultura de la tercera internacional en su pluralismo interpretativo. No se trata de archivar octubre, conjurar el demonio bolchevique, dar razón en última instancia a Kautsky o Bernstein, lo que equivaldría a interpretar un momento crucial del impasse del marxismo a partir de otro momento decisivo de su crisis, expresado en las variantes reformistas de la II Internacional. Se trata de leer la propia grandeza y tragedia de 1917, sus conquistas y fracasos, a partir de un punto de vista marxista más clásico y universalista.

El marxismo pasa hoy por un proceso de renovación fundamental para los destinos del socialismo en el siglo XXI. Un retorno a Marx diferente de aquel de los años de la desestalinización, menos dogmático y menos tensionado para descubrir exegéticamente la lectura 'verdadera' o la filosofía en 'acto' en la obra de Marx. Se trata de un 'marxismo crítico', en la buena expresión de Michael Löwy (1972)[2].

Si la década del '90 fue marcada por las respuestas a la crisis del neoliberalismo todavía en el campo del horizonte liberal (las llamadas terceras vías), hoy se trata de comenzar a configurar los fundamentos de alternativas al neoliberalismo a partir de valores, dinámicas y perspectivas de un socialismo democrático renovado.

A continuación presentaremos tres tesis para esta renovación del marxismo, relacionadas a temas claves para la reformulación de un proyecto socialista en este siglo: marxismo y el principio de la libertad, marxismo y el principio de la soberanía popular o republicanismo, y marxismo y el principio de la civilización.

Marxismo y el principio de la libertad

A poco más de un siglo y medio de su historia, la cultura del marxismo aún no ha estabilizado teóricamente una respuesta convincente y adecuada al principio de la libertad, tema clave para pensar el futuro del socialismo. Fue en torno de los límites, las inconsistencias, e inclusive de la problematicidad de las respuestas marxistas a este principio que el liberalismo centró su crítica.

El principio de la autodeterminación está puesto en el centro de la síntesis de Marx[3]. No deberíamos desvalorizar esta conquista ético-política, acto de verdadera fundación del socialismo moderno, actualización del principio rousseauniano de la autonomía en el suelo de la modernidad capitalista. Ahí está la mayor distancia entre Marx y Hegel, y no en la oposición materialismo/idealismo, como muy bien observó Lenin en sus *Cuadernos Filosóficos*. Y al mismo tiempo, ahí está el punto estructurante de la delimitación del marxismo frente a la insuficiencia histórica, insuperable, del concepto liberal de libertad, preso todavía a la condición heterónoma del Estado y del mercado.

La cuestión es la siguiente: ¿contiene la obra teórica de Marx un desarrollo teórico adecuado, conceptualmente coherente, del principio de autodeterminación? Pensamos que no, ya que no supera las tensiones deterministas de su visión de la historia, ya sea a través de una filosofía de la historia, de una teoría de la historia, o de una ciencia de la historia.

La perspicacia de la gran crítica liberal al marxismo fue establecer una lectura de la obra de Marx como si ésta fuera coherentemente determinista, y a partir de ahí erigir metódica y lógicamente su incompatibilidad con la noción de democracia. Dado que la cultura del marxismo fue desde sus orígenes predominantemente determinista, los propios marxistas parecían dar la razón a la crítica liberal.

¿Cómo formularon los liberales, a partir del determinismo, la incompatibilidad entre marxismo y democracia? Estudiando la crítica de Benedetto Croce, Max Weber, Karl Popper y Norberto Bobbio, de épocas distintas y de densidades teóricas diferentes, elaboramos esta incompatibilidad a partir de tres impasses: de la antinomia, de la carencia y de la inversión[4].

De la antinomia: si el destino de la sociedad está fijado *a priori*, entonces los hombres no pueden libres y colectivamente elegir su futuro, y la propia noción de democracia pierde sentido.

De la carencia: la pretendida cientificidad de la previsión del futuro social por parte del marxismo neutraliza la dimensión ético-moral, encerrando a los marxistas en una ciega ética de las convicciones. Así, estas visiones deterministas acabaron reduciendo el principio de la libertad en el marxismo a una adhesión a las leyes inmanentes del mundo, la conciencia fue reducida a la ciencia, el acto ético-moral de la elección fue reducido mezquinamente a la opción por lo que sería al final de cuentas victorioso. Es significativo que un filósofo de la porte de Plekhanov haya llegado a definir al marxista como una especie de anti-Hamlet[5]. A su vez, el economicismo que expresa el determinismo anula o reduce el campo y la dignidad de la política. El vaciamiento o empobrecimiento de la reflexión política redundó en que la teoría marxista nunca hubiese sido capaz de pensar plenamente el problema del Estado, omitiéndose en relación a las respuestas más elaboradas dirigidas a contener el potencial opresivo de la concentración del poder político. Además de eso, la pretensión de cientifización de la política introdujo un orientación necesariamente antipluralista, ya que la posición científica se oponía a las demás, vistas como falsas o no verdaderas, o simplemente anticientíficas.

De la inversión: estando determinado el futuro, todos los medios para alcanzarlo serían válidos, inclusive los que contradijeran provisoriamente los valores humanistas. El camino estaba abierto para el pasar de una visión instrumental de los valores al anti-humanismo. Profesando un ideal finalista de la historia, colectivista y organicista, el marxismo se habría cerrado al desarrollo de una concepción moderna de individualidad y, en el límite, a la propia valorización de los derechos humanos. Allí donde toda teoría de la emancipación humana debería expandirse, agigantarse, fecundarse y refinarse −en el terreno de la formación de la autonomía individual vinculada a valores emancipatorios− el marxismo en sus formas dominantes se empequeñeció, se aprisionó, se esterilizó y se embruteció.

El camino para desmontar la interdicción liberal es cuestionar la lectura liberal de la obra de Marx. Este cuestionamiento sólo puede ganar credibilidad si se reconoce en la trayectoria intelectual de Marx, variando fuentes y dimensiones, la existencia nunca totalmente superada de tensiones deterministas[6]. Estas tensiones resultaron en gran medida del diálogo crítico de Marx con los grandes complejos científico-culturales de su tiempo: la filosofía alemana, la economía política inglesa, el materialismo francés -marcados por una visión determinista de la historia[7]. La dimensión crítica del diálogo de Marx con estas fuentes protegió en tanto su elaboración teórica de una visión coherente y consumadamente determinista de la historia[8]. Por otro lado, existe en el campo analítico-normativo elaborado por Marx, aunque nunca plenamente desarrollado desde el punto de vista conceptual, una visión praxiológica de la historia, de que los hombres construyen colectivamente la historia, aunque profundamente condicionados por su cultura, su posición de clase y el nivel de desarrollo de las fuerzas productivas.

Fue a partir de los conceptos elaborados por Antonio Gramsci en los *Cuadernos de la Cárcel*, setenta años después de la edición del primer volumen de *El Capital*, que el campo teórico del marxismo consiguió romper con el determinismo histórico y desarrollar en un nuevo nivel los fundamentos de aquello que llamamos una concepción praxiológica de la historia.

En uno de los pasajes más líricos y dramáticos de los *Cuadernos de la Cárcel*, Gramsci, haciendo alusión a la *Poesía y Verdad*, de Goethe, recuerda la figura de Prometeo, que separado de los dioses y contando apenas con sus propias fuerzas pobló el mundo[9]. La imagen evoca la soledad −la separación radical de los dogmas y certidumbres− de la reflexión de Gramsci en la cárcel.

El campo teórico del marxismo reconstruido por Gramsci tiene en su centro el concepto de hegemonía, el cual nuclea una cadena coherente de otras nociones, como las de bloque histórico, revolución pasiva, crisis orgánica, intelectual orgánico y voluntad colectiva, conceptos que, como criterios de interpretación histórica, ofrecen instrumentos analíticos macros de comprensión de la dinámica de las sociedades a partir de la praxis colectiva de los actores sociales[10]. El hecho de que la reflexión de Gramsci no esté formalmente sistematizada − puede leerse como una trama de pensamientos en formación y tensión creativa- debería proteger a aquellos que se apoyan en sus reflexiones de la tentación de erigir al pensamiento gramsciano como un punto de llegada, dogmatizando la obra del pensador italiano.

El desarrollo conceptual pleno de una visión praxiológica de la historia tornaría posible y compatible una relación entre marxismo y democracia que superara los tres impasses antes referidos. En primer lugar, tendríamos la noción de una historia abierta con base en un resultado nunca plenamente previsible aunque no plenamente indeterminado o puramente casuístico del choque de las voluntades colectivas organizadas en las sociedades. Esta es exactamente la dimensión de la política clave de una concepción de cambio histórico, haciendo posible retomar un rico diálogo entre el marxismo y las otras tradiciones de la filosofía política. En segundo lugar, una concepción praxiológica de la historia permitiría una descientificización de la auto-comprensión del marxismo y de su concepción como una teoría o visión totalizante del mundo social que pretende construir un nuevo campo civilizatorio, a partir de la crítica del liberalismo y de la civilización del capital. En suma, su comprensión como filosofía de la praxis transformadora, tal como sintéticamente propuso Gramsci, retoma la dimensión de su significado ético-político como humanismo radical y, al mismo tiempo, lo libera de una orientación antipluralista, auto-referenciado en la cultura, auto-proclamatorio en el programa y autosuficiente en el ejercicio del poder. Y por último, si el futuro no es fijado *a priori*, el camino de la emancipación y no simplemente de la meta, se torna fundamental. Pasa a ser estrictamente necesaria una relación dialécticamente configuradora entre medios y fines, entre el camino y el objetivo socialista, entre el individuo y la sociedad.

Llegamos a la primera tesis: desarrollar un marxismo dotado de una visión praxiológica de la historia, conceptualmente consistente, es fundamental. Es condición para recuperar una dialéctica entre la libertad individual y colectiva, una dinámica emancipadora entre medios y fines, y entre valores y racionalidades anticapitalistas.

Esta visión praxiológica permitiría desarrollar plenamente el valor de la autonomía como fundamento de la libertad individual en el campo del marxismo. Es interesante cómo la noción de autonomía, cuyo origen se encuentra en la matriz rousseaniana, coloca la noción de libertad más allá del dilema entre "libertad positiva" y "libertad negativa", en la clásica formulación de Isaiah Berlin. Esta noción establece una lógica de configuración mutua entre libertad e igualdad, ya que tanto la dominación económica cuanto la opresión política pueden ser fuente de la heteronimia. Así es evidente que, si el capital es en sus propios términos una relación de dominación, un concepto de autonomía individual plena es potencialmente anticapitalista[11].

El tema de la autonomía permitiría retomar tres temas centrales en la frontera del siglo XXI.

El primero de ellos, la actualización del cuestionamiento al propio principio del capital, esto es, de la apropiación privada para fines de lucro de las ganancias obtenidas por la ciencia y su posible destino para un aumento del tiempo socialmente libre del trabajo necesario, como condición para la superación de los límites de la división de trabajo. En segundo lugar, la cultura del derecho a la diferencia y sus temas derivados —el pluralismo de valores de civilización, estéticos y culturales; la libertad de opción sexual; la resistencia a los padrones agresivamente normatizadores de la personalidad. Finalmente, la participación ciudadana en los destinos de la comunidad como principio político estructurante. Esto nos lleva a la segunda tesis, la de la relación entre marxismo y republicanismo.

Marxismo y el principio de la soberanía popular

Fue en la experiencia de la revolución rusa que se cristalizó, en el plano histórico y teórico, la escisión entre el principio de la dictadura del proletariado y el principio de la soberanía popular. La aguda crítica de Rosa de Luxemburgo a la disolución de la Asamblea Constituyente (sin una nueva convocatoria) fue traducida por la dirección bolchevique no como un límite de la revolución (la no adhesión de las mayorías) sino como una virtud. En Lenin, esta escisión se presenta como la crítica de la democracia burguesa a través de la oposición inconciliable entre democracia directa y representativa, y en la defensa de la legitimidad de la restricción al derecho de voto de los burgueses, que él concebía explícitamente como necesidad derivada de la particularidad rusa. En Stalin, la tensión sustitucionista de Lenin cristalizó en torno de la teoría del partido único, fusionado con el Estado. En *La revolución traicionada*, la democracia obrera concebida como pluripartidaria es formulada, por Trotsky, de modo insuficiente como antídoto a la burocratización.

El concepto de dictadura del proletariado, aunque con oscilaciones de sentido, Estado-comuna, Estado centralizado de la transición al socialismo, está, en tanto, en Marx[12]. El principio de legitimidad de este estado de transición está anclado en la noción de universalidad del proletariado, clase inmanentemente definida como revolucionaria por su interés objetivo en el comunismo. Pero para Marx, la contradicción entre el poder revolucionario y el principio de la soberanía popular no aparece, ya que la Comuna fue electa por sufragio universal. Esa contradicción apareció 'externamente' a la experiencia de la Comuna parisiense, en los cercos de la ciudad revolucionaria, con la ausencia del apoyo de las mayorías campesinas[13].

Pero ¿cómo elaboró Marx la noción del proletariado como clase universal? Esta noción fue elaborada en los años '40, en particular en su diálogo crítico con Hegel, en el pasaje del rousseanismo de origen, elaborado desde lo alto de la filosofía alemana, al comunismo. La importancia de este diálogo crítico para el futuro de la obra de Marx desmiente las lecturas que pretenden aislar el Marx 'maduro' del 'joven' Marx, una fase ideológica de otra científica, o simplemente la 'marxista' de la 'premarxista'. Se trata claramente de un momento genético de síntesis, de delimitación y de constitución de una primera identidad, del lanzamiento de una perspectiva y de una problemática que, si todavía está lejos de haber encontrado una madurez conceptual, nunca será negada en el itinerario intelectual de Marx.

En el centro de las reflexiones de Marx -tomamos *Para una crítica de la Filosofía del Derecho de Hegel* (1843) y *Para una crítica de la Filosofía del Derecho de Hegel. Introducción* (1844)- están las relaciones entre la política y lo económico-social, o en el lenguaje de la filosofía política, entre el Estado y la sociedad civil. La doctrina liberal formuló conceptual y programáticamente la noción de la separación entre Estado y sociedad civil, definiendo la propia noción de libertad a partir de la autonomía de ésta última, de su prioridad ontológica frente al Estado, de sus prerrogativas, límites y control del poder del Estado. Así, la noción de libertad entendida como el espacio libre de prohibiciones del poder estatal del que dispone el individuo para su accionar ganó un sentido negativo. Históricamente, la crítica marxista a la doctrina liberal incidió centralmente sobre el límite, el formalismo, la incompletud de la dimensión política (estatal) de la libertad, colocando el sentido social de la emancipación, la dimensión de la igualdad social como fundamento de la verdadera libertad, maximizando la noción no del límite sino del control, o absorción del poder del Estado por la sociedad emancipada o autogobernada.

A nuestro modo de ver, el gran problema de la crítica marxista a la doctrina liberal no está propiamente en los términos de la crítica, ya que es posible demostrar con evidencia suficiente que el dominio del capital impone límites severos a la libertad y a la igualdad de los ciudadanos en el capitalismo. Su deficiencia está en no hacer una crítica de raíz del fundamento de la visión liberal de la sociedad, que parte de la noción analítico-normativa de la separación entre Estado y sociedad civil. El origen de este error se remonta a los años de nacimiento del marxismo. La crítica de Marx a la filosofía hegeliana del Estado coincide con la delimitación original en relación al liberalismo.

Para tener una visión de la inadecuación o desequilibrio conceptual del campo analítico-normativo que Marx elabora en este período decisivo -y que se proyectara duraderamente a lo largo de su obra- es preciso recolocar los tres polos del debate, esto es, la tradición liberal (traducida aquí en la teoría lockeana iusnaturalista y contractualista), Hegel y Marx.

En Locke, el momento ético-político de la fundación del Estado, crítico de los motivos teológicos del absolutismo monárquico y alternativo a la racionalización hobbesiana, es recompuesto en un argumento que parte de los derechos naturales y que ve el pasaje de la sociedad natural a la sociedad civil a través de dos pactos, el de asociación y el de sumisión.

En el argumento de Locke, la sociedad precede al Estado (inclusive en la existencia de la propiedad y del dinero) y está contra él, se estipulan los límites y se delimitan sus prerrogativas. En el siglo XVIII, la economía política inglesa confiere un estatuto de "cientificidad" a la separación entre Estado y sociedad civil, teorizando el automatismo del funcionamiento del mercado, el cual estructura la sociedad civil. En el siglo XIX, el utilitarismo actualiza la filosofía liberal frente al descrédito del iusnaturalismo, sin embargo, sin rever su concepción de la relación entre Estado y sociedad civil.

En su obra *Fundamentos de la Filosofía del Derecho* (1821) Hegel culmina un desarrollo teórico que tiene inicio en *Sobre las maneras científicas de tratar el derecho natural* (1802). Hegel critica el método y la estructura del iusnaturalismo, en el cual ve las inconsistencias del principio atomístico, de la determinación arbitraria de la naturaleza humana y la unidad externa entre estado de naturaleza y estado de derecho. En ausencia del principio de eticidad, habría una "unidad formal que pasa sobre la multiplicidad y no la penetra". En *Fundamentos de la Filosofía del Derecho*, Hegel consolida su evolución de un organicismo de origen, partiendo de la unidad entre Estado y naturaleza para una concepción que incorpora la libertad de la voluntad[14].

En síntesis, en Hegel el momento ético-político es pensado en forma especulativa y metafísica, a través de una razón que realiza la síntesis entre la libertad objetiva y la libertad subjetiva, denunciando la capacidad insuficiente del contrato para estructurar la sociabilidad. En su sistema, la eticidad penetra los diversos momentos, el de la unidad irreflexiva (familia), el de un semi-desarrollo (en la sociedad civil, compuesta por el sistema de necesidades, por el sistema de ley y de justicia, por la policía y las corporaciones) y el de un desarrollo pleno en el Estado (Constitución, Corona, Burocracia, Poder Legislativo). Por esa vía, Hegel niega tanto el automatismo del mercado cuanto la prioridad ontológica de la sociedad en relación al Estado, enfatizando la unidad entre Estado, familia y sociedad civil a partir de la eticidad.

En Marx convergen la crítica al carácter especulativo del momento ético-político, la crítica a la inconsistencia de fondo teológico de la defensa hegeliana de la monarquía constitucional, y la crítica al modo en que Hegel formula la reconciliación de los intereses conflictivos de la sociedad civil en la eticidad estatal en cuanto un universal. Pero ¿qué tipo de relación entre Estado y sociedad civil resulta de esta triple crítica de Marx al sistema hegeliano? En síntesis, la eticidad se objetiva en un primer momento (1843) en la figura del demos total, y después (1844) en el proletariado. La sociedad civil, a partir del método feuerbachiano de la inversión o método transformativo, precede ontológicamente al Estado[15]. En fin, la emancipación social lleva a la superación del Estado político, a la superación de la escisión entre burgués y ciudadano, entre Estado y sociedad civil[16].

¿Cuáles serían entonces los problemas del campo analítico-normativo resultantes de la crítica de Marx a Hegel? En primer lugar, la desvalorización o negación del principio ético-político como momento clave de fundación y de conexión del Estado y de la sociedad civil. En segundo lugar, el establecimiento de una prioridad ontológica de la sociedad civil frente al Estado, lo que en la cultura del marxismo se fijaría en el dualismo base/superestructura. Por último, la determinación empírica de una nueva eticidad en el proletariado, que gana de este modo una proyección metafísicamente revolucionaria en la historia.

Una crítica a la concepción hegeliana del Estado que no perdiese las conquistas metodológicas de la crítica al liberalismo debería trabajar con un concepto de Estado integral. Y aquí estamos siguiendo las pistas proporcionadas por Gramsci en los *Cuadernos de la Cárcel*, desarrollando su campo analítico-normativo: un campo ético-político hegemónico, históricamente configurado por voluntades políticas socialmente organizadas a través de una red de intelectuales orgánicos; instituciones estatales organizadas a partir del punto de vista de una eticidad política hegemónica (Estado, en el sentido estricto de máquina gubernamental y represiva); instituciones privadas, organizadas de acuerdo con la eticidad política hegemónica, configurando a la sociedad civil, la cual incluye el mercado o su 'anatomía', como afirma Marx.

El Estado sería entonces la unidad contradictoria entre Estado (en el sentido estricto) y la sociedad civil, históricamente configurados. Debe destacarse que en este campo analítico-normativo la dimensión internacional debe ser incorporada como momento fundante, ya que la eticidad de cualquier Estado nacional participa o se relaciona con la eticidad configurada mundialmente, todo Estado participa de un sistema de estados y el mercado de cada país se relaciona con el sistema capitalista mundial[17]. Con esta concepción de Estado, sería posible reconsiderar la crítica del marxismo al liberalismo y su concepción misma de las relaciones entre democracia y socialismo.

En vez de oponer la dimensión social de la emancipación al carácter meramente político de la libertad en la doctrina liberal, se debería oponer a la eticidad política liberal otro campo ético-político que reclasificara la propia naturaleza de las instituciones estatales y privadas que organizan la vida social. Este campo ético-político tendría de este modo un componente de reestructuración de las instituciones estatales, de manera de favorecer la socialización del poder, en vez del elitismo congénito del liberalismo, y de esta forma organizar la vida social a partir de una expansión inaudita de la esfera pública y de los derechos en detrimento de la lógica particularista del capital. Estas dos dimensiones deben ser pensadas como necesariamente configuradas, esto es, no puede haber superación del particularismo mercantil sin socialización del poder, y éste presupone, a su vez, una lógica de publicidad de la dinámica económica. Ellas conformarían a su vez un contexto de potenciación máxima al pleno desarrollo de la individuación en un nuevo campo de civilización.

Llegamos a la segunda tesis: la universalidad, contrapuesta al particularismo del capital, no puede ser pensada a partir de una dimensión inmanente al proletariado. Esta universalidad sólo puede ser pensada en el plano ético-político, proyectual, y programático en el sentido amplio del término. Este universalismo proyectual sólo puede alcanzar legitimidad si se elabora a partir del criterio de la soberanía popular, de las mayorías activamente políticas en el seno de un pluralismo irrestricto, ya que no hay sólo un proyecto de socialismo, ni siquiera si la ciencia desvincula a la opinión y a la ética de la política. Esto significa hacer retornar el marxismo al suelo del republicanismo, llevando para éste toda la potencia crítica de su anticapitalismo.

Que el proletariado, definido por la contradicción básica con el capital, sea la clase potencialmente en mejores condiciones de desarrollar proyectos alternativos al capitalismo, no hace de él necesariamente una clase universal ni revolucionaria. No puede haber aquí ningún determinismo sociológico, automático o incluso mediado.

¿Significa esto rendir el marxismo a las "reglas del juego", como quiere Bobbio, retirar de él cualquier potencialidad revolucionaria? No, porque el republicanismo no es igual al liberalismo; durante la mayor parte de su historia este último rechazó el principio de la soberanía popular, y cuando tuvo que absorberlo lo hizo a través de las teorías del llamado elitismo democrático. Significa que el camino para la construcción de un nuevo Estado debe incorporar desde el vamos el principio legitimador de las mayorías activas.

Este principio, inserto en un régimen de pluralismo y de libertades, podría impulsar una nueva fase histórica de ofensiva contra los derechos del capital. El establecimiento de los derechos sociales se dio históricamente bajo la dinámica macropolítica y macroeconómica del Estado de Bienestar Social. El gran límite de estas luchas fue siempre el derecho de propiedad y el control de la ciencia por parte del capital, el cual permitió compatibilizar las tensiones distributivistas del capitalismo con el crecimiento de la plusvalía relativa. Se trata en el momento presente, a partir de un sector público democráticamente gestionado y socialmente controlado, de expandir los derechos de la mayoría sobre el capital, incidiendo inclusive centralmente sobre el eje que va del control de la ciencia a la apropiación social de las innovaciones, regulando y tributando los flujos del capital financiero, estableciendo nuevos marcos redistributivos y expandiendo la protección de los derechos[18].

Marxismo y el principio de civilización

En gran medida Marx debe lo perenne de su obra al hecho de haber revelado el principio de la valorización del capital y de la mercantilización de la vida como principios estructurantes de la civilización capitalista. En este sentido hay en el centro de su obra una crítica a la civilización del capital y una referencia a otro tipo de civilización universalista, en la cual la sociabilidad humana es estructurada por la no-dominación y por el tiempo libre. Los límites de esta visión alternativa de civilización eran límites inherentes a la época, configurados por el etnocentrismo, por la ausencia de una cultura feminista o ecológica, por un pensamiento todavía conservador en el plano de la sexualidad.

Al territorializarse en sociedades donde el capitalismo no había se desarrollado –la URSS, China, Cuba– el marxismo vio cuestionada su capacidad de proponer una forma de civilización que trascendiera la del capitalismo. El marxismo fue rebajado a la condición de proponente de un otro modo de producción en el cual la estatización y el plan central substituyeron a la anarquía del mercado. El productivismo, la confianza sin restricciones en el progreso de las fuerzas productivas, y una cierta apología del trabajo, hicieron entonces escuela en el marxismo.

Fue principalmente en la *Teoría Crítica*, en los autores de la *Escuela de Frankfurt*, que el marxismo como crítica de la civilización del capitalismo emergió y se desarrolló, aunque no sin desequilibrios valorativos y de diagnóstico. Pero fue allí donde el marxismo se fecundó con la teoría freudiana y realimentó la crítica a la mercantilización del mundo y al productivismo, elaborando las primeras críticas a la cultura de masas también una crítica a la cultura del progreso y a los riesgos inherentes al proyecto iluminista de dominación de la naturaleza; y abriéndose, a través de Marcuse, a las culturas libertarias de 1968.

Llegamos, por fin, a la tercera tesis: hoy, frente a la realidad de la globalización o mundialización del capital, la crítica de Marx a la mercantilización del mundo y de la vida gana toda su actualidad. Esta crítica, aliada al principio del multiculturalismo, del respeto a las diferencias de cultura, religión y modos de vida, puede sentar las bases de un nuevo internacionalismo socialista. Así como se pasó del principio de la dictadura del proletariado al principio de la soberanía popular, del reino del privatismo mercantil al de la esfera pública, este nuevo internacionalismo debe recoger el antiimperialismo en una vocación verdaderamente universalista.

En síntesis, un marxismo que desarrolle el principio de la autonomía, del republicanismo y del universalismo anti-mercantil, mutuamente configurados, puede, por su propia identidad, ser el campo estructurador de un relanzamiento de la tradición socialista democrática y pluralista para el siglo XXI.

Bibliografía

Abensour, Miguel 1998 *A democracia contra o Estado. Marx e o momento maquiaveliano* (Belo Horizonte: Editora da UFMG).

Arato, Andrew 1984 "A antinomia do marxismo clássico: marxismo e filosofía", en Hobsbawn. Eric (Compilador) *Historia do marxismo* (Rio de Janeiro: Paz e Terra) Volúmen 4.

Artous, Antoine 1999 *Marx, l'etat et la politique* (Paris: Éditions Sillepse).

Bensaid, Daniel 1995 *Marx l'intempestif. Grandeurs e misères d'une aventure critique (XIX et XX siècles)* (Paris: Fayard).

Bourgeois, Bernard 2000 *O pensamento político de Hegel* (São Leopoldo: Editora da Universidade do Vale do Rio dos Sinos).

Breckman, Warren 1999 *Marx, the young hegelians, and the origins of radical social theory* (Cambridge: Cambridge University Press).

Brudney, Daniel 1998 *Marx's attempt to leave philosophy* (Cambridge: Harvard University Press).

Dahl, Robert 1990 *Um prefácio à democracia econômica* (Rio de Janeiro: Jorge Zahar Editora).

Franco, Paul 1999 *Hegel's philosophy of freedom* (New Haven, CT: Yale University Press).

Gramsci, Antonio 1975 *Quaderni del carcere* (Turim: Giulio einaudi Editore) (Edizione critica dell Instituto Gramsci. A cura de Valentino Gerratama).

Ilting, K-H 1984 "Hegel's concept of the state and Marx's early critique", en Pelczynski, Z. A. (Compilador) *The state and civil society. Studies in Hegel's political philosophy* (Cambridge: Cambridge University Press).

Levin, Michael 1989 *Marx, Engels and liberal democracy* (New York: Saint Martins's Press).

Lowy, Michael 1972 *La teoría de la revolución en el joven Marx* (Mexico: Siglo XXI).

MacGregor, David 1990 *The communist ideal in Hegel and Marx* (Toronto: University of Toronto Press).

Maler, Henri 1994 *Congedier l'utopie. L'utopie selon Karl Marx* (Paris: Editions L'Harmattan).

Mercier-Josa, Solange 1980 *Pour lire Hegel and Marx* (Paris: Editions sociales).

Oliveira, Francisco de 1997 *Os direitos do antivalor. A economia política da hegemonia imperfeita* (Petrópolis: Vozes).

Pelczynski, Z. A. (Compilador) 1984 *The state and civil society. Studies in Hegel's political philosophy* (Cambridge: Cambridge University Press).

Plekhanov George 1977 *O papel do indivíduo na Historia* (Lisboa: Ediciones antídoto).

Stuart Mill, John 1995 "Elucidações da Ciência da Historia", en Gardiner, Patrick *Teorias da historia* (Lisboa: Fundação Calouste Gulbenkian).

Vadée, Michel 1992 *Marx, penseur du possible* (Paris: Meritiens Linck-Sieic).

Weil, Eric 1996 *Hegel y el Estado* (Buenos Aires: Editorial Leviatan).

Westphal, Kenneth 1993 "The basic context and structure of Hegel's Philosophy of Right", en Beiser, Frederick *The Cambridge Companion to Hegel* (Cambridge: Cambridge University Press).

Notas

1 De acuerdo con Andrew Arato (1984), el campo antinómicamente estructurado de la relación marxismo y filosofía "se extiende desde una filosofía de la historia (o incluso una ontología) determinista, ligada tanto al materialismo cuanto al pensamiento político clásico del siglo XVIII, y una más reciente, más escéptica y metodológica devoción a la 'ciencia', ligada al 'neopositivismo', hasta dos variedades de neokantismo, basadas respectivamente en el primado de lo práctico y de lo teórico, y hasta una posición oscilante entre el historicismo de las Geisteswissenchaften y el irracionalismo da Lebensphilosophie."

2 Entre las obras más recientes, que podrían englobarse en esta designación de "marxismo crítico", están los libros de Daniel Bensaïd (1995), Daniel Brudney (1998), Antoine Artous (1999), Henri Maler (1994), Michel Vadée (1992), Michael Levin (1989), Miguel Abensour (1998).

3 Es el gran valor de la tesis doctoral de Michael Lowy (1972).

4 Ver el capítulo I, "O ardil do dogma: a crítica liberal", en Juarez Guimarães (1999).

5 "No hay nada de sorprendente en esto: cuando decimos que hay un determinado individuo que considera su actividad como un escalón necesario en la cadena de los acontecimientos necesarios, afirmamos, entre otras cosas, que la falta de libre arbitrio equivale para él a la total incapacidad de permanecer inactivo y que esa falta de libre arbitrio se refleja en su conciencia como forma de la imposibilidad de actuar de un modo diferente de como actúa. Es precisamente el estado

psicológico que puede ejemplificarse a través de la célebre frase de Lutero; "Her stehe ich, ich kann nicht anders" ("Este es mi concepto y no puedo tener otro"). Y gracias a lo cual los hombres rebelan la energía más indomable y realizan las hazañas más prodigiosas. Hamlet desconocía este estado del espíritu: por eso, solamente fue capaz lamentarse y de sumergirse en la meditación. Y, por eso mismo, Hamlet nunca podría admitir una filosofía segundo la cual la libertad no es más que la necesidad hecha conciencia. Fichte decía con razón: "Tal como el hombre es, así es su filosofía" (Plekhanov, 1977: 13, traducción nuestra).

6 Existe un dislocamiento de la problemática del determinismo a lo largo de la evolución del pensamiento de Marx, y sería incorrecto, por lo tanto, realizar una generalización a partir del énfasis exclusivo en un momento concreto de su obra. Es posible delimitar -sin dar a esta periodización un carácter rígido, inconsistente con una reflexión que se enriquece por síntesis sucesivas- tres momentos: un primer momento hasta 1844, marcado todavía nítidamente por una filosofía de la historia de inspiración hegeliana; un segundo momento, de 1844 hasta 1857, caracterizado por el énfasis en el carácter praxiológico de la historia, pero no plenamente desembarazado de visiones deterministas; y un tercer período de 1857 hasta la elaboración de *El capital*, caracterizado por tensiones fuertemente deterministas, marcadas por su diálogo crítico con la economía política.

7 Es interesante en este aspecto resaltar cómo el liberal más avanzado del siglo XIX, John Stuart Mill, intenta compatibilizar su noción de libertad con una concepción de la historia típicamente evolucionista, influenciado directamente por Auguste Comte. Ver "Elucidações da Ciência da Historia" de John Stuart Mill, en Gardiner, 1995.

8 En relación a su diálogo con Hegel, aunque mantenga la búsqueda de una racionalidad inmanente del cambio histórico, Marx critica su dimensión especulativa, afirmando que los hombres hacen la historia pero en condiciones que no eligen. La crítica al sentido especulativo de las formulaciones hegelianas implica una incorporación densa de los elementos históricos, en particular de la dimensión socioeconómica. Además de eso, Marx incorpora centralmente en su teoría la idea de la auto-emancipación. En lo que dice respecto a la economía política inglesa, Marx historiza y critica la naturalización de las categorías típicas del capitalismo, elabora la objetivación mercantil a través del concepto de fetichismo de la mercancía y supera la noción de un orden económico que tiende al equilibrio. En lo que se refiere al materialismo tradicional, Marx critica la ausencia de un principio activo y a través de la noción de praxis intenta superar el dualismo materialismo/idealismo.

9 Cf. Antonio Gramsci (1975) *Cuaderno* 8, parágrafo 214, 1.073.

10 Son exactamente estos conceptos, capaces de aprehender la lógica de la acción colectiva, los que están ausentes en la sociología weberiana, la cual apenas admite a la acción individual como dotada de sentido. Esta laguna conceptual ciertamente está relacionada con las perspectivas cuasi fatalistas de Weber sobre el desarrollo de las tendencias burocráticas en la sociedad moderna, así como con su escepticismo en relación a que la democracia fuera una cosa distinta de un elitismo competitivo entre líderes.

11 En este sentido es interesante que un liberal como Robert Dahl, que toma en serio a la democracia como superación de las formas de tutelaje sobre el individuo, formule una noción de democracia económica en la cual los trabajadores de una empresa deberían tener el derecho de elegir su dirección (ver especialmente el capítulo "O direito à democracia dentro das empresas" en Dahl (1990).

12 El origen del término "dictadura del proletariado" es de Auguste Blanqui, en 1837, y fue utilizado por primera vez por Marx en los años '50, inmediatamente después de la reacción conservadora a los movimientos revolucionarios de 1848/49. Ver *La lucha de clases en Francia* y *Carta a Joseph Weidemeyer*. El término vuelve a ser utilizado por Marx en los años 1871-1875, cuando las perspectivas de poder de los trabajadores vuelven a entrar en la agenda política. El sentido de un poder proletario como fundamento de la transición a una sociedad sin clases es por lo tanto más generalizado, tanto en la obra de Marx como en la de Engels. Michael Levin (1989) nota que hay en la obra de Marx un doble significado del concepto de Estado en el período de transición. El modelo uno, en el cual el énfasis es colocado en la dictadura del proletariado como poder centralizado en oposición al poder de clase de la burguesía; y el modelo dos, tipificado en la Comuna de París, en el cual la máquina del Estado es absorbida por las formas de autoorganización social, superándolo en cuanto entidad autonomizada del control social. Ver Levin (1989), capítulo VI, "Beyond bourgeois society".

13 Esta observación importante, que diferencia sustancialmente la experiencia de la Comuna de París de aquella de la revolución rusa, está en Antoine Artous (1999: 282). Contrariamente a las lecturas canónicas, el poder en la experiencia de la Comuna de París no estaba asentado en formas de democracia directa sino en nuevas modalidades de representación, en ruptura con el concepto liberal.

14 Sobre el pensamiento político de Hegel, ver Bernard Bourgeois (2000); Paul Franco (1999); Eric Weil (1996); Z. A. Pelczynski (Compilador) (1984); y Kenneth Westphal (1993).

15 Marx se vale de las metáforas del cielo y de la tierra para resituar la relación entre Estado y sociedad civil, siguiendo la crítica feuerbachiana de la religión. Marx denuncia en Hegel la pretensión del Estado de dominar la sociedad civil como universalidad dominante, cuando en realidad es la sociedad civil burguesa, a través de su particularismo conferido por el derecho de propiedad, que domi-

na al Estado. Bajo una primera forma, aparece aquí la noción -que se irá a desarrollar en la obra posterior de Marx- de las relaciones de producción que condicionan la esfera de la política.

16 Una crítica interesante de las reflexiones de Marx sobre Hegel está en Ilting (1984).Ver también David MacGregor (1990) y Warren Breckman (1980).

17 Esto equivaldría a retraducir en este campo teórico la problemática marxista del imperialismo, así como el debate sobre las teorías del subdesarrollo y de la dependencia. La comunidad internacional de los Estados-nación es profundamente jerarquizada a partir del centro capitalista, y esta dimensión está revelada en los propios principios fundacionales de los estados 'periféricos' o 'semi-periféricos'.

18 Ver Francisco de Oliveira (1997).

*La teoría de Rawls de la justicia internacional**
Álvaro de Vita**

¿Existe una cuestión de justicia distributiva internacional? Esta pregunta puede sonar intrigante, aunque algunos números ampliamente conocidos son suficientes para ilustrar cuán significantemente diferentes son las chances de vida en el mundo. Cerca de 1.200 millones de personas viven con menos de un dólar por día y alrededor de 2.800 millones viven con menos de dos dólares por día[1]. El patrimonio de los doscientos individuos más ricos del mundo llegó a 1.135 billones de dólares en 1999, en contraste con los 146 mil millones de dólares de los ingresos combinados de los 582 millones de habitantes de los países menos desarrollados en el mismo año (UNDP, 2000: 82). Sólo veinticinco millones de personas en los Estados Unidos, el decil superior de la distribución de la renta en ese país, tiene un ingreso combinado mayor que el del 43% más pobre de la población mundial, cerca de dos mil millones de personas (UNDP, 2001: 19). Mientras que en 1960 el ingreso agregado de los países que contenían el quintil más rico de la población mundial era 30 veces mayor que el de los países que contenían el quintil más pobre, hacia 1997 esta razón se elevó a 74:1 (UNDP, 1999. 3)[2]. Este cuadro no sería menos dramático si remplazáramos los indicadores de desigualdad de renta por otros indicadores de desigualdad tales como mortalidad infantil y desnutrición, esperanza de vida, oportunidades educativas y acceso a asistencia básica a la salud. Basta con decir, para nuestro presente propósito, que once millones de niños mueren cada año en los países en desarrollo por enfermedades curables o de fácil prevención, y que la vida es veintisiete años más corta, en media, en los países más pobres que en los ricos (UNDP, 2001: 9; UNCTAD, 2000: 9)[3].

---

* Este texto fue escrito durante un post doctorado realizado en la Columbia University con el apoyo de la Fapesp (Fundación de apoyo a la investigación del Estado de San Pablo) y de la Fundación Fullbright. Traducción: Celina Lagrutta y Gonzalo Berrón.
** Profesor del Departamento de Ciencia Política, Universidad de São Paulo (USP).

La desigualdad en el mundo no sólo es alta, sino que hay también evidencias de que se ha ido incrementando. Un reciente (e innovador) estudio empírico realizado por Branko Milanovic, que por primera vez se basó únicamente en datos de encuestas domiciliarias de ciento diecisiete países, concluyó que la desigualdad de renta en el mundo aumentó de un coeficiente Gini de 62,8 en 1988 a 66,0 en 1993 (Milanovic, 2002: 88)[4]. El esfuerzo de Milanovic consistió en medir, en base a la información recogida de las encuestas de los distintos países, la desigualdad de renta entre todos los individuos del mundo. Eso es lo que él llama "desigualdad mundial", diferente de los otros dos conceptos comúnmente utilizados para referirse a la desigualdad entre naciones (desigualdad inter-nacional): uno de ellos compara las rentas medias entre naciones, desatendiendo al tamaño de sus poblaciones (desigualdad inter-nacional no ponderada), y el otro otra compara las rentas medias entre naciones ponderando el tamaño de las poblaciones (desigualdad inter-nacional ponderada). Este último concepto es el que genera las mayores distorsiones, ya que en la medida en que pondera el tamaño de la población de un país como China, trata a todos los chinos como poseedores de la misma renta media. Esto oscurece el hecho de que el rápido crecimiento económico en la costa de China está elevando la desigualdad entre la China urbana y la China rural y la India rural. Lo que realmente interesa, argumenta Milanovic, es medir la desigualdad entre individuos, no entre naciones.

A continuación presentamos algunas ilustraciones vívidas de dicho crecimiento de la desigualdad entre individuos en el mundo: mientras la renta real del 5% más pobre decayó entre 1988 y 1993 en un cuarto, la del quintil más rico subió 12% en términos reales; y la razón entre el ingreso medio del 5% superior y el 5% inferior aumentó de 78:1 en 1988 a 114:1 en 1993 (Milanovic, 2002: 88-89). Otros descubrimientos del estudio de Milanovic también son relevantes para el tema abordado en este artículo. Por ejemplo, es la desigualdad entre países, más que la desigualdad intra-países, lo que explica la mayor parte de este crecimiento de la desigualdad (Milanovic, 2002: 76-86). Las desigualdades entre países –las diferencias entre las rentas medias de los países– explican el 88% de la desigualdad mundial (Milanovic, 2002: 78).

La cifras arriba mencionadas hablan por sí mismas. Sin embargo, no existe consenso entre los teóricos políticos respecto de si la pobreza mundial y las desigualdades deberían o no ser analizadas a través de la noción de justicia. Algunos de los teóricos políticos más influyentes de Occidente en la actualidad, tales como John Rawls y Michael Walzer, sostienen que no[5]. Toda la controversia alrededor de este punto se origina en el hecho de que la existencia de desigualdades extremas entre las chances de vida en todo el mundo tienen lugar tanto entre países como al interior de jurisdicciones políticas separadas. Desde un punto de vista normativo, la dificultad central es cómo hacer justicia, al mismo tiempo, al papel causal jugado en la generación de dichas desigualdades y pobreza por los arreglos internacionales por un lado, y por las instituciones y prácticas domésticas por el otro. A medida que la globalización económica y la interdependencia global se profundizan, deviene más que una conjetura suponer que, sumado a la dificultad recién mencionada, el problema central del presente siglo -institucional y de políticas- consistirá en alcanzar el equilibrio apropiado entre los imperativos políticos domésticos y el compromiso con una sociedad internacional tolerablemente justa. Ya es momento de ver la globalización como un tema no sólo económico, sino también normativo y ético.

Como suele suceder cuando lidiamos con problemas de justicia política y social, las visiones de Rawls sobre los temas en cuestión son como mínimo un útil punto de partida. En las dos secciones subsiguientes presento una breve descripción y expongo algunas apreciaciones críticas acerca de los esfuerzos de Rawls en el sentido de extender su teoría de la justicia como equidad al ámbito internacional, haciendo foco en los problemas de justicia socioeconómica. Dicha crítica sirve para aclarar las cuestiones más controvertidas a las cuales, creo, los teóricos políticos interesados en problemas de justicia internacional deberían dedicar sus esfuerzos de investigación y reflexión. Me limitaré aquí a formular dichas cuestiones: una discusión más sustancial de las mismas quedará pendiente para nuevos trabajos.

I

En *El Derecho de los Pueblos*, Rawls sostiene que los principios de justicia para una sociedad internacional bien ordenada serían aquellos elegidos en una segunda vuelta del artificio hipotético-contractualista que él ideó en *Una Teoría de la Justicia*, 'la posición original', después de que los principios de justicia doméstica ya hubieran sido adoptados. El aspecto más llamativo de esta segunda vuelta es la representación de los 'pueblos', en el lugar de los individuos, como en la posición original. Es cierto que al aplicar su teoría a pueblos y no a estados Rawls puede resguardar su 'derecho de los pueblos' de los aspectos menos atractivos moralmente de la soberanía estatal (Rawls, 1999: 23-30).

Pero ¿por qué los pueblos, en lugar de los individuos, deberían tener sus intereses representados en la posición original global? Rawls argumenta que la representación de los intereses individuales en esta segunda vuelta de la posición original haría a la concepción resultante de justicia —hay razones para suponer que sería una forma de cosmopolitismo— demasiado individualista para ser aceptada por sociedades que, aunque no sean de tipo liberal-democrático, tendrían todas las credenciales para ser aceptadas como miembros plenos de una sociedad internacional de pueblos justa (Rawls, 1999: 60-62 y 82-83). La solución que Rawls ofrece al problema de cómo extender su concepción de justicia al nivel internacional no se condice con la perspectiva normativa más general que sustenta su teoría en el caso doméstico: la premisa del individualismo ético es abandonada, o resulta por lo menos fuertemente dañada. El 'individualismo ético' se refiere a la idea de que es el bienestar de los individuos, y no de entidades colectivas de ningún tipo, aquello que constituye la última fuente de preocupación moral[6]. Y considerando que la premisa del individualismo ético es derribada, la forma de la igualdad política a la que el derecho de los pueblos se ajusta es la de la igualdad entre pueblos, más que la igualdad entre personas. Las implicaciones políticas de este movimiento teórico son de largo alcance: enormes desigualdades entre individuos son, en principio, compatibles con la forma de igualdad entre pueblos que Rawls juzga como moralmente significativa en el campo internacional.

La deliberación en la posición original, llevada a cabo por representantes de los pueblos, se daría en dos pasos: en el primero, el contrato social hipotético sería firmado por representantes de sociedades liberal-democráticas bien ordenadas; en el segundo, los principios del derecho internacional elegidos en el primer paso serían también aceptados por los representantes de lo que Rawls llama las 'sociedades jerárquicas bien ordenadas'.

No entraré en más detalles respecto del razonamiento de Rawls sobre la posición original global. Para nuestro propósito es suficiente decir que los principios que emergerían del contrato social internacional de Rawls son muy próximos a una visión pluralista convencional de la sociedad internacional[7]. A pesar de que Rawls habla de 'pueblos' en lugar de 'estados', su derecho de los pueblos suena mucho más como una visión tradicional del derecho internacional organizado en torno al principio de soberanía estatal, matizado con el rechazo a la guerra agresiva y una muy tenue noción de derechos humanos. Particularmente notable es la ausencia de un principio igualitario de justicia distributiva análogo al 'principio de la diferencia' –según el cual las desigualdades distributivas son moralmente justificadas sólo cuando son establecidas para el máximo beneficio de aquellos que están en la peor posición social– que cumple un rol tan prominente en la concepción de justicia de Rawls para el caso doméstico. El octavo principio del Derecho de los Pueblos –"Los pueblos tienen el deber de asistir a los otros que vivan bajo condiciones desfavorables que les impidan tener un régimen político y social justo o decente" (Rawls, 1999: 37)– no tiene el status moral de principio de justicia. En la visión subsiguiente de la sociedad internacional, las sociedades domésticas bien ordenadas, concebidas como sistemas de cooperación más o menos cerrados y con cada uno de ellos satisfaciendo los legítimos reclamos de justicia de sus propios miembros, subscribirían básicamente a los principios de coexistencia.

Ahora bien, la perspectiva que adopto en el presente artículo corresponde a la de los teóricos políticos que aceptan ampliamente el enfoque rawlsiano en lo que respecta al contexto doméstico, pero rechazan la forma en que Rawls ha interpretado la extensión del enfoque a nivel internacional. Entre dichos teóricos se encuentran Charles Beitz, Tommas Pogge, Brian Berry, Henry Shue y David Richards[8]. Mi objetivo es defender algunos de los argumentos de esta visión teórica alternativa de la justicia internacional, particularmente en lo referente a la justificación de obligaciones distributivas que deben ser cumplidas por las instituciones y los regímenes de la sociedad internacional, más extensivas que aquellas previstas por la visión de Rawls de una sociedad de los pueblos justa. Dichas obligaciones están estrechamente relacionadas con una visión de la sociedad internacional para la cual el último valor moral reside en la prosperidad de las vidas individuales, y no en la mejoría de las sociedades o 'pueblos' per se (Beitz, 1999b: 520).

II

En el campo internacional, de acuerdo con Rawls, las desigualdades socioeconómicas deberían ser reguladas no por un principio de justicia distributiva –tal como el principio de la diferencia de su propia teoría de la justicia, sino más bien por un "deber de asistencia" discutido en *Una Teoría de la Justicia* (Rawls, 1971: 114-117; Rawls, 1999: 105-120).

¿Qué razones ofrece Rawls para rechazar la extensión del principio distributivo liberal-igualitario a la sociedad internacional? Presentaré aquí tres de esas razones. Una de ellas sorprende por la debilidad de su argumento, mientras que las otras dos merecen ser observadas como argumentos de peso que corresponden a puntos de vista ampliamente compartidos por las élites de los países desarrollados, economistas ortodoxos, ejecutivos y altos funcionarios de organizaciones financieras internacionales como el Banco Mundial y el Fondo Monetario Internacional.

Me encargaré inmediatamente del primer y más débil argumento, ya que los otros dos requieren, a mi entender, una discusión más cuidadosa. Un principio igualitario de justicia distributiva no puede ser incorporado al derecho de los pueblos porque las así llamadas "sociedades jerárquicas decentes" probablemente no reconozcan la validez de ningún principio como ese para sus propias instituciones domésticas[9]. El hecho de que no lo hagan no las descalifica como miembros plenos de una sociedad de pueblos justa. En lo que concierne a la justicia distributiva –aunque quizás un razonamiento similar también se pueda aplicar a cuestiones de justicia política esto suena como un argumento de conveniencia, que debe seguramente ser empleado por los ciudadanos más privilegiados de las más acaudaladas sociedades liberales, para justificar el hecho de que tienen la mayor parte de los beneficios de la cooperación social en una escala global. "Un principio que apunte a reducir las desigualdades internacionales no debe ser adoptado", dirán estos ciudadanos, "porque reconocerlo violaría los 'sentidos compartidos' de las sociedades (bien ordenadas) que no reconocen un principio similar en sus instituciones domésticas"[10]. Y cualquier violación de éstas, podría agregar Rawls, va en contra de la noción de tolerancia con la cual la sociedad internacional de pueblos debe estar comprometida (Rawls, 1999: 59-60).

Hay dos respuestas para esta línea de argumentación. Por una parte, la materia de un principio de justicia distributiva internacional es constituida por las desigualdades generadas por la estructura básica global[11]. Rawls enturbia la cuestión cuando sugiere que la razón para rechazar la justicia cosmopolita neoliberal es que ésta recomendaría intervenciones e incluso tal vez sanciones económicas o militares contra sociedades no liberales bien ordenadas[12]. Uno puede preguntarse por qué un compromiso con un criterio universal de justicia social tendría que implicar necesariamente un compromiso con intervenir en aquellas sociedades cuyas instituciones o prácticas sociales violan dicho criterio. ¿Existe un criterio universal de justicia? ¿En qué circunstancias la violación a tal criterio (si es que existe algo como un criterio universal) justifica intervenciones externas? Estas dos preguntas, muy diferentes, deben ser tratadas por separado. Pero aún más importante para nuestro presente propósito es enfatizar que lo que está en discusión cuando surgen cuestiones de justicia distributiva internacional no tiene que ver con cómo las instituciones domésticas de todas las sociedades del mundo pueden llegar a un acuerdo sobre una concepción de justicia liberal cosmopolita; la discusión, en cambio, concierne principalmente a la estructura institucional global y a la manera en que ésta puede ser reformada en una dirección liberal igualitaria.

La segunda respuesta es la siguiente: podríamos tener en cuenta que la mayor parte de los costos de la implementación institucional de un principio de justicia distributiva internacional no puede sino recaer sobre las sociedades liberales prósperas, y no sobre las sociedades jerárquicas del mundo en desarrollo. Los esfuerzos de aquellos que plantean medidas y reformas para reducir la pobreza global –un objetivo que por sí solo es más una cuestión de ayuda humanitaria que de justicia distributiva– se chocan con la falta de motivación para ello que caracteriza a los ciudadanos más privilegiados de las sociedades liberales desarrolladas. Y son los gobiernos de esas sociedades los que se vienen oponiendo en esa dirección[13]. Hay algo de perverso en apelar a una objeción relativista contra la justicia liberal cosmopolita cuando las obligaciones impuestas por esta forma de justicia recaerían principalmente sobre aquellos que creen en ella como la verdadera, o por lo menos que deberían creer –como Rawls preferiría decir– que la misma es la concepción de justicia más razonable[14].

El segundo argumento de Rawls contra un principio de distribución global es que los factores responsables por la desigualdad y pobreza globales son sobre todo internos a las "sociedades cargadas", es decir, sociedades sujetas a circunstancias socioeconómicas y culturales desfavorables[15]. Un pasaje relevante es el que sigue:

> "Creo que las causas de la riqueza de un pueblo y las formas que adopta residen en su cultura política y en las tradiciones religiosas, filosóficas y morales que sostienen la estructura básica de sus instituciones políticas y sociales, tanto como en la industriosidad y talentos cooperativos de sus miembros, todo ello sostenido a su vez por sus valores políticos.(...) Los elementos cruciales que hacen la diferencia son la cultura política, las virtudes políticas y la sociedad cívica del país, la probidad e industriosidad de sus miembros, su capacidad para la innovación, y mucho más. También es crucial la política poblacional del país: debe tener cuidado en no sobrecargar a su territorio y a su economía con una población mayor a la que puede sustentar" (Rawls, 1999)[16].

Si el argumento de los factores internos de Rawls es correcto, entonces no existe ningún fundamento moral para un principio internacional de justicia distributiva. Las "sociedades bien ordenadas", observadas por Rawls como miembros plenos de la sociedad internacional de pueblos, sólo tendrían un deber positivo de ayudar a las sociedades cargadas a superar obstáculos internos que les impiden implementar una estructura básica bien ordenada.

Las obligaciones de los ricos en relación a los pobres tendrían que ser percibidas como obligaciones de benevolencia y caridad, no como obligaciones de justicia fundadas en un deber de corregir las injusticias distributivas de los arreglos institucionales de los cuales los pueblos ricos son los principales beneficiarios. Más allá del umbral de la obligación moral impuesta por el deber de asistencia, ninguna otra redistribución de recursos, riqueza o ingreso sería justificada como un problema de justicia. Como subraya Rawls, dicho deber pertenece a lo que él llama "teoría no ideal", es de naturaleza transitoria y tiene tanto "un objetivo como un punto de interrupción" (Rawls, 1999: 119). La conclusión de este razonamiento es que ninguna institución permanente destinada a regular desigualdades socioeconómicas es moralmente requerida en el nivel internacional. Habría más que decir sobre el tema, pues éste incluye una clara distinción que no siempre se hace entre ayuda humanitaria y justicia, pero lo dicho hasta aquí es suficiente para proseguir[17].

Obsérvese que sólo una versión particularmente fuerte del argumento de los factores internos excluye la distribución internacional como un problema de justicia. Esta versión descuida completamente los efectos distributivos que los arreglos internacionales pueden tener, ya sea por su misma naturaleza como por el tipo de instituciones y políticas domésticas que puedan favorecer. Es esta versión fuerte la que aquí nos concierne.

Rawls ilustra su argumento con dos casos en los que debemos considerar dos países que tienen al mismo tiempo t1, el mismo nivel de bienes primarios y el mismo tamaño de población. En el primer caso, el país A otorga un alto valor al trabajo duro y a la prosperidad económica, mientras que el país B está más preocupado por el ocio y por su vida comunitaria. En el segundo caso, el país C da los pasos y toma las medidas necesarias para reducir el compás de crecimiento de su población, mientras que el país D, debido a los valores religiosos que afirma, no lo hace. En ambos casos, en el mismo tiempo t2, los países A y C tendrán un nivel de bienes primarios significativamente más alto. Pero ninguna redistribución de bienes primarios de A a B o de C a D es moralmente justificada (Rawls, 1999: 117-18).

No niego que exista alguna verdad en el argumento de Rawls. No está entre los propósitos de este estudio menospreciar la importancia del papel de las políticas e instituciones domésticas para reducir las desigualdades y la pobreza[18]. Pero la explicación que apela a los factores internos constituye solamente una parte de la verdad. Cuando reflexionamos sobre los dos ejemplos mencionados en el párrafo anterior, podemos notar una llamativa similitud entre la objeción a la redistribución internacional presentada ahora por Rawls y la objeción a los efectos redistributivos de su propia teoría de la justicia (en el caso doméstico) que fue expresada por Nozick con el ejemplo Wilt Chamberlain (Nozick, 1974: 160-164). Recordemos que la clave del ejemplo de Nozick era demostrar cómo enormes desigualdades entre recursos escasos podrían surgir legítimamente de un status quo inicial hipotético de igualdad de recursos, a través de las transacciones libres y voluntarias de agentes individuales que deciden por sus mismas luces qué hacer con la parte igual de recursos con la cual cada uno fue inicialmente dotado. Este es exactamente el razonamiento lógico por detrás de los dos casos de Rawls.

Puedo pensar en dos respuestas al uso hecho por Rawls de dicha lógica nozickiana contra la justicia distributiva internacional. Primeramente, existen dificultades, no resueltas apropiadamente por Rawls, referidas a su opción de hablar de 'pueblos'como si éstos fueran agentes individuales que deciden qué es mejor para sus propias vidas y son juzgados como completamente responsables por las decisiones que hayan tomado. Si pretendemos, como hace Rawls, que los miembros individuales de los pueblos sufran todas las consecuencias de las buenas o malas decisiones tomadas en su nombre por una entidad colectiva como la de un "pueblo", hay dificultades adicionales con las cuales Nozick no se tuvo que molestar en su objeción a la justicia distributiva doméstica. Un pueblo es una colectividad, y no una persona que puede ser pensada como capaz tanto de elegir qué es mejor para sí misma (es decir, dar prioridad al ocio por sobre el trabajo duro) como de cargar con las consecuencias de sus propias opciones. ¿En qué sentido podemos juzgar a los miembros individuales de un pueblo –por ejemplo, mujeres pobres y trabajadores rurales– como responsables por las decisiones tomadas en su sociedad respecto del desarrollo económico y social o del control demográfico? Son los gobiernos los que toman decisiones de este tipo, y no individualidades ficticias como "pueblos". Si quisiéramos que las nociones de elección y responsabilidad jueguen en la sociedad internacional el mismo rol moral que juegan en el ejemplo Wilt Chamberlain de Nozick, entonces deberíamos estar preparados para exigir que los pueblos fueran democráticamente gobernados. Y Rawls claramente no quiere llegar tan lejos[19].

Además, a raíz de que un pueblo no es una persona que decide qué costos son aceptables para sí misma, sino una colectividad que existe de una generación a otra, considerar a los pueblos como moralmente responsables por las decisiones y elecciones que afectan el bienestar de sus miembros también plantea un problema intergeneracional. Thomas Pogge llamó la atención sobre esta cuestión: "¿hasta qué punto se debe hacer cargar a los miembros de una generación con los costos económicos de decisiones tomadas por sus predecesores?" (Pogge, 2001 [a]: 249, traducción nuestra). La consideración de Rawls acerca de la justicia internacional simplemente deja de lado este problema. Está lejos de quedar claro, por ejemplo, por qué niños sin acceso a oportunidades de educación y salud adecuadas en países pobres deberían ser juzgados como moralmente responsables por decisiones sobre política social e índices de fertilidad asumidos por generaciones previas.

Remplazar las elecciones individuales por elecciones de los pueblos no facilita la refutación de Rawls de la justicia distributiva internacional. De hecho, prácticamente lo opuesto es verdadero. "No parece menos injusto", dice Charles Beitz, "imponer los costos de las malas opciones de las generaciones previas a los miembros sucesores de sus propias sociedades que a extranjeros –especialmente extranjeros que, hipotéticamente, gocen de un patrón material más alto (otra vez, no por su propio mérito) que los desafortunados miembros de la sociedad que fue imprudentemente gobernada" (Beitz, 2000: 689, traducción nuestra).

La segunda respuesta es aquella en la que me quiero detener más largamente. Para introducirla, recordemos cómo contesta Rawls a la objeción a su teoría en el caso doméstico presentada por Nozick con el ejemplo Wilt Chamberlain. Un pasaje en el que Rawls lo hace es el siguiente:

"A menos que la estructura básica sea regulada en el tiempo, las anteriores distribuciones justas de activos de todo tipo no aseguran la justicia de distribuciones posteriores, sin importar cuán libres y justas parezcan las transacciones particulares entre individuos y asociaciones cuando se las mira localmente y separadas de las instituciones del entorno.

Esto es así porque el resultado de dichas transacciones tomadas en conjunto es afectado por todo tipo de contingencias e imprevisibles consecuencias. Es necesario regular, mediante leyes que gobiernen la herencia y el legado, cómo la gente llega a adquirir propiedades para que la distribución sea más igualitaria; proveer una equitativa igualdad de oportunidades en la educación, y mucho más. Que tales reglas de las instituciones del entorno estén en vigor a través del tiempo no les quita mérito sino que hace posibles los importantes valores expresados por los acuerdos libres y justos alcanzados por individuos y asociaciones en el marco de la estructura básica. Esto es así porque los principios que se aplican a estos acuerdos en forma directa (por ejemplo, la ley de contratos) no basta por sí sola para preservar la justicia del entorno"(Rawls, 2001)[20].

Lo que falta en el ejemplo de Nozick es una consideración de la "justicia de fondo". La necesidad de dicha consideración es una de las razones que hacen que Rawls ponga el foco de su teoría –siempre en el caso doméstico– en la estructura básica de la sociedad. La otra razón, interconectada, tiene que ver con "su profunda y difundida influencia sobre las personas que viven bajo sus instituciones" (Rawls, 2001 :55). Sólo si la estructura básica de la sociedad es justa –sólo si es diseñada como para evitar las desigualdades en los aspectos de la vida que resulten de las "contingencias y consecuencias imprevisibles", como clases social de origen, dotes naturales y buena o mala fortuna– podemos juzgar a los individuos como completamente responsables por los efectos distributivos de sus propias decisiones y opciones. Si queremos que las decisiones de los individuos sobre qué hacer con sus recursos carguen con todo el peso moral que Nozick quiere atribuirles, entonces la justicia de fondo tiene que ser permanentemente asegurada –lo que *inter alia* significa que las estructuras básicas de la sociedad deben buscar reducir todo lo posible las desigualdades originadas por factores moralmente arbitrarios, tales como clase social de origen, dotes naturales, género, raza o etnicidad.

Esta respuesta rawlsiana a la objeción de Nozick con el ejemplo Wilt Chamberlain me resulta correcta, pero ¿por qué un razonamiento similar no se aplicaría a los dos casos propuestos por Rawls mencionados anteriormente en el contexto de la justicia internacional? ¿Por qué razón no deberían las nociones internacionales análogas a "justicia de fondo" y "estructura social básica" jugar ningún papel significativo en una teoría de la justicia aplicada al área internacional?[21] ¿No tendríamos que asumir la nacionalidad no sólo como una contingencia moralmente arbitraria, sino también como una contingencia que influye dramáticamente sobre la distribución de las chances de vida en el mundo?[22]

Cabe observar, en esta oportunidad, que las dos respuestas que he desarrollado contra el rechazo de Rawls a la justicia distributiva internacional no muestran que no sea posible juzgar a los pueblos (o países) como responsables por sus propias decisiones y políticas. Mi punto es, en cambio, que las condiciones bajo las cuales se los debe juzgar como completamente responsables por su propia situación desfavorable son mucho más determinantes de lo que Rawls está dispuesto a admitir en el caso internacional –aunque se muestra bastante dispuesto a reconocerlo a fin de refutar la objeción de Nozick para el caso doméstico.

Contra el factor de los argumentos internos, la hipótesis que encuentro útil explorar en más detalle es la de que las instituciones y regímenes internacionales –la "estructura básica" de la sociedad internacional– tienen efectos distributivos que contribuyen de modo importante con los niveles de desigualdad y pobreza mencionados al principio de este artículo. Si dicha hipótesis fuera confirmada, se establecería una fundación normativa más robusta para un principio internacional de justicia distributiva[23]. Como en el caso doméstico, los efectos injustificados de las instituciones sociales tienen que ser corregidos como un problema de justicia. Si existe un orden social y político global, entonces aquellos que se benefician más de sus efectos distributivos y son más capaces de influenciar su diseño institucional se encuentran bajo el deber de actuar para hacerlo más compatible con condiciones esenciales de justicia. Además, si buscamos conocer mejor las formas en que la estructura internacional influye sobre la distribución de las ventajas de la cooperación social –si es que existe un esquema de cooperación social en el nivel internacional– también debe quedar más claro qué tipos de reformas institucionales podrían ser recomendadas.

Desarrollar de una forma apropiada el argumento esbozado en el párrafo precedente es el más importante desafío que se presenta a los liberales igualitarios cosmopolitas. Pero permítaseme también explicar brevemente la tercera objeción que Rawls podría presentar contra la globalización de un principio de justicia distributiva. Se trata de un argumento típico del enfoque de Michael Walzer a la cuestión de la justicia, claramente basado en la visión de Rawls de la sociedad internacional. Podríamos llamarlo el "argumento de la parcialidad nacional". Rawls cita aprobatoriamente la consideración de Walzer (en Walzer 1983) sobre el rol de las fronteras políticas[24]. Pero más importante que cualquier evidencia textual, en este caso, es el hecho de que el argumento de la parcialidad nacional encaja perfectamente con el foco puesto por Rawls en los pueblos, y el comunitarismo de la perspectiva de Rawls para la justicia internacional como un todo. Beitz sostiene que consideraciones de ese tipo —similares al argumento de la parcialidad nacional— explican el motivo por el cual Rawls piensa que los pueblos son moralmente primarios en la sociedad internacional y por qué las exigencias redistributivas del derecho de los pueblos son tan modestas (Beitz, 2000). De acuerdo con este último, nuestros compatriotas tienen el derecho moral de exigirnos una consideración especial por su bienestar de una forma que los ciudadanos de otros estados no tienen. La parcialidad nacional, interpretada de este modo, entra en conflicto con el argumento liberal cosmopolita según el cual una sociedad internacional justa debe aumentar todo lo posible el bienestar de los menos privilegiados en una escala global. Como observa Charles Beitz, los teóricos liberales igualitarios cosmopolitas deben estar incurriendo en una suerte de ceguera moral por subestimar la importancia de las relaciones locales y afiliaciones que permiten que las personas tengan éxito en la vida (Beitz, 1999[a]: 291). Y dichas relaciones generan reivindicaciones distributivas que se chocan con las demandas de un principio internacional de justicia distributiva. Un problema normativo central a ser discutido en este contexto es cómo sería posible conciliar, de modo plausible, una perspectiva cosmopolita de la justicia internacional con demandas legítimas de parcialidad nacional. Enfrentar este problema de una forma apropiada es esencial para robustecer la posición liberal-cosmopolita.

Lo que hice en este texto fue mostrar por qué la teoría de Rawls de la justicia internacional es insatisfactoria, y presentar una agenda de investigación que a mi entender es central para aquellos que se disponen a enfrentar, en el terreno de la teoría política, el desafío de pensar una sociedad internacional justa.

Bibliografía

Barry, Brian 1989[a] *Theories of Justice* (London: Harvester-Wheatsheaf).

Barry, Brian 1989[b] (1982) "Humanity and Justice in Global Perspective", en Barry, Brian *Democracy, Power and Justice: Essays in Political Theory* (Oxford: Clarendon Press).

Barry, Brian 1995 *Justice as Impartiality* (Oxford: Clarendon Press).

Barry, Brian 1998 "International Society from a Cosmopolitan Perspective", en Mapel, David y Nardin, Terry (comps.) *International Society* (Princeton: Princeton University Press).

Barry, Brian 1999 "Statism and Nationalism: A Cosmopolitan Critique", en Shapiro, I. y Brilmayer, Lea (Compiladores) *Global Justice. Nomos XLI* (New York: New York University Press).

Barry, Brian y Goodin, Robert E. (Compiladores) 1992 *Ethical Issues in the Transnational Migration of People and of Money* (The Pennsylvania State University Press).

Beitz, Charles R. 1979 *Political Theory and International Relations* (Princeton: Princeton University Press).

Beitz, Charles R. 1983 "Cosmopolitan Ideals and National Sentiments", en *The Journal of Philosophy* Vol. LXXX, 10, October, 591-600.

Beitz, Charles R., Cohen, Marshall, Scanlon, Thomas, and Simmons, A. John (Compiladores) 1985 *International Ethics* (Princeton: Princeton University Press).

Beitz, Charles R. 1999 [a] "International Liberalism and Distributive Justice", en *World Politics* 51, 269-96.

Beitz, Charles R. 1999 [b] "Social and Cosmopolitan Liberalism", en *International Affairs* 75, 3, 515-519.

Beitz, Charles R. 2001 "Rawls's Law of Peoples", en *Ethics* 110, 4, 669-696.

Brown, Chris 1992 *International Relations Theory* (New York: Harvester Wheatsheaf).

Brown, Chris 1993 "International Affairs", en Goodin, Robert E. y Philip Pettit (Compiladores) *A Companion to Contemporary Political Philosophy* (Oxford: Blackwell Publishers).

Brown, Chris 2000 "John Rawls, 'The Law of Peoples', and International Political Theory", en *Ethics and International Affairs* 14, 125-132.

Bull, Hedley 1995 (second edition) *The Anarchical Society* (London: Macmillan).

Caney, Simon 2001[a] "International Distributive Justice", en *Political Studies* 49, 974-997.

Caney, Simon 2001[b] "Survey Article: Cosmopolitanism and the Law of Peoples", en *Journal of Political Philosophy* Nº 9.

Cohen, Marshall 1985 "Moral Skepticism and International Relations", en Beitz, Charles; Cohen, Marshall; Scanlon, Tomas, y Simmons, John (Compiladores) *International Ethics* (Princeton: Princeton University Press).

Held, David 1995 *Democracy and the Global Order. From the Modern State to Cosmopolitan Governance* (Cambridge: Polity Press).

Held, David 2000 "Regulating Globalization? The Reinvention of Politics", en *International Sociology* 15, 2, 394-408.

Hill, Ronald; Peterson, Paul; Dhanda, Robert M. y Kanwalroop, Kathy, "Global Consumption and Distributive Justice: A Rawlsian Perspective", en *Human Rights Quarterly* 23, 1, 171-187.

Hurrell, Andrew 1999 "Sociedade internacional e governança global", en *Lua Nova* (São Pulo) Nº 46 55-75.

Hurrell, Andrew 2001 "Global Inequality and International Institutions", en Thomas Pogge (Compiladores) *Global Justice* (Oxford: Blackwell Publishers).

Jones, Charles 2001 *Global Justice: Defending Cosmopolitanism* (Oxford: Oxford University Press).

Kant, Immanuel 1970 *Kant: Political Writing*, selección e introducción de Hans Reiss, tradución de H. B. Nisbet (Cambridge: Cambridge University Press).

Milanovic, Branko 2002 "True World Income Distribution, 1988 and 1993: First Calculation Based on Household Surveys Alone", en *The Economic Journal* 112 January, 51-92.

Milanovic, Branko 2001 "World Income Inequality in the Second Half of the 20th Century", en http://www.worldbank.com.

Miller, David 1995 *On Nationality* (Oxford: Clarendon Press).

Miller, David 1998 "The Limits of Cosmopolitan Justice", en Mapel, David y Nardin, Terry (Compiladores) *International Society* (Princeton: Princeton University Press).

Miller, David 1999 "Justice and Global Inequality", en Hurrell, Andrew y Woods, Ngaire (Compiladores) *Inequality, Globalization, and World Politics* (Oxford: Oxford University Press).

Miller, David 2000 *Citizenship and National Identity* (Cambridge: Polity Press).

Nozick, Robert 1974 *Anarchy, State, and Utopia* (New York: Basic Books).

O'Neill, Onora 1985 "Lifeboat Earth", en Beitz, Charles; Marshall Cohen; Thomas Scanlon y A. John Simmons, (Compiladores) *International Ethics* (Princeton: Princeton University Press).

O'Neill, Onora 2001 "Agents of Justice", en Thomas Pogge (Compilador) *Global Justice* (Oxford: Blackwell).

Opeskin, Brian R. 1996 "The Moral Foundations of Foreign Aid", en *World Development* 24, 1, 21-44.

Paes de Barros, R.; Henriques, R. y Mendonça, R. 2000 "Pobreza e desigualdade no Brasil: retrato de uma estabilidade inaceitável", en *Revista Brasileira de Ciências Sociais* 15, Nº 42, 123-42.

Paterson, Matthew 2001 "Principles of Justice in the Context of Global Climate Change", en Luterbacher, Urs y Sprinz, Detlef (Compiladores) *International Relations and Global Change* (Cambridge-Mass.: MIT Press).

Pogge, Thomas W. 1989 *Realizing Rawls* (Ithaca: Cornell University).

Pogge, Thomas W 1994 [a] "Uma proposta de reforma: um dividendo global de recursos", en *Lua Nova* Nº 34, 135-61.

Pogge, Thomas W. 1994 [b] "An Egalitarian Law of Peoples", en *Philosophy and Public Affairs* 23, 3, 195-224.

Pogge, Thomas W. 1995 "How Should Human Rights Be Conceived?", en *Jahrbuch für Recht und Ethik* Vol. 3, 103-20.

Pogge, Thomas W. 1998 "The Bounds of Nationalism", en *Canadian Journal of Philosophy* Supplementary Volume 22, 463-504.

Pogge, Thomas W. 1999 "Human Flourishing and Universal Justice", en *Social Philosophy & Policy* 333-61.

Pogge, Thomas W. 2001 [a] "Rawls on International Justice", en *The Philosophical Quarterly* Vol. 51, Nº 203, April, 246-53.

Pogge, Thomas W. (Compiladores) 2001[b] *Global Justice* (Oxford: Blackwell Publishers).

Rawls, John 1971 *A Theory of Justice* (Cambridge-Mass.: Harvard University Press).

Rawls, John 1993 [a] "The Law of Peoples" en S. Shute y S. Hurley (Compiladores) *On Human Rights. The Amnesty Lectures of 1993* (New York: Basic Books).

Rawls, John 1993 [b] *Political Liberalism* (New York: Columbia University Press).

Rawls, John 1999 *The Law of Peoples* (Cambridge-Mass.: Harvard University Press).

Rawls, John 2001 *Justice as Fairness: A Restatement*, editado por Erin Kelly (Cambridge-Mass.: Harvard University Press).

Richards, David 1982 "International Distributive Justice", en Pennock, J. R. y J. W. Chapman, (Compiladores) *Nomos 24: Ethics, Economics and the Law* (New York: New York University Press).

Sen, Amartya 1999 *Development as Freedom* (New York: Alfred Knopf).

Sen, Amartya 2002 "How to judge globalization", en *The American Prospect* Invierno, A2-A6.

Shue, Henry 1996 *Basic Rights. Subsistence, Affluence, and U.S. Foreign Policy* (Princeton: Princeton University Press).

UNDP 1996, 1999, 2000, 2001 *Human Development Report* (Oxford: Oxford University Press).

Vita, Álvaro de 2000 *A justiça igualitária e seus críticos* (São Paulo: Editora Unesp-Fapesp).

Walzer, Michael 1983 *Spheres of Justice* (New York: Basic Books).

Walzer, Michael 1995 "Response" en Miller, David y Walzer, Michael (Compiladores) *Pluralism, Justice, and Equality* (Oxford: Oxford University Press).

Walzer, Michael 1997 *On Toleration* (New Haven: Yale University Press).

Winston, Morton E. 1988 *The Philosophy of Human Rights* (Belmont: Wadsworth Publishing Company).

Notas

1 Números expresados en dólares PPP–Purchasing Power Parity (Paridad de Poder de Compra) de 1993. Ver UNDP (2001: 9).

2 Cabe observar que este estimado compara la renta media de los países más ricos que contienen el 20% de la población mundial con la renta media de los países más pobres que contienen el 20% de la población mundial.

3 La esperanza de vida es de 51 años en los Países Menos Desarrollados, comparada con la de 78 años en los países de la OECD.

4 Ver también Milanovic (2001).

5 En Rawls (1971), sección 58, se encuentran solamente unos pocos y breves comentarios sobre el tema. Rawls hizo un esfuerzo más sistemático por extender su

teoría a las relaciones internacionales en Rawls (1993) y Rawls (1999). Los más importantes textos de Walzer sobre justicia internacional son Walzer (1980), (1983: cap. 2), (1995) y (1997).

6 El individualismo ético, una noción que nada tiene que ver con una concepción racional egoísta de lo que es bueno para los individuos, es uno de los aspectos de la justicia rawlsiana que la distingue claramente de las concepciones comunitarias de justicia en el caso doméstico.

7 Ver Rawls (1999: 37) para los ocho principios centrales del derecho de los pueblos.

8 Beitz (1979) y Pogge (1989), capítulo 6, son trabajos pioneros en esta área. Ver también Beitz (1999[a]), (1999[b]), (2001) y Pogge (1994[b]), (1998), (1999) y (2001[a]). Beitz (1999a) revisa los desarrollos más significativos de la década de 1990. También se acercan a la perspectiva cosmopolita Barry (1989[a]), Barry (1998) y (1999); Richards (1982); Shue (1996: 153-180).

9 De hecho, Rawls ve este argumento como objeción más general a la concepción cosmopolita liberal-igualitaria de la justicia global. Ver Rawls (1993: 75) y Rawls (1999: 82-85).

10 Utilizo una de las expresiones preferidas de Walzer ("sentidos compartidos"), porque es de hecho muy difícil distinguir la posición de Rawls sobre la justicia internacional del comunitarismo de Walzer.

11 Thomas Pogge presentó este tema en Pogge (1989: 267). La noción de "estructura básica" de la sociedad es, por supuesto, la de Rawls, como así también el argumento sobre por qué la estructura básica debe ser tomada como la materia primaria de la justicia social. Ver Rawls (1971). Lo que está en cuestión aquí es si existe o no, en el nivel internacional, una estructura institucional que pueda ser considerada análoga, en sus efectos distributivos, a las estructuras básicas de las sociedades en el caso doméstico. Retomaré este punto más adelante.

12 Rawls sugiere claramente que hay un vínculo casi necesario entre liberalismo cosmopolita e intervencionismo. Ver Rawls (1999: 60).

13 Esto puede ser ilustrado por la caída significativa sufrida durante los '90, a partir de un nivel ya bajo al principio de la década, de la Ayuda Oficial al Desarrollo (Official Development Aid - ODA) proporcionada por los países de la OECD a los países pobres. Algunos datos sobre ODA son mencionados en la sección III que sigue. Otra ilustración son las reservas que los Estados Unidos ponen invariablemente a cualquier documento internacional que pueda implicar el reconocimiento de deberes de justicia distributiva internacional. Estados Unidos nunca ha ratificado la Convención Internacional sobre Derechos Económicos, Sociales y Culturales.

14 Ver Pogge (1994: 218-19) para un argumento en la misma línea.

15 Para una noción de "sociedades cargadas", ver Rawls (1999: 105-113).

16 En inglés la cita versa: "I believe that the causes of the wealth of a people and the forms it takes lie in their political culture and in the religious, philosophical, an moral traditions that support the basic structure of their political and social institutions, as well as in the industriousness and cooperative talents of its members, all supported by their political virtues. (...) The crucial elements that make the difference are the political culture, the political virtues and civic society of the country, its members' probity and industriousness, their capacity of innovation, and much else. Crucial also is the country's population policy: it must take care that it does not overburden its land and economy with a larger population than it can sustain" (Rawls, 1999: 108). Una idea similar es presentada en Rawls (1993[a]: 77), con la diferencia de que en esta versión anterior de "The Law of Peoples" el argumento de los factores internos fue empleado para explicar más directamente las causas de la suerte de las "sociedades cargadas", en vez de explicar las causas de " la riqueza de un pueblo": "Los peores males sociales en las sociedades más pobres suelen ser los gobiernos opresivos y las élites corruptas; la sujeción de las mujeres incitada por religiones no razonables, con la resultante superpoblación respecto de lo que la economía de la sociedad puede sustentar decentemente".

17 Para una discusión esclarecedora sobre este asunto, ver Barry, "Humanity and Justice in Global Perspective". Este ensayo de 1982 fue republicado en Barry (1989[b]), capítulo 16.

18 Sen (1999: cap. 4-9) ofrece abundantes evidencias empíricas de que las instituciones y políticas domésticas pueden surtir grandes diferencias.

19 Nociones tales como "well-ordered hierarchical societies" y "decent consultation hierarchy", en torno de las cuales gira gran parte de la argumentación en *The Law of Peoples*, son sospechadas de sólo habitar la mente del filósofo. Seguramente la noción de "well-ordered liberal society" es una idea regulativa, pero en este caso el ideal está claramente anclado en algunos aspectos definidos de las sociedades liberales existentes, llamando la atención, al mismo tiempo, al grado en que estas sociedades se alejan del ideal. Es difícil entender el sentido de la noción de una "well-ordered hierarchical society" en este sentido. El ejemplo de Rawls, el país imaginario que él llamó Kazanistan (Rawls, 1999: 75-78), no ayuda mucho a disipar esa impresión de falta de realidad.

20 La cita fue traducida del siguiente párrafo en inglés: Unless the basic structure is regulated over time, earlier just distributions of assets of all kinds do not ensure the justice of later distributions, however free and fair particular transactions between individuals and associations may look when viewed locally and apart from background institutions. For the outcome of these transactions taken toget-

her is affected by all kinds of contingencies and unforeseeable consequences. It is necessary to regulate, by laws governing inheritance and bequest, how people acquire property so as to make its distribution more equal, to provide fair equality of opportunity in education, and much else. That such rules of background justice are in force over time does not detract from but rather makes possible the important values expressed by free and fair agreements reached by individuals and associations within the basic structure. This is because principles applying to these agreements directly (for example, the law of contract) do not alone suffice to preserve background justice (Rawls, 2001: 53).Ver también Rawls (1993: 262-65).

21 Rawls admite, en un punto, que los arreglos institucionales de la sociedad internacional deben tener "efectos distributivos injustificados" (Rawls 1999: 115) que piden corrección, pero este reconocimiento no juega ningún papel en todo cuanto se refiere a su consideración de la justicia internacional.

22 Como fue señalado por Beitz (1979: 151), Pogge (1989: 247) y (1994[b]: 198), y Barry (1989[a]: 183-89).

23 Puede resultar demasiado fuerte hablar de una demostración de hipótesis en un trabajo de teoría política. Lo que pretendo hacer es examinar los argumentos teóricos y la evidencia empírica relevante para esta hipótesis.

24 Ver Rawls (1999: 39) nota al pie.

Diamantes y fetiches
Consideraciones sobre el desafío de Robert Nozick al marxismo

Fernando Lizárraga*

A principios de los años '60 Gerald Cohen conoció de boca de un colega el resumen de lo que poco después se convertiría en un argumento canónico del liberalismo conservador: el caso de Wilt Chamberlain, pieza central en el edificio teórico de Robert Nozick. Los problemas planteados por Nozick agitaron el analítico espíritu de Cohen y le produjeron, según confiesa, una sensación de 'irritación y ansiedad'. Pero la cosa no quedó allí. Con el tiempo, Cohen advirtió que la empresa de refutar a Nozick lo había arrancado de su 'sueño socialista dogmático' (Cohen, 1995: 4). Irritado y ansioso, emprendió la minuciosa tarea. El resultado de este esfuerzo cristalizó en *Self-ownership, freedom and equality* (1995), un erudito y complejo trabajo en el cual Cohen recurre a los más variados instrumentos para desmontar la maquinaria de *Anarquía, Estado y Utopía* (Nozick, 1991). Sin embargo, al cabo de casi trescientas páginas, admite que la refutación no es posible y se contenta con haber erosionado la solidez del planteo de Nozick (Cohen, 1995: 230). Es verdad: los argumentos con que Nozick interpela al sentido común epocal parecen menos invulnerables a la luz de los múltiples contra-argumentos de Cohen.

---

* Profesor en Historia graduado en la Universidad Nacional del Litoral, Santa Fe, Argentina. Master of Arts en Filosofía Política, Universidad de York, Inglaterra. Doctorando en la Facultad de Ciencias Sociales de la Universidad de Buenos Aires.

Pero la irritación y la ansiedad aún persisten. Prueba de ello es un reciente artículo de Carole Pateman en el cual la autora vuelve sobre los pasos de Cohen para avanzar en la refutación de Nozick. ¿Por qué tanto alboroto en torno de una teoría cuyo autor ha reconocido como inadecuada? (cf. Boron, 2002: 143). En primer lugar, porque Cohen tuvo el mérito de haber llamado la atención sobre el serio desafío que la posición nozickiana presenta a categorías clásicas del marxismo. La concepción ortodoxa de explotación, en particular, parece perder fuerza normativa cuando se revela el hecho de que se asienta sobre una afirmación implícita de la autopropiedad, piedra angular del esquema nozickiano (Cohen, 1995: 154 y ss). En segundo lugar, el malestar proviene de la inacabada empresa de Cohen. Sus esfuerzos han producido cuanto más una victoria pírrica, y Nozick parece haber sobrevivido a su propia apostasía intelectual. Por eso, en este ensayo intentaremos revisar algunas cuestiones que Cohen dejó sin explorar, quizá porque ya no cree en ciertas categorías centrales del marxismo.

Lejos de nosotros corregir a Cohen. La sofisticación de su análisis está a distancia sideral de nuestros menguados talentos. Sólo interesa por ahora mostrar que de haber recurrido a 'viejas' herramientas del marxismo se podría haber simplificado el trabajo de desmantelar a Nozick. Reconocemos pues la enorme y fecunda elaboración de Cohen, celebramos el oportuno ensayo de Pateman, y aspiramos a reflexionar sobre los riesgos que se corren al despertar del 'sueño socialista dogmático'.

El presente trabajo se organiza de la siguiente manera. En primer lugar, y con el solo propósito de mostrar la complejidad del asunto, repasaremos algunos de los argumentos más convincentes que presenta Cohen contra la tesis de autopropiedad y sus derivaciones, esto es, la teoría de las apropiaciones y la teoría de las transferencias. Nos detendremos luego en uno de los contraejemplos a través de los cuales Cohen intenta arrinconar a Nozick: el caso de los diamantes. He aquí el núcleo duro de nuestra posición, puesto que intentaremos mostrar que Cohen omite desarrollar dos elementos claves del marxismo: la lucha de clases (porque pone en entredicho la existencia de clases tal como las ha caracterizado la tradición marxista clásica) y el fetichismo de la mercancía (porque ya no cree en esta doctrina). Luego echaremos un vistazo al excelente trabajo de Pateman y marcaremos algunas de sus limitaciones. En suma, afirmamos que Nozick puede ser exitosamente derrotado si –además de los argumentos elaborados por Cohen y Pateman- se recurre a las categorías clásicas de fetichismo de la mercancía, a la perspectiva de clase (en desmedro de los minuciosos contraejemplos de base individual) y si se afirma la idea rawlsiana de la irrelevancia moral del azar (cuestión de la que es plenamente consciente el propio Cohen y sobre la cual no abundaremos en este ensayo).

Cohen vs. Nozick

Robert Nozick sigue la tradición lockeana para organizar su doble teoría de las apropiaciones (o intitulaciones) y de las transferencias legítimas. Boron resume la tesis de Locke diciendo que la propiedad privada es concebida como "una extensión de la personalidad del propietario: éste mezclaba su trabajo con los dones naturales de la tierra y a partir de esa fusión se legitimaba la propiedad" (Boron, 2000: 112). Esta es sin duda la idea básica.

Cohen agrega una distinción con fines argumentativos. Por un lado, intenta definir el concepto de autopropiedad para luego inferir la tesis de autopropiedad (Cohen, 1995: 209). Respecto del concepto, Cohen sostiene que "poseerse a uno mismo consiste en disfrutar respecto de uno mismo todos los derechos que un propietario de esclavos tiene sobre un esclavo" (Cohen, 1995: 214-68). La tesis derivada se formula así: "Cada persona es moralmente propietaria de derecho de su propia persona y poderes y, consecuentemente, cada quién es (moralmente hablando) libre de usar esos poderes como le plazca, siempre y cuando no los emplee agresivamente contra otros" (Cohen, 1995: 67). Si bien a primera vista no parece otra cosa que una reescritura del principio milliano del daño, la tesis de autopropiedad implica fundamentalmente que nadie está obligado a prestar ningún servicio no contractual a otro, so pena de constituirse en un esclavo parcial o ceder parte de su autopropiedad (Nozick, 1991: 173-4; Cohen, 1995: 68; Gargarella, 1999: 50). Lo que importa es lo siguiente: si soy propietario absoluto de mi persona y pongo en acción mis capacidades mediante el trabajo a secas o el trabajo que agrega valor a las cosas (sea valor de uso o valor de cambio, esto no es parte de la discusión en este caso) luego soy el legítimo propietario de aquello cuyo valor he creado y puedo transferirlo a quien me plazca siempre y cuando dicha operación suponga un contrato[1].

De todos modos, conviene no exagerar la fuerza de este argumento, ya que Nozick no deriva la legitimidad de una apropiación sólo desde la autopropiedad. Esta primera parte de la teoría de las apropiaciones está sujeta a una versión laxa del proviso lockeano mediante la cual Nozick justifica como legítimas las apropiaciones que no empeoren la situación de otros.

Concedamos por ahora la validez de la teoría de las apropiaciones y miremos la otra parte de la teoría nozickiana, esto es, la teoría de las transacciones justas.

Uno de los más obstinados argumentos propuestos por el liberalismo conservador en los últimos años pretende demostrar que incluso bajo condiciones de planificación centralizada de la economía los actos libres y voluntarios alterarán las pautas distributivas existentes. El propósito consiste no sólo en denunciar la ausencia de 'libertad' en sistemas de tipo soviético o de bienestar sino, fundamentalmente, en probar la universalidad de la pulsión capitalista.

Milton y Rose Friedman, por ejemplo, fueron pioneros en señalar la existencia de mecanismos de 'cooperación voluntaria' en la Unión Soviética, con lo cual pensaron haber probado que "no es factible (...) la completa supresión de la actividad empresarial privada" porque "el costo de su eliminación sería demasiado alto" (Friedman, 1980). En este mismo sentido, Nozick es categórico: "pequeñas fábricas brotarían en una sociedad socialista, a menos que se prohíban" (Nozick, 1991: 165).

La teoría de las transferencias de Nozick implica que los actos voluntarios y libres entre adultos que consienten alteran cualquier pauta distributiva previa, incluso aquellas estrictamente igualitarias. La libertad, entendida como ausencia de coerción y fraude, desbarata cualquier ordenamiento pautado, ya que dichos ordenamientos sólo pueden ser mantenidos, según Nozick, a expensas de la libertad. La apuesta de Nozick es audaz: quiere probar que dada una situación inicial justa, si se permiten transacciones individuales justas, el resultado no estará en contradicción con la justicia.

¿Qué entiende Nozick por transacción justa? Concretamente, un acto voluntario sin intervención de fuerza ni de fraude, dada una apropiación inicial igualmente justa. Esta caracterización de una transacción limpia sería ampliamente compartida por Friedman, quien afirma que "la posibilidad de coordinación a través de cooperación voluntaria descansa sobre la elemental (...) proposición de que ambas partes en una transacción económica se benefician, siempre y cuando la transacción sea bilateralmente voluntaria e informada" (Friedman, 1962). No menos enfático sobre el requisito de que las operaciones de intercambio sean inmaculadas es uno de los padres de lo que hoy se llama neoliberalismo: Friedrich Hayek. El economista austriaco pone condiciones aún más restrictivas que sus epígonos. En tal sentido dice que "un sistema competitivo eficaz requiere un marco legal inteligentemente diseñado y continuamente ajustado tanto como cualquier otro. Incluso el más esencial prerrequisito de su funcionamiento, la prevención del fraude y el engaño (incluida la explotación de la ignorancia) provee un gran objeto de actividad legislativa" (Hayek, 1944). En suma, una transacción es justa cuando no hay fuerza, ni engaño, ni explotación de la ignorancia.

Suponiendo entonces que las partes son legítimas propietarias de los bienes que pretenden intercambiar y que no hay necesidad de rectificar ninguna injusticia previa, la tesis de las transacciones limpias que propone Nozick se formula de la siguiente manera: "Una distribución es justa si surge de otra distribución justa a través de medios legítimos", o como principio más general, "cualquier cosa que surge de una situación justa, a través de pasos justos, es en sí misma justa" (Nozick, 1991: 154-55). No viene al caso invocar la multitud de contraejemplos que pueden plantearse contra este principio general que parece asumir una fórmula lógica demasiado elemental o trivial, esto es, que sumar justicia más justicia dará como resultado sólo y nada más que justicia (cf. Cohen, 1995: 41-42). En el fondo de este argumento reside la idea de que actos justos (libres y voluntarios) preservan siempre la justicia de la situación inicial.

La respuesta de Cohen a Nozick, como dijimos, es compleja, y a riesgo de simplificar en extremo su posición enumeramos ahora algunos de los argumentos presentados por el filósofo canadiense[2].

No es cierto, dice Cohen, que todas las transacciones libres de fuerza y de fraude preservarán la justicia inicial. La mezcla de justicia con justicia no resulta necesariamente en una situación justa. No sólo los actos deliberadamente fraudulentos pueden arruinar la pulcritud de las transacciones de mercado. También la ignorancia y la mala suerte son factores cuanto menos distorsivos que desafían la idea de que los intercambios justos preservan la justicia original. Entonces puede decirse -y éste es el primer argumento de Cohen- que la ignorancia de las consecuencias a largo plazo puede viciar la justicia de una transacción. Este es el punto de refutación del famoso caso de Wilt Chamberlain. Quienes pagan por ver a su jugador favorito y aceptan que una parte vaya directamente al bolsillo del astro obtienen lo que quieren (ver jugar a Chamberlain) pero pierden en términos de poder y riqueza y, peor aún, ponen en riesgo el esquema igualitario inicial (suponemos que había una distribución igualitaria inicial). El deseo de mantener las cosas como están, surgido de un fuerte *ethos* social, impediría la consumación de la transferencia si se conociera que una de sus consecuencias sería precisamente la alteración de dicho igualitarismo inicial (nos explayaremos sobre este asunto más adelante). En suma, el primer argumento de Cohen radica en que las transacciones justas pueden tener resultados injustos en términos de desigualdad no advertida por los participantes.

Nozick se equivoca al sostener que una cadena de transacciones justas no produce jamás una situación injusta en la que un individuo debe elegir, por caso, entre aceptar un empleo o morir de hambre. Para los libertarios de derecha, que alguien se encuentre en esta posición es apenas un caso de mala suerte que no puede ser sometido a valoración moral alguna. Es totalmente justo, aunque lamentable, que un individuo deba elegir entre trabajar o morir de hambre. Nozick niega que el trabajador sea forzado a elegir o que haya sido forzado a dicha situación, que surge de una cadena anterior de transacciones libres, voluntarias, y por ende legítimas. Cohen traduce a Nozick de este modo: "Z (el último eslabón de la cadena) es forzado a elegir sólo si las acciones que producen la restricción de alternativas fueron ilegítimas" (Cohen, 1995: 36). Cohen replica entonces que se trata de un "abuso del lenguaje de la libertad", ya que en rigor el derecho de propiedad excluye de hecho, aunque no de derecho, a los trabajadores. Y agrega que muy a pesar suyo Nozick debe admitir que el trabajador desposeído de recursos externos es forzado, aunque este forzamiento pueda no ser objeto de crítica moral. De allí que Nozick se vea en problemas para salir de la circularidad de su definición de actos justos como libres de fuerza y de fraude. Porque tiene que reconocer que en el caso del obrero éste está forzado a elegir, con lo cual se desmorona su definición de la transacción justa. El problema radica en que si bien Nozick invoca la libertad como fundamento último de su teoría, en realidad el núcleo de la misma es la autopropiedad, que de ningún modo constituye una concepción sustantiva de la libertad y mucho menos de la autonomía. Es de notar que Cohen no recurre aquí al excelente argumento que él mismo utilizara en un artículo previo, "The structure of proletarian unfreedom", en el cual decía que si bien los miembros del proletariado son individualmente libres de 'salir' de su posición de clase, están colectivamente forzados a vender su fuerza de trabajo. "El proletariado es colectivamente no libre, una clase prisionera" (Cohen, 1998[b]: 433) escribía Cohen, en un tono y desde una perspectiva que revelaba su todavía fuerte compromiso con el marxismo.

Una de las más trabajosas argumentaciones de Cohen aparece en el Capítulo 2 de su libro. Su estrategia consiste en socavar la credibilidad de la teoría de las transacciones a través de pequeños contraejemplos, para avanzar después con objeciones sustanciales. Dejemos por ahora de lado los pequeños casos y digamos que otra vez la ignorancia de las consecuencias, en general, echa sombras sobre la justicia de las transacciones. "Accidentes, falta de conocimiento previo relevante y procesos combinatorios previos pueden razonablemente ser considerados como productores de injusticia situacional" (Cohen, 1995: 46). Esto es particularmente aplicable a la justicia en los mercados capitalistas, ya que si bien los mercados ideales están sujetos a la idea de total transparencia epistémica, los mercados reales están "conceptualmente ligados a la idea de ignorancia sobre el futuro" (Cohen, 1995: 52).

Otra línea de ataque de Cohen hace eje en la cuestión de las intervenciones no contractuales (los impuestos, por caso), tan horrendas para Nozick porque violan las 'restricciones laterales' (*side constraints*). Cohen replica con un impecable argumento. Las prohibiciones pueden, lógicamente, aumentar el rango de opciones y por ende aumentar la libertad disponible. Esto está concatenado con el siguiente argumento. Si, como sostiene Nozick, los individuos son inviolables, y para eso actúan las restricciones laterales, luego la propiedad privada es inviolable. Lo que no acierta a decir Nozick es que la propiedad privada absoluta restringe la libertad de los no propietarios al acceso a la propiedad. El problema, continúa Cohen, es que Nozick utiliza (y manipula) una definición de derecho de la libertad distinta de la libertad natural, lo cual implica un truco que deja afuera a los no-propietarios, cuyos derechos parecen no importar una vez establecidos los derechos de propiedad. En otras palabras, para legitimar la propiedad Nozick apela a la libertad natural, pero para defenderla recurre a una concepción de derecho de la libertad según el esquema hofeldiano (Cohen, 1995: 222 n).

Tras haber puesto en entredicho la teoría de las transferencias justas, Cohen llega a la conclusión de que la propiedad y la libertad son, tal como las presenta Nozick, incompatibles. Por ende, infiere, el núcleo de la posición nozickiana no es la libertad, sino la reaccionaria tesis de autopropiedad que Nozick asimila caprichosamente a la idea de autonomía kantiana.

A partir de allí, Cohen despliega sus talentos para demostrar que tampoco las apropiaciones legítimas de Nozick pueden justificarse plenamente, y para señalar los problemas que el liberalismo conservador plantea al marxismo clásico. Para no abundar en cuestiones que escapan al interés del presente texto diremos solamente que

Cohen intenta un doble ataque sobre Nozick. En primer lugar procura demostrar, con bastante éxito, que el proviso lockeano no se cumple según el parámetro fijado por Nozick de que nadie sea perjudicado (esté peor) luego de un proceso de apropiaciones (Cohen, 1995: 74 y ss.)[3]. En segundo término, exhibe cómo -incluso concediéndose la tesis de autopropiedad- es posible alcanzar resultados igualitarios si se supone que los recursos externos son propiedad común, esto es, si se cambia la premisa nozickiana de que la naturaleza no es de nadie, y se la sustituye por una premisa basada en la idea de que el uso de los recursos externos comunes está sujeto al veto de los demás. De todos modos, esta combinación, si bien es capaz de producir igualdad de condición, lo hace a expensas no sólo de la autopropiedad sino de la autonomía bien entendida (Cohen, 1995: 92 y ss).

Explotación y autopropiedad

Tras haber debilitado la posición de Nozick, Cohen dedica buena parte de su libro a mostrar por qué el liberalismo conservador resulta tan amenazante para los marxistas mientras deja imperturbables a los liberales igualitarios. La respuesta es que los últimos no afirman la idea de autopropiedad, ya que consideran como moralmente irrelevante todo aquello que procede de la suerte bruta. En cambio, según Cohen, los marxistas, en su clásica teoría de la explotación, afirman (o al menos no niegan) la tesis de autopropiedad. Si la explotación es un robo porque el obrero no recibe pago alguno por el sobre-trabajo, ¿por qué no afirmar también que los impuestos son robos contra la propiedad de quien la obtiene legítimamente? Y si lo malo de la explotación es que se trata de un acto forzado, ¿por qué no es malo, por la misma razón, que el Estado imponga cargas sobre las riquezas o las ganancias? Además, si el capitalista ocioso extrae su ganancia del obrero industrioso y esto está mal, ¿por qué no está mal que el Estado extraiga forzadamente el dinero de los ciudadanos para mantener, mediante esquemas de seguridad social, a los desocupados o a los discapacitados improductivos?

Cohen intenta rescatar al marxismo de este pantano. Quiere, entre otras cosas, recuperar el valor crítico normativo de la teoría de la explotación frente al escepticismo que introdujera John Roemer a través de sus escritos. Para Cohen, la explotación según la versión canónica consiste en el robo de 'el tiempo de trabajo de otra persona' (Cohen, 1995: 145). "La crítica marxista de la injusticia capitalista, por lo tanto, implica que el trabajador es el propietario de su tiempo de trabajo (...) El reclamo de que el capitalista roba tiempo de trabajo de los trabajadores implica que el trabajador es el propio dueño de su fuerza de trabajo" (Cohen, 1995: 146). Esto conlleva al menos una implícita afirmación de la tesis de auto-propiedad.

Una posible salida de este problema consiste en afirmar más decididamente un principio igualitario, como hacen Rawls y Dworkin, con lo cual puede justificarse tanto la distribución *welfarista* como la distribución de los frutos de los talentos. Por eso, Cohen advierte que el desafío de Nozick ha hecho que los marxistas deban tomar más en serio su adhesión a la igualdad, fundada en principios, y no como mera descripción de una situación futura de plena abundancia[4].

Si la versión clásica de la explotación afirma la autopropiedad, cabe preguntarse cómo concibe Cohen la injusticia de la explotación sin recurrir al principio nozickiano. Aquí, Cohen despliega su exquisita sofisticación al condenar la explotación mediante un argumento propio del funcionalismo. Combina la desigualdad de recursos externos y la extracción forzada de plus-valor, y así sostiene que la transferencia no retribuida y forzada de plus-valor del trabajador al capitalista es injusta cuando refleja una distribución desigual de los recursos (medios de producción), siendo esta última injusta porque precisamente tiende a producir la transferencia forzada y no retribuida. Dice Cohen: "Podemos decir a la vez que la extracción es injusta porque procede de una desigual (y por lo tanto injusta) distribución de activos, y que esta última es injusta porque genera una extracción injusta. El flujo es injusto porque refleja un injusta división de recursos que es injusta porque tiende a producir precisamente dicho flujo" (1995: 199).

El argumento de Cohen es sin duda interesante y resuelve un problema para el marxismo.

Pero tal vez no baste con decir que la transacción es injusta porque es forzada, sino también porque está viciada por la ignorancia. Hemos visto que las transacciones justas de Nozick pueden ser impugnadas si se demuestra que la extrema ignorancia ha 'ensuciado' dichas transferencias. En la teoría de la explotación, íntimamente relacionada con la doctrina del fetichismo de la mercancía, también juega un papel crucial el problema de la ignorancia. Cohen no desconoce este problema. En su clásico texto *Karl Marx's Theory of History: A Defense* (Cohen, 1998 [a]), dedica todo un capítulo al problema del fetichismo y lo coloca correctamente en la perspectiva de la lucha de clases[5]. La pregunta que sigue de esta verificación es, desde luego, por qué Cohen abandona la posibilidad de explorar la relación entre explotación y fetichismo.

Puede inferirse la respuesta si se observa que Cohen ya no cree en la descripción clásica del proletariado. Los cambios que a mediados de los '90 Cohen advierte en la estructura de las clases sociales le hacen sostener que ya no hay correspondencia entre la descripción del proletariado que se encuentra en el marxismo y lo que cree observar en la realidad. Así, Cohen ya no piensa que los trabajadores sean a la vez la mayoría, los que producen toda la riqueza social, los únicos explotados, los más necesitados, los que no tienen nada que perder, y los que van a cavar la fosa del capitalismo (Cohen, 1995: 154-55). Su posición es de algún modo perturbadora: "el proletariado no ganó ni ganará la unidad y el poder anticipados en la creencia marxista. El capitalismo no cava su propia fosa al producir el agente de la transformación socialista" (Cohen, 1995: 8-9)[6]. Es lógico, pues, que desde semejante premisa pueda prescindir de la perspectiva que ofrece la lucha de clases. ¡Qué diferente era el Cohen que aún no se consideraba semi-marxista! En el ya mencionado artículo "The structure of proletarian unfreedom"citaba a Brecht, hablaba de cómo la solidaridad puede derrotar estrategias instrumentalmente racionales y condenaba la subordinación de los proletarios frente a la clase capitalista. El mundo cambió, y Cohen cambió. El método de Cohen también cambió. Al renunciar a la perspectiva de clase se ha puesto a sacar conclusiones generales de ejemplos creados en mundos de sólo dos personas (Cohen, 1995: 79). Antes al menos recurría a la sutileza escolástica del *sensu diviso* y el *sensu composito*, y reconocía el problema de las falacias de composición.

Cabe entonces la posibilidad de explorar un camino que Cohen prefirió no transitar y preguntarse qué pasaría si Nozick es interpelado desde la perspectiva de clase y desde la doctrina del fetichismo de la mercancía.

Extrema ignorancia

Recordemos en primer lugar que Nozick señala que la fuerza y el fraude son capaces de viciar una transacción justa. Que hay una situación forzada en la explotación está fuera de toda duda, incluso para Cohen. Para abundar, tengamos presente que Hayek prohíbe la "explotación de la ignorancia" como condición para considerar como justa una transacción.

En el Capítulo 2 de *Self-ownership...* Cohen introduce un ejemplo interesantísimo, el denominado "caso de los diamantes":

"Podemos echar sombras sobre [la fórmula nozickiana según la cual cualquier cosa que surge de una situación justa a través de pasos justos es en sí misma justa] incluso si cedemos ante la insistencia de que la situación original sea transformada sólo por pasos justos. Recordemos que estamos adoptando la visión, sostenida por Nozick, de que los pasos califican como justos siempre y cuando nadie se comporte coercitivamente o fraudulentamente en el curso de los mismos. Dada esta visión, podemos advertir un tipo de desventura inherente a los pasos justos capaz de subvertir la justicia: cuando los agentes se comportan con extrema ignorancia. Yo te vendo un diamante a cambio de un ínfimo pago (o te lo doy porque es mi capricho), un diamante que ambos pensamos que es un vidrio. Por medio de este paso justo (de acuerdo a la hipótesis de Nozick) surge una situación en la cual tú pasas a tener un diamante. Pero pocos considerarían que la justicia ha sido bien servida si, cuando su verdadero carácter sale a la luz, te lo quedas, aunque nadie se haya comportado injustamente en la transacción generativa" (Cohen, 1995: 44-45).

Cohen advierte que Nozick puede defenderse de este contraejemplo flexibilizando su propia fórmula y diciendo que los pasos justos preservan la justicia siempre y cuando no haya groseros errores o accidentes. Esto se puede lograr introduciendo una cláusula como la siguiente: "lo que surge de una situación justa como resultado de transacciones plenamente voluntarias que todos los agentes habrían aceptado si hubiesen conocido los posibles resultados es en sí misma justa". Este tipo de cláusulas refutaría el caso de los diamantes, pero es tan restrictiva que sería imposible de operar en los mercados reales, los cuales, como se dijo más arriba, están "conceptualmente ligados a la idea de ignorancia sobre el futuro".

Cohen se da por satisfecho con este argumento, y es precisamente aquí donde nace nuestra insatisfacción con Cohen. Salta a la vista que el problema en el caso de los diamantes no es sólo el de las consecuencias: el problema está en el objeto intercambiado, en su opacidad. Para 'ver' esto es preciso 'mirar' desde el fetichismo de la mercancía. En el trabajo de Cohen el caso de los diamantes es solamente un 'pequeño' contraejemplo desde el cual se puede poner en aprietos a Nozick. Sin embargo, es dable pensar que este caso, aún con lo insólito que parece, es moneda corriente en el capitalismo. Los cristales/diamantes son mercancías, y como tales son una entidad específica del capitalismo, sistema que se basa en una masiva producción y circulación de supuestos cristales que en realidad son diamantes.

Metáforas aparte, el sistema se funda en el hecho de que el trabajo oculta a la vista de los actores del sistema su carácter dual como valor de uso y valor de cambio. De allí que el trabajador vende un cristal que, tan pronto es puesto en acción en el proceso productivo, se convierte en un diamante que le genera a su dueño mucho más valor que el pagado inicialmente.

Esto es marxismo básico. Por eso Marx sostiene que el precio que se paga por la fuerza de trabajo es el precio de mercado, pero tan pronto como se observa el proceso productivo se advierte que el intercambio de equivalentes es una mera apariencia. Ya no sólo se trata de que el trabajador es forzado a entrar en la relación contractual por ausencia de una alternativa razonable, sino que dicho forzamiento está enmascarado por la peculiar característica que posee la fuerza de trabajo como mercancía. Parafraseando a Cohen, nadie pensará que la justicia ha sido bien servida una vez que sale a la luz el hecho de que el capitalista ha comprado al valor de un cristal lo que en realidad es un diamante. Cuando sale a la luz el verdadero carácter del objeto transado, la injusticia de la transacción es evidente.

Marx era consciente de que, como resultado de una compra-venta, el salario no suponía, a primera vista y según las leyes burguesas, un fraude por parte del capitalista al obrero. "Marx se refiere a la diferencia del valor de la fuerza de trabajo y el valor que ésta crea como 'un poco de buena suerte para el comprador, pero de ningún modo un daño para el vendedor'" (Geras, 1986: 77). Claro, es una suerte que la mercancía en cuestión tenga la propiedad de producir mucho más que su propio valor de mercado. Ahora bien, la apariencia de la transacción justa desaparece tan pronto se adopta la perspectiva de las clases en pugna y se observan las relaciones sociales capitalistas. El fraude de una transacción de mercado laboral no reside en el procedimiento, ni en la voluntad o libertad de los actores, sino en el propio sistema. Marx lo explica sin ambages en Capital I: "Podemos, por lo tanto, comprender la importancia decisiva de la transformación del valor y precio de la fuerza de trabajo en la forma de salarios, o en el valor y precio del trabajo mismo. Todas las nociones de justicia sostenidas tanto por el trabajador como por el capitalista, todas las mistificaciones del modo de producción capitalista, todas las ilusiones del capitalismo acerca de la libertad, todos los trucos apologéticos de la economía vulgar, tienen su base en la forma de apariencia discutida más arriba, que hace a la relación real invisible, y en efecto presenta a los ojos el opuesto preciso de dicha relación" (Marx, 1990: 680). Esta apariencia pura induce a pensar que todo el trabajo (medido en tiempo o en piezas) es remunerado, y oculta la división entre el trabajo necesario y el plus-trabajo. La forma salario produce una doble mistificación: por un lado la venta de fuerza de trabajo aparece como intercambio de equivalentes, y por otro aparece como una transacción voluntaria por parte del trabajador. Todo esto, dirá Marx, están más allá del marco referencial de los agentes económicos. "El valor de uso suministrado por el trabajador al capitalista no es en realidad su fuerza de trabajo sino su función, una forma específica de trabajo útil (...) Este mismo trabajo es, por un lado, el elemento universal creador de valor, y por lo tanto posee una propiedad en virtud de la cual difiere de todas las demás mercancías, es algo que está más allá del marco de referencia de la conciencia cotidiana" (Marx, 1990: 681). Incluso el capitalista es presa de esta apariencia al creer que su ganancia deriva de haber comprado la fuerza de trabajo a un precio inferior al del producto final. Marx advierte que si existiese en realidad el valor del trabajo, y el capitalista pagara todo su valor, el dinero del capitalista nunca se transformaría en capital. Tanto el trabajador como el capitalista son rehenes de un sistema de apariencias.

Desde ya que no estamos sugiriendo que el problema del capitalismo se resuelva mediante un mero acto de conciencia, es decir, mediante la comprensión del problema, como pretendían los jóvenes hegelianos. Ni tampoco mediante la educación del capitalista, como deseaban los utópicos. "Las formas de apariencia son reproducidas directa y espontáneamente, como modos usuales y corrientes de pensamiento; la relación esencial debe ser primero descubierta por la ciencia. La economía política clásica tropieza casi sobre el real estado de cosas, pero sin formularlo conscientemente. No puede hacerlo mientras permanezca dentro su piel burguesa" (Marx, 1990: 682). El modo de superar la apariencia consiste en adoptar la perspectiva de clase y disolverla prácticamente en la lucha de clases.

El caso de los diamantes, entonces, bien podría constituir una rareza dentro del universo de transacciones justas que propone Nozick, pero en el capitalismo es la norma. Incluso debe decirse que frente a situaciones de "capitalismo generado limpiamente", como se ha propuesto a menudo desde el marxismo analítico, la situación no se aplica a nivel individual porque la relación de subordinación-explotación no es entre dos particulares, sino entre clases. El obrero es esclavo del capital, de los capitalistas como clase, y no de un capitalista particular.

Un excelente artículo de Norman Geras viene a cuento para abundar allí donde Cohen se detuvo. Geras afirma que es obvio que para Marx la función de la ciencia consiste en disolver las apariencias y exhibir la realidad subyacente. Pero en el caso de la doctrina del fetichismo tenemos algo más que una simple elección de un método, tenemos una "relación de adecuación entre el objeto y el método; el carácter de este último determinado por la estructura del primero [la sociedad capitalista]" (1986: 65). Geras distingue dos aspectos mistificatorios del fetichismo de la mercancía: hay por un lado apariencias que no son falsas como tales sino que de algún modo se corresponden con la realidad objetiva (naturalizaciones, percepciones subjetivas), y por otro apariencias puras sin correspondencia alguna con la realidad. Ejemplo del primer caso es el valor, y del segundo caso el salario (1986: 70). El caso de los diamantes, como dijimos, puede presentarse como una analogía respecto de la compra-venta de fuerza de trabajo. Así, el capitalista y el trabajador intercambian un cristal (fuerza de trabajo) sin advertir que se trata de un diamante (trabajo). Al pasar de la esfera de la circulación a la esfera de la producción, el cristal se transforma en diamante. En la forma salario, "el valor de la fuerza de trabajo es transformado de tal modo que adquiere la (falsa) apariencia del valor del trabajo (...) Lo cual es decir que oculta el aspecto esencial de las relaciones capitalistas, es decir, la explotación" (1986: 77).

Como apuntamos más arriba, Marx escribió que en la venta de fuerza de trabajo no hay daño ni fraude hacia el trabajador, sino que es sólo una cuestión de buena suerte para el capitalista.

Pero Marx sabía que esto era cierto si y sólo si se adoptaba una perspectiva acotada, la perspectiva de la parte -de la legalidad burguesa- que se da de bruces con la perspectiva de totalidad. "La explotación capitalista no está basada fundamentalmente en un capitalista individual que engaña a sus trabajadores; de acuerdo a todas las leyes de producción de mercancías, el trabajador recibe el valor total de la mercancía que vende. Por otro lado, estas leyes mismas entrañan un daño y un fraude mucho más grande que el engaño individual; el inconsciente daño y fraude de una clase a la otra" (Geras, 1986: 77). En consecuencia, el análisis de la forma salario desnuda la realidad subyacente, el motor histórico y central para el marxismo: la lucha de clases.

Geras aclara que ni el proceso de circulación ni el proceso productivo son ilusiones: es en el tránsito entre ambas esferas cuando se produce la ilusión de que el salario representa el valor del trabajo, forma imaginaria como un 'logaritmo amarillo'. Veamos. "Al moverse de la circulación a la producción, el análisis se mueve de la consideración de la relación entre individuos a la consideración de relaciones entre clases, de la cual la primera es una función. Sólo este cambio de terreno puede desmitificar las apariencias" (1986: 79). Claro está, por lo tanto, que la lucha de clases no es una categoría meramente descriptiva, sino una categoría analítica central para el marxismo y que Cohen no utiliza en toda su dimensión.

Insistimos: no es un simple cambio subjetivo lo que se necesita para superar las apariencias porque "la ilusión de la forma salario es opaca y tenaz, porque (como el caso del fetichismo) es el caso de la realidad que engaña al sujeto en vez de que el sujeto se engaña a sí mismo" (1986: 79). Se trata, en suma, de transformar la realidad que genera dicho sistema de apariencias. Para abusar de la "ortodoxia", estamos ante un problema práctico, y no ante un acertijo escolástico. Sólo desde esta perspectiva de la praxis, desde una visión de totalidad, puede encararse la comprensión y resolución del problema, "y esto se logra mediante el análisis de las relaciones esenciales de la sociedad capitalista, esto es, las relaciones de clase".

Posicionarse desde la clase y la lucha de clases implica "el rechazo de seguir pensando exclusivamente en términos de relaciones entre individuos" (Geras, 1986: 82). Por eso, si bien es innegable el interés argumental de los casos de capitalismo limpiamente generado u otros casos hipotéticos entre un capitalista discapacitado y un trabajador feliz, no es menos cierto que estos dispositivos teóricos carecen de fuerza política porque parecen abjurar de la perspectiva de clase. En suma: Cohen se ve forzado por su propio argumento a abandonar la perspectiva de clase, puesto que entiende que el proletariado ha dejado de ser un agente social revolucionario. Por esta misma razón no puede adoptar la herramienta del fetichismo para avanzar en la impugnación del argumento nozickiano. Y así el análisis de Cohen tiende a despolitizarse, situación que con justicia (y con sus límites) criticará Carole Pateman desde la perspectiva democrática.

La crítica democrática

En el *Manifiesto Comunista*, Marx y Engels afirman que "el primer paso de la revolución obrera lo constituye la elevación del proletariado a clase dominante, la conquista de la democracia" (Marx y Engels, 1998: 66). Baste esta única referencia para presentar nuestra convicción de que la democracia sustantiva sólo es posible en el socialismo. Cohen es consciente de que la teoría democrática es capaz de impugnar categóricamente al capitalismo y, desde luego, al liberalismo conservador de Nozick. Lo dice explícitamente al elogiar los trabajos de Robert Dahl y Michael Walzer[7]. Pero como está concentrado en el problema de la explotación, no explicita el compromiso democrático subyacente en varios de sus argumentos.

Volvemos entonces al caso de Wilt Chamberlain para mostrar que Cohen pudo también haber sido más 'político' en su condena a las transacciones 'limpias' nozickianas. Dijimos que si los espectadores que pagan un dinero extra para ver jugar a Wilt Chamberlain supieran que la sumatoria de estas transacciones individuales producirá un profundo desequilibrio en términos de riqueza y poder, probablemente se negarían a pagar. Así, Cohen sostiene que "una de las razones para limitar cuánto un individuo puede tener, independientemente de cómo llegó a tenerlo, es prevenir que pueda adquirir, a través de sus posesiones, una inaceptable cantidad de poder sobre los demás" (Cohen, 1995: 25). Elmar Altvater ha puesto la cuestión en su justo término al afirmar que "el poder no es una categoría externa a la lógica del mercado, sino que se afirma dentro de la operación de dicha lógica del mercado. Los mercados son, necesariamente, fuentes de desigualdad" (Altvater, 1993). En el mismo sentido se expresa Samir Amin al decir que "los sistemas sociales anteriores al capitalismo (...) estaban fundados en lógicas de sumisión de la vida económica a los imperativos de la reproducción del orden político-ideológico, en oposición a la lógica del capitalismo que invirtió los términos (en los sistemas antiguos el poder es la fuente de riqueza, en el capitalismo la riqueza funda el poder)" (Amin, 2000: 16).

Es posible suponer que si el punto de partida es una sociedad igualitaria sostenida en un *ethos* de igual signo, los individuos de la sociedad en la que vive y juega Wilt Chamberlain pensarían muy bien antes de dotarlo de un poder desigual sobre ellos. Puede alegarse también que el efecto que semejante desigualdad tendría sobre los no nacidos constituye un cargo de injusticia contra el resultado obtenido 'limpiamente'. Si los que desean ver a Chamberlain valoran más su propia libertad que el placer inmediato de ver al jugador en acción, seguramente se resistirán a promover un alejamiento de la igualdad inicial y la subsiguiente amenaza a sus propias libertades. Aunque Cohen no lo diga, es posible inferir que la sociedad igualitaria que se niega a ceder una posición de privilegio a su deportista favorito es al mismo tiempo una sociedad democrática. ¿Cómo podría constituirse ese *ethos* igualitario sino en democracia? ¿Cómo sería posible la 'igualdad voluntaria' que propone Cohen sino en un marco democrático?

La perspectiva democrática, en suma, permite profundizar la discusión política contra el capitalismo y situarla en el *locus* indispensable de toda crítica marxista, la lucha de clases como lucha por la democracia. En un reciente artículo Carole Pateman lamenta la despolitización de Cohen, la emprende enfáticamente contra el 'imperialismo' de la filosofía moral y contra el rawlsianismo metodológico, y propone adoptar una perspectiva histórica sobre el problema de la autopropiedad y rechazar esta tesis por sus implicancias antidemocráticas.

En los tramos iniciales de su ensayo, Pateman sostiene que con fines analíticos es preciso abandonar el lenguaje de autopropiedad y reemplazarlo por el de 'propiedad de la persona'. Además, coincide con Cohen en que también es necesario rechazar la idea de que autopropiedad y autonomía son sinónimos. Para algunos esto puede parecer banal o un simple problema de términos, pero para Pateman no es lo mismo hablar de 'auto-propiedad' que de 'propiedad en la persona', aunque muy a menudo se usan indistintamente. "El concepto de *self*, mientras que es central para el argumento moral, no tiene la misma significación legal y política que 'persona'" (2002: 23). Su preferencia por 'propiedad en la persona' también tiene algo de purismo, ya que remite directamente al concepto tal como lo acuñara Locke.

Con todo, Pateman busca enfatizar que, según el concepto de propiedad de la persona, existe una parte de cada individuo que actúa como propietaria del resto de las partes y puede disponer de éstas como si dispusiese de bienes materiales. Este 'propietario' interior (que goza del mismo status que las demás partes de la persona) tiene un ilimitado derecho a disponer sobre sí mismo y sobre las partes de su persona concebidas como propiedad, que, como toda propiedad, es alienable (2002: 26). Hechas estas precisiones conceptuales, nuestra autora adelanta su conclusión al decir que en definitiva "la idea de propiedad en la persona debe ser abandonada si un orden más libre y democrático debe ser creado" (2002: 20).

Para Pateman, los esfuerzos de Cohen han sido insuficientes por haberse concentrado excesivamente en la explotación dejando de lado el problema de la subordinación implícito en toda relación laboral capitalista. "Así, la explotación de los trabajadores es analizada pero no la alienación de la autonomía o del derecho al auto-gobierno -la subordinación- implicada en el contrato de empleo". Dicha subordinación, sostiene, supone la aceptación de la idea de "propiedad en la persona -una ficción política, pero una ficción con una poderosa fuerza política" (2002: 21). Conviene decir aquí que la ficción no supone irrealidad, sino una representación de la realidad. Los glosadores medievales ya lo sabían: *fictio figura veritatis*, decían.

Pateman concede que antropológicamente es imposible separar, como dice Cohen, lo que posee de lo que es poseído; por eso, la propiedad en la persona es una ficción política. Sin embargo, en la práctica se mantiene la ficción operativa y se actúa, vía contrato, como si la propiedad en la persona fuera alienable. Y he aquí el punto crucial: "El aspecto significativo de los contratos que constituyen tales relaciones (matrimonial, de empleo, etc.) no es el intercambio, sino la alineación de una particular pieza de propiedad en la persona, es decir, el derecho al auto-gobierno. Cuando los 'derechos' son vistos en términos de propiedad pueden ser alienados, pero en una democracia, el derecho al autogobierno sólo es parcialmente alienable" (2002: 27).

Esta concepción propietaria de los derechos está sujeta a tres interpretaciones. Si se considera que estos derechos son totalmente alienables, se llega al absolutismo o *dominium* y es posible justificar la esclavitud, como en el caso de Nozick. Si en cambio se considera que son parcialmente alienables, estamos en presencia del constitucionalismo, que permite la alineación de propiedad sólo parcial. Así, no puede alienarse la persona como todo, pero sí su fuerza de trabajo. "Este camino lleva a la democracia en el cuerpo político pero no en la economía", concluye Pateman (2002: 31). Cabe la posibilidad lógica de considerar que los derechos de propiedad en la persona son inalienables y en consecuencia impugnar la institución del empleo, una de las piezas clave del capitalismo. Pero como toda propiedad es por definición alienable, es preciso decir que los derechos de autogobierno no pueden ser concebidos en términos de propiedad de la persona sino en términos de autonomía. Por eso, autopropiedad (o propiedad en la persona) y autonomía son términos incompatibles.

La institución del empleo, como se vio, reside en una ficción política: "la ficción de que las capacidades pueden ser tratadas como separables de las personas" y de que "los individuos son propietarios de propiedad en sus personas" (Pateman, 2002: 33 y 36). Sin embargo, en los hechos los empleadores contratan personas y no pedazos de propiedad, gobiernan personas enteras y no sólo factores de producción. Por ende, la relación de empleo entraña un vínculo de subordinación y restricción de la libertad que la autora denomina "subordinación civil". Dicha subordinación a su vez se justifica mediante el "mito fundamental de que la propiedad de capital da al propietario el derecho de gobierno sobre otros" (2002: 36). Incluso en casos de capitalismo limpiamente generado, "la consecuencia de la entrada voluntaria en un contrato de empleo es la subordinación civil, la disminución, a un grado mayor o menor, dependiendo de las circunstancias del contrato particular, de la autonomía y el auto-gobierno" (2002: 38).

Es obvio desde la perspectiva democrática que tal subordinación resulte problemática.

¿Cómo es posible justificar la existencia del dominio del capitalista y al mismo tiempo afirmar las virtudes de la democracia en la esfera pública? La respuesta está precisamente en el mantenimiento de la ficción política de que la fuerza de trabajo es alienable, tan alienable como el derecho al auto-gobierno. "La justificación del empleo como el paradigma del trabajo libre descansa en la ficción política de que un pedazo de propiedad de la persona, la fuerza de trabajo, es alienable. De hecho, la fuerza de trabajo no es separable de su dueño y por lo tanto no es alienable. Ya que la fuerza de trabajo no puede ser alienada, cualquier debate sobre si debería o no debería ser alienable (...) es un debate sobre 'hagamos como si'. Tal debate distrae la atención de la subordinación que constituye el empleo, y de lo que es en efecto alienado a través del contrato de empleo, el derecho al autogobierno" (Pateman, 2002: 50).

La idea de subordinación que comporta la institución del trabajo asalariado no es, desde luego, un hallazgo de Pateman. Engels, en su "Introducción" a *Wage Labour and Capital*, ya sostuvo la "inseparabilidad" de las personas y su fuerza de trabajo. Dice Engels: "(el trabajador) alquila o vende su fuerza de trabajo. Pero su fuerza de trabajo está unida (*intergrown*) con su persona y es inseparable de ella" (1991: 67). También Lukács dice que la fuerza de trabajo es "inseparable de la existencia física" del trabajador (Lukács, 1990: 166).

Más aún, Marx entiende que la venta de fuerza de trabajo es una rendición de la actividad vital. "(El obrero) trabaja para vivir. Ni siquiera reconoce al trabajo como parte de su vida, es en cambio un sacrificio de su vida" (Engels, 1991: 73). Este sacrificio, este perder para sí el 'noble poder reproductivo' implica una brutal subordinación, pero no sólo una subordinación individual, sino una subordinación colectiva, de clase. "El trabajador cuya única fuente de supervivencia es la venta de su trabajo no puede abandonar a toda la clase de compradores, esto es, la clase capitalista, sin renunciar a su existencia. El no pertenece a éste o aquél burgués, sino a la burguesía, a la clase burguesa, y es su negocio abandonarse, esto es, encontrar un comprador en la clase burguesa" (Engels, 1991: 73). En suma, se trata de una "dominación del trabajo pasado, acumulado y materializado sobre el trabajo viviente lo que transforma al trabajo acumulado en capital" (Engels, 1991: 79).

El capitalismo lleva inscripta una relación de dominación de una clase sobre la otra. Otra vez estamos en presencia de la categoría fundante del marxismo, la lucha de clases. De esto Pateman no dice una sola palabra. Su análisis, valioso como es, contiene la limitación de pensar que basta con una correcta conceptualización, con el abandono de ciertas categorías analíticas, para producir los cambios deseados, al igual que Cohen sugiere rechazar la tesis de autopropiedad pero no nos dice qué lograremos con dicho rechazo más allá de una gratificante victoria sobre las hordas nozickianas. Luego, así como Cohen desaprovecha la doctrina del fetichismo porque ha cambiado su visión respecto de la naturaleza del proletariado, también Pateman queda a mitad de camino por no observar que la democracia y la lucha de clases son categorías inseparables. Si sólo se trata de un cambio de lenguaje, colapsamos otra vez en la ilusión de los jóvenes hegelianos, aquéllos a quienes Marx acusara de querer cambiar el mundo con sólo combatir las frases de este mundo.

Bibliografía

Altvater, Elmar 1993 *The Future of the Market. An Essay on the Regulation of Money and Nature after the Collapse of 'Actually Existing Socialism'* (London-New York: Verso).

Amin, Sarmir 2000 "Capitalismo, imperialismo, mundialización", en Seoane, José y Emilio Taddei (Compiladores) *Resistencias mundiales. De Seattle a Porto Alegre* (Buenos Aires: CLACSO).

Anderson, Perry 2000 "Renewals", en *New Left Review* (Londres) Second Series, Nº 1, January-February, 5-24.

Boron, Atilio A. 2000 *Tras el Búho de Minerva. Mercado contra democracia en el capitalismo de fin de siglo* (Buenos Aires: Fondo de Cultura Económica).

Cohen, Gerald A. 1995 *Self-ownership, Freedom and Equality* (Cambridge: Cambridge University Press).

Cohen, Gerald A. 1998 [a] (1978) *Karl Marx's Theory of History: a Defense* (Oxford: Clarendon Press).

Cohen, Gerald A. 1998 [b] (1983) "The structure of proletarian unfreedom", en Goodin, R. y P. Pettit (Editors) *Contemporary Political Philosophy. An Anthology* (Oxford: Blackwell).

Engels, Friederich 1991 (1891) "Introduction" to Marx, Karl "Wage Labour and Capital", en Marx, Karl y Friedrich Engels *Selected Works* (London: Lawrence & Wishart).

Friedman, Milton 1962 *Capitalism and Freedom* (Chicago: University of Chicago Press).

Friedman, Milton y Rose Friedman 1980 *La libertad de elegir* (Barcelona: Grijalbo).

Gargarella, Roberto 1999 *Las teorías de la justicia después de Rawls* (Barcelona-Buenos Aires-México: Paidos).

Geras, Norman 1986 *Literature of Revolution. Essays on Marxism* (London: Verso).

Hayek, F.A. 1944 *The road to serfdom* (Chicago: The University of Chicago Press).

Kymlicka, Will 1997 *Contemporary Political Philosophy. An Introduction* (Oxford: Clarendon Press).

Lukács, Georg 1990 (1922) *History and Class Consciousness* (London: Merlin Press).

Marx, Karl 1990 (1867) *El Capital.* (London: Penguin Books) *Volume 1.*

Marx, Karl 1991 (1849) "Wage Labour and Capital", en Marx, Karl y Friedrich Engels *Selected Works* (London: Lawrence & Wishart).

Marx, Karl y Friedrich Engels 1998 (1848) *Manifiesto Comunista* (Barcelona: Crítica-Grijalbo).

Nozick, Robert 1991 (1974) *Anarquía, Estado y utopía* (Buenos Aires-México-Madrid: Fondo de Cultura Económica).

Pateman, Carole 2002 "Self-ownership and Property in the Person: Democratization and a Tale of Two Concepts", en *The Journal of Political Philosophy* (Oxford) Vol.10, N° 1, March, 20-53.

Notas

1 Nozick no centra su argumento a favor de las apropiaciones sólo en la tesis de que el trabajo, mezclado con la naturaleza, produce el efecto legitimador de la apropiación. La apropiación se considera completa y legítima una vez satisfecho el proviso lockeano en la blanda versión de Nozick. Sobre este punto abunda Cohen al distinguir dos posibles fuentes de apropiación, una derivada de la simple mezcla del trabajo con la naturaleza y la otra consistente sólo en el trabajo que agrega valor.

2 Para un resumen más exhaustivo sobre los argumentos de Cohen véanse las excelentes obras de Will Kymlicka (1997) y Roberto Gargarella (1999).

3 Véase el acertado resumen de Gargarella sobre la posición de Nozick y la réplica de Cohen.

4 Cohen advierte en el capítulo V que los marxistas no han tenido en cuenta el problema de la autopropiedad, o no se han ocupado de rechazarlo, por confiar en el denominado *technological fix*, esto es, en que en un futuro de plena abundancia el principio de necesidad no tendrá valor normativo porque la justicia será una consecuencia de dicha abundancia.

5 En *Karl Marx's Theory of History*, en efecto, Cohen dedica el Capítulo V al problema del fetichismo. Este capítulo supone a su vez la extensa exposición del Apéndice I, en el cual Cohen discurre sobre la relación entre esencia y apariencia en Marx. El lector no advertido asumirá sin problemas que Cohen realiza una 'defensa' del fetichismo. No hay en el texto ninguna indicación en contrario. Sin embargo, en un párrafo agregado un año después a la *Foreword* de la primera edición, Cohen dice: "A new impression enables me to add two remarks (...) I regret my failure to indicate that Chapter V and Appendix I of this book are , unlike the rest of it, intended as exposition without defense of Marx's views" (1998 [a]). Que Co-

hen haya debido aclarar que no intentaba defender la doctrina del fetichismo indica que el tono del texto es confuso y permite leerlo como una defensa.

6 El desencanto de Cohen respecto de la posibilidad de que el capitalismo genere al sujeto social que cavará la tumba del sistema de algún modo anticipa la cruda y también inquietante posición de Perry Anderson, quien recientemente sostuvo que "ninguna agencia colectiva capaz de equiparar el poder del capital aparece en el horizonte. Estamos en un momento (...) en que la única fuerza revolucionaria capaz, actualmente, de perturbar su equilibrio parece ser el progreso científico mismo -las fuerzas productivas, tan impopulares entre los marxistas convencidos de la primacía de las relaciones de producción cuando el movimiento socialista aún estaba vivo" (Anderson, 2000: 17).

7 Por algún motivo, Pateman no le concede a Cohen el haber contemplado la fuerza de los argumentos democráticos. Es cierto que Cohen centra buena parte de su ataque en la teoría de la explotación, pero su breve referencia a las obras de Dahl y Walzer hace que la crítica de Pateman sea por lo menos exagerada en este punto. Lo mismo ocurre con el deliberado intento de Cohen de refutar la autopropiedad sin recurrir a la irrelevancia moral del azar, camino éste que no explora por considerarlo suficientemente transitado por John Rawls y Ronald Dworkin, entre otros.

*Las precondiciones económicas
del autogobierno político*

Roberto Gargarella*

Introducción

En la actualidad tendemos a descuidar las vinculaciones que existen entre las reflexiones político-constitucionales y las referidas a la organización económica de la sociedad. Desarrollamos tales reflexiones como si estuvieran dirigidas a dos esferas completamente independientes entre sí. Asumimos, de hecho, que es posible pensar acerca del modo en que organizamos nuestra vida constitucional sin preocuparnos mayormente por el contexto socioeconómico en donde van a funcionar las instituciones que propiciamos. Del mismo modo, nos acercamos a los asuntos de la vida económica sin mayor preocupación por el impacto que los desarrollos de la misma tienen o podrían tener sobre la comunidad. En todo caso, cuando vemos que tales desarrollos resultan demasiado nocivos para nuestra vida social, nos preocupamos por idear remedios destinados a repararlos, como si no hubiéramos estado sobre aviso de lo que podía ocurrirnos.

Exploraré aquí tres argumentos destinados a articular particularmente nuestras intuiciones políticas igualitarias con nuestras intuiciones igualitarias en materia económica. Los tres argumentos aparecerán enraizados en la tradición del pensamiento republicano, y específicamente en la preocupación republicana por tornar posible el autogobierno colectivo. Antes de examinarlos, dedicaré unas líneas a llamar la atención sobre el modo en que tiempo atrás el igualitarismo político y el económico aparecían interrelacionados.

---

* Abogado y sociólogo de la Universidad de Buenos Aires (UBA). Doctor en Derecho (UBA, 1991). Jurisprudence Doctor (Universidad de Chicago, 1993). Post-doctorado en el Balliol College (Oxford, 1994). Guggenheim Fellow (2000).

El desacople entre el diseño constitucional y el diseño de la economía

Según entiendo, contemporáneamente tendemos a despreocuparnos de los prerrequisitos económicos de los sistemas institucionales que defendemos. Esta falta de reflexión político-académica resulta notable en particular cuando comprobamos de qué modo, hace siglos, ambas cuestiones eran examinadas como cuestiones básicamente inescindibles –en especial en los estudios que a grandes rasgos, y desde nuestro lenguaje común, podríamos inscribir dentro del campo del pensamiento igualitario. Un excelente y pionero ejemplo de esta visión aparece en el famoso trabajo *Oceana*, de James Harrington, quien en 1656 trató de explicar de qué modo se podía organizar a la sociedad de forma tal de ponerla al servicio de los ideales del autogobierno. Harrington propició la adopción de estrictas normas destinadas a limitar la adquisición de tierras para de esta forma evitar las severas desigualdades ocasionadas por la excesiva posesión de riquezas. Su ideal de república se vinculaba por entonces con una sociedad igualitaria, compuesta de ciudadanos dedicados a las labores agrícolas. La vida económica de la sociedad, regulada en *Oceana* a partir de una peculiar ley agraria, se articulaba perfectamente con una diversidad de normas adicionales destinadas a organizar la vida política de la misma, que incluían desde referencias a las formas mixtas de gobierno hasta medidas para tornar obligatoria la rotación de los funcionarios en sus cargos (Harrington, 1656).

Una concepción similar puede encontrarse en los escritos del inglés Thomas Paine, quien también se preocupó por vincular el diseño de instituciones políticas bien definidas con un modelo acabado de organización económica. Su visión del diseño institucional alcanzó su máxima expresión en la Constitución de Pennsylvania de 1776, que contribuyera a redactar, y que incluía entre otras medidas una poderosa legislatura unicameral (que era la contracara de un Poder Ejecutivo debilitado), mandatos cortos, rotación en los cargos, derecho de revocatoria de mandatos, publicidad de las sesiones parlamentarias, instancias de discusión popular de los proyectos de ley. Mientras tanto, su visión de la organización económica de la sociedad resultó expresada fundamentalmente en su escrito *Agrarian Justice*. En dicho trabajo Paine hizo referencias a la propiedad común de la tierra no cultivada y a la necesidad de crear un fondo nacional capaz de asegurar la subsistencia de cada individuo mayor de veintiún años, en compensación de lo que cada uno había perdido a partir de la introducción de un sistema de propiedad privada (Paine, 1995).

De un modo similar, los discursos del igualitarismo político y el igualitarismo económico aparecieron entrelazados en los orígenes del constitucionalismo norteamericano, a partir del trabajo de una multiplicidad de figuras provenientes de extracciones sociales y orientaciones políticas bien diversas. La mayoría de los activistas a los que me voy a referir, agrupados por lo general dentro del campo del 'antifederalismo', consideraban que su país se enfrentaba a una divisoria de caminos dramática: o se optaba por una economía basada en el comercio, o se elegía radicalizar la organización agraria que por entonces todavía distinguía a los Estados Unidos. Enfrentados a aquella encrucijada económica, los antifederalistas propusieron el modelo de organización que fuera más favorable a la promoción de una ciudadanía comprometida y solidaria y así, finalmente, al autogobierno colectivo. En definitiva, decidieron subordinar el diseño de las instituciones económicas al proyecto de organización constitucional más general con el que estaban comprometidos.

Los escritos de Thomas Jefferson, por ejemplo, aún cuando Jefferson rechazara la inscripción de su nombre dentro del campo antifederalista, ilustran muy adecuadamente esta forma de pensar. Jefferson realizó ante todo una significativa contribución a la reflexión institucional, que se hizo visible en los trabajos que preparara para su estado natal, Virginia. Estos apuntes guardaban una perfecta armonía con sus escritos agrarios y su crítica al incipiente desarrollo industrial-comercial norteamericano. De acuerdo con el político virginiano, si la comunidad se organizaba en torno al comercio iba a producirse en el corto plazo un paulatino deterioro de la vida social de la comunidad: previsiblemente, los ciudadanos se iban a preocupar cada vez menos de los asuntos comunes, y cada vez más de los propios. De modo similar, el antifederalista Charles Lee proponía alcanzar una 'Esparta igualitaria', una sociedad simple, agraria, y libre de los efectos perniciosos del comercio (Jefferson, 1984). Lee, como otros antifederalistas, asumía que la igualdad en la distribución de la propiedad era necesaria para "preservar la libertad civil" (Wood, 1969: 70).

También en Latinoamérica pueden encontrarse concepciones similares durante los años fundacionales del constitucionalismo. El líder político uruguayo José Gervasio Artigas acompañó su prédica democrática con la redacción de un significativo 'Reglamento provisorio de la Provincia Oriental para el fomento de la campaña', en septiembre de 1815, en el que ordenaba una repartición de la tierra con criterios muy igualitarios: "los negros libres, los zambos de igual clase, los indios y los criollos pobres, todos podrán ser agraciados con suertes de estancia, si con su trabajo y hombría de bien propenden a su felicidad y a la de la Provincia" (Street, 1959).

Del mismo modo, a mediados del siglo XIX, muchos de los más importantes políticos mexicanos retomaron una tradición igualitaria ya bien arraigada en su país y propusieron estrechar los vínculos entre el constitucionalismo y la reforma económica. Notablemente, el presidente de la Convención Constituyente de 1857, Ponciano Arriaga, sostuvo que la Constitución debía ser 'la ley de la tierra'. Refiriéndose a la 'monstruosa división de la propiedad territorial', defendió la reforma de la misma como elemento necesario para la 'igualdad democrática' y la 'soberanía popular' (Zarco, 1957: 388-389). Resultaba obvio para él que el pueblo mexicano no podía ser "libre ni republicano, y mucho menos venturoso por más que cien constituciones y millares de leyes proclamen derechos abstractos, teorías bellísimas pero impracticables, en consecuencia del absurdo sistema económico de la sociedad" (Zarco, 1957: 387) De modo todavía más enfático, el convencional Ignacio Ramírez defendió la participación de los trabajadores en las ganancias de las empresas, tanto como el establecimiento de un salario de subsistencia para todos, como forma de asegurar los fundamentos de la nueva república. A él, como a otros convencionales, les preocupaba que la nueva Constitución no dijera "nada [sobre los] derechos de los niños, de los huérfanos, de los hijos naturales que faltando a los deberes de la naturaleza, abandonan los autores de sus días para cubrir o disimular una debilidad. Algunos códigos antiguos duraron por siglos, porque protegían a la mujer, al niño, al anciano, a todo ser débil y menesteroso, y es menester que hoy tengan el mismo objeto las constituciones, para que dejen de ser simplemente el arte de ser diputado el de conservar una cartera" (Sayeg Helú, 1972: 92). Orientado por similares preocupaciones, el convencional Olvera presentó entonces un Proyecto de Ley Orgánica sobre la Propiedad, mientras que su par Castillo Velasco adelantó su 'Voto Particular' destinado también a proponer una redistribución de la propiedad.

Todas estas iniciativas se orientaban en direcciones similares. Originadas en el trabajo de personalidades muy relevantes en su tiempo, ponían su acento en cuestiones que hoy lentamente hemos ido dejando de lado. Fundamentalmente, venían a llamarnos la atención sobre la importancia de razonar más articuladamente, de reconocer la relación entre la organización política y la económica. De modo más específico, tales elaboraciones venían a articular un incipiente igualitarismo político con una clara preocupación por el igualitarismo económico.

En lo que sigue exploraré tres argumentos orientados a sostener el valor de concepciones como las tratadas en las líneas precedentes. Dichos argumentos, según entiendo, se encuentran arraigados en la tradición republicana y parten de una común preocupación por afirmar el ideal (republicano) del autogobierno.

Economía, cualidades de carácter y ethos social

En primer lugar examinaré un argumento referido al impacto de los arreglos económicos de una comunidad en la conformación del carácter de sus miembros. Al hacerlo tomaré como supuesto una intuición simple, que nos dice que el autogobierno requiere de ciudadanos animados por ciertas disposiciones de carácter, tales como el ánimo de participar en los asuntos comunes o de comprometerse con la vida pública.

Como punto de partida podríamos comenzar reconociendo que las instituciones más vinculadas con nuestra vida diaria tienen una enorme influencia sobre el modo en que nos conducimos habitualmente. Sabemos que la familia, por ejemplo, es una 'escuela de carácter', como lo son las instituciones educativas. En ambos espacios, de modo abierto, se transmiten valores y enseñanzas acerca de cómo vivir. Una vez que admitimos esto podemos comenzar a prestar atención al modo en que se difunden valores y se incentivan ciertos modelos de conducta a partir de las pautas económicas dominantes en nuestra comunidad. Esto tiende a ocurrir, en particular, cuando nuestra vida depende tan estrechamente de nuestros éxitos o fracasos en el mercado económico – como de hecho sucede en la mayoría de las sociedades modernas. En efecto, en la actualidad, nuestro acceso tanto a los bienes más básicos (salud, educación, vivienda, abrigo, alimentación) como a otros bienes menos centrales (automóviles, medios para el confort hogareño) se vincula decisivamente a la cantidad de dinero de la que disponemos –apareciendo éste como un bien que 'tiraniza' sobre los demás (Walzer, 1983). De allí que nuestras vidas se organicen, muy centralmente, en torno a la posibilidad de obtener más dinero: ésta es la llave que nos permite acceder a los bienes que más nos importan.

Resulta dable pensar entonces que los comportamientos de las personas van a variar significativamente según si viven en una sociedad que vincula su suerte con los resultados que obtengan en el mercado económico, o en otra en donde su suerte es independiente de tales resultados. Para el pensamiento republicano, este tipo de reflexiones resultaban centrales. En efecto, muchos republicanos asumían que una comunidad libre sólo era posible si se basaba en sujetos que a la vez eran libres de toda opresión económica y se encontraban animados a defender ciertos intereses compartidos. Por ello mismo se oponían a "la dependencia de los trabajadores bajo el capitalismo industrial, en razón de que el mismo privaba a aquellos de la independencia mental y de juicio necesarias para una participación significativa en el autogobierno" (Sandel, 1998: 326). En tal sentido, por ejemplo, Thomas Jefferson consideraba que "el gobierno republicano" encontraba sus fundamentos "no en la constitución, sin dudas, sino meramente en el espíritu de nuestra gente." Dicho espíritu iba a obligar "aún a un déspota, a gobernarnos democráticamente" (Jefferson, 1999: 212). Con Jefferson, muchos republicanos se cuestionaban también qué tipo de cualidades de carácter iban a promoverse a partir de las pautas que regulaban, en su tiempo, la vida económica de la comunidad. El antifederalista George Mason, por ejemplo, se preguntaba: "¿serán los modales propios de las ciudades comerciales populosas favorables a los principios del gobierno libre? ¿O es que el vicio, la depravación de la moral el lujo, la venalidad, y la corrupción, que invariablemente predominan en las grandes ciudades comerciales, van a ser totalmente subversivas para el mismo?" La virtud, concluía Mason, era esencial para la vida de la república y ella "no puede existir sin frugalidad, probidad y rigurosidad en la moral" (Sandel, 1996: 126). Del mismo modo se expresaban autoridades como John Adams o Benjamín Franklin. Para éste último, "[s]ólo un pueblo virtuoso es capaz de alcanzar la libertad. Y cuando una nación se convierte en corrupta y viciosa, entonces luego ella tiene más necesidad de contar con alguien que la domine" (ibid.).

En resumen, estos primeros republicanos norteamericanos asumieron que la incipiente organización comercial del país iba a alentar meros comportamientos egoístas en las personas. En tales contextos, afirmaban, los sujetos iban a empezar a ver a sus pares como potenciales competidores o enemigos, o como posibles clientes a seducir; las relaciones personales iban a pasar a ser dominadas por el interés, y las preocupaciones comunes iban a ser desplazadas por la necesidad de asegurarse un lugar o un mejor lugar en el mundo económico. En los peores casos, algunos individuos –los menos exitosos en esa lucha- iban a quedar marginados de la vida política, forzados como iban a estar a concentrarse en la propia subsistencia. Los más exitosos, mientras tanto, iban a empezar a preocuparse por el lujo y la acumulación de bienes, desentendiéndose de la suerte de los demás. En conclusión, los republicanos veían que el principio del autogobierno iba a resultar afectado en la medida en que se expandieran, tal como estaba ocurriendo en ese momento, formas de accionar capaces de socavar, en lugar de fortalecer, las conductas más solidarias.

Por supuesto, frente a tales testimonios alguien podría decir que la experiencia del capitalismo industrial no vino a negar la posibilidad de la cooperación. En un sentido, dicha experiencia demostró que las formas de organización económica combatidas por los viejos republicanos eran compatibles con la existencia de emprendimientos colectivos. Más aún, podría decirse, en las sociedades capitalistas modernas se pudo advertir el florecimiento de una multiplicidad de asociaciones en donde la gente se reunió y pudo elaborar proyectos en común.

Todas estas observaciones son atendibles, pero sin embargo ignoran el punto que parece más relevante en las críticas republicanas. Ellos no negaban ni tenían por qué negar la posibilidad de que el capitalismo industrial dejara espacio para la cooperación. Lo que les interesaba señalar, en primer lugar, era que cualquier forma de organización económica promovía ciertos caracteres y conductas, mientras que desalentaba otros. Es decir, nos mostraban que ningún modelo económico resulta neutral en materia de conductas personales. Por ello mismo, los republicanos nos invitaban a prestar atención al peculiar *ethos social* promovido por el modelo de organización económica predominante en nuestra sociedad.

La segunda reflexión que nos legaron aquellos republicanos tiene que ver con el específico ethos social promovido por el capitalismo industrial. Básicamente, ellos nos anunciaban que tal tipo de arreglos económicos iba a cultivar los rasgos socialmente menos atractivos de nuestra personalidad. Así, fundamentalmente, a partir del modo en que tales arreglos tendían a aprovecharse de, y promover, dos especiales motivaciones humanas como lo son la codicia y el miedo -la codicia de obtener cada vez más dinero y así poder acceder a más y mejores bienes, y el miedo de caer en el abismo de la desocupación o la falta de un trabajo bien remunerado, que amenaza con privarnos de una existencia social digna[1].

Por supuesto, este tipo de comprobaciones acerca de cuáles son las motivaciones que alienta el capitalismo no dependen ni necesitan depender de la mirada crítica de los republicanos. Ellas se derivan más bien de un simple análisis del sistema de incentivos que el propio capitalismo industrial se enorgullece de explotar. Tal vez, podríamos concluir, dicho sistema de incentivos sea el más atractivo en cuanto a la riqueza de recursos que es capaz de generar. Sin embargo, en este punto lo que nos interesa –y lo que le interesaba al pensamiento republicano- es otra cuestión, vinculada con las cualidades de carácter que ese esquema de incentivos promueve. Dicho esquema crea, y se alimenta de, desigualdades; depende de ellas. Lo que los republicanos nos preguntaban, entonces, era si estábamos dispuestos a suscribir el sistema de valores que propiciaba dicha forma de organización.

Las desigualdades económicas como promotoras de desigualdades político-sociales

Una segunda cuestión que conviene examinar tiene que ver con las relaciones existentes entre las desigualdades económicas y la posibilidad de tornar posible el autogobierno colectivo. Podría decirse, en este sentido, que en la medida que en la comunidad se generan intereses antagónicos, se torna más difícil la posibilidad de contar con un gobierno que responda a los intereses de todos. Lo que tiende a ocurrir, entonces, es que un sector de la comunidad comienza a dominar al resto.

Tiempo atrás esta línea de reflexión resultaba relativamente obvia dentro del pensamiento social. Típicamente, Jean Jacques Rousseau asumía que la existencia de desigualdades económico-sociales importantes iba a afectar de modo decisivo el funcionamiento político de la sociedad (Rousseau, 1992).

En efecto, Rousseau consideraba, por un lado, que sólo una comunidad bien integrada podía ser capaz de autogobernarse o de vivir conforme a los requerimientos de la 'voluntad general'. Por otro lado, el ginebrino reconocía la existencia de dificultades significativas para la conformación de dicha 'voluntad general'. Conviene advertirlo: tal idea no aparecía en Rousseau como un sinónimo de 'decisión mayoritaria'. Más bien, la noción de 'voluntad general' se distinguía de otras por la particular actitud que requería de los individuos a la hora de conformarla. Para constituir la 'voluntad general', en efecto, los miembros de la comunidad debían considerar ante todo cuál era la decisión que más convenía al conjunto. Y sólo si los distintos miembros de la comunidad lograban dejar de lado sus intereses particulares el interés general comenzaba a tornarse posible.

Ahora bien, Rousseau no pensaba que para alcanzar aquella predisposición común en favor de los intereses compartidos bastara con invocar simplemente algún principio general de solidaridad. Ese tipo de invocaciones resultaban inútiles si los miembros de la comunidad no se sentían personalmente inclinados a pensar en el interés común. En definitiva, aquella predisposición social dependía de ciertas precondiciones contextuales que no siempre se encontraban presentes.

Según Rousseau, una comunidad marcada por desigualdades económicas profundas era una comunidad que iba a ser incapaz de autogobernarse. En ella, los individuos iban a dividirse en una multitud grupos de intereses diversos e iban a pujar en defensa de beneficios sectoriales: cada uno iba a confundir el interés de su propio círculo con el interés general. Encegueidos por sus propios intereses, ninguno de los integrantes de estos distintos grupos iba a ser capaz de distinguir ni trabajar en pos del bien común, que iba a quedar finalmente disuelto en múltiples intereses particulares. Los pobres votarían entonces una política para los pobres, y los ricos una para los ricos. La sociedad pasaría a ser fragmentada, y la 'voluntad general' dejaría de ser soberana. Dicha dinámica política, entonces, no concluía con el triunfo de la voluntad colectiva sino, por el contrario, con una situación en donde alguno de los grupos integrantes de la sociedad afirmaba su dominio por sobre todos los demás[2].

Siguiendo una línea de reflexión similar a la avanzada por Rousseau, activistas como Thomas Jefferson afirmaron el valor de las comunidades pequeñas, igualitarias, homogéneas, como promotoras de un mayor involucramiento cívico en los asuntos de todos. Para Jefferson, sin la existencia de arreglos de este tipo las personas iban a ver debilitados sus vínculos con el sistema político, al que advertirían como lejano a sus propios asuntos. Según el político de Virginia, la organización en comunidades pequeñas y homogéneas iba a hacer posible una 'verdadera democracia', en donde todos habrían de estar ocupados en las cuestiones más cercanas y más importantes. Por lo demás, este activismo de nivel local iba a favorecer el control cívico sobre lo que se decidiera en niveles representativos más elevados. Así organizados, decía Jefferson, los ciudadanos serían capaces de "quebrantar, de modo pacífico y periódico, las usurpaciones de sus representantes menos confiables, rescatándolos de la horrible necesidad de tener que hacerlo de un modo insurreccional" (Jefferson, 1999: 219).

Ahora bien, en sociedades marcadas por el 'hecho del pluralismo', esto es, por la existencia de múltiples formas de vida razonables y al mismo tiempo radicalmente diferentes entre sí (Rawls, 1991), reclamos como los que podían avanzar Rousseau o Jefferson pueden aparecer como amenazadores o simplemente inútiles. Puede pensarse, en efecto, que en el contexto de sociedades como las actuales, insistir con la idea de homogeneidad social es inútil porque 'ya no hay vuelta atrás', no hay posibilidad sensata de recrear el tipo de ideal que ellos defendían, basado en comunidades pequeñas y homogéneas. Además, podría agregarse, dicho ideal debería descartarse aún en el caso de que fuera fácticamente posible, dado que amenaza con forzarnos a combatir la diversidad, a discriminar al que actúa o piensa de modo distinto de la mayoría.

Dicho esto, sin embargo, cabría reconocer que una reconstrucción plausible del pensamiento de Rousseau o Jefferson no necesita poner el acento en la homogeneidad como objetivo social primordial. Lo que destaca de tales observaciones es, primero, el énfasis que ponen en el estudio de (lo que podríamos denominar) las precondiciones del autogobierno. Según autores como los citados, existían factores sociales que favorecían el autogobierno y otros que lo perjudicaban, por lo que convenía prestar atención a los mismos en la medida en que estuviéramos efectivamente comprometidos con el logro de una sociedad autogobernada. En segundo lugar, y más específicamente, ellos venían a decirnos que en sociedades no igualitarias —y sobre todo en sociedades quebradas entre grupos ricos y pobres— era dable esperar que el modelo del autogobierno terminara siendo desplazado en favor de otro, en donde el grupo de los más aventajados iba a dominar a los demás.

Este último reclamo en particular resulta especialmente pertinente para las sociedades modernas, en donde pueden advertirse con claridad los múltiples modos en que las desigualdades económicas repercuten sobre otras esferas, reproduciendo aquellas desigualdades. Parece claro, por ejemplo, que la existencia de desigualdades económicas significativas suele provocar un acceso diferencial a la educación en donde los más ricos acceden a un nivel de enseñanza mucho más elevado que los más pobres, y que este tipo de diferencias tiende a repercutir gravemente en el desarrollo político de la comunidad. Parece claro también que, si no se controla el uso del dinero en las campañas políticas, la política tiende a acercarse peligrosamente a los intereses de los grupos más ricos. Parece claro, al mismo tiempo, que si la comunidad no reacciona frente a la desigualdad de recursos, las ideas de los más aventajados tienden a circular con enorme facilidad, mientras que las de los sectores con menos recursos comienzan a depender para su circulación de la simpatía o piedad que puedan generar en aquellos que controlan los principales medios de comunicación. En definitiva, son múltiples las formas en que las desigualdades económicas contribuyen a prohijar desigualdades en otros ámbitos. Todas esas ramificaciones de la desigualdad, en última instancia, no hacen más que prevenir el logro del autogobierno colectivo.

Economía, controles y autogobierno

En esta sección me ocuparé de un último argumento, que sostiene que si tenemos razones para afirmar el valor del autogobierno político, y consecuentemente para promoverlo, entonces por razones de consistencia también tenemos razones para afirmar y promover el valor del autogobierno económico. En otras palabras, se mantiene aquí que los principios que tornan atractivo el ideal del autogobierno político –y así, la posibilidad de que tomemos bajo nuestro control los asuntos más importantes de nuestra vida política- son los mismos que debieran tornar atractivo el autogobierno económico. Esta propuesta, claramente, viene a desafiar el tipo de convicciones que parecen más frecuentes en las comunidades modernas, en donde el principio del autogobierno encuentra alguna manifestación dentro de la esfera política, pero se detiene luego en la puerta de entrada de otras áreas, como la económica.

Para comenzar nuestro análisis podemos partir de la que parece ser la manifestación más importante de nuestro compromiso con el ideal del autogobierno político: el principio de un hombre-un voto. La severa afirmación que hacemos de este ideal se basa indudablemente en el hecho de que nos reconocemos como iguales, en nuestra preocupación por asegurar que todos estemos en un pie de igualdad. Estamos convencidos de que, en política al menos, nadie merece una consideración diferencial por razones vinculadas a su color de piel, género, clase u origen social. De allí derivamos la idea de que la política es un asunto colectivo, que en principio debe quedar en nuestras manos. Así, podemos reconocer el sentido de las afirmaciones de Jefferson cuando decía que la política republicana requería de una cada vez mayor "presencia del elemento popular en la elección y control" de la misma (Jefferson, 1999: 209). ¿Es irrazonable entonces pensar en la esfera económica a lo largo de lineamientos similares? ¿Por qué lo que resulta razonable en la esfera política no puede serlo en la económica? ¿Es que nos desinteresamos por completo de lo que pueda resultar justo o injusto a nivel económico? ¿Es que consideramos que la única forma justa de actuar en este terreno consiste en dejar que las desigualdades se creen, para recién después en el mejor de los casos intentar remediarlas? En definitiva, la pregunta que nos incitan a hacer los republicanos es por qué no extendemos el principio de un hombre-un voto al campo económico, en donde en la actualidad la voluntad de algún individuo o grupo (un gran inversionista, un lobby empresario) termina teniendo mucho más peso que el reclamo de miles o millones de individuos.

Históricamente, fueron varias las respuestas que se intentaron para hacer frente a este tipo de preguntas. Por ejemplo, desde la 'escuela manchesteriana' de la economía se comenzó a difundir la idea de la 'mano invisible' como única forma sensata de respetar la libertad de las personas. Según Adam Smith, el ordenamiento económico debía ser el resultado de la libre interacción entre los distintos agentes que forman parte de la comunidad y no de la voluntad de algún grupo o mayoría circunstancial.

Tales ideas se hicieron muy populares también en América Latina. El notable pensador colombiano José María Samper sintetizó canónicamente las mismas en su ensayo sobre las revoluciones políticas y la condición social de las repúblicas colombianas. En dicha obra, Samper sostuvo que en las sociedades, como en la naturaleza, la espontaneidad de los procesos conducía a su equilibrio, y definió al liberalismo como individualismo, anticolectivismo y antiestatismo[3]. Afirmó entonces:

> "Si se quiere, pues, tener estabilidad, libertad y progreso en Hispano-Colombia, es preciso que los hombres de Estado se resuelvan a gobernar lo menos posible, confiando en el buen sentido popular y en la lógica de la libertad; que se esfuercen por simplificar y despejar las situaciones, suprimiendo todas las cuestiones artificiales, que sólo sirven de embarazo" (Samper, 1881: 486-488).

En la Argentina, Juan Bautista Alberdi reivindicó también dicha doctrina del 'dejar hacer', que renacía en su época gracias al trabajo de figuras tales como Herbert Spencer y Adam Smith, con las que Alberdi estaba muy familiarizado. "Toda la cooperación que el Estado [puede] dar al progreso de nuestra riqueza [debe] consistir en la seguridad y en la defensa de las garantías protectoras de las vidas, personas, propiedades, industria y paz de sus habitantes" (Alberdi, 1920: 157). En todas las demás tareas de las que quisiera ocuparse, el Estado se encontraba destinado a un irremediable fracaso. El Estado, decía, obra entonces "como un ignorante y como un concurrente dañino de los particulares, empeorando el servicio del país, lejos de servirlo mejor" (Alberdi, 1920: 163)[4].

El rechazo de tales autores hacia el activismo del Estado, por supuesto, no era dogmático ni se basaba en una defensa ingenua de la libertad individual. Ellos temían que, invocando los mejores ideales (salvaguardar a los sectores más desaventajados, por ejemplo), el Estado terminara involucrándose en los asuntos de cada uno, ahogando las iniciativas personales, y finalmente oprimiendo a los individuos. Según estos autores, a partir de su esencial falta de información el Estado iba a tender a convertirse en un 'gigante bobo', bienintencionado pero incapaz de actuar.

Ideas como las anteriormente expresadas siguen siendo populares en la actualidad. Así, hoy se nos dice que a partir del monopolio de la violencia legítima que ejerce el Estado tiende a convertirse en una temible fuente de peligros para la libertad personal. Del mismo modo, se nos dice que a partir de la cantidad de recursos que controla el Estado va a convertirse en una presa demasiado atractiva para ciertos intereses sectoriales, que harán lo posible por poner la capacidad de éste a su propio servicio. En definitiva, y conforme a tales argumentaciones, cualquier intento de instauración de un principio igualitario resulta inaceptable dados los riesgos de caer ya sea en la ineficiencia económica o en el totalitarismo político.

Ahora bien, este tipo de objeciones no parecen en principio bien orientadas. En verdad, resulta curioso que la pretensión de 'darle voz a cada uno de los afectados' se asimile al totalitarismo. En la política, notablemente, asociamos dicha pretensión con la libertad, y a su opuesto justamente con el totalitarismo. Por lo demás, la idea de que la gestión colectiva requiere que 'cada paso' económico se decida colectivamente implica una reducción al absurdo de propuestas como las que aquí podrían formularse. Nuevamente, defender la primacía de la voz y el control colectivos, en política, no requiere que pensemos en expresiones plebiscitarias permanentes. Es dable pensar una vida política distinguida por una mayor intervención comunitaria y que al mismo tiempo –y que por ello mismo- sea más respetuosa de la libertad de cada uno. Del mismo modo, podría decirse, es imaginable un mundo de menor discrecionalidad económica en donde ciertos agentes económicos o lobbies empresarios no cuenten con el poder de decisión y veto con el que hoy cuentan, y que por ello mismo sea más compatible con la libertad general.

¿Cuáles son las razones, entonces, para asimilar este mundo con un mundo de menores, y no mayores, libertades individuales?

Tal vez lo que se nos quiere decir es que el mundo del igualitarismo económico es en un sentido más justo que otro no distinguido por el igualitarismo, pero que al mismo tiempo es, y tiende a permanecer como, un mundo indebidamente más pobre, dada la ineficiencia económica propia de las decisiones mayoritarias. Sin embargo, si éste es el argumento en juego, el mismo tampoco resulta inmediatamente atendible. Ante todo, porque supone algo que no es nada obvio: que las desigualdades económicas ayudan a generar niveles de riqueza significativos los cuales en definitiva terminan siendo beneficiosos para todos los miembros de la comunidad. La primera premisa de tal argumento puede ser cierta, pero el pensamiento republicano nos ayuda a ver que la segunda no tiende a serlo, dada la forma en que las desigualdades económicas tienden a generar desigualdades políticas, y así a perpetuarse. Por lo demás, y para sostenerse, dicho argumento requiere afirmar alguna variante de la idea elitista según la cual la comunidad sólo es capaz de tomar decisiones ciega e irracionalmente. Este argumento es por lo menos apresurado e inatractivo, al exigirnos que dejemos de lado los presupuestos igualitarios que afirmamos al proclamar ideas como la de un hombre-un voto[5].

Conclusiones

En este trabajo procuré defender tres argumentos destinados a reconectar nuestras intuiciones políticas igualitarias con nuestras intuiciones igualitarias en materia económica. El primero mostraba que el autogobierno político requiere de individuos animados por ciertas cualidades de carácter, y sostenía que en condiciones económicas no igualitarias tales cualidades tienden a ser socavadas. El segundo afirmaba que las desigualdades económicas bloquean el ideal del autogobierno político, generando una situación más bien opuesta a aquél, en donde los más aventajados ejercen su dominio sobre los menos aventajados. El tercer argumento, finalmente, sostenía que los mismos principios que nos llevan a defender el autogobierno político, y así la idea de 'un hombre-un voto', deben llevarnos a defender el autogobierno en materia económica.

Bibliografía

Alberdi, J.B. 1920 *Obras Selectas* (Buenos Aires: Librería La Facultad, edición ordenada y revisada por J.V.González).

Cohen, G.A. 2002 "¿Por qué no el socialismo?," en Gargarella, R. y F. Ovejero (Compiladores) *Razones para el socialismo* (Barcelona: Paidós).

Harrington, J. 1992 (1656) *The Commonwealth of Oceana and a System of Politics* (Cambridge: Cambridge University Press).

Holmes, S. y C. Sunstein 1999 *The Cost of Rights* (New York: Norton & Company).

Jaramillo Uribe, J. 1964 *El pensamiento colombiano en el siglo XIX* (Bogotá: Editorial Temis).

Jefferson, T. 1984 *Writings* (New York: Literary Classics).

Jefferson, T. 1999 *Political Writings* (Cambridge: Cambridge University Press).

Paine, T. 1995 *Collected Writings* (New York: The Library of America).

Rawls, J. 1971 *A Theory of Justice* (Cambridge: Harvard University Press).

Rawls, J. 1991 *Political Liberalism* (New York: Columbia University Press).

Sandel, M. 1996 *Democracy's Discontent. America in Search of a Public Philosophy* (Cambridge: Harvard University Press).

Sandel, M. 1998 "Reply to Critics", en Allen, A. y M. Regan (Editores) *Debating Democracy's Discontent* (Oxford: Oxford University Press).

Sayeg Helú, J. 1972 *El constitucionalismo social mexicano* (México: Fondo de Cultura Económica).

Street, J. 1959 *Artigas and the Emancipation of Uruguay* (Cambridge: Cambridge University Press).

Walzer, M. 1983 *Spheres of Justice* (Oxford: Blackwell).

Wood, G. 1969 *The Creation of the American Republic* (Chapell Hill: University of North Carolina Press).

Zarco, F. 1957 *Historia del Congreso Constitucional de 1857* (México: Instituto Nacional de Estudios Históricos).

Notas

1 Como señalara contemporáneamente el filósofo G.A. Cohen, desde el punto de vista de la codicia 'las otras personas son vistas como posibles fuentes de enriquecimiento (me sirvo e ellos), y desde el miedo, son vistas como amenazas' (Cohen, 2002). Conviene dejar en claro también que las afirmaciones de Cohen no son una excepción dentro de la filosofía política de nuestro tiempo. El trabajo de Michael Sandel en *Democracy's Discontent,* por ejemplo, representa un excelente intento de retomar la tradición republicana y mostrar su relevancia para pensar las formas de alienación y explotación presentes en sociedades como las nuestras (1996). Aún autores inscriptos en vertientes más claramente liberales, como John Rawls, muestran su sensibilidad frente a aquellas preocupaciones. En efecto, en el influyente trabajo de Rawls resulta muy importante mostrar de qué modo ciertas desigualdades económicas pueden impactar sobre el carácter de las personas y así, finalmente, sobre el carácter de la propia sociedad. Según Rawls, en una sociedad en donde pocos tienen mucho y muchos casi nada, es esperable que los más desaventajados sufran una sensible pérdida en su autoestima –un dato grave si uno asume, como el filósofo norteamericano, que el autorrespeto es el 'bien primario' más importante (1971: 468).

2 Es curioso ver de qué modo esta línea de pensamiento se diferencia de la que se tornaría predominante tiempo después en ciertos sectores de la dirigencia norteamericana. Mientras un político tan influyente como James Madison asumía que la sociedad estaba dividida en grupos y que los individuos actuaban a partir de motivaciones fundamentalmente egoístas, Rousseau consideraba que ambas situaciones eran más un resultado de la creación humana que rasgos fijos e imposibles de erradicar de las nuevas sociedades. Más aún, como Rousseau consideraba que la formación de la 'voluntad general era un objetivo social primordial, consideraba necesario emplear los poderes del Estado para asegurar las condiciones sociales que la hicieran posible.

3 Del mismo modo, Samper afirmaba "[las] razas del Norte tienen el espíritu y las tradiciones del individualismo, de la libertad y la iniciativa personal. En ellas el Estado es una consecuencia, no una causa, una garantía de derecho, y no la fuente del derecho mismo, una agregación de fuerzas, y no la única fuerza. De ahí el hábito del cálculo, de la creación y del esfuerzo propio. Nuestras razas latinas, al contrario, sustituyen la pasión al cálculo, la improvisación a la fría reflexión, la acción de la autoridad y de la masa entera, a la acción individual, el derecho colectivo, que lo absorbe todo, al derecho de todos detallado en cada uno" (Jaramillo Uribe, 1964: 50).

4 Decía Alberdi: "En todo interviene el Estado y todo se hace por su iniciativa en la gestión de los intereses públicos. El Estado se hace fabricante, constructor, empresario, banquero, comerciante, editor, y se distrae así de su mandato esencial y único, que es proteger a los individuos de que se compone contra toda agresión

interna y externa" (ibid.) Y en el mismo sentido agregaba: "la libertad individual (...) es la obrera principal e inmediata de todos [los] progresos, de todas [las] mejoras, de todas las conquistas de la civilización en todas y cada una de las naciones (...) Pero la rival más terrible de esa hada de los pueblos civilizados es la Patria omnipotente y omnímoda que vive personificada fatalmente en Gobiernos omnímodos y omnipotentes, que no la quieren porque es límite sagrado de su omnipotencia misma (...) Por decirlo todo en una palabra final, la libertad de la patria es una faz de la libertad del estado civilizado, fundamento y término de todo el edificio social de la humana raza" (1920:170-71).

5 En este punto conviene introducir un último comentario vinculado con los alcances y límites de la neutralidad estatal. No es razonable afirmar que criterios como los hasta aquí defendidos implicarían grados inaceptablemente amplios de intervencionismo estatal. Esta es una crítica débil, ante todo, porque asume que situaciones económicas como las que predominan en una mayoría de sociedades modernas no son, ellas también, el producto de la intervención del Estado. Vale decir: no tiene sentido impugnar el intervencionismo económico que aquí se defiende enarbolando por ejemplo la defensa de un esquema de propiedad privada y 'libre mercado' aparentemente libre de injerencias estatales. Ambas formas de organización, necesariamente, requieren de un intenso intervencionismo estatal. En algún caso, tales intervenciones expresan la voluntad colectiva de modo más claro (por ejemplo, aquellas intervenciones que procuran implementar lo que la comunidad ha decidido luego de un proceso de debates públicos), y en otras lo hacen de forma menos visible (a través de la decisión del Estado de utilizar el aparato judicial para proteger la propiedad amenazada de algunos individuos o a través de la decisión del Estado de respaldar con su poder coercitivo ciertos acuerdos entre particulares y no otros). Ver al respecto, por ejemplo, Holmes y Sunstein (1999).

Tercera Parte

La filosofía política y el discurso de la posmodernidad

Ética y política

Adolfo Sánchez Vázquez*

I

Nos proponemos examinar en una perspectiva general la relación entre moral y política. Una relación que se mantenía viva en la Antigua Grecia, pues ciertamente en ella una y otra aparecen estrechamente vinculadas en la filosofía moral y política de Platón y Aristóteles, así como en la vida cotidiana de los atenienses. La moral de los individuos sólo se cumple en la política y es en ella donde se despliegan sus virtudes -justicia, prudencia, amistad- y pueden alcanzarse -como asegura Aristóteles- la felicidad. Por ello, define al hombre como animal político. O sea: por su participación en los asuntos de la polis, o ciudad -Estado. Las virtudes morales del individuo sólo pueden lograrse con su participación comunitaria. Tenemos pues, en la Grecia clásica, una unidad indisoluble de moral y política. Ahora bien, lo que aparece unido en la Antigüedad lo desune la Modernidad, como lo desunen desde posiciones inversas Maquiavelo y Kant. Maquiavelo al separar la política de la moral, y Kant al postular una moral universal, abstracta, individualista, que por su autonomía y autosuficiencia no necesita como tal de la política. En tiempos más cercanos, en el siglo XIX, los socialistas utópicos asientan la emancipación social sobre todo en la moral, en la fuerza del ejemplo y del convencimiento. Marx y Engels, en cambio, al pretender una emancipación social efectiva, ponen el acento en la práctica, en la acción colectiva, o sea en la política, pero sin descargar a ésta de su carga moral.

---

*Catedrático de Estética y Filosofía Política en la Facultad de Filosofía y Letras de la Universidad Nacional Autónoma de México (UNAM) y Profesor Emérito de la misma. Ha sido *investido Doctor Honoris Causa* por las universidades mexicanas de Puebla y Nuevo León, las universidades españolas de Cádiz y UNED y por la Universidad de Buenos Aires (UBA) en el marco de las jornadas que dieron lugar a esta publicación.

El problema de las relaciones entre política y moral, no obstante sus lejanos antecedentes, reaparece en nuestros días con una renovada actualidad, no sólo por la necesidad de hacer frente a la corrupción generalizada de la política dominante, sino también por las exigencias que, fuera o en contra del poder realmente existente, impone una política de verdadera emancipación social.

En la relación entre moral y política se plantean hoy cuestiones que si bien se daban por resueltas en la Antigüedad griega, se vuelven inquietantes al quebrantarse los cimientos de la modernidad (por supuesto, se trata de la modernidad capitalista). Y esas cuestiones son las siguientes: ¿puede realizarse la moral sin proyectarse públicamente en algo que está más allá de ella, es decir, en la política? Y a su vez, ¿puede prescindir la política de la moral? Se trata en verdad de viejas cuestiones que hoy se plantean especialmente quienes combaten la generalizada corrupción moral de la política, y sobre todo quienes -como alternativa a ella- siguen considerando necesaria la realización de un proyecto de emancipación social después de haberse derrumbado el que pasaba falsamente como tal.

Pero, al abordar la relación entre moral y política -teniendo en la mira la presencia de una y otra en la aspiración a una verdadera emancipación, propia de una izquierda social, radical-, hay que tratar de precisar cómo entran cada uno de los términos en esa relación. La moral entra con los valores de igualdad y justicia social, así como con los de libertad real, democracia efectiva y dignidad humana; dando pues su propio contenido a los fines de una política emancipatoria. Y en esta política, la moral encuentra -como encontraban los griegos- el espacio, la vía o el medio adecuado para realizarse. Se trata, por tanto, de la moral que no se encierra en sí misma; que no se amuralla en el santuario de la conciencia individual; que, de la mano de la política, va a la plaza pública y que, socializando así sus valores, impregna la acción colectiva, propiamente política; una acción que por ser tal no puede reducirse a una dimensión moral individual.

Ciertamente, hay morales que no dan este paso porque en su propia naturaleza está el prescindir de la política, ya sea porque se consideran autosuficientes dentro de sus propias murallas, ya sea porque ante sus consecuencias prácticas, políticas, más allá de ellas, se muestran indiferentes.

Paradigma de las primeras, de las amuralladas en sí mismas, es la moral kantiana, a la que le basta la recta intención del sujeto individual o su buena voluntad. No necesita por consiguiente trascenderse, proyectarse fuera de sí o rebasar sus murallas.

Otra versión de esta moral que prescinde de la política es la que Max Weber llama 'ética de la convicción'. Esta moral, aunque reconoce que tiene consecuencias políticas, se desentiende de ellas. Vale decir: el sujeto moral (individual o colectivo) no asume la responsabilidad de sus actos o efectos políticos. Al absolutizar los principios y desentenderse de las consecuencias de su aplicación, esta 'moral de la convicción' o de los principios viene a proclamar la máxima de '¡Sálvense los principios, aunque se hunda el mundo!'. En la política impregnada de semejante moral, la fidelidad incondicional a los principios (o también al jefe o al partido que los encarna), se conjuga forzosamente con la indiferencia ante sus consecuencias. Y, si se aceptan éstas, sólo se trata de las que se ajustan a los principios supremos asumidos. Este absolutismo de los principios constituye el caldo de cultivo del sectarismo y del fanatismo políticos que, si bien es consustancial en la extrema derecha, no deja de hacer estragos en ciertas franjas de la izquierda. Así, pues, tanto cuando domina el rigorismo moral de tipo kantiano, como si se impone la 'ética de los principios', la política se desvanece. En el primer caso, porque se hace innecesaria; en el segundo porque deja de interesar y, si interesa, sólo es -perdida su especificidad- como simple apéndice de la moral.

La relación entre moral y política no sólo conoce esta forma de la 'moral sin política' que acabamos de mostrar, sino también la forma inversa de la 'política sin moral' o 'realismo político'. Su paradigma lo encontramos en *El Príncipe* de Maquiavelo, de acuerdo con el cual la política se basta a sí misma. Por lo tanto, no admite ningún juicio moral; lo que cuenta es el fin que se persigue, fin que se tiene por valioso como tenía Maquiavelo el suyo. En su caso, era el del 'mejor gobierno' o la ' grandeza de Italia'. Trazado el fin, el éxito en su realización es la medida de la 'buena política'.

En otra variante de esta política 'realista', se admite la intervención de la moral pero sólo como sierva de la política. No obstante esta admisión, se trata también de una 'moral sin política', pues en ésta la moral −al perder su autonomía o su naturaleza específica− acaba, con su servidumbre, por negarse a sí misma. Semejante 'política sin moral' tan frecuente en el pasado, reaparece en nuestra época en su forma más extrema y brutal, ya sea con el nazismo al supeditar su 'moral' al supremo interés de la nación alemana o de la raza aria, ya sea con el 'socialismo real' al subordinar la moral a su política, invocando el socialismo originario de Marx, para usurparlo y negarlo con su 'realismo' político.

II

Al llegar a este punto de nuestra exposición, consideramos pertinente hacer algunas precisiones sobre la naturaleza de la política; más exactamente, de toda política. Ciertamente, trátese de una política autoritaria o democrática; conservadora, reformista o revolucionaria; de la ejercida por partidos políticos o por organizaciones y movimientos sociales, toda política, insistimos, tiene dos aspectos: uno, el que podemos llamar ideológico -en un sentido amplio, general-, constituido por los fines que se tienen por valiosos; incluso, como ya vimos, los tiene una política tan 'realista' como la maquiavélica. Y en ese aspecto, entre sus fines valiosos, se inscriben con su contenido moral, cuando se trata de una verdadera política de izquierda, emancipatoria, los fines ya mencionados de la igualdad y justicia social, democracia efectiva, libertades individuales y colectivas, dignidad humana y defensa incondicional, no selectiva, de los derechos humanos.

Pero en la política hay también otro aspecto esencial, el práctico- instrumental. Ciertamente, si la política es asunto de fines, lo es de aquellos que no sólo se proclaman, sino que se aspira a realizarlos. Por ello, ese aspecto práctico-instrumental es insoslayable. Y en él hay que situar la relación de la política con el poder, en su doble condición de objetivo que se espera alcanzar para conservarlo, reformarlo o transformarlo radicalmente, y de medio para realizar –desde él y con él– las metas que se tiene por valiosas. Aunque no puede descartarse la tentación de convertirlo en un fin en sí mismo, el poder político no es -no debe ser- para una política de izquierda un fin en sí. El poder político debe ser un objetivo al que se aspira para convertirlo en el medio necesario para alcanzar algún fin último. Esta relación con el poder concebido en este doble plano de fin hoy, medio mañana, nos parece indispensable en política, sobre todo si se trata de la política que tiene en su mira la transformación radical de la sociedad. En esta dimensión práctico-instrumental de la política, que se define por su relación con el poder, se sitúan las acciones colectivas que se llevan a cabo de acuerdo con la estrategia y la táctica que se consideran más adecuadas, así como los medios a que se recurre por juzgarlos más eficientes. Aquí nos topamos con el viejo problema –siempre actual– de la relación entre los fines y los medios que en definitiva entraña la relación entre los dos aspectos que hemos caracterizado: el ideológico-valorativo y el práctico-instrumental, como propios de toda política.

Esta relación entre fines y medios es innegable, como ya hemos puesto de manifiesto. Lo que varía es el modo en que se da esa relación, y el lugar que en ella ocupa cada uno de sus términos. Con respecto a los fines, hay que subrayar una vez más que su absolutización, al igual que su sacralización, propias del fanatismo y sectarismo políticos, llevan a la indiferencia moral ante su uso con tal de que los fines se cumplan o los principios se salven. Se convalida así la máxima jesuítica de que ' el fin justifica los medios'. Ahora bien, aunque se trate de fines valiosos, o que se tengan como tales, no se puede justificar en modo alguno el uso de medios moralmente repulsivos o aberrantes, como la tortura, el secuestro, el terrorismo individual o de Estado, para no hablar de los que se usaron en tiempos no tan lejanos como el exterminio masivo de los campos de concentración nazis, el Gulag soviético o el holocausto nuclear de Hiroshima y Nagasaki desatado por los Estados Unidos. Cualesquiera que sean los fines que se invoquen, no pueden absolutizarse los medios que los sirven por su eficacia.

Ciertamente, el aspecto práctico-instrumental del que forman parte los medios es -como hemos venido insistiendo- esencial e indispensable en política, como actividad encaminada a la realización de ciertos fines. En verdad, no se debe elegir un medio que por ignorancia, imprudencia o aventurerismo lleve al fracaso, aunque por otro lado hay que reconocer que toda elección del medio que se considera adecuada corre el riesgo del error, y por tanto del fracaso. Pero, si la eficiencia del medio ha de tomarse en cuenta necesariamente, tanto en su elección como en su aplicación, y así se justifica como tal políticamente, esta relación con el fin no basta para justificarlo moralmente.

Y ello tanto más cuando se trata de una política verdaderamente emancipatoria. El medio tiene que justificarse no sólo por una exigencia política práctica-instrumental, o sea por su eficacia, sino también por la carga moral que forzosamente ha de conllevar.

Ahora bien, puesto que se trata, sobre todo en una política emancipatoria, de convertir un proyecto, idea o utopía en realidad, ese aspecto práctico-instrumental es insoslayable. Ciertamente, si en esta política han de conjugarse fines y medios, o también sus aspectos ideológico-valorativo y práctico-intrumental, no se puede aceptar en modo alguno una política que se presenta como emancipatoria y que se desentiende de ese lado práctico-instrumental. Una política de este género sólo puede conducir a la utopía, en el sentido negativo de su imposibilidad de realizarse. O también -como decía Marx teniendo presente la moral kantiana que la inspira- conduce a la ' impotencia en la acción'. Más de una vez la filosofía moral y política de nuestro tiempo ha pretendido justificar teóricamente semejante política y la moral que la impregna. Se trata de teorías que al separar política y moral caen en el moralismo en tanto que, al minimizar o pasar por alto su aspecto práctico-instrumental, naufragan en la impotencia del utopismo.

III

Detengámonos ahora, a título de ejemplo de ese modo de abordar la relación entre moral y política, en un filósofo que pasa por ser la cumbre de la filosofía moral y política contemporánea y que constituye el referente obligado de todo aquél que cultive el campo filosófico moral y político. Nos referimos obviamente a John Rawls.

El problema central que se plantea Rawls en su obra fundamental, *Teoría de la justicia*, y al que vuelve una y otra vez en sus escritos posteriores, puede formularse en estos términos: ¿cómo deben ser las instituciones de una sociedad justa? O también: ¿qué principios de justicia debe vertebrar esa sociedad? Se trata aquí de las instituciones y los principios de una sociedad ideal que Rawls considera superior a las sociedades existentes. No nos proponemos ahora mostrar cómo Rawls describe y justifica los principios y las instituciones de esa sociedad. Lo que nos interesa en este momento es fijar el lugar –si es que lo hay para Rawls- de la práctica política, o más exactamente del lado práctico-instrumental de ella en su *Teoría de la justicia*.

Como ya hemos visto, Rawls diseña una sociedad justa, ideal. Sus escasas referencias a la sociedad realmente existente apuntan a lo que él llama un mundo 'casi justo', o imperfectamente justo, entendiendo por él el mundo de las democracias modernas occidentales. El mundo injusto, o sea aquél en el que –como es archisabido- habita el 80% de la humanidad, queda fuera de la atención de Rawls. A la vista de su teoría, podríamos distinguir -por nuestra cuenta- tres mundos: 1) el perfectamente justo o sociedad ideal del que Rawls se ocupa sustancialmente; 2) el 'casi justo' de las sociedades democráticas occidentales al que sólo mira tangencialmente y; 3) el mundo injusto actual del que no se ocupa en absoluto. Pero volvamos a la cuestión que nos interesa, no la del lugar que en la teoría rawlsiana tiene el que hemos llamado aspecto ideológico- valorativo, y dentro de él la moral, lugar clara y prolijamente descrito al diseñar sus sociedad ideal, sino la cuestión del lugar que asigna al lado práctico de la política. Y consideremos este lugar con respecto a los tres mundos que antes hemos distinguido.

Rawls habla de la 'conducta política justa', pero ésta sólo tendría sentido en el mundo justo, en la sociedad ideal o sociedad ordenada por los principios de justicia. En ella la práctica se regiría -dice Rawls literalmente- por el 'deber natural' o el 'deber cívico' de 'sostener el sistema'. En verdad, en este mundo ideal -agregamos nosotros- sin antagonismos ni conflictos; es decir, en ese mundo perfectamente justo, poco espacio quedaría para la práctica política.

Ahora bien, Rawls habla asimismo -y con la parquedad que ya hemos advertido- del mundo real 'casi justo' de la democracia occidental existente. Con el 'casi' se da a entender que la prevalencia de la justicia en él tiene que contar con espacios o agujeros de injusticia. Pero dado que en ese mundo existe también la injusticia, se requiere – reconoce Rawls- una conducta o práctica política que haga frente a ellas, sobre todo a las más graves. En consecuencia, Rawls propone eliminarlas, y con este motivo encontramos en su *Teoría de la justicia* tres tipos de práctica política, a saber: la desobediencia civil, la objeción de conciencia y la acción militante.

De estas tres prácticas, la dos que suscitan, en un buen número de páginas, la atención de Rawls por considerarlas legítimas son la obediencia civil y la objeción. A la acción militante o 'resistencia organizada'-como también la llama- sólo le dedica unas cuantas páginas. Rawls no esconde las razones que tiene para ello: 'no trataré –dice- de ese tipo de propuesta (...) como táctica para transformar o incluso derrocar un sistema injusto y corrupto'. Se ocupará en cambio 'de lo que produce en un Estado democrático más o menos justo'. O sea, para Rawls no hay lugar para la 'acción militante' en el sistema democrático occidental, que si bien registra injusticias es un mundo 'casi justo'.

Y no lo hay porque para Rawls la 'acción militante' -traducida a nuestro lenguaje: la acción radical, revolucionaria- se caracteriza por no apelar al 'sentido de la justicia' dominante y por oponerse al orden legal. Cierto es que Rawls reconoce que este orden legal es a veces tan injusto que abre la vía a un cambio revolucionario. Pero aún así él se aferra a la idea de que no sólo la sociedad ideal, sino la real, democrática, occidental que está a la vista, no necesita transformarse aunque sí requiere que se combatan sus injusticias. Pero ¿cómo?. Las opciones rawlsianas son claras. Al no legitimar la 'acción militante', y menos aún en su forma revolucionaria, la práctica política queda reducida a la desobediencia civil y a la objeción de conciencia. Rawls aprueba la primera, es decir, la desobediencia civil, por considerarla una conducta 'pública, ilegal y no violenta', que tiende a modificar la ley pero sin cambiar el sistema. Y aprueba también la segunda opción, en este caso, la objeción de conciencia, aunque con alguna reserva, pues si bien la considera legítima por su primer principio de la teoría de la justicia (el de la libertad igual para todos), no la considera así por su segundo principio de justicia (el de las desigualdades económicas y sociales inadmisibles), si éstas garantizan la igualdad de oportunidades y resultan ventajosas para los miembros más desfavorecidos de la sociedad. Ahora bien, sin entrar ahora en esta matización rawlsiana por lo que toca a la segunda opción práctica-política, la verdad es que la aprobación de las dos primeras –desobediencia civil y objeción de conciencia- así como el rechazo de la tercera -la acción militante- demuestran su estrecha visión de la práctica política. Ciertamente, la lucha por la justicia queda limitada a la débil acción de la desobediencia civil y de la objeción de conciencia, en tanto que se descarta la acción militante. Y no sólo la encaminada a cambiar el sistema o mundo que genera la injusticia, ya que descarta totalmente la necesidad de su transformación, sino que excluye también la acción militante para acceder a un nivel más alto de justicia en ese sistema democrático occidental, 'casi justo' para Rawls y profundamente injusto para nosotros.

IV

Podemos concluir, por todo lo anterior, que en la filosofía política de Rawls no hay lugar para la verdadera práctica política como acción colectiva que tiene como referente el poder, y menos aún cuando se trata de una política radical, revolucionaria, encaminada a transformar el sistema. Lo que encontramos en Rawls, es en definitiva, la disociación entre el aspecto ideológico- valorativo —particularmente moral— y el aspecto práctico- instrumental. Esta disociación tiene dos consecuencias para su filosofía política. Por un lado, un moralismo en cuanto que su concepto de la política es, en sustancia, un concepto moral. Ciertamente, esta práctica de conducta, reducida a la desobediencia civil y a la objeción de conciencia –responde según Rawls- al deber del ciudadano de obedecer o desobedecer la ley justa o la ley injusta respectivamente. Se trata pues, de un concepto moral y no del propiamente político de la política como acción colectiva para mantener, reformar o transformar, según los casos, el poder con vistas a realizar ciertos fines o valores. Por otro lado, esta filosofía moral y política tiene como consecuencia su utopismo. En verdad, no hay en ella ninguna referencia a las condiciones reales necesarias, a los medios que han de emplearse ni a los sujetos políticos y sociales que han de realizar, o aproximarse a, la sociedad ideal diseñada. Lo cual exigiría no sólo una teoría de la justicia que ha de dominar en la sociedad ideal -preocupación fundamental de Rawls- sino también una teoría de la injusticia en la sociedad realmente existente que, por el contrario, poco le preocupa. Se trataría de una teoría que exigiría, a su vez una teoría de la práctica política necesaria -o sea, de la 'acción militante'- que Rawls descarta, tanto para combatir las injusticias de la sociedad occidental realmente existente como para transformar el sistema capitalista que las genera.

Cierto es que lo que el moralismo rawlsiano desune con su moral sin práctica política lo desune igualmente el inmoralismo del 'realismo' o pragmatismo tan generalizado en nuestros días. De ahí la necesidad –sobre todo cuando se trata de realizar un proyecto de emancipación social y humana- de conjugar política y moral; o sea, de unir en la acción política los aspectos ideológico-valorativo y práctico-instrumental. Y de ahí también la necesidad –cuando se trata de una política emancipatoria – de reunir tanto el moralismo de la moral sin política como el inmoralismo de la política sin moral.

V

Llegamos así al final de esta reflexión. Al propugnar la unión de lo que se encuentra desunido en la relación entre política y moral, tenemos en la mira la política que persigue construir una alternativa al mundo injusto del capitalismo neoliberal y globalizador de nuestros días. Una alternativa ciertamente difícil en tiempos en que se pone en cuestión, después del derrumbe del 'socialismo real', no sólo toda política emancipatoria, sino incluso la política misma. Y sin embargo, esta alternativa al capitalismo es hoy más necesaria que nunca, y además posible y realizable, aunque no inevitable, pues también es posible el caos y la barbarie. Ahora bien, se trata de una alternativa posible y realizable porque la historia, que hacen los hombres, no ha llegado ni puede llegar a su fin. Admitir un fin de la historia sería caer en un falso -por rígido- determinismo, o en un burdo teleologismo. Por el contrario, la historia sigue abierta, y por ello la posibilidad de transformar al hombre y la sociedad. Y a su vez, porque en esta historia la naturaleza humana nunca ha sido -ni será- inmutable, tampoco puede ser eterno el 'homo economicus' al que reduce al ser humano, hoy más que nunca, el capitalismo en su fase más depredadora- neoliberal e imperial.

La teoría posmoderna del Imperio (Hardt & Negri) y sus críticos

Alan Rush*

Mi experiencia de la lectura del voluminoso libro *Imperio* de Michael Hardt y Antonio Negri, (Hardt y Negri, en adelante H&N, 2002[a]) fue -como supongo para muchos otros lectores- ambigua y contradictoria. Una obra brillante y reveladora, fresca y bella, seductora, pero en más de un momento pesada, oscura, endeble, delirante, irritante y hasta indignante.

¿Es *Imperio* una moda más? ¿Son H&N dos nuevos meteóricos Fukuyamas destinados a ser olvidados tan pronto se apague el fulgor publicitario de su aparición? Creo que no, que estarán un tiempo entre nosotros. Tanto sus defensores como sus críticos, salvo excepciones, reconocen que el espectacular éxito comercial de las numerosas ediciones de *Imperio* radica, al menos en parte, en una auténtica necesidad de muchos de nosotros de comprender una situación planetaria que parece desafiar interpretaciones y prácticas heredadas: económicas, políticas, culturales.

H&N han anunciado que trabajan sobre un segundo volumen de *Imperio*, referido a los problemas organizativos de la lucha contra el dominio global. Esperemos que este 'Imperio contraataca' o 'Retorno de los Jedis' potencie las virtudes del primer volumen y supere muchas de sus notorias debilidades mediante una real asimilación de la literatura crítica que ha suscitado.

---

* Docente e investigador del Instituto Interdisciplinario de Estudios Latinoamericanos (IIELA) y del Instituto de Epistemología, Universidad Nacional de Tucumán (UNT), Argentina.

En este trabajo sólo examinaré unos pocos aspectos del complejo libro de H&N y de las polémicas que viene provocando. Comenzaré con algunas observaciones metodológicas y estilísticas introductorias, y pasaré luego a confrontar a H&N con sus críticos en relación con dos temas centrales: imperio o imperialismo, y las consecuencias políticas prácticas que cada bando saca de sus respectivas visiones. Finalmente, haré una breve referencia a la polémica noción de 'multitud'.

Observaciones metodológicas y estilísticas

Cualquier obra tan extensa y polifacética como la que nos ocupa posibilita muy diversos abordajes. Pero el particular estilo y lógica del libro de H&N obliga a un nomadismo casi constante del propio lector, traslación que a veces desorienta y exaspera. Al comienzo del libro, H&N sobriamente reivindican la interdisciplinariedad, y en tal sentido inscriben su enfoque en continuidad con el de *El Capital* de Marx (1973), y con *Mil Mesetas* de Deleuze y Guattari (2000). Sin embargo, como sugieren H&N en una entrevista, no hay acá moderna síntesis interdisciplinaria sino co-presencia, estallido de fronteras disciplinarias, e hibridación posmoderna. H&N injustificadamente rechazan la dialéctica, al congelarla en su forma moderna burguesa -hegeliana, autoritaria y teleológica, e incapaz de desarrollo. En consecuencia, proponen otro método y otra lógica, que según H&N, celebra el eclecticismo (Hardt y Negri, 2002[b]).

A ello se vincula lo que podríamos llamar, exagerando un poco, el carácter caleidoscópico u holográfico del texto de *Imperio*. Hay de todo en el libro, muchas y muy diversas partes o aspectos componentes, de modo que agitando el caleidoscopio casi cualquiera de ellas puede adquirir por turno la centralidad organizadora, resultando configuraciones diferentes y hasta opuestas. De modo que casi es posible encontrar en *Imperio* lo que uno desee. En la práctica, esto podría implicar que entre la 'multitud' de conversos surjan no meras diferencias teóricas y prácticas, sino antagonismos excluyentes. Un lector que no agite mucho el tubo del caleidoscopio podría contentarse con una única interpretación elegida, favorable o desfavorable; pero en realidad ello no es tan fácil, porque el texto de H&N se nos presenta más bien como una holografía en que las diferentes perspectivas y figuras están presentes simultáneamente. De modo que nos obliga a ese constante nomadismo de una a otra, movimiento tan seductor y fecundo algunas veces como irritante y estéril otras. Obviamente, mi crítica parte del supuesto de que aunque nuestra realidad global sea fluida, compleja y multi-perspectivista, presumiblemente posee estructuras, y no es tan gelatinosa y fácilmente moldeable como querrían H&N.

Al colocar a *El Capital* como uno de sus modelos, H&N han dado pie a la interpretación, asumida por algunos comentaristas, de que *Imperio* constituye la reescritura para el siglo XXI de esa gran obra de Marx. Atilio Boron (Boron, 2002) y varios otros críticos han señalado con razón la relativamente poca economía política, en el sentido científico-social y empírico, que contiene *Imperio*, y en qué importante medida esa carencia debilita toda la interpretación política y las propuestas programáticas prácticas. Por su parte, Slavoj Zizek ha llamado a *Imperio* "el *Manifiesto Comunista* del siglo XXI" (Zizek, 2001). Un desatino: el *Manifiesto* era un texto breve, popularmente comprensible, y de claras consecuencias prácticas. *Imperio* no es ninguna de las tres cosas.

Puestos así a tratar de hacer análoga la naturaleza metodológica y estilística -no el contenido- del libro de H&N con la de alguna obra de Marx, creo que deberíamos pensar más bien en los *Grundrisse* o en los *Manuscritos Económico-Filosóficos* de 1844. En efecto, *Imperio* es principalmente una obra de *filosofía* económica, social y política. Ante la invitación a escoger entre dos alternativas -manifiesto político y manifiesto teórico- H&N, luego de señalar la inseparabilidad de una y otra dimensión de su libro, reconocen sin embargo que "es ciertamente más un manifiesto teórico que un manifiesto político" (H&N, 2002[b]; Negri 2002[b]).

Boron y otros críticos no destacan como creo que se merece esta original filosofía económica -también social y política, etc.- de carácter programático, bastante especulativa y por cierto discutible, que H&N avanzan en *Imperio*. Así, H&N señalan como una tarea pendiente elaborar una nueva teoría del valor, además de presentar sus especulaciones sobre el 'trabajo inmaterial', el 'intelecto general', etc. Agreguemos que H&N incorporan a su filosofía económica y política numerosos aportes del feminismo, que consideran de capital importancia.

Pero destacar la filosofía económico-política de H&N no implica, obviamente, que criticar las carencias científico-empíricas de *Imperio* sea injusto, porque como ya dije son los autores mismos quienes invitan a comparar su libro con *El Capital*, y pretenden dar explicaciones y descripciones fácticas del imperio capitalista posmoderno y sacar conclusiones político-prácticas, como si su libro no fuera principalmente un esbozo programático de filosofía económica y política. Parecería haber entonces cierta asimilación reflexiva y/o cierta adaptación oportunista y *post-hoc*, 'gelatinosa', de H&N a críticas científico-empíricas recibidas.

Imperio o imperialismo

Como es sabido, *Imperio* ha recibido muy duras críticas (Petras, 2001; Boron, 2002; Bellamy Foster, 2001). Creo que en lo esencial estas críticas son justas, aunque una actitud de fuerte rechazo les confiere una parcialidad interpretativa por momentos excesiva.

Los principales argumentos de estos críticos directamente refutan tesis centrales de H&N. Por ejemplo, contra la tesis de la declinación de los estados nacionales, Boron opone evidencia empírica sólida y diferenciada: los estados centrales, hegemónicos, crecen aún a pesar de la propaganda neoliberal que por supuesto -como ocurre con la apertura comercial y otros mandamientos del centro- son ante todo para acatamiento de la periferia. En cambio, los estados periféricos sí se debilitan sometiéndose a las trasnacionales y a 'sus' gobiernos nacionales hegemónicos, con la salvedad de que se debilitan en sus funciones democráticas y asistencialistas, fortaleciendo sus funciones represivas. Boron muestra que los estados nacionales no declinan uniformemente en todo el planeta, ni en todas sus funciones, manteniendo los estados centrales aún hoy buen número de formas y funciones asistencialistas y democráticas, lockeanas, comparados con los estados más desembozadamente represivos, hobbesianos, de la periferia. Los capítulos centrales del libro de Boron son una lectura imprescindible, una clara y fundada explicación de la creciente polarización e injusticia del orden global para un número siempre mayor de hombres, mujeres y niños del planeta (Boron, 2002)[1].

Para H&N el imperialismo declina junto con los estados nación que lo promueven o padecen.

Vamos del imperialismo moderno al imperio posmoderno, hacia un mundo interconectado en que la diferencia y el antagonismo entre Primer y Tercer Mundo tiende a perder sentido; la brecha Norte/Sur, centro/periferia, disminuye; llega a ser una diferencia de grado decreciente. Para Boron, Petras, etc., el imperialismo no ha desaparecido ni declina, sino que tiende a acentuarse, y la exacción y dominación de la periferia por el centro se hace más marcada y brutalmente injusta.

Estos críticos, justificadamente indignados por muchas de las tesis de H&N, por ello mismo no encuentran la paciencia para agitar un poco más el tubo del caleidoscopio, para pasearse por los múltiples planos de la holografía. Así, dejan de lado la importante afirmación de H&N de que hay un sentido en el que Primer y Tercer Mundo se entremezclan (H&N, 2002[a]: 14-5 y 307). Podemos citar acá el comentario de Josefina Ludmer, que admite esta observación pero a la vez fija sus límites:

> "Dicen los autores que las divisiones espaciales de los tres mundos han estallado, de modo que encontramos el Primer Mundo en el Tercero, el Tercero en el Primero, y el Segundo, ya casi en ninguna parte. Es cierto. Pero las consecuencias del Imperio no sólo son diferentes en el Sur y en el Norte, sino que pueden llegar a ser opuestas. Se reinstala en cierto modo una lucha de clases global (entre) los estados nacionales de primero, segundo o tercer orden" (Ludmer, 2002).

Ludmer, con razón, atribuye a H&N una mirada desde el centro imperial:

> "Más miseria y exclusión, menos protección, ajustes permanentes, deudas de la Justicia; el presente argentino nos muestra esa diferencia que los autores *no pueden ver desde los mundos y lenguas de primera clase* con que escriben" (Ludmer, 2002, nuestro énfasis).

Sin embargo es bueno mover aún más el caleidoscopio para apreciar mejor la riqueza que -cual cofre de piratas- encierra el texto de H&N. Es notable que H&N no sólo indican que el Primer Mundo tiene sus propias *favelas* y el Tercero sus propios *shoppings, countries*, etc. Además afirman que la polarización de clases en todas esas diferentes regiones ¡tiende a aumentar!. Me refiero a esos brillantes pasajes del texto en que, apoyándose en un libro de Mike Davis, describen la creciente segmentación y fortificación de las grandes ciudades periódicamente arrasadas por la violencia, trátese de Los Ángeles, San Pablo o Singapur (Davis, 1990; H&N, 2002[a]: 308-9). Notemos al pasar que contra sus propios dogmas centrales, H&N utilizan acá las ideas de 'desarrollo desigual y combinado', de dialéctica, de una 'exterioridad' interior tan palpable como la miseria y las fortificaciones, exterioridad y dialéctica que habían decretado inexistentes en la posmodernidad.

En suma, encontramos en H&N la tesis de la creciente polarización de clases y la creciente injusticia al interior de cada una de las regiones del capitalismo global, junto con la afirmación aparentemente incompatible con ella de la disminución de la brecha entre Primer y Tercer Mundo.

Si precisamente el capitalismo estuviera tan globalizado e interconectado como H&N proponen, las tesis quizá no serían incompatibles. En cualquier caso, numerosos indicadores empíricos señalarían hoy, y bastante elocuentemente, que la brecha económico-cultural y el antagonismo imperialista entre Primer y Tercer Mundo aumentan, no disminuyen. A propósito, la deuda externa de la periferia subdesarrollada, por mucho que se revuelva en el cofre de *Imperio*, simplemente no se encuentra ni en la extensa descripción global del nuevo orden mundial ni en las propuestas programáticas del breve capítulo final. Esto es escandaloso, tratándose de un problema literalmente de vida o muerte para millones de seres humanos.

Otro aspecto interesante de *Imperio* que críticos como Petras y Boron podrían haber considerado más en detalle es que H&N proponen su nueva visión global del imperio como una tendencia, como un proceso en curso. El libro comienza con esta frase: "El imperio *se está* materializ*ando* ante nuestros propios ojos". Y del mismo modo en otros numerosos pasajes. Por ejemplo, cuando hablan del trabajo inmaterial y la transformación de los medios de producción clásicos, exteriores, y su reabsorción como prótesis de los cuerpos productivos, también se trataría de tendencias (H&N 2002[a]: 13, 286, 371).

¿Qué sentido tiene mi observación? En primer lugar, las proposiciones tendenciales no se refutan con unos pocos hechos empíricos, sino fundando -en teorías y hechos- presuntas tendencias alternativas, diferentes, vigentes en regiones espacio-temporales suficientemente extensas. Y esto es lo que hacen bien Boron y Petras, a mi juicio. Pero por lo pronto mi observación invita a mirar con más atención la pirámide del poder imperial que H&N proponen en el capítulo 13 (H&N, 2002[a]: 285-9), a la que Petras no hace referencia alguna, y Boron sólo menciona pero sin detenerse en su interesante contenido. Recordemos que, en lo esencial, esta pirámide de tres niveles contiene en su tercio superior a los grandes estados hegemónicos, con Estados Unidos a la cabeza, y a los organismos trasnacionales como el FMI, el BM, la OTAN. Luego, sometida a este nivel superior, en el tercio medio de la pirámide encontramos la red de empresas trasnacionales, es decir el mercado global, que a su vez somete a los restantes estados nacionales a los más débiles y/o periféricos. Y finalmente, en la base de la pirámide aparece la multitud, supuestamente representada por idealizadas ONGs, medios masivos de comunicación y ¡horror! la Asamblea General de la ONU.

Pues bien, esta pirámide representaría para H&N, en una primera aproximación, la situación planetaria actual, empírica, sobre la cual actuarán, o mejor dicho seguirán actuando cada vez más, las tendencias hacia el imperio. Adviértase que la pirámide está bastante cercana a las visiones que Petras, Boron y otros marxistas tienen del actual orden mundial. H&N no afirman ingenuamente que los estados nacionales y el imperialismo ya se han evaporado, sino que declinan y empiezan a transferir funciones a agencias imperiales. Mientras tanto, remarcan la importante función mediadora que los estados periféricos continúan ejerciendo para representar a la vez a sus principales mandantes, las empresas trasnacionales, y a sus multitudes empobrecidas, a las que en la medida en que aún puedan hacerlo, insisten H&N, deben continuar disciplinando, enchalecando en el molde de pueblo, de comunidad nacional responsable y obediente (H&N, 2002[a]: 286). En el mismo sentido dicen H&N: "(E)s extremadamente importante que el imperio utilice sus poderes para manejar y orquestar las diversas fuerzas del nacionalismo y el fundamentalismo" (H&N, 2002[a]: 361-2).

Es claro, repito, que Boron y Petras no ignoran esto: por eso oponen a las tendencias postuladas por H&N tendencias alternativas y de suficiente aliento, empírica y teóricamente fundadas, a modo de refutación de la visión de los autores. Pero al ser su presentación de las tesis de H&N simplificada, el lector distraído puede creer que H&N meramente afirman la tesis ingenua de la inexistencia actual o inminente de los estados nacionales, por un lado. Pero por otro, y esto es lo más importante, proponer tendencias inmediatamente sugiere, en la tradición inspirada en *El Capital* de Marx, la posibilidad de contra-tendencias co-presentes que atenúan, desvían o bloquean la tendencia principal. Y hay algo importante en este sentido en el libro de H&N que Boron, Petras y otros críticos tampoco destacan. Se trata de lo siguiente. H&N comienzan el libro delineando los aparatos de comando trasnacional, o más bien la producción jurídica globalizante del imperio. Esto es fuertemente castigado por Boron como formalista e idealista, cuando a mi juicio es un punto de partida tan válido como cualquier otro, a condición de que lo jurídico sea luego reintegrado a la totalidad material, lo que H&N intentan hacer en capítulos siguientes, no importa ahora si con éxito o no (y acompaño a Boron en señalar que la explicación materialista no llega satisfactoriamente, también cuando señala la apología fuertemente ideológica que H&N hacen del constitucionalismo de Estados Unidos). En realidad, el énfasis en los aparatos de comando centralizado, global, o en la tendencia a constituirlos y legitimarlos jurídicamente, es un punto de partida conveniente si lo que se trata de destacar es justamente uno de los aspectos que marcarían las diferencias cruciales entre imperio e imperialismo.

Pero lo que me interesa acá no es realmente esto, sino que hay argumentos de H&N, no tan desarrollados como merecerían, en el sentido de que una más o menos coherente y completa legitimación jurídica del imperio es imposible, porque la ebullición productiva y rebelde de las multitudes obliga al brazo militar del imperio en formación a intervenir constantemente, arrastrando al derecho a ser una justificación de emergencia de la policía, más que a la inversa (H&N, 2002[a]: 35, 52-3, 70). Acá se advierte en el texto de H&N la presencia de los tres registros lacanianos de lo real, lo simbólico y lo imaginario: el imperio como orden jurídico global es un cierre simbólico imposible, incapaz de apresar y estabilizar una multitud real que lo desborda por todas partes. En su conjunto, en consecuencia, el imperio tendría algo de un real lacaniano ausente, imposible.

Esto aclara un poco la enigmática tesis del imperio como un vacío, un no-lugar, y la tesis de que el mismo proceso de generación del imperio es también el de su corrupción.

Volviendo a la legitimación y viabilidad del imperio, H&N admiten que al no ser posible formal- jurídicamente, tal viabilidad debe conquistarse pragmática e híbridamente, como la eficacia oportunista, siempre precaria, de la maquinaria global de biopoder, resultante de la combinación -adecuada al conflicto del caso- de represión, persuasión mediante imágenes y discursos massmediáticos, producción jurídica *ad hoc*, incorporación al consumo y la producción (H&N, 2002[a]: 52-3). No se trata por tanto de una visión meramente formal-jurídica.

Una vez más, éstas son figuras del caleidoscopio, planos de la holografía no fácilmente distinguibles en el texto de otras figuras y planos. Poco después de presentar su pirámide del poder imperial, H&N nos ofrecen otra imagen, un poco borrosa, no bien explicada pero suficientemente perfilada -la imagen principal quizá, y la que destacan críticos como Petras y Boron: que en el proceso de declinación de los organismos estatales en la pirámide se marcha no hacia una mezcla de formas espaciales, sino hacia una hibridación de funciones ya no localizables. El no-lugar del poder es o tiende a ser directamente el entero mercado mundial con sus aparatos, o mejor funciones trasnacionales de comando financiero, militar, etc., ambos enfrentados ahora sin mediaciones estatales a la multitud global en efervescencia (H&N, 2002[a]: 292-4).

Alberto Bonnet, un joven economista marxista, da un bello título a su comentario -por cierto agudo- de *Imperio*: "Suponiendo a Neptuno" (Bonnet, 2002). El título se debe a que según Bonnet H&N se confiesan incapaces de señalar qué lugar y qué organismo corresponden al centro del imperio, pero suponen -como el astrónomo Leverrier para explicar ciertas desviaciones de los cálculos newtonianos de su tiempo- que debe haber algo allí, y en consecuencia suponen a Neptuno, que en este caso sería el mercado mundial y sus aparatos o funciones de comando globales. ¿Por qué tendría que haber algo? ¿Por qué no podría haber un vacío real en ese supuesto no-lugar?, se pregunta Bonnet. En mi opinión, uno de los planos, y no el menos visible de la holografía de H&N, afirma precisamente ese vacío real, reemplazando para el caso una ontología de la presencia plena por otra de la ausencia o de la negatividad.

La consecuencia política de esta interpretación merece destacarse. No sería la de una interconexión pacífica y niveladora de las multitudes en el mercado mundial, visión fácilmente rebatible, sino ésta otra: es posible que antes de que las tendencias al imperio, intrínsecamente inestables y finalmente imposibles, se actualicen, y por tanto antes de que los estados nacionales y los antagonismos imperialistas acaben de declinar, toda la maquinaria híbrida y precaria del biopoder global en formación salte por los aires por la acción de la multitud.

En un reciente trabajo sobre "El imperialismo del siglo XXI", Claudio Katz, otro influyente economista marxista argentino, constata también, al igual que Boron y Petras, la creciente pertinencia del concepto de imperialismo en el capitalismo actual. La exacción y dominación de la periferia por el centro son también a su juicio una realidad que se exacerba (Katz, 2002)[2]. En esto, los aportes marxistas de comienzo del siglo XX mantienen una importante actualidad. Pero lo que le interesa especialmente es repensar el otro aspecto que la teoría clásica del imperialismo explicaba: no ya la sangría y el sometimiento de la periferia, sino la relación entre las potencias centrales, que en la visión clásica era de competencia, resuelta a través de la guerra. Esta relación no se da de la misma manera hoy. Retomando alternativas que había considerado Ernest Mandel en los '70, cabría preguntarse si lo predominante hoy es la competencia interimperialista, por ejemplo según la hipótesis de Petras de un neo-mercantilismo sin guerras entre grandes potencias pero con control militar y guerras en los territorios periféricos; el clásico 'ultraimperialismo' de Kautsky, hoy remozado como transnacionalismo del 'Imperio posmoderno' por H&N; o el 'superimperialismo' consistente en el predominio de una superpotencia no sólo sobre la periferia sino sobre el resto de las grandes potencias, casi reducidas por eso a condición periférica.

Tanto Petras como Boron y Katz rechazan las tesis de H&N y afirman la vigencia del imperialismo. Pero con matices diferenciales. Petras, desde su visión de un neomercantilismo en marcha. En el caso de Boron, su insistencia en el poder de Estados Unidos podría hacernos pensar en una perspectiva superimperialista. Sin embargo, explícitamente habla de una hegemonía, y no de un control total o casi-total norteamericano. Katz opina que hoy ninguno de los tres modelos rige predominantemente, mucho menos en estado puro. Hay una combinación de tendencias concurrencistas, globalizadoras y superimperialistas, que aumenta las desigualdades y la inestabilidad del sistema total al aumentar el número y tipo de actores nacionales, regionales y globales, económicos, sociales, políticos y militares, y diversificarse las relaciones de competencia, inestable negociación, conflicto. Katz opina que H&N reflejan en su modelo imperial tendencias globalizantes de gran importancia que operan realmente hoy. Pero las exageran de manera extrema.

Cabe agregar acá algo aparentemente nimio pero en realidad importante. Tanto Petras como Boron en ocasiones usan la expresión 'imperio'. No se trataría de una mera variación retórica de 'imperialismo' sino, creo, de un reconocimiento, como el de Katz, de la necesidad de pensar lo nuevo, que incluye -pero no se reduce a- las tendencias globalizadoras no sólo económicas y financieras sino políticas, etc. Es decir, que cabría hablar de imperio con imperialismo (título del artículo citado de Petras), y no, como H&N, de imperio sin imperialismo. Boron tituló su intervención en el primer Foro Social Mundial de Porto Alegre "El nuevo orden imperial y cómo desmontarlo" (Boron, 2001). Ya en ese texto Boron la emprende brevemente contra *Empire* de H&N. Sin embargo, escribe:

> "Estamos en presencia de un proyecto animado por el propósito de organizar el funcionamiento estable y a largo plazo de un orden económico y político imperial -un imperio no-territorial, quizás, con muchos rasgos novedosos producto de las grandes transformaciones tecnológicas y económicas que tuvieron lugar desde los años setenta. Pero imperio al fin. De aquí nuestro radical desacuerdo con la reciente obra de H&N en la cual se sostiene la tesis no sólo paradojal sino completamente equivocada del 'imperio sin imperialismo'" (Boron, 2001: 47).

Refiriéndose al FMI, al BM, Boron escribió unos párrafos antes:

> "Estas son las instituciones 'supranacionales' y globales que, hoy en día, constituyen el embrión de un futuro gobierno mundial" (Boron, 2001: 47).

Boron parece haber cambiado un poco su pensamiento entre esa intervención en el FSM y su libro sobre H&N. Pero yo aprovecharé ambos textos como complementarios, el de 2002 que enfatiza el imperialismo, y el de 2001 que propone la fórmula 'imperio con imperialismo'. El riesgo de atenerse sólo al libro de 2002, en mi opinión, es el de ser persuadidos de rechazar las ideas de H&N en su totalidad, sin poder separar la paja del trigo.

En su libro sobre *Imperio* Boron retoma su pensamiento de la intervención en el FSM sólo parcial e impacientemente, poniendo más el énfasis en lo viejo que en lo nuevo del actual orden mundial:

> "Estaríamos mucho más cerca de la verdad si parafraseando a Lenin dijéramos que el imperio es la 'etapa superior del imperialismo' y nada más" (Boron, 2002: 138).

Para concluir esta sección, la visión imperial posmoderna de H&N se revela como una exageración doctrinaria, ideológica, de reales tendencias a la centralización del comando global del capital en lo económico-financiero, lo jurídico-.político, lo cultural. Al advertir sólo estas tendencias parciales, centralizadoras y homogeneizadoras, se desdibujan la exacción imperialista de la periferia por el centro y las relaciones de competencia y hegemonía entre los grandes estados y capitales nacionales. En el calor de su polémica con H&N, por momentos Boron tiende a cometer el error inverso. Pero reuniendo lo mejor de cada pensamiento podemos apreciar la importancia y posibilidad de acercarnos a la 'mixtura' concreta de las tres o más tendencias -globalistas, concurrencistas y superimperialistas o hegemónicas- en el orden planetario, como lo pide Katz. Si apelamos a los dos textos de Boron acá citados, surge la simple y esclarecedora hipótesis de que el grado de centralización global, imperial, alcanzado, es importante, y que sin embargo no implica declinación del imperialismo. Por el contrario, las agencias globales como el FMI, el BM, la OTAN, etc., están mayormente controladas por el G8, que en su interior reconoce la hegemonía, pero no el poder absoluto superimperialista, de Estados Unidos. Al interior de esas agencias globales se dirime la competencia por el control comercial-militar de las diversas regiones periféricas, etc.

Consecuencias políticas prácticas de las visiones en debate

Quisiera comparar brevemente ahora algunas de las consecuencias políticas prácticas que H&N por un lado y sus críticos marxistas por otro extraen de sus respectivas visiones del imperio o el imperialismo, o más precisamente del imperio sin imperialismo y el imperio con imperialismo.

Aprovechando la paráfrasis de Lenin por Boron, podríamos comenzar diciendo que H&N seguramente aceptarían esta otra paráfrasis posible: 'el imperio, verdadera etapa superior del capitalismo'. Y con ello se mostrarían, como en varios otros asuntos que mencionaré apenas, excesivamente respetuosos de la tradición, y en tal sentido dogmáticos y conservadores. Me refiero a que para H&N, como para Lenin o al menos el leninismo estándar, 'etapa superior' significa última etapa conducente necesariamente más allá del capitalismo. H&N afirman categóricamente que, dado que el imperio inevitablemente decae al tiempo que emerge, y que inevitablemente pone en movimiento a una multitud global cooperativa y rebelde, el 'acontecimiento' de la revolución advendrá con la misma inevitabilidad; de hecho, el comunismo ya estaría en un estado relativamente avanzado de gestación dentro del imperio (H&N, 2002[a]: 202, 374). Sólo en un único momento de mayor cautela se permiten atenuar un poco estas metáforas naturalistas de gestación, bien marcianas, para decir que el imperio prepara los cromosonas, no el embrión del comunismo.

En H&N hay bastante de nuevo y valioso, creo, pero también bastante vino viejo en odres nuevos. Por ejemplo, como complemento de lo que parece ser un exceso subjetivista, voluntarista, adquirido en sus años de 'autonomismo' italiano, H&N suelen recaer en un economicismo bastante burdo, apenas disimulado por el hecho de que ahora se habla de trabajo inmaterial, de prótesis productivas, etc. Como señala Alberto Bonnet, no es de extrañar que al rechazar la dialéctica el enfoque económico de H&N resulte desgarrado entre autonomismo y regulacionismo estructuralista (Bonnet, 2002). Sin negar que el proyecto de un 'Marx más allá de Marx' pueda requerir recuperar insospechados tesoros teóricos de la modernidad temprana, de la pre-modernidad o de muy diversas culturas no occidentales, H&N parecen haberse atascado en su opción por Spinoza contra Hegel y aún contra Marx.

El economicismo de H&N aparece también en su tesis de que a medida que el proceso productivo produce la gradual incorporación y por tanto re-apropiación de los medios de producción como prolongaciones del cuerpo individual y colectivo, nos acercamos gradualmente a un 'umbral' más allá del cual se producirá inexorablemente el 'acontecimiento', la revolución (H&N, 2002[a]: 372).

Volviendo a las consecuencias políticas prácticas, las que encuentra el lector militante -ansioso tras 350 páginas de ardua lectura- son en principio más bien breves y decepcionantes. Pues bien, agitemos el caleidoscopio una vez más y digamos, con Alberto Bonnet, que aún en ese final telegráfico también nos llega algo simple pero muy importante: si el imperio es global, el contraimperio, la lucha de la multitud, debe ser igualmente global. Aparentemente, el texto de *Empire* aparecido en febrero del 2000 fue entregado a la imprenta antes de la gran protesta 'global' de Seattle en noviembre de 1999, en rigor no la primera jornada global de lucha pero sí una que suele ser destacada como origen de un nuevo ciclo de luchas. De modo que el texto de H&N tiene un cierto carácter predictivo o al menos explicativo no despreciable, aún reconociendo, como ya se dijo, el carácter parcial de la tendencia globalizadora de la que se ocupan, y las exageraciones a veces delirantes que resultan de esa preferencia.

Por lo demás, como han mostrado críticos como Boron, Zizek y otros, las propuestas programáticas del capítulo final de *Imperio* son una mezcla de timidez reformista y utopismo impracticable. Ciudadanía global, salario social universal, y un objetivo estratégico rebajado a reclamo inmediato o aún tendencia empírica en curso: la reapropiación de los medios de producción -correspondientes al trabajo crecientemente inmaterial, como ya se dijo.

Refiriéndose críticamente al FSM de Porto Alegre, Negri declaró en una entrevista: "No puede manifestarse contra el G8 diciendo 'otro mundo es posible', y después no practicar colectivamente un éxodo" (Negri, 2001). ¿Propone acaso Negri marchar desde Porto Alegre al Matto Grosso para emular a San Francisco de Asís, aunque con una fauna poco amigable de boas constrictoras, tucanes y mosquitos? En un balance del Segundo FSM publicado en la *New Left Review*, Hardt por un lado critica "por izquierda" a la orientación dominante del encuentro, hegemonizado por ATTAC-Francia y el PT, señalando su programa relativamente estatista, tercermundista, antineoliberal, pero no anticapitalista. Pero en un pasaje posterior, al referirse a la crisis argentina y tomar partido por los piquetes y asambleas populares, y por la consigna de 'que se vayan todos', Hardt señala que no es posible acá dar una salida a la crisis rompiendo con las recomendaciones del FMI (Hardt, 2002[a]).

¿Estamos finalmente, entonces, ante dos defensores del imperio capitalista disfrazados de monjes comunistas posmodernos? Evitemos una vez más perder la paciencia. En otra entrevista, Negri aclara que lo que cabe hacer es un éxodo masivo, pero no habla del Matto Grosso y sus tucanes, sino que propone a los hombres y mujeres del planeta no intentar reformar ni ser representados al interior del FMI y el BM, sino una deserción colectiva, una ruptura de la multitud global con esos organismos (Hardt y Negri, 2000). Y esto ya no es delirante, forma parte de las discusiones tácticas y estratégicas de gran parte de la izquierda mundial: ¿Se puede y debe romper con el FMI? ¿Esa ruptura puede ser sólo nacional, o debe ser al menos regional o incluso global? .

Para terminar, de una visión como la de Claudio Katz, de una combinación de tendencias imperialistas competitivas, globalizadoras y superimperialistas, se desprende que la lucha contra el capitalismo debe ser igualmente combinada: de clases al interior de cada nación, lucha anti-imperialista de naciones y regiones contra los amos del mundo, y también luchas globales contra el 'imperio'. Creo que Boron, Petras y muchos de los marxistas latinoamericanos o amigos de nuestra tierra acuerdan con esto, aún con matices diferenciales. En *Resistencias mundiales (de Seattle a Porto Alegre)* ya referido varias de las contribuciones se orientan hacia una amplia articulación y acumulación de estas diversas fuerzas y luchas para la construcción paciente y colectiva de un movimiento contra-hegemónico, tanto anti-neoliberal como anti-capitalista (Seoane y Taddei, 2001).

H&N enumeran los grandes instrumentos de poder del imperio: el dinero, el éter de las comunicaciones, y la bomba (H&N, 2002[a]: 315 ss.). Sin embargo, su excesivo optimismo les lleva a afirmar deliradamente "en realidad, nosotros (la multitud) somos los amos del mundo" (H&N, 2002[a]: 351), y a profetizar que el imperio es inevitablemente la etapa del capitalismo anterior al comunismo global. Los poderes destructivos del imperio serían finalmente impotentes. De la barbarie engendrada por el imperio H&N hablan ingenua y metafóricamente, dándole un signo inmediatamente positivo y creador (H&N, 2002[a]: 203). Al desastre ecológico sólo le dedican una alusión pasajera: aún no reviste gravedad crítica (H&N, 2002[a]: 252). En cambio, para los socialistas que debatimos en vinculación con las luchas concretas de nuestros pueblos, quizá la primera certeza es que si no continuamos articulando nuestras fuerzas, la barbarie imperial ya instalada, la degradación y destrucción de la humanidad y el planeta, que ya tienen gravedad crítica, pueden llegar a ser irreversibles. Pero la segunda convicción es que la muy desfavorable correlación de fuerzas que impuso la globalización neoliberal parece comenzar a revertirse, y que vale la pena apostar nuestro resto de dignidad en la lucha contra el neoliberalismo y el capitalismo (Boron, 2001: 32-33, 49, 52-60).

Observaciones sobre el concepto de 'multitud'

H&N recibieron abundantes críticas a su concepto de 'multitud', y reconocen que muchas son merecidas (H&N, 2002[b]; Negri, 2001, 2002[a], 2002[b]). Consecuentemente prometen desarrollar más el asunto en el segundo volumen de *Imperio*.

Sin embargo, personalmente, encuentro también en relación con la 'multitud' varios casos de críticas un poco precipitadas y excesivamente hostiles, pero no por ello del todo injustas. Así, Boron despacha rápidamente el concepto, atribuyéndole no sin razón ser 'sociológicamente vacío'. Como muchos otros críticos marxistas, Boron supone que la multitud evacúa el concepto de clase y lucha de clases. Ante la incierta aplicación empírica del concepto, Boron pregunta a H&N si la multitud incluye a los empresarios, a los obreros, a los desempleados, y/o a 'los paramilitares y los escuadrones de la muerte' con que el capital sofoca las luchas de los sometidos del Tercer Mundo (Boron, 2002:103). Esto es abrupto y algo injusto. Si con mayor paciencia el lector registra una suficiente cantidad de apariciones del término 'multitud' en el libro de H&N, advertirá que se la caracteriza casi invariablemente, explícita o tácitamente, por su rebeldía libertaria, por su lucha de clases, etc., lo que *prima facie* las distingue tajantemente de los escuadrones de la muerte. Por ejemplo, leemos en una de las primeras apariciones importantes del término:

> "Hasta podría decirse que la construcción del imperio y sus redes globales es una respuesta a las diversas luchas emprendidas contra las maquinarias modernas del poder y, específicamente, a la lucha de clases impulsada por el deseo de liberación de la multitud. La multitud dio nacimiento al imperio" (H&N, 2002[a]: 55-6).

La multitud productiva es una y otra vez identificada por H&N con el proletariado (¡nunca con las fuerzas represivas o escuadrones de la muerte!) (H&N, 2002[a]: 71, 151, 364). Al mismo tiempo, una razón de ser principal del nuevo término es su diferenciación respecto de 'pueblo' e incluso también de 'clase' (H&N, 2002[a]: 104-6). ¿Cómo conciliar tantos empleos diversos y aparentemente contradictorios?

Lo que muchos críticos parecen no detenerse a considerar es el doble nivel en que funciona el concepto de 'multitud'. Ante todo se trata de un concepto ontológico y antropológico, cuya vigencia debe situarse especialmente a partir de la revolución humanista renacentista. Según H&N, hay un primer florecimiento de la modernidad, rápidamente sofocado por el poder del capital y el Estado, en que los individuos se descubren inmanentes a la naturaleza, al ser, y se proclaman seres libres y autodeterminados, creadores, constituyentes de su mundo social. El conjunto de tales individuos que emergen y se descubren como libres y creativos es la multitud, tempranamente manifestada en las utopías igualitaristas, industrialistas y artísticas de Bacon, Moro, Campanella; en la filosofía de la inmanencia y la democracia absoluta de Spinoza. Pronto, sin embargo, ese florecimiento es encauzado, disciplinado por el capital y el estado modernos -una segunda modernidad ilustrada- que sofoca la inmanencia autodeterminada mediante la trascendencia del estado y la trascendentalidad de la razón formal, que se autolimita para no chocar con la religión, el estado y el capital.

En la segunda modernidad ilustrada y disciplinadora al servicio del mercado capitalista, la multitud de individuos creativos, potencialmente universal, genérica y cosmopolita, es encauzada y controlada en el molde de las clases productivas, sometidas y de los pueblos nacionales, hostilmente celosos de sus particularismos. 'Clase', 'proletariado', 'pueblo', 'lucha de clases', 'imperialismo', etc., no se oponen por tanto a 'multitud', porque designan transformaciones históricas de ésta.

La multitud de productores cooperativos del 'trabajo inmaterial', bajo el imperio posmoderno en formación, es explícitamente caracterizada por H&N como "un nuevo proletariado y no una nueva clase obrera industrial" (H&N, 2002[a]: 364). En suma, el concepto ontológico-antropológico de 'multitud' -primer nivel del concepto- adquiere cambiantes modulaciones históricas empíricas, segundo nivel del concepto.

H&N suponen que en la transición al imperio, la multitud productiva, cooperativa en el trabajo inmaterial, afectivo y simbólico, es tan flexible y nómade, tan asociativa, creadora por incorporación de saberes y prótesis productivas, que su 'esencia' ontológico-antropológica 'primigenia' -humanista renacentista- de individuos creativos autodeterminados comienza a aflorar nuevamente, a romper el chaleco de clases y pueblos, a socavar las formas disciplinarias de los estados y sus fronteras, etc. De modo que la multitud comienza a constituir una sociedad sin clases ni estado, ya bajo el imperio[3].

Creo que lo dicho hasta aquí basta para corregir la atribución al concepto de 'multitud' de una pura vacuidad de significado y su fácil asociación con un contenido de carga ético-política tan negativa como 'los escuadrones de la muerte'. Pero dicho esto, las dificultades del concepto aparecen inmediatamente. Es evidente que hay una distancia importante, no salvada teóricamente, entre el sentido ontológico-antropológico del concepto, altamente normativo e idealizante, y su sentido empírico-histórico, sociológico, etc. Ya atribuir al humanismo renacentista la emergencia masiva de semejante multitud de individuos creativos autodeterminados resulta una evidente idealización anacrónica. En realidad, todo indica que H&N, que quieren que su héroe sea más bien Spinoza que Marx, han trasladado caprichosamente al Renacimiento el concepto marxiano de 'individuos libremente asociados', sólo concebible por el materialismo histórico bajo condiciones de propiedad colectiva de los medios de producción, planificación científica y democrática del trabajo y la distribución, alta productividad y cultura, en el contexto de una mutación cualitativa y una reducción cuantitativa del trabajo, en una palabra bajo el comunismo industrial post-capitalista y no en la sociedad proto-capitalista.

El lector puede acompañar de buen grado a H&N cuando narran la historia del disciplinamiento clasista y nacional de la multitud, pero las cosas empeoran cuando se supone que en la transición al imperio y su superación comunista, es decir, ante nuestros ojos, las clases y pueblos están recuperando su ser profundo de multitud de individuos libremente creadores. En efecto, ¿dónde están tales individuos e incluso multitudes de individuos autodeterminados y nómades, que resulta tan difícil verlos? H&N obviamente no pueden ejemplificar su categoría con la mayoría de hambrientos, excluidos o esclavos asalariados del capitalismo actual -condenados a no poder efectuar, ni tampoco siquiera imaginar o desear nomadismo alguno- sino sólo con una ínfima minoría de productores de conocimiento, de arte y comunicaciones, de individuos que poseen prótesis cerebrales como computadoras portátiles, prótesis visuales como cámaras fotográficas o video-filmadoras, prótesis auditivas como teléfonos celulares. Tal es la ilustración ofrecida por H&N al describir la reciente protesta global de Génova, donde tales prótesis en efecto desempeñaron un importante papel para eludir la censura oficial de los medios masivos y difundir imágenes e información veraz sobre el asesinato por la policía de un joven manifestante obrero (Negri, 2002[a]). Similar importancia tuvieron para dar a conocer el apaleamiento de Rodney King en 1991 que encendió la rebelión de Los Ángeles en 1992, y algo parecido puede destacarse en ocasión del asesinato de dos jóvenes desocupados 'piqueteros' en Buenos Aires en agosto de 2002.

Dado que el contenido fuertemente normativo e idealizante del concepto de multitud, es decir su escasa ejemplificación actual, y lo poco creíble de la tesis tácita de H&N de que la enorme masa de hambrientos, excluidos y explotados esté en camino -camino gradual y visible, suponen para colmo H&N- a convertirse en una multitud de individuos libremente creativos, en efecto el concepto de 'multitud' tiende a perder contenido empírico-sociológico, pero no así ontológico-normativo.

Una dificultad notoria de H&N y su 'multitud' aparece a propósito de los desocupados. Cosa escandalosa, son ignorados como grupo humano y social hasta que resulta imposible hacerlo. Antes de ello, H&N -como bien dicen Boron, Ludmer y otros críticos, atribuyendo al planeta lo que ven o creen ver desde el centro del imperio- nos describen una economía 'post-industrial', o de 'trabajo inmaterial', y ¡de pleno empleo! Es decir que, contra quienes afirman que 'multitud' reemplaza a 'clase', más bien la verdad es la inversa: en principio el concepto peca de productivismo y 'obrerismo' -más precisamente de 'proletarismo'. Cuando finalmente H&N no tienen más remedio que reconocer los enormes contingentes humanos excluidos del empleo, que no se ve en principio que cumplan con los atributos de la multitud nómade, libremente creativa y rebosante de prótesis potenciadoras de sus talentos, no atinan más que a incorporarlos por decreto a la multitud, sin explicación suficiente:

> "A medida que se diluye la distinción entre producción y reproducción, también se diluye la legitimación del salario familiar. El salario social se extiende mucho más allá del ámbito de la familia a la multitud en su totalidad, incluso a los desempleados, porque toda la multitud produce y su producción es necesaria desde el punto de vista del capital social total"(H&N, 2002[a]:365).

Lo que vemos diluirse acá son los contornos empíricos del concepto de multitud, que se ha estirado para no quedar tan pobre en referentes observables. Lo mismo acontece en estos otros dos pasajes:

> "en democracia, toda la sociedad, la multitud en su conjunto, gobierna" (H&N, 2002[a]: 176).

> "una multitud fluida y amorfa que, por supuesto, está surcada por líneas de conflicto y antagonismo, aunque (sin) una frontera fija y eterna" (H&N, 2002[a]: 185).

En estos pasajes, H&N parecen haber oscilado del extremo ontológico-normativo muy restrictivo a colocarse muy cerca del extremo opuesto en que 'multitud' significa el mero conglomerado empírico de individuos, la población. Desde este punto de vista entonces, cabe reconocer la pertinencia de la pregunta de Boron respecto de si el concepto abarca las diversas clases sociales, incluso los paramilitares y los escuadrones de la muerte.

Bibliografía

Bellamy Foster, John 2001 "Imperialism and 'Empire'", *Monthly Review* Vol. 53, N° 7, Diciembre. Traducción en español publicada en el año 2000 por la revista *Herramienta* (Buenos Aires) N° 20.

Bonnet, Alberto 2002 "Suponiendo a Neptuno. Un comentario crítico de *Imperio*", en *Cuadernos del Sur* N° 23. Existe traducción en española publicada en el año 2002 por la revista *Realidad Económica* (Buenos Aires) "Dossier sobre *Imperio*", en línea en <http://www.iade.org.ar/imperio/3.8.html>, fecha de acceso 04/X/2002.

Boron, Atilio 2001 "El nuevo orden imperial y cómo desmontarlo", en Seoane, José y Emilio Taddei (Compiladores) *Resistencias mundiales. De Seattle a Porto Alegre* (Buenos Aires: CLACSO).

Boron, Atilio 2002 *Imperio & Imperialismo. Una lectura crítica de Michael Hardt y Antonio Negri* (Buenos Aires: CLACSO).

Davis, Mike 1990 *City of Quartz: Excavating the Future in Los Angeles* (Londres: Verso).

Deleuze, Gilles y Félix Guattari 2000 (1980) *Mil mesetas: capitalismo y esquizofrenia* (Valencia: Pre-Textos).

Hardt, Michael 2002[a] "Porto Alegre: Today's Bandung?", en *New Left Review* N°14, Marzo-Abril, 112-8. En línea en <http://www.newleftreview.net/NLR24806.shtml>, fecha de acceso 04/X/2002.

Hardt, Michael 2002[b] "Argentina es una inspiración", entrevista concedida a la revista *Tres Puntos*, N° 264, 18/VII/2002. En línea en <http://www.3puntos.com/seccion.php3?numero=275&archivo=264cul01&seccion=archivo>, fecha de acceso 04/X/2002.

Hardt, Michael y Negri, Antonio 2000 "Imperio/éxodo. Un coloquio en línea con Michael Hardt y Toni Negri" (Organizado por la editorial Barnes & Noble, texto inglés en línea desde 03/V/2000 en <http://amsterdam.nettime.org/Lists-Archives/nettime-l-0005/msg00022.html>, fecha de acceso 04/X/2002; versión española en <http://www.iade.org.ar/imperio/4.9.html>, fecha de acceso 04/X/2002.

Hardt, Michael y Negri, Antonio 2002 [a] *Imperio* (Buenos Aires: Paidós). Edición original: *Empire* (Cambridge, Mass.: Harvard University Press, 2000).

Hardt, Michael y Negri, Antonio 2002 [b] Entrevista concedida a Nicholas Brown e Imre Szeman, *Cultural Studies* February, 16. En línea en <http://webpages.ursinus.edu/rrichter/frames82.htm> desde el 07/II/2002, fecha de acceso 04/X/2002.

Katz, Claudio 2002 "El imperialismo del siglo XXI" (junio 2002); en línea en <www.eltabloid.com/claudiokatz>, fecha de acceso 04/X/2002.

Ludmer, Josefina 2002 "Una agenda para las multitudes", en *Clarín* (Buenos Aires) Agosto 27. En línea en <http://old.clarin.com/suplementos/zona/2000-08-27/i-00501d.htm> y en <http://www.iade.org.ar/imperio/7.3.html>, fecha de acceso 04/X/2002.

Marx, Karl 1973 (1867) *El Capital. Crítica de la economía política* (México: Fondo de Cultura Económica) Vol. I –III.

Negri, Antonio 2001 "Imperio, multitud, éxodo. Intervención en la Universitá 'La Sapienza' " (30/X/2001); en línea en <http://www.iade.org.ar/imperio/4.10.html>, fecha de acceso 04/X/2002.

Negri, Antonio 2002 [a] "Así comenzó la caída del imperio", entrevista cedida a LATINAcoop Europa, 22/III/2002, en línea en <http://www.rebelion.org/sociales/negri220302.htm>, fecha de acceso 04/X/2002.

Negri, Antonio 2002[b] "El capital ya no tiene capacidad de dominio", entrevista concedida a la revista *Tres Puntos* (Buenos Aires) N° 268, 15 de agosto de 2002, en línea en <http://www.3puntos.com/seccion.php3?numero=275&archivo=268eco01&seccion=archivo>, fecha de acceso 04/X/2002.

Petras, James 2001 "Imperio con imperialismo". Octubre 29. En línea en <http://www.iade.org.ar/imperio/3.9.html>, fecha de acceso 04/X/2002. (Versión en inglés en línea en <http://www.rebelion.org/petras/english/negri010102.htm> fecha de acceso 04/X/2002).

Seoane, José y Emilio Taddei (Compiladores) *Resistencias mundiales. De Seattle a Porto Alegre* (Buenos Aires: CLACSO).

Zizek, Slavoj 2001 Comentario de *Empire* aparecido en *Sueddeutsche Zeitung*, sin fecha. En línea desde Diciembre 3 en <http://webpages.ursinus.edu/rrichter/hardtrev.htm>, fecha de acceso 04/X/2002.

Notas

1 Podría pensarse que los estados nacionales hegemónicos sufren también una declinación, en tanto crecientemente subordinados a los intereses del gran capital, como es cada vez más evidente en la más y más amplia intersección entre el conjunto de funcionarios del estado y gobierno de Estados Unidos y el conjunto de accionistas multi-millonarios o billonarios de ese país, y la cada vez más directa funcionalidad capitalista del estado y gobierno de Estados Unidos manifestada en el escándalo Enron, etc. Pero si estos rasgos y funciones debilitan el carácter asistencialista y democrático del estado, refuerzan su función, y al parecer su tama-

ño burocrático y militar, en tanto 'junta que administra los intereses comunes del capital'. El Estado se refuerza -o debilita- para mejor servir al capital, no a los seres humanos.

2 Claudio Katz, Alberto Bonnet, etc. conformaron el *EDI, Economistas de Izquierda*, cuyo valioso programa económico socialista para la crisis argentina puede encontrarse en <www.geocities.com/economistas_de_izquierda> (fecha de acceso 4/10/2002).

3 Acá asoma una entre tantas dificultades de la interpretación de la historia de H&N. Además de que el concepto de posmodernidad no es nunca claramente definido, sino caracterizado por la acumulación de notas económicas -predominio del sector terciario y la informática, por ejemplo- o filosóficas -eclipse de la dialéctica, etc.-, no está explicado por qué la multitud de individuos autodeterminados y creativos que aflora en la primera modernidad pueda y deba realizarse sólo en el post-imperio post-moderno, y no en una nueva, segunda o tercera modernidad.

*La filosofía política
frente al primado del sujeto
y la pura fragmentación*

Miguel Ángel Rossi[*]

> "... *después de lo que ha pasado, ya no existe lo inocuo y neutral. Después de que millones de hombres inocentes han sido asesinados, comportarse filosóficamente como si aún hubiese algo inofensivo sobre lo que discutir, como se ha dicho, y no filosofar de manera que uno tenga que avergonzarse de los asesinatos, sería ciertamente para mí una falta contra la memoria ..."*
> Adorno (1983: 7).

Aproximaciones al nihilismo como referencia de sentido

Puede resultar paradójico que el subtitulo de mi reflexión gire en torno al concepto de nihilismo justamente aludiendo a un perspectivismo de sentido, sobre todo cuando una de las notas esenciales en referencia a aquel es la pérdida del sentido, lo que en términos weberianos conllevaría al hombre moderno a una situación existencial que dicho pensador caracterizaría como 'la jaula de hierro'.

Pero más allá de la aparente contradicción lógica o semántica con la que resignificamos la categoría de nihilismo, tal inconsistencia parece desvanecerse en el aire cuando entra a jugar de lleno el terreno de las experiencias históricas, obviamente en un sentido laxo, dado que incluimos en él dimensiones culturales, políticas, sociológicas, filosóficas, etcétera. Y es desde estos horizontes concomitantes que puede vislumbrarse —y en esto radica mi supuesto básico- que el nihilismo ha jugado y juega en la historia de Occidente un papel o rol estructural, justamente el de interpelar, cuando no convocar con fuerza de necesidad, la impronta de nuevos sentidos, con-

---

[*] Profesor asociado de Teoría Política y Social I, adjunto de Teoría Política y Social II, Facultad de Ciencias Sociales de la Universidad de Buenos Aires (UBA). Profesor especial, Facultad de Filosofía y Letras de la UBA. Maestría en Ciencias Sociales con orientación en Ciencia Política, Facultad Latinoamericana de Ciencias Sociales (FLACSO-Argentina). Doctorando en Ciencia Política, Universidad de São Paulo (USP). Investigador UBACyT.

figuraciones e incluso lógicas estructurantes y hallazgos de fundamentos de los más variados matices y tonalidades. De ahí la responsabilidad de pensar qué tipo de orden debemos construir como sociedad, sobre todo teniendo en cuenta que los tiempos de grandes fisuras también conllevan por lo general respuestas radicales y axiológicamente opuestas, ya sea para pensar instancias fundantes de liberación o para pensar instancias de opresión. Con respecto a la segunda posibilidad, entiendo que la eclosión del nazismo es más que ilustrativa, y en lo que atañe a su dimensión filosófico-ideológica, introyecta una cosmovisión que confrontándose con la lógica nihilista, leída esencialmente en clave economicista y tecno-científica y situada por otra parte en la expansión norteamericana, pretende como contrapartida una suerte de reencantamiento del mundo en aras de un fundamento absoluto. En tal sentido, es interesante la apreciación de Safreanski con respecto a Weber: "Quince años antes, principios de la República de Weimer, Max Weber había exhortado en un discurso famoso a los intelectuales a soportar estoicamente el 'desencanto del mundo', y había prevenido frente al turbio negocio del intencionado reencanto por parte de los profesores ex cátedra. Quiera o no, en aquel 27 de mayo de 1933 Heidegger está allí como profeta ex cátedra, empujando hacia arriba y con palabras marcialmente sonoras" (Safranski, 1999).

Asimismo, creo relevante explicitar los alcances de mi punto de partida en tanto se desprenden del mismo condiciones de posibilidad para una atención específica en lo que respecta a la emergencia del nihilismo en determinadas épocas de crisis estructurales, como son el caso de la fragmentación de la *polis* griega, la caída del Imperio Romano, la transición del Medioevo al Renacimiento. Rechazo la visión que hace del nihilismo un anclaje exclusivo en el mundo contemporáneo. Cierto es que hoy podemos hablar de un horizonte nihilista, sobre todo en lo que atañe a la cuantificación, horizontalidad y mercantilización de los valores, ámbito por demás trabajado por el pensamiento alemán, comenzando incluso por Hegel como antecesor de Nietzsche en relación a la muerte de Dios, pasando luego por el joven Marx y la problemática del 'valor de cambio' que en una suerte de ruptura con el mundo cualitativo todo lo prostituye, y concluyendo con Weber, Schmitt y la escuela de Frankfurt, que más allá de sus diferentes posturas teóricas coinciden en la emergencia y hegemonía de la 'razón instrumental' como uno de los signos significativos del nihilismo contemporáneo.

De todas formas, habría que hablar de la modalidad del nihilismo contemporáneo sin por ello renunciar a indagar el factor común que liga el transcurrir del nihilismo como dimensión estructural de la vida de Occidente. Al respecto, es indudable que dicho punto de entrecruzamiento no puede ser otro que la crisis y metamorfosis de los valores sociales.

En cuanto a la especificidad contemporánea, se imponen dos notas esenciales: la primera nos introduce de lleno en un terreno metafísico, cuando no teológico, en tanto indaga en la cuestión del nihilismo como pérdida u agotamiento de los valores en función de un entramado que tendrá como principal interlocutor al Cristianismo, tanto en su vertiente católica como protestante, ya sea para establecer una apología de la trascendencia para el primer caso, como así también de la inmanencia para el segundo. De este modo nos introducimos en la segunda nota, asumiendo el supuesto de la conexión entre metafísica y política. No por casualidad todas las categorías metafísicas encuentran traducción en el reservorio de la teoría política. Sólo a modo de ejemplificación pensemos en las noción de trascendencia como dispositivo para justificar la monarquía; la noción de inmanencia, y de ahí la legitimación de la voluntad general rousseauniana o la democracia spinozeana; o la noción de absoluto, que en términos políticos denominamos soberanía.

De esta forma se entiende por qué la problemática del nihilismo se vincula con fuerza de necesidad con el agotamiento de los valores occidentales, relacionado a su vez con lo que Nietzsche denominó 'la muerte de Dios', tanto como fundamento teológico –Edad Media- o supuesto epistemológico – Modernidad[1]; ambas modalidades, garantías últimas o primeras –utilizando una terminología aristotélica- de toda posible axiología. En diálogo con la filosofía moderna, Nietzsche muestra cómo la muerte de Dios conllevó consecuentemente a la muerte del fundamento, claro está, en sentido absoluto. Recordemos que tanto Descartes como Kant siguen apelando al principio de la unicidad divina como el único camino posible para reunir la multiplicidad. Dicha perspectiva se extrapola también al plano del sujeto moderno, quien ahora ocupa el lugar de lo divino: el sujeto que reúne las múltiples determinaciones. Pero ahondemos en dicha cuestión.

Hay un consenso generalizado a partir del cual el pensamiento de Nietzsche constituye un punto de inflexión con respecto al ideario de modernidad, ruptura que provoca una herida mortal a la impronta racionalista con la cual se caracterizó hegemónicamente el transcurrir de la filosofía occidental. De este modo, valiéndose de la influencia de Schopenhauer, Nietzsche da el puntapié inicial a lo que en términos generales se ha dado en llamar el irracionalismo filosófico moderno. Al respecto, recordemos que mientras Hegel proclamaba su famosa frase "todo lo real es racional y todo lo racional es real" ante un auditorio repleto de alumnos, en una aula próxima Schopenhauer gozaba de la máxima impopularidad. Pero más allá del dato anecdótico que preanuncia un posible antagonismo, éste se agiganta cuando se entra en el plano de la teoría, y resulta ahora sí insalvable.

Schopenhauer toma como blanco de ataque la 'majestuosidad de la razón'. Recuperando cierta tradición filosófica, hace emerger con fuerza la noción de voluntad[2], caracterizada ahora desde una dimensión impersonal y cósmica, como ciega pulsión devoradora de sí misma.

Schopenhauer no vacila en proclamar que el propio intelecto es una creación de aquella para justificar sus fines pulsionales. Detrás de toda racionalidad se esconde un juego de pulsiones, un juego de poder. Es innegable que gran parte de 'razón' hay que otorgarle, sobre todo en un mundo occidental y cristiano que desde el despliegue de una lógica imperialista se hace portavoz de los valores democráticos y humanos, generando la posibilidad de entrometerse en todos los países que su racionalidad tilde de barbarie.

Nietzsche retoma el camino de Schopenhauer, pero a diferencia de su maestro, que pretendía una suerte de redención de la voluntad, su discípulo reviste a aquella de una profunda connotación positiva. Es más, será la única salida posible a un mundo apresado por el nihilismo.

De esta forma, a la muerte de Dios como centro dador de sentido y último fundamento tanto del terreno metafísico como del gnoseológico y moral, le sucederá, en el trono, la 'voluntad de poder', que no vacilará en pronunciar la superación del humanismo y el advenimiento del 'super hombre' situado en las antípodas del bien y del mal.

Pretender agotar el pensamiento de Nietzsche en este trabajo sería más que una ingenuidad. Por otro lado, tampoco es el objetivo. No obstante quisiera dejar en claro que el acento no está puesto en lo que magistralmente Nietzsche entiende por voluntad de poder, sino en los caminos hermenéuticos que dicha noción abrió a partir del filósofo.

Para ello bastaría con mencionar la eclosión del nazismo que en una pretendida estética del horror se hace portador –falseando totalmente, a mi criterio, el pensamiento del filósofo- de un super hombre provisto de una voluntad de poder más que personalizada, también en las antípodas del bien y del mal, o contrariamente –interpretación que comparto en cierto sentido- de una voluntad de poder –vía foucaultiana- dinámica y descentralizada, así como la apertura a un perspectivismo axiológico desontologizado, o el preanuncio de la muerte del sujeto reflexivo que desde la mediación heideggeriana nos abre la puerta a la postmodernidad. Queda claro, entonces, cómo a partir de Nietzsche el pensamiento contemporáneo se provee de una ruta obligada, no sólo respecto a una dimensión filosófica, sino también a las sociológica y política.

Soy conciente de que adentrarme en todas estas líneas interpretativas excedería ampliamente el objetivo de este trabajo. Toda elección teórica implica un renunciamiento, un recorte a un horizonte teórico mucho más abarcativo. Me abocaré en esta oportunidad en primer término al pensamiento de Heidegger sólo en lo que ataña a la temática del nazismo conjuntamente con la crítica del filósofo a la metafísica de la subjetividad, en tanto en una suerte de reverso Heidegger se vale de aquella para discutir con el nacionalsocialismo. Asimismo, quisiera explicitar que la riqueza de la filosofía de Heidegger excede los nefastos y estrechos marcos de la ideología nazi. Sin embargo, y en detrimento de muchos intelectuales que pretenden escindir el pensamiento de Heidegger absolutamente del nazismo, como si el filósofo en una suerte de sublime ingenuidad hubiese incurrido en el nazismo por mera contingencia o, lo que es peor, mostrando la inoperancia de la racionalidad filosófica para los asuntos políticos, considero, como contrapartida que el estado de la metafísica nos da la clave para el acceso a la cosmovisión política en juego. En otros términos, si la filosofía expresa una visión de la totalidad, la misma también se reproduce en cierta medida en el *ethos* o la estructura social en juego, sobre todo cuando un dispositivo ideológico logra cristalizarse en dichas totalidades. La aventura del nazismo está lejos de situarse sólo en la figura de Hitler, e incurriríamos en un error si excluimos tanto a los distintos sectores sociales como así también a sus principales pensadores.

En segundo término me ocuparé de la temática del sujeto, sobre todo en contraposición a la lectura heideggeriana, en tanto el filósofo le asigna a la metafísica de la subjetividad una esencialidad totalitaria.

La emergencia del nazismo y su confrontación con el nihilismo

La temática con respecto al nazismo es tan vasta como compleja. Innumerables han sido los textos y artículos que toman a aquella como principal objeto de interés, no sólo por motivaciones teóricas sino fundamentalmente teórico- prácticas, aunque más no sea para activar una memoria que nos prevenga acerca del horror y la discriminación. No obstante, e infinitamente lejos de justificar el ideario nazi, creo relevantes dos de las apreciaciones de los autores de la *Dialéctica de la Ilustración*. La primera, tendiente a comprender al nazismo como otra de las formas posibles de la dinámica del capitalismo, aunque sin negar su conformación sociopolítica específica, vinculada tanto a la historia como a la estructura social de Alemania, sobre todo en lo tocante al horizonte de sentido. La segunda, tendiente a percibir el nazismo como uno de los posibles rostros del totalitarismo, aunque por cierto no el único. Dicha observación es más que importante, especialmente cuando se toma en cuenta la hegemonía de un determinado dispositivo ideológico que pretendiendo anclar todo el peso de la barbarie en la ideología nazi silencia otras formas de totalitarismo, como son los casos del estalinismo y el imperialismo norteamericano.

En lo que respecta a dicha problemática, tal vez el texto de Jeffrey Herf (1983) titulado *El modernismo reaccionario* sea una de las contribuciones más profundas, que asombra por su claridad magistral. Herf acentúa con mucha nitidez la gran paradoja de Alemania, que según mi propia opinión es el núcleo a partir del cual puede comprenderse la matriz significativa del nazismo. Se trataría de la aceptación de la tecnología moderna en expansión, al mismo tiempo que un profundo rechazo de la razón ilustrada y todos los postulados de aquella. Esta es la razón de la denominación del libro de Herf, en tanto los 'modernistas reaccionarios', parafraseando al autor, eran nacionalistas que convirtieron al anticapitalismo romántico de la derecha alemana en algo alejado del pastoralismo agrario orientado hacia atrás, apuntando por el contrario hacia los lineamientos de un orden hermosamente nuevo que remplazaba el caos informe generado por el capitalismo por una nación unida, tecnológicamente avanzada. Dichos nacionalistas pugnaban por una revolución que reestableciera la primacía de la política y el estado sobre la economía y el mercado, y que reintegraría así los lazos existentes entre el romanticismo y el rearme de Alemania. Esta cosmovisión –puntualiza Herf- se dio en llamar 'romanticismo de acero'.

Herf continua argumentando que el credo modernista reaccionario era el triunfo del espíritu y la voluntad sobre la razón y la función de esta voluntad como un modo estético que justamente estaba más allá del bien y del mal, lo que en otros términos conllevaría al reemplazo de la ética por la estética, aunque esta última fuese una estética del horror.

Por último, el autor del *Modernismo reaccionario* trae a relación a Benjamin para mostrar cómo dicho pensador señaló por vez primera que la modernización técnica e industrial de Alemania no implicaba la modernización en un sentido político, social y cultural más amplio. De ahí el rechazo alemán a los valores de la revolución francesa, y de ahí también la especificidad del nazismo sustentado en la creencia en un hombre nuevo, anclado en la pureza del origen, en diálogo con el ser y haciendo un buen uso de los entes.

Heidegger y el nazismo: en pos de un sujeto tachado

Difícil y ardua tarea implica indagar en el entramado del pensamiento de Heidegger con respecto al nazismo. Muchas y antagónicas son las posturas intelectuales que gravitan en torno de aquel. Una de las más importantes consiste en oponer a Heidegger II contra Heidegger I, bajo el argumento de que la recaída del pensador en el nazismo se debió fundamentalmente a que el filósofo siguió siendo preso de la filosofía de la subjetividad. Incluso, dicha vertiente teórica parte del supuesto de que el nazismo es un tipo de humanismo, obviamente retomando el camino del Heidegger II y la hermenéutica que el filósofo realiza en relación al concepto nietzscheano de 'voluntad de poder'.

Por otra parte, sería peligroso invalidar la riqueza del pensamiento de Heidegger por su vinculación con el nazismo, pues terminaríamos también anulando categorías teóricas significativas para entender el mundo contemporáneo. Cómo olvidar su contribución a la fenomenología, al punto de poder hablar de una nueva redefinición en términos de una ontología existencial, o su incidencia en el psicoanálisis que en su vertiente lacaniana se nutre de un ser estructuralmente tachado o caído y logra desplegar el registro de lo simbólico e imaginario. Cómo no hacer presente la pregunta heideggeriana acerca del sujeto de la enunciación en referencia a la comunidad de habla como lugar privilegiado del hábitat del ser que incluso, tal vez en una suerte de ironía, es tomado por el pragmatismo norteamericano. Al respecto, es interesante la observación de Eugenio Trías: "Podría decirse, pues, que Heidegger indaga el movimiento mediante el cual la presencia se constituye como tal presencia, el presentarse mismo de la presencia, en lo que tiene de infinito verbal. Heidegger busca ese infinito verbal ausente en la concepción todavía sustantivista de Husserl. Busca, pues, el presentarse de la presencia, que es prae-essentia, esencia que comparece, que es ahí. Y con ello indaga, por lo tanto, el esenciarse de la esencia" (Trías, 1983: 4).

De esta forma, y siguiendo las huellas de Trías, Heidegger vitaliza al extremo nociones tales como horizonte de sentido y facticidad, ya que es la propia facticidad del ser-ahí, del *Dasein*, la que se toma o adopta como lugar y patrón para la revelación y sentido del ser, sin que sea necesario recurrir a una operación propia de la conciencia filosófica o del filósofo profesional para acceder a ese sentido.

A pesar de haber hecho hincapié en la relevancia teórica de Heidegger –aunque de manera breve y superficial- , cuestión que por otra parte alcanza un consenso académico fuertemente generalizado, no podemos, o mejor dicho, no debemos dejar de percibir con agudeza las marcas ideológicas que de modo directo o indirecto, explícito o implícito, ligan al filósofo alemán con algunos aspectos del ideario del nacionalsocialismo.

Asimismo, juzgo pertinente como sugerente la observación de Adorno, en tanto advierte a los posibles lectores que intentar adentrarse en la relación de Heidegger con el nazismo sólo es posible a través de una lectura transversal, incluso marginal de los textos de filósofo, en los que a diferencia de sus trabajos principales Heidegger quedaría más en la intemperie. Esta observación es asumida por el propio Adorno, que de hecho se vale de un escrito de Heidegger intitulado *Por qué habitamos en la provincia*. Desarrollemos algunas de sus principales reflexiones:

> "Creo que justamente en la situación alemana este concepto de fundamento, suelo u origen desempeña un papel especialmente funesto, y que verdaderamente una gran culpa le corresponde al pensamiento de Heidegger. En este pensamiento la idea de lo primero tiene un sentido ontológico excelsamente sublimado: el del 'ser'que está más allá de la separación entre el concepto por una parte y el ente singular por otra, y que se expresa para conseguir la concreción que le corresponde como algo mas allá de la escisión, casi siempre en locuciones tales como suelo, origen, fundamento. De tales expresiones asegura continuamente Heidegger que dicen solamente algo sobre la estructura del ser, que de ninguna manera implican valoraciones sobre ningún fenómeno concreto intrasocial" (Adorno, 1983: 1).

Adorno continúa reflexionando que dichas categorías proceden de relaciones agrarias o pequeño-artesanas que evocan ideales de una 'estrecha' vida provinciana a las que identifica con ciertas características del ser. Adorno sugiere que daría la impresión de que para Heidegger la existencia campesina estaría mas cerca de los presuntos orígenes, y consecuentemente que en su pensamiento puede apreciarse la extrapolación de una pureza ontológica anclada en la ideología de la sangre y el suelo. Si bien es innegable que muchas de las apreciaciones de Adorno poseen profundidad respecto del pensamiento heideggeriano, no es menos cierto que otras tantas se caracterizan por ser mal intencionadas e incluso extremar la filosofía de Heidegger hasta convertirla en un panfleto nazi. No obstante, hay un argumento adorniano que comparto plenamente, y que constituye la esencia de un escenario trágico: el problema de la inmediatez. Heidegger, en una suerte de misticismo, pretendería establecer un vínculo entre el hombre y la naturaleza como si entre ambas entidades no hubiera diferencia alguna, como si pudiera existir un estadio y el retorno a éste, previo a toda escisión.

Instancia que por otro lado implicaría la destrucción de todo tipo de subjetividad, dado que para el filósofo la objetivación y cuantificación del universo es causada por la acción de un sujeto unívoco que subsumido en clave metafísica y consumado en una metafísica del poder, todo lo que toca, termina cuantificándolo. De ahí que la única posibilidad que resta es la recepción de un ser que en términos freudianos podemos caracterizar como no castrado.

Sin desmedro de la recomendación adorniana, ya en su obra *Ser y tiempo*, un escrito nada marginal, Heidegger lanza una antinomia que hoy en día lejos está de resolverse: por una lado sostiene que la caída del ser es de un orden estructural, en tanto el ser por definición ya está caído, incluso previo a toda secuencia temporal; por otro lado, Heidegger daría lugar a una hermenéutica de la decadencia del ser en referencia a un *cairos* temporal, como si se hubiese ido degradando paulatinamente hasta perderse definitivamente en las entrañas del ente.

Tampoco es casual la posición del filósofo con respecto al cuidado del ser que desde su mirada ha tenido la filosofía presocrática y que en cierto sentido Heidegger extrapola tanto a la filosofía como a la cultura y al pueblo alemán. De hecho, podemos encontrar en el primer Heidegger una suerte de reconciliación entre el ser y la tecnología, o por lo menos una relación ambivalente. Es factible inferir que sólo el *ethos* alemán en apertura dialógica con el ser sabría hacer un buen uso de los entes. Después de la renuncia a su cargo de rector en la Alemania nazi, Heidegger cambiaría esta tesitura radicalmente. Prueba de ello son sus propias clases, en las cuales valiéndose de las nociones de 'super hombre' y 'voluntad de poder' en Nietzsche –lectura heideggeriana que no comparto- discute indirectamente con el nacionalsocialismo, al que por otra parte no disocia del americanismo en lo que refiere al consecuente triunfo de la tecnología, obviamente como estado de la metafísica contemporánea. En esta misma dirección giran las posiciones de Ferry y Renault, aunque se diferencian radicalmente de mi postura en lo que ataña a la deconstrucción del humanismo. Dichos autores asumen los supuestos de una de las corrientes anteriormente explicitadas, la recaída del primer Heidegger en el humanismo: "Heidegger es el único que puede permitirnos comprender la verdad del nazismo y, de manera más general, del totalitarismo, es decir que la 'infinitización o la absolutización del sujeto que está en la base de la metafísica de los modernos encuentra allí su salida operativa'. Y si Heidegger estuvo implicado en lo que él sin embargo contribuyó a descubrir, lo hizo esencialmente sobre la base de una especie de ilusión trascendental respecto del pueblo que restituía un sujeto (de la historia) allí donde la analítica del *dasein* y el pensamiento de la finitud habrían de prohibir toda adhesión al mito nazi. Porque Heidegger , que desconstruía tan hábilmente la estructura ontoteológica de la metafísica y su versión moderna como ontoantropología en la que el hombre en su condición de sujeto toma el lugar de Dios, 'tendría que haber' reconocido en la ideología nazi el resultado 'ontotipológico' del mismo proceso: con el 'mito nazi', en el que es el 'tipo ario' como 'voluntad pura (de sí mismo) que se quiere a sí misma' quien deviene 'sujeto absoluto', lo que llega a realizarse es la 'ontología de la subjetividad (de la voluntad de voluntad). Solo los tontos pueden, pues, 'confundirse'y creer que el nazismo es un antihumanismo" (Ferry y Renault: 2001).

Regresando al problema de la inmediatez señalado anteriormente por Adorno, Heidegger asume una postura fuertemente romántica. Un romanticismo que termina considerando el terreno de lo racional y conceptual desde la nebulosa de lo demoníaco. Desde dicha perspectiva, la apreciación de Habermas me parece más que relevante: "Con esta crítica del subjetivismo moderno Heidegger hace suyo un motivo que desde Hegel pertenece al conjunto de temas del discurso de la modernidad. Y más interesante que el giro ontológico que Heidegger da al tema es la inequivocidad con que pone pleito a la razón centrada en el sujeto. Heidegger apenas tiene en cuenta aquella diferencia entre razón y entendimiento, a partir de la que Hegel se propuso desarrollar aún la dialéctica de la ilustración; Heidegger no es capaz ya de extraer de la autoconciencia, allende su lado autoritario, un lado reconciliador. Es el propio Heidegger y no la acusada ilustración, el que nivela la razón y la reduce a entendimiento.(...) Y siendo ello así, los elementos normativos que el sujeto extrae de sí no son sino ídolos vacíos. Desde este punto de vista, Heidegger puede someter la razón moderna a una destrucción tan radical, que ya no distingue entre los contenidos universalistas del humanismo, de la ilustración e incluso del positivismo, de un lado, y las ideas de autoafirmación particularistas anejas al racismo y al nacionalismo o a tipologías regresivas al estilo de Spengler y de Junger, de otro. Lo mismo si las ideas modernas aparecen en nombre de la razón que de la destrucción de la razón, el prisma de la comprensión moderna del Ser descompone todas las orientaciones normativas en pretensiones de poder de una subjetividad empeñada en su propia auto potenciación" (Habermas, 1990: 2-3)

Pienso que la cita habermaseana hace presentes por lo menos dos nociones que no puedo dejar pasar dada su riqueza para mentar tanto una teoría del sujeto como una teoría social. Más precisamente, se trataría de la distinción hegeliana entre entendimiento y razón en la búsqueda de un nuevo tipo de racionalidad, y por otro lado del problema de la normatividad social. Habermas, en este caso siguiendo los caminos de Kant y Hegel, adquiere conciencia de que tanto la dinámica social como las relaciones intersubjetivas que forman parte de aquellas no pueden ser desprovistas de un esquema normativo, que deberá ser consensuado por las propias relaciones interhumanas que Habermas encuentra en el diálogo, Kant a partir de la *Crítica del juicio* –el Kant republicano- en la existencia de una comunidad deliberativa basada en lo que podríamos llamar un pensamiento extensivo que a través de la facultad de la imaginación nos posibilita dar lugar a las opiniones de los otros incluso como propias (de ahí que la fuerza de la auténtica deliberación estriba en romper un apriorismo absoluto y generar así la apertura a la construcción de un sujeto deliberativo que además de comunitario posibilita también la apertura a posibles cambios de opiniones en función de la riqueza de una rueda deliberativa), y Hegel hace presente en la existencia de una intersubjetividad vinculada a su vez a una eticidad estatal que lejos de pensarse como anulando las posibles subjetividades es el encuentro entre la voluntad subjetiva y la voluntad universal. El espíritu de un pueblo que se materializa en costumbres, representaciones artísticas, diversas mediaciones que son inherentes a la propia comunidad.

Estos pensadores son concientes de que una sociedad sólo puede regirse por un horizonte valorativo-regulativo que en una dinámica dialéctica o dialógica oxigena las propias prácticas sociales. Tampoco es casual que Nietzsche hablara en términos de transvalorización como única salida posible a la problemática del nihilismo, para enfatizar el hecho de que la pérdida del fundamento no deconstruye en definitiva la existencia de valores sociales, sin los cuales una sociedad quedaría subsumida en mera disgregación.

Por otra parte, retomar la distinción hegeliana entre entendimiento y razón es retomar la crítica de Hegel tanto a las filosofías de la reflexión, básicamente particularizadas en Kant, como a las filosofías de la intuición y el sentimentalismo. La genialidad de Hegel en este punto en particular giró en función de la búsqueda de una racionalidad que por un lado tenga la agudeza analítica del entendimiento, de la reflexión, pero a la vez supere –y de esto se trata la dialéctica- la vacuidad y formalidad de la que es presa el entendimiento a causa de haber absolutizado e inmovilizado el terreno de las escisiones, y por otro lado incorpore, adelantando una categoría fenomenológica, lo que Husserl denominó 'el mundo de la vida'. Si por un lado Hegel se queda con la analítica del entendimiento ilustrado, rechazando a su vez una lógica formal, por otro lado se queda con el concepto de 'vida' del romanticismo, pero excluyendo tanto el retorno al origen como el problema de la intuición, que para Hegel es un absoluto sin mediación racional. De ahí que, extremando la cuestión, por la mera intuición uno podría decir "hay que matar a los judíos, los negros, los homosexuales, etcétera", en una suerte de misticismo revelado. Hegel es conciente del problema de los absolutos no mediados, que por otra parte en un juego dialéctico se topan también con una racionalidad legalista y formal, que sólo puede concluir, tanto como el intuicionismo, en la construcción de un mundo totalitario. En el primer caso tendríamos el totalitarismo de la arbitrariedad, y en el segundo caso de una racionalidad formal que no puede hacerse cargo de las demandas de la vida. Como expresión de deseo y asumiendo una posición hegeliana, en una suerte de confesión particular, no podría dejar de decir, contra Heidegger y la postmodernidad, que necesitamos de la razón hegeliana para volver a producir en el encuentro entre la vida y las instituciones.

Por último, lejos de interpretarse al sujeto hegeliano como un sujeto absoluto -claro está en términos de totalitarismo-; el sujeto hegeliano se constituye a partir de una dialéctica con el ethos social del que forma parte. En términos más sencillos, subyace la idea de que el hombre constituye a la sociedad pero, a su vez, es constituido, también, por aquella. Incluso, desde un constante dinamismo. La relevancia de explicitar dicha observación, nos salva del error, o mejor dicho el horror, de interpretar a la dialéctica como tesis, antítesis y síntesis. Tesis es lo que se pone, sobre todo en términos de Fichte, a partir de la nada, mientras que en Hegel justamente el sujeto se pone a partir de algo ya presupuesto. Vale decir, el *ethos* social.

Es evidente, entonces, que la constitución de la subjetividad en una suerte de interacción entre los hombres y sus sociedades. Una subjetividad que se constituye desde la figura del 'reconocimiento'. Un reconocimiento de que, a diferencia del sujeto liberal que sólo puede instrumentalizar un espacio público homogéneo, el sujeto hegeliano se constituye anclado existencialmente en el plano de la diferencia. De ahí que Hegel sea tomado por el multiculturalismo en función de mentar nuevas identidades. Hegel deja en definitiva al desnudo el autoritarismo del sujeto liberal: no poder hacerse cargo de un sujeto multicultural situado en el espacio público, justamente por haber pensado un sujeto formal y homogéneo dispuesto a excluir, como instancia política, toda posible diferencia. De ahí que los indios, los negros, las minorías sexuales, sólo puedan ingresar al espacio público despojándose, obviamente, de atributos esenciales: el ser negro, indio, homosexual, etc.

Queda claro entonces que desde una fuerte interpretación teórica Heidegger sería presa del nazismo, motivado fundamentalmente por su recaída en la metafísica de la subjetivad. Anclado en el humanismo que tanto en su variante hegeliana –racionalidad absoluta- como en su variante nietzscheana -voluntad de poder- serían las claves de un sujeto esencialista, todopoderoso.

Conjuntamente con dicha interpretación coexistiría otra, no menos hegemónica, que considera la relación del pensamiento de Heidegger con el nazismo como producto de una mera contingencia, en una suerte de disociación entre pensamiento y vida.

Con respecto a mi propia posición, me hago eco de la pregunta habermaseana que no puede dejar de interpelarme: "Cómo es posible que Heidegger pudiera entender la historia del Ser como acontecer de la verdad y mantenerla inmune a un historicismo liso y llano de las imágenes del mundo o interpretaciones del mundo que caracterizan a las distintas épocas. Lo que me interesa, pues, es la cuestión de cómo interviene el fascismo en el propio desarrollo teórico de Heidegger" (Habermas, 1990: 15).

Habría otro aspecto por el cual generalmente suele relacionarse al pensamiento de Heidegger con el nazismo, sustentado fundamentalmente por el lugar que el filósofo le asigna a la muerte, incluso como la marca fundacional de la constitución de la identidad, en lo que refiere tanto al tema de la singularidad como al de la facticidad humana, marca que sólo puede ser transferida o socializada en la constitución de un *pathos* heroico, de un *pathos* alemán, coincidente a su vez y como contracara con la experiencia de los campos de concentración. Lo curioso es que desde ambas instancias se justifica en un sentido lógico, por supuesto no ético, mentar la muerte o su posibilidad como constitutivo de una comunidad. De todas formas desestimo dicha óptica, en razón de que no existe ningún texto de Heidegger que de pié para sustentar el pasaje de la singularidad a la intersubjetividad en relación a la muerte.

Quisiera abordar ahora el último punto de mi trabajo, consistente en la defensa del humanismo, no sin antes discordar con la interpretación heideggeriana de Nietzsche.

Como bien enfatiza Cragnolini, Heidegger presenta a Nietzsche como el último eslabón de la cadena de una metafísica de la subjetividad. De este modo arribaríamos a la consumación del nihilismo, en función de una voluntad de poder que Heidegger interpretaría como la posibilidad absoluta e incondicionada de la voluntad de proyectar como así también imponer valores. En términos de Nietzsche, transvalorización. Así, parafraseando a Cragnolini, quien representaría a la voluntad de poder, para Heidegger es el superhombre, figura del hombre técnico que domina y cuantifica todo lo que está a su alcance. Un hombre indiferente por el ser y apasionado por el ente.

En profunda oposición a la lectura heideggeriana, Cragnolini considera no sólo que Nietzsche nos abre la puerta a una pluralidad de perspectivas hermenéuticas, sino también que a partir de Nietzsche puede pensarse incluso un sujeto multicultural. En palabras de Cragnolini: "La idea de voluntad de poder como razón imaginativa apunta a caracterizar su operar interpretativo y configurador de la realidad que, en dicha tarea, realiza un constante movimiento de aglutinación de fuerzas en torno a un centro -estructuración- y de dispersión de las mismas -desestructuración- para nuevas creaciones de sentidos. La dispersión del sentido, el alejamiento del centro, es el modo de preservarse de las respuestas últimas y de las seguridades de las filosofías buscadoras de *arkhaí*. En la modernidad, la *arkhé* la constituye el sujeto mismo, como ente representador. La idea de la voluntad de poder como razón imaginativa permite pensar el sujeto múltiple: aquel que designa con el término "sujeto" o "yo" a esas aglutinaciones temporarias de los *quanta* de poder que le permiten, por ejemplo, actuar, o pensar, sabiendo que el "sujeto" es una ficción. Si el sujeto es ficción, también lo es el "objeto" y la relación que los une, la representatividad. El modo de conocimiento que Nietzsche desarrolla a partir de las nociones de "falsificación", "ficción" e "interpretación" no es fundamentalmente representativo, en tanto "asegurador" del ente en cuestión" (Cragnolini, 2000: 5).

Si por un lado acuerdo con Cragnolini en su crítica a Heidegger; por otro considero errónea la hermenéutica que suele hacerse del sujeto moderno como sede o fundamento del totalitarismo. En todo caso, habría que distinguir distintos tipos de sujetos y distintos tipos de subjetividades, obviamente no desvinculadas de las prácticas sociales que le son inherentes.

Justamente, el problema de Heidegger – y tal vez de Nietzsche- fue hacer un lectura de la historia de la filosofía en términos tanto de univocidad como linealidad, sin advertir por ejemplo las profundas diferencias del sujeto lockeano con respecto al sujeto spinozeano, o la impronta kantiana de haber sido el primero en plantear el tema del sujeto como ficción, la cual no puede interpretarse en términos de verdad o mentira, sino, utilizando un lenguaje psicoanalítico, como nexo significativo organizacional. Al respecto, recordemos, incluso, la importancia que le asigna Kant a la facultad de la imaginación en *La crítica de la razón pura* como cierre del esquematismo trascendental a modo de justificar nuestro argumento. Es decir, es la facultad de la imaginación la que en última instancia logra reunir el terreno de la multiplicidad en pos de un yo que subyace y acompaña las posibles representaciones.

De este modo, retomando mi consideración del nihilismo como instancia estructural de la vida de Occidente, entiendo que la salida del mismo sólo puede lograrse articulando la fragmentación en un unidad, es decir, en función de pensar un sujeto articulador. La cuestión decisiva no radica en la destrucción del sujeto sino en qué tipo de sujeto podemos construir, especialmente en tiempos de fisura, en un tiempo de nihilismo, donde la pregunta por el orden social no es para nada irrelevante.

Cabría entonces preguntarnos por qué recuperar la noción de sujeto, pregunta que puede ser contestada prioritariamente en función de nociones que son inherentes a la teoría del sujeto tradicional, como son las nociones de libre arbitrio, praxis, responsabilidad, ética, acción, decisión, todas ellas razones más que suficientes.

En defensa del sujeto humanista

En oposición a toda una corriente interpretativa desde la mediación heideggeriana y anclada en la postmodernidad, por cierto hegemónica en nuestro tiempo, parto de la base de que la noción de sujeto está lejos de ser una invención moderna. Al respecto, hay un brillante texto de Mondolfo intitulado *La comprensión del sujeto humano en la cultura antigua*[3] libro de una belleza y profundidad incalculables.

El problema está en desarticular la identificación de la noción de sujeto con la noción de individuo, obviamente como una de las características centrales de la modernidad, sobre todo en su variante liberal.

De esta forma, asumo en cierta medida el postulado foucaultiano de pensar la subjetividad jugando al mismo tiempo en el orden de la ficción –por cierto más que necesaria para la existencia social- y también en el orden de construcción a partir de las prácticas sociales y las relaciones de poder. Foucault explicita en su texto *La verdad y las formas jurídicas*[4] cómo a partir de las prácticas sociales se generan no sólo tipos de objetos de conocimientos, sino también sujetos. Lo interesante es que Foucault, en la última etapa de su producción teórica, nos invita a retomar el ideario del humanismo, invitación para nada despreciable, sobre todo porque a partir del Renacimiento comienza a pensarse el poder como una relación en ruptura con una visión substancialista o 'cosificada' del mismo, a la par que reafirmando una praxis[5] sustentada en una antropología de la libertad. No en vano, Nietzsche en sus *Intempestivas* giró en torno a la diferenciación cualitativa entre la Reforma y el Renacimiento, diferencia que el pensamiento de Schmitt tuvo en cuenta especialmente para articular una praxis de la decisión también anclada en una metafísica de la libertad. Nietzsche afirma que el Renacimiento, surgido en un instante como un rayo de luz, fue enseguida sepultado por la impronta de la reforma. Weber y Schmitt lo secundaron es este punto, atentos a la novedad radical que instaura el humanismo renacentista con respecto al plano antropológico. Se trataría de anteponer prioritariamente el concepto de existencia sobre el de esencia, existencia no cosificada que a partir de una naturaleza indefinida, le toca al hombre, como un sublime escultor, ir diseñando en el transcurrir de su camino los matices de su esencia, obviamente a partir de la praxis de su existencia. De ahí también que dichos pensadores hicieran hincapié en la impronta metafísica que trajo aparejada el advenimiento de la reforma. Bastaría mencionar la absolutización de la conciencia luterana conjuntamente con una teoría de la predestinación divorciada de la praxis humana e hipostaseada en pos de lo divino para justificar lo que estamos diciendo. De hecho, una de las polémicas más importantes de la época fue la de Lutero y Erasmo, el primero para defender una teoría de la determinación, el segundo para defender una teoría de la praxis y la acción ética basadas en el postulado de la libertad. Justamente -y éste es mi propio supuesto- el error tanto de Heidegger como de la senda postmoderna consistió en extrapolar los atributos de la Reforma al humanismo, imprimiéndole a éste un esencialismo que, en una suerte de ironía, aquel combatía radicalmente. De esta forma partimos del supuesto que fue el ideario de la reforma, que comenzó deconstruyendo la idea de un sujeto en tanto imposibilidad de una praxis sustentada en la metafísica de la libertad. Curiosamente, Heidegger, que se aprecia de la recuperación del paganismo, contrariamente termina internalizando en alguna medida el determinismo protestante, ahora en aras de un ser que desde el imperativo de la voz divina necesita de sujetos pasivos anclados unívocamente en el plano de la sumisión y la escucha.

De este modo, el auténtico humanismo -si se me permite la palabra auténtico- juega su esencialidad, irónicamente, desde la pretensión heideggeriana, por el transcurrir de una existencia desontologizada que en su propia autoproducción en libertad hace caminos, hace historia, hace y nos hace sujetos. La cuestión, en definitiva, será volver a recordar la recomendación kantiana, no tomar a los otros como medios, lo que en términos hegelianos nos llevará a pensar en términos de una comunidad en donde todos podamos ser sujetos.

Bibliografía

Adorno, Theodor W. *Terminología Filosófica* [en línea] [Buenos Aires, Argentina] Horacio Potel. Fecha de publicación no disponible. [Citado el 15/12/2002]. Traducción de Ricardo Sánchez Ortiz de Urbina, revisada por Jesús Aguirre, Madrid, Taurus, 1983, Tomo I, 114-128. <http://personales.ciudad.com.ar/M_Heidegger/adorno.htm>

Cragnolini, Mónica *Nietzsche en Heidegger: contrafiguras para una pérdida* [en línea] [Buenos Aires, Argentina] Horacio Potel. Fecha de publicación no disponible. [Citado el 15/12/2002]. Conferencia en Universidad de San Pablo, Gen (Grupo de Estudios Nietzsche), 21/08/2000. <http://personales.ciudad.com.ar/M_Heidegger/cragnolini.htm>

Foucault, M. 1990 (1978) *La verdad y las formas jurídicas* (Barcelona: Gedisa).

Habermas, Jurgen. *Heidegger: Socavación del racionalismo Occidental en términos de crítica a la metafísica* [en línea] [Buenos Aires, Argentina] Horacio Potel, Fecha de publicación no disponible. [Citado el 15/12/2002] Versión castellana de Manuel Jiménez Redondo, en Habermas, J. *El discurso filosófico de la modernidad*, Taurus, Buenos Aires, 1990, 163-195. <http://personales.ciudad.com.ar/M_Heidegger/habermas.htm

Herf, Jeffrey. 1993 (1984) *El modernismo reaccionario* (México: Fondo de Cultura Económica).

Luc, Ferry y Alain Renault *Del humanismo al nazismo. Las interpretaciones heideggerianas del nazismo de Heidegger* [en línea]. [Buenos Aires, Argentina] Horacio Potel. Fecha de publicación no disponible. [Citado el 15/12/2002] Traducción de Alcira Bixio, capítulo dos de Heidegger y los modernos, Paidós, Buenos Aires, febrero de 2001, 57-87. <http://personales.ciudad.com.ar/M_Heidegger/ferry_renaut.htm>

Mondolfo, Rodolfo 1978 (1969) *La comprensión del sujeto humano en la cultura antigua* (Buenos Aires: Eudeba).

Safranski, Rüdiger *La política metafísica de Heidegger* [en línea] [Buenos Aires, Argentina] Horacio Potel. Fecha de publicación no disponible. [Citado el 15/12/2002].<http://personales.ciudad.com.ar/M_Heidegger/politica_metafisica.htm>

Trias, Eugenio *Vigencia de Heidegger* [en línea] [Buenos Aires, Argentina] Horacio Potel. Fecha de publicación no disponible. [Citado el 15/12/2002]. En Heidegger, M., Interpretaciones sobre la poesía de Hölderlin, Barcelona, Ariel, 1983, 8-22. <http://personales.ciudad.com.ar/M_Heidegger/trias.htm>

Notas

1 En el contexto moderno, específicamente en el terreno de la filosofía, Dios es tomado como fundamento gnoseológico, en el caso de Descartes, en tanto modo de garantizar verdades absolutas. Y en el caso de Kant, como criterio epistemológico, dando lugar a la representación. Así, en *La crítica del juicio* Kant plantea la posibilidad de pensar a la naturaleza como un sistema de fenómenos naturales interconectados, como si hubiese sido creado por un arquitecto divino.

2 Schopenhauer da comienzo a una tradición teórica que no sólo ejerce gran influencia en la tradición nietzscheana, sino también en la tradición freudiana, específicamente en lo que atañe a la noción de 'inconciente'.

3 En dicho texto, Mondolfo plantea como uno de los temas centrales la problemática de la subjetividad en la antigüedad (Mondolfo, 1978).

4 "Me propongo mostrar a ustedes cómo es que las prácticas sociales pueden llegar a engendrar dominios de saber que no sólo hacen que aparezcan nuevos objetos, conceptos y técnicas, sino que hacen nacer además formas totalmente nuevas de sujetos y sujetos de conocimiento. El mismo sujeto de conocimiento posee una historia, la relación del sujeto con el objeto; o, más claramente, la verdad misma tiene una historia" (Foucault, 1990).

5 Todo el humanismo renacentista revindicó la impronta ética basada en la afirmación del libre arbitrio, en oposición a la reforma luterana y su teoría de la doble predestinación. Mientras en el primer caso se hablaba de la dignidad del hombre como imagen y semejanza de lo divino, en el segundo caso se ponía el acento en su indignidad.

*El imperio de Hardt & Negri:
más allá de modas, 'ondas' y furores* *

Néstor Kohan**

Un balance maduro

Pocas veces un filósofo ha logrado tantos lectores a nivel mundial en tan poco tiempo. Hoy Negri hace furor. *Imperio*, escrito con la colaboración de su discípulo Michael Hardt –aunque en nuestra aproximación nos referiremos sólo a Negri por economía de lenguaje– se ha vuelto de una semana para la otra en controvertido bestseller. En New York y en París, en Madrid y en Buenos Aires, en Londres y en México DF, en Berlín y en San Pablo, muchos son los que discuten y opinan sobre sus provocativas tesis. El encuentro con *Imperio* o con sus comentarios (porque las adhesiones y los rechazos viscerales no siempre han venido acompañados de la paciente lectura del texto) han desatado en poco tiempo las polémicas más crispadas que se recuerden de los últimos tiempos.

Ecologistas y marxistas, feministas y economistas neoliberales, posmodernos y postestructuralistas, nacionalistas tercermundistas y populistas de variado pelaje, todos al unísono, se sienten desafiados e interpelados por *Imperio*. Este texto genera odio o adhesión inmediata. Rechaza las medias tintas y los matices. Es un libro apasionante y apasionado. Sus lectores no pueden permanecer pasivos luego de transitarlo. Su prosa es taxativa y terminante. Fuerza los argumentos de tal manera que los hace rendir frutos hasta el límite. Siguiendo el estilo de su maestro Louis Althusser, los planteos de Negri se proponen invariablemente como tesis, afirman posiciones, dictaminan sentencias. Quizás por eso su texto sea tan provocador y haya generado instantáneamente tanto aleteo en el mundo filosófico y en la política, en las ciencias sociales y en la cultura de nuestros días.

---

* El siguiente texto fue redactado y corregido antes de iniciarse la guerra imperialista y la invasión anglonorteamericana en Irak. Según nuestra opinión, esta nueva guerra de conquista, bárbara y genocida, pone todavía más en crisis el relato de Negri y Hardt (3 de abril de 2003).
** Docente e investigador de la Universidad de Buenos Aires (UBA) y de la Universidad Popular Madres de Plaza de Mayo (UPMPM). Jurado del Premio Internacional Casa de las Américas. Ha publicado libros sobre temas vinculados al marxismo, colaboró en libros colectivos sobre teoría y filosofía política, y publicado artículos académicos en España, Alemania, México, Venezuela, Suecia, Cuba e Italia.

Para los grandes medios de comunicación que lo han apoyado, alabado y promocionado, la figura de Negri adquiere un carácter 'inocente' y digerible cuando se subraya su docencia universitaria, pero se transforma rápidamente en 'culpable' cuando se recuerda que fue y sigue siendo un militante (no es el caso de Hardt). Para los parámetros ideológicos que manejan estos medios se trata de 'salvar a Negri' de sí mismo, a costa de su propia militancia, sacrificando la fuente principal de la que se nutren invariablemente sus controvertidas reflexiones.

Desde nuestro punto de vista, esta obra constituye el balance maduro de su afiebrada y apasionada biografía política. No disponemos aquí del espacio suficiente para recorrer su prolongado y accidentado itinerario biográfico, pero creemos que sus fórmulas contienen –a veces en forma abierta, otras implícita– el beneficio de inventario que Negri aplica sobre toda su experiencia política italiana anterior.

El nexo teórico inmanente entre las propuestas y análisis de *Imperio* y la biografía de Negri ha sido sistemáticamente ocultado, soslayado o directamente desconocido por los grandes medios de comunicación.

Entre los numerosos análisis conceptuales que contiene *Imperio*, al menos en cinco problemáticas podemos detectar la huella indeleble de la trayectoria político-biográfica de su autor: el cuestionamiento de toda 'vía nacional' al socialismo (en este rubro se deja sentir la antigua polémica del joven Negri con la dirección del ex PCI –Togliatti a la cabeza- y su propuesta iniciada en 1956 en pos de una 'vía nacional al socialismo' que buscaba diferenciarse del modelo soviético promovido por el Partido Comunista de la Unión Soviética (PCUS); el rechazo de todo 'compromiso histórico' con el Estado–nación y sus instituciones (aquí emerge al primer plano la polémica de Negri en contra del 'compromiso histórico' de 1974 entre la Democracia Cristiana Italiana (DCI) y el ex Partido Comunista Italiano (PCI) en tiempos del liderazgo de Enrico Berlinguer; el re-examen autocrítico del fabriquismo y el obrerismo (explícitamente mentados a lo largo de *Imperio*); la actualización de los postulados de la corriente auto-bautizada como Autonomía (fundamentalmente en el reemplazo de la noción de 'obrero social' por el concepto mucho más laxo e indeterminado de 'multitud'); la reflexión sobre el fracaso de la lucha armada posterior al '68 (principalmente en lo que atañe al movimiento de las Brigadas Rojas y las polémicas de Negri con el principal líder de aquellas, el sociólogo de la Universidad de Trento Renato Curcio).

Paradójicamente, ninguna de estas cinco problemáticas es estudiada ni por sus entusiastas comentadores académicos ni por los promotores periodísticos de *Imperio*. En la mayoría de los periódicos se trata a la obra como si fuera la tesis académica de un profesor apolítico o aséptico, y no como el pensamiento maduro de un militante que hace un balance tardío –desde ya polémico y muchas veces errado, desde nuestro punto de vista- a partir de sus propios fracasos políticos y sus propias derrotas de los años '60 y '70.

Volver a los 'grandes relatos'

Si *Imperio* posee una virtud, ella consiste en haber intentado poner al día la crítica política del capitalismo, la filosofía del sujeto y su (supuesta) crisis postmoderna, la sociología del mundo laboral y la historización de la sociedad moderna occidental; todo al mismo tiempo y en un mismo movimiento.

Esta pretensión absolutamente totalizante, tan a contramano de las filosofías del fragmento y de lo micro que hasta ayer nomás se encontraban a la moda –y a las que paradójicamente Negri y Hardt, en adelante H&N, no son del todo reacios– constituye uno de los elementos más sugerentes de todo el polémico texto.

Después de veinte años de pensamiento en migajas y de un desierto de polémicas intelectuales que se asemejó demasiado a la mediocridad, hoy hay sed de ideología. Se palpa, se siente. *Imperio* pretende llenar ese vacío. Quizás por eso logró tan repentina repercusión. Aunque creemos que este libro presenta más dificultades que aciertos, de todas formas debemos hacerle justicia. Al volver a poner en el centro de la escena filosófica la necesidad de contar con una 'gran teoría', o en la jerga posmoderna de Gianni Vattimo, con 'categorías fuertes', que realmente se propongan explicar, ha hecho una importante contribución a las ciencias sociales. A pesar de sus tesis erróneas, a pesar de sus desaciertos políticos o filosóficos.

En estas apretadas líneas nos proponemos tan sólo presentar unas pocas tesis acerca de *Imperio* para identificar en la obra núcleos problemáticos y tensiones abiertas que desde nuestro punto de vista permanecen irresueltos por su autor. Se podrían plantear muchísimas más. Éstas constituyen apenas unas pocas pinceladas posibles. Nuestro modesto objetivo consiste en contribuir a una discusión crítica de la obra más allá de erráticas modas mediáticas y de efímeros furores académicos (¡*remember* Althusser en los '70 o Foucault en los '80!).

Dejamos explícitamente en claro que nuestra lectura de *Imperio* no es inocente. Por cierto, ninguna lo es. Presentamos estas tesis para la discusión y el debate, pero no lo hacemos desde la neutralidad simulada o la equidistancia típica del *paper* académico sino desde un ángulo socialista, desde una perspectiva anti-imperialista, desde un horizonte histórico-político anclado en nuestra sociedad latinoamericana y a partir de un paradigma emancipador centrado en la filosofía marxiana de la praxis. Insistimos: no somos neutrales. Negri y los grandes medios que lo promocionan tampoco lo son.

Tesis I: aunque Negri pretende eludirlo, cuando analiza la globalización, su libro *Imperio* vuelve a caer en el viejo (y vituperado) determinismo.

Plantea Negri: "Durante las últimas décadas, mientras los regímenes coloniales eran derrocados, y tras el colapso final de las barreras soviéticas al mercado capitalista mundial, se ha producido una irresistible e irreversible globalización de los intercambios económicos y culturales". "Junto con el mercado global y los circuitos globales de producción ha emergido", agregan H&N, "un nuevo orden, una nueva lógica y una nueva estructura de mando –en suma, una nueva forma de soberanía: el Imperio. Este tipo de sociedad que se estaría desarrollando ante nuestro ojos sería el sujeto político que regula efectivamente estos cambios globales, el poder soberano que gobierna al mundo" (H&N, 2002: 13).

¿Dónde reside el carácter problemático de estas atribuciones? En que todo el pensamiento político de Negri siempre ha rechazado de plano, en forma categórica y terminante, la corriente filosófica del determinismo. Así lo ha hecho en sus intervenciones juveniles de los '60, en tiempos del obrerismo italiano; en sus teorizaciones de los '70, en defensa del autonomismo; y también en sus textos maduros del segundo exilio en París.

En muchos de sus libros anteriores Negri rechaza categóricamente el determinismo y polemiza con él.

En ellos sostiene que el desarrollo de la sociedad capitalista no tiene nada que ver con el desarrollo de un organismo natural. En la sociedad capitalista las regularidades sólo expresan el resultado contingente –nunca necesario ni tampoco predeterminado– de los antagonismos sociales y de las intervenciones colectivas de los sujetos enfrentados en esos antagonismos.

Para Negri no hay leyes de la sociedad a priori –previas a la experiencia– ni hay inteligibilidad precedente de los procesos sociales e históricos: sólo hay verdad a posteriori de lo que vino a pasar. En varios de sus polémicos escritos el filósofo italiano sostiene que la posición determinista enmascara y encubre el antagonismo y la contradicción. A contramano del determinismo, Negri insiste una y otra vez en que los mecanismos de la acción humana son impredecibles. El resultado de las luchas está siempre abierto. Cada nueva fase de la historia humana no revela entonces ningún destino escrito de antemano. ¡La historia está abierta!

Este argumento que atraviesa todos los ensayos filosóficos y políticos de Negri pertenece seguramente a lo más brillante, rico y estimulante que produjo este pensador. En él nos convoca a intervenir en la realidad, a no quedarnos pasivos ni dormidos, a incidir sobre la historia.

Por lo tanto, la dificultad aparece en el primer plano cuando *Imperio* se abre sosteniendo como tesis central que la globalización y la constitución del Imperio –en tanto nueva forma de mando del capital a nivel mundial– tienen como características centrales la 'irreversibilidad' y sobre todo la 'irresistibilidad' (cabe aclarar que en la traducción de Bixio se reemplaza el término 'irresistible' por el de 'implacable', pero a pesar de este matiz, la idea fuerza en torno a la globalización permanece inalterada).

Al afirmar esto, el hilo conductor del argumento de Negri cae en una afirmación determinista, contradiciendo el espíritu filosófico general –brillante y cautivante, por cierto– que había animado sus publicaciones anteriores.

De manera problemática y hasta contradictoria con toda su producción teórica juvenil, la nueva fase del capitalismo mundial que él describe utilizando el concepto de 'Imperio' –por oposición a la época de los imperialismos– tendría un carácter ineluctable. En otras palabras: no se puede modificar, no hay vuelta atrás. No hay posibilidad alguna de revertir este proceso y, lo que es más grave: ¡ni siquiera de resistirse a él!.

Tesis II: la visión apologética que *Imperio* proporciona de la globalización (y su crítica de la teoría de la dependencia) conducen a Negri a ser escandalosamente indulgente con la actual hegemonía mundial de Estados Unidos.

Tras la caída de la Unión Soviética y el derrumbe del sistema 'socialista real' de Europa del Este, el *american way of life* se ha generalizado por todo el orbe. Los Estados Unidos se han convertido en *la* potencia mundial. Son datos difícilmente cuestionables. Tanto la guerra del Golfo Pérsico contra Irak como la intervención 'humanitaria' en Kosovo constituyen pruebas de una supremacía mundial sin parangón en la historia moderna y contemporánea. Lo mismo podríamos decir de los bombardeos en Afganistán o el reciente asesoramiento e intervención militar en Colombia. Estados Unidos se da el lujo de bombardear la embajada de la República Popular China en la ex Yugoslavia y no sucede absolutamente nada. Algo impensable en los tiempos en que todavía debía disputar con la Unión Soviética.

Sin embargo, a lo largo de *Imperio,* Negri insiste una y otra vez en que Estados Unidos ya no constituye un país imperialista. Esta tesis va a contramano de los principales teóricos de la política internacional contemporánea, de los más importantes críticos culturales y de las numerosas organizaciones disidentes del 'nuevo orden mundial'.

Provocativamente y contra todos, Negri plantea: "Muchos ubican a la autoridad última que gobierna el proceso de globalización y del nuevo orden mundial en los Estados Unidos. Los que sostienen esto ven a los Estados Unidos como el líder mundial y única superpotencia, y sus detractores lo denuncian como un opresor imperialista. Ambos puntos de vista se basan en la suposición de que los Estados Unidos se hayan vestido con el manto de poder mundial que las naciones europeas dejaron caer. Si el siglo diecinueve fue un siglo británico, entonces el siglo veinte ha sido un siglo americano; o, realmente, si la modernidad fue europea, entonces la posmodernidad es americana. La crítica más condenatoria que pueden efectuar es que los Estados Unidos están repitiendo las prácticas de los viejos imperialismos europeos, mientras que los proponentes celebran a los Estados Unidos como un líder mundial más eficiente y benevolente, haciendo bien lo que los europeos hicieron mal. Nuestra hipótesis básica, sin embargo, que una nueva forma imperial de soberanía está emergiendo, contradice ambos puntos de vista. *Los Estados Unidos no constituyen –e, incluso, ningún Estado–nación puede hoy constituir– el centro de un proyecto imperialista*" (H&N, 2002: 15, cursivas en el original).

¿A quién alude elípticamente Negri cuando, con sorna e ironía, hace referencia a 'la crítica más condenatoria a Estados Unidos'? Obviamente a Edward Said, intelectual palestino residente en Nueva York. Said, crítico literario y cultural, y uno de los impugnadores más agudos de la política exterior de Estados Unidos en el mundo contemporáneo.

En *Orientalismo* (1978), en *Cultura e imperialismo* (1993) y en otros de sus libros, reportajes y entrevistas, Edward Said ha señalado que toda la cruzada norteamericana contra el mundo árabe y musulmán no constituye más que una nueva modalidad de la vieja política imperialista de las grandes potencias occidentales de dominación sobre sus áreas de influencia. En esta política imperialista se inscribe su campaña 'contra el terrorismo', fundamentada en una retórica 'humanitaria' y pretendidamente universalista.

Aunque en *Imperio* Negri alaba a Said como "uno de los más brillantes intelectuales bajo el sello de la teoría poscolonial" (H&N, 2002: 142), rechaza terminantemente su visión anti-imperialista del 'nuevo orden mundial'. Al igual que sucede con Said, Negri repite exactamente la misma operación cuando analiza la crítica de Samir Amin e Immanuel Wallerstein al proceso de la llamada globalización. Lo mismo vale para su (más que rápido) descarte de la teoría de la dependencia.

En todos estos casos, Negri defiende a capa y espada una concepción del capitalismo contemporáneo donde las categorías de 'imperialismo', 'metrópoli' y 'dependencia' ya no tienen eficacia ni lugar. Negri no acepta la opinión del crítico cultural palestino residente en Nueva York cuando éste afirma que "las tácticas de los grandes imperialismos europeos que fueron desmantelados tras la primera guerra mundial, están siendo replicadas por los Estados Unidos".

¿Por qué, cuestionando a Edward Said, Negri se niega a aceptar que en el mundo contemporáneo los estados no son equivalentes o intercambiables? ¿Por qué rechaza con semejante vehemencia las categorías de 'metrópoli imperialista' y de 'periferia dependiente'? Recordemos que el discurso sustentado en la pareja de categorías 'metrópoli imperialista' y 'países semi-coloniales y dependientes' había sido central en la teoría de la dependencia.

Aunque no todos los partidarios de la teoría de la dependencia coincidían entre sí, como muchas veces se afirmó, apresuradamente, desde alguna literatura de divulgación sociológica norteamericana, sí es cierto que todos llegaban a una conclusión similar. Para ellos el atraso latinoamericano y periférico no es consecuencia de una supuesta 'falta de capitalismo' sino de su abundancia. Es precisamente el capitalismo, entendido como sistema mundial, el encargado de producir una y otra vez –es decir, de reproducir– esa relación de dependencia de la periferia en provecho del desarrollo y la acumulación de capital en los países capitalistas más adelantados.

Según esta teoría, las burguesías de los países capitalistas desarrollados acumulan internamente capital, expropiando la plusvalía excedente de los capitalismos periféricos. De este modo –como reconoció Ernest Mandel en su célebre trabajo *La acumulación originaria del capital y la industrialización del Tercer Mundo*- impiden, obstaculizan o deforman su industrialización.

Pero los pueblos de los países dependientes –obreros, campesinos y demás clases subalternas– no sólo son expoliados por estas burguesías metropolitanas. También son explotados por sus socios menores, las propias burguesías locales de los países periféricos. De allí que en una formulación clásica André Gunder Frank haya caracterizado al desarrollo económico social de los países dependientes como 'lumpendesarrollo' y a las burguesías locales periféricas como 'lumpenburguesías' (dicho sea de paso: en Argentina, no estaban lejos de allí Silvio Frondizi y Milcíades Peña cuando, impugnando a estos socios locales del imperialismo, plantearon su hipótesis del desarrollo capitalista argentino entendiéndolo como una 'seudoindustrialización').

La principal consecuencia de todo este planteo, como hace ya largo tiempo habían aclarado Ruy Mauro Marini, Vania Bambirra o el propio André Gunder Frank, consiste en que no necesariamente la teoría de la dependencia equivale al populismo burgués y nacionalista. Homologación sobre la que, erróneamente, se asienta todo el relato y la impugnación de *Imperio*.

Si el populismo nacionalista culmina de algún modo 'salvando' y legitimando a las burguesías latinoamericanas, el planteo de Negri, por oposición, conduce a diluir la responsabilidad estructural de los Estados Unidos en el atraso latinoamericano. Las corrientes políticas más radicales que han empleado las categorías de la teoría de la dependencia, en cambio, cuestionan al mismo tiempo a las burguesías nativas de los países latinoamericanos y a Estados Unidos como baluarte del imperialismo.

Tesis III: todo el planteo histórico de *Imperio* se apoya en un vicio metodológico de origen, el eurocentrismo; para legitimarlo, Negri construye un Marx a su imagen y semejanza.

Justo cuando el FMI y el Banco Mundial ejercen un poder despótico en todo el orbe, Negri vuelve a reactualizar un planteo historiográfico, económico y sociológico teórica y cronológicamente anterior a la teoría de la dependencia. *Imperio* hace suyo un tipo de planteo que se encuentra mucho más cercano a las formulaciones iniciales de la Comisión Económica para América Latina (CEPAL) o incluso a las tesis de la sociología norteamericana estructural–funcionalista de los primeros años '50. Todas estas corrientes atribuían el atraso latinoamericano a la falta de modernización y capitalismo, y ¡sólo veían diferencias de grado entre la periferia y la metrópoli!. Esa es precisamente una de las tesis centrales de *Imperio*.

Afirmar —como hace Negri- que entre Estados Unidos y Brasil, la India y Gran Bretaña 'sólo hay diferencias de grado' implica retroceder cuarenta años en el terreno de las ciencias sociales. Más allá de la intención subjetiva de Negri al redactar *Imperio*, eso conduce objetivamente a desconocer olímpicamente todo lo acumulado en cuanto al conocimiento social —académico y político— del desarrollo desigual del capitalismo y de las asimetrías que éste invariablemente genera. Negri comete este enorme desacierto en su impugnación contra la teoría de la dependencia al intentar descentrar el papel principal que Estados Unidos mantiene actualmente en su dominación mundial.

¿De dónde extrae la comparación entre sociedades tan disímiles como Estados Unidos y Brasil, La India y Gran Bretaña? Pues de un texto central de la tradición marxista clásica. Aunque es más que probable que sus apologistas mediáticos lo ignoren y sus adherentes populistas lo desconozcan, Negri obtiene ese ejemplo puntual del prólogo que León Trotsky redacta para su propio libro *La revolución permanente*. Obviamente, en *Imperio* Negri no lo dice explícitamente.

Allí Trotsky discutía la visión cerradamente nacionalista de Stalin. Por oposición a éste último, sostenía que las particularidades nacionales de estas cuatro sociedades y su evidente asimetría recíproca eran ' el producto más general del desarrollo histórico desigual'. Precisamente Negri hace caso omiso de ese desarrollo histórico desigual —con sus asimetrías y sus relaciones de poder a nivel internacional- para terminar analizando el capitalismo a nivel mundial como si fuera una superficie plana y homogénea.

Pero este desacierto no es accidental. En la escritura de *Imperio* constituye un obstáculo sistemático.

Proviene de un fundamento más profundo: la ideología del eurocentrismo.

El déficit eurocéntrico del joven Negri (el que militaba en Poder Obrero-POTOP y luego trabajaba en Autonomía Obrera, organizaciones que jamás se plantearon como estrategia una alianza con sectores revolucionarios que no fueran europeos) se reproduce de manera ampliada en la madurez de nuestro autor. Este obstáculo tiene una pesada carga teórica que no sólo atañe a la debilidad de las estrategias anticapitalistas que en el libro se plantea Negri. También impregna sus intentos de periodización de la sociedad moderna y el capitalismo.

En *Imperio* se sostiene que el pasaje de la fase histórica marcada por el imperialismo a esa 'nueva lógica' que emergería con el nacimiento del Imperio coincide exactamente con el tránsito de la modernidad a la posmodernidad. Negri enhebra dos debates que se han desarrollado hasta ahora en terrenos diversos. Por un lado, la discusión económica sobre las etapas del capitalismo y el problema de cómo clasificar la situación mundial actual. Por el otro, la discusión filosófica, arquitectónica y estética sobre si estamos o no en la posmodernidad. Negri amalgama ambos problemas dentro de un mismo trazo, traduciendo muchos de los términos filosóficos y estéticos al ámbito económico y viceversa. Esa es sin duda una de sus habilidades más brillantes. *Imperio* está repleto de estas traducciones, por cierto ya empleadas por autores como Fredric Jameson o David Harvey.

¿A partir de qué criterio periodizar ambos pasajes, el inicio de la posmodernidad y el del Imperio?

¿Desde qué ángulo abordar esas transiciones? ¿Qué segmentos sociales y geográficos habría que tomar como referencia para lograr una periodización correcta? Nuevamente, en este rubro Negri es taxativo, extremadamente arriesgado y provocador: "La genealogía que seguiremos en nuestro análisis del pasaje desde el imperialismo hacia el Imperio será primero europea y luego euro–americana, no porque creamos que estas regiones son la fuente privilegiada y exclusiva de ideas nuevas e innovaciones históricas, sino simplemente porque este es el principal camino geográfico que siguieron los conceptos y prácticas que animan al Imperio desarrollado actualmente"(H&N, 2002: 17).

Es decir que en *Imperio* se plantea una periodización de alcance mundial, pero el criterio utilizado sólo es regional y provinciano. Negri lo reconoce explícitamente cuando sostiene que "la genealogía del Imperio es eurocéntrica" (H&N, 2002: 17) y cuando señala que "el concepto de Imperio propone un régimen que abarca la totalidad espacial del mundo 'civilizado' " (H&N, 2002: 16).

¿Acaso Negri piensa que lo que primero se produce en Europa Occidental y Estados Unidos luego se repite y extiende de manera ampliada a nivel periférico? Esa era la base teórica de la sociología estructural–funcionalista que entró en crisis en los '60 a partir de la teoría de la dependencia.

A pesar de que más adelante *Imperio* define al eurocentrismo como una "contrarrevolución a escala mundial" (Negri y Hardt, 2002: 83), el criterio elegido y utilizado por Negri para periodizar el tránsito del imperialismo al Imperio y de la modernidad a la posmodernidad sigue siendo eurocéntrico.

No resulta por ello casual que en *Imperio* y también en sus libros anteriores el filósofo señale el '68 italiano (en Europa) como inflexión histórica mundial sin dar cuenta de la guerra de Vietnam (en Asia), la revolución cubana y su influencia (en América Latina), ni la guerra e independencia de Argelia (en África). Para Negri el mundo 'civilizado' sigue recluido en Europa occidental y, a lo sumo, Estados Unidos.

A la hora de legitimar semejante planteo eurocéntrico, Negri apela a la herencia más 'progresista' y eurocéntrica de Marx. Un Marx a su imagen y semejanza. Por ello sostiene que "La cuestión central es que Marx podía concebir la historia fuera de Europa sólo como moviéndose estrictamente a lo largo del camino ya recorrido por la propia Europa" (H&N, 2002: 120).

¿Qué Marx es éste que en *Imperio* Negri cita con tanto entusiasmo? Pues el Marx que escribió la serie de artículos para el periódico estadounidense *New York Daily Tribune* en 1853 acerca del gobierno británico en la India. Allí Marx cuestiona en el terreno de la ética las brutalidades más atroces de la dominación británica sobre la colonia India pero prácticamente festeja el avance colonial inglés. Por entonces –1853– consideraba que éste conllevaría una especie de 'progreso' para la colonia y promovería un potencial desarrollo de las fuerzas productivas para la India. Esta visión eurocéntrica no había sido demasiado diferente a la ya planteada en el célebre *Manifiesto del partido comunista* (1848) cuando Marx y Engels sostenían: "Merced al rápido perfeccionamiento de los instrumentos de producción y al constante progreso de los medios de comunicación, la burguesía arrastra a la corriente de la civilización a todas las naciones, hasta las más bárbaras (...) Del mismo modo que ha subordinado el campo a la ciudad, ha subordinado los países bárbaros o semibárbaros a los países civilizados, los pueblos campesinos a los pueblos burgueses, el Oriente a Occidente" (Marx y Engels, 1975 [a]: 38). En la misma tonalidad sostiene Marx dos años más tarde: "El oro californiano se vierte a raudales sobre América y la costa asiática del Pacífico y arrastra a los reacios pueblos bárbaros al comercio mundial, a la civilización" (Marx y Engels: 1975 [b]: 192).

La presencia del eurocentrismo en estos escritos de Marx de la segunda mitad de la década de 1840 y primera mitad de la década de 1850 ha sido ampliamente analizada y cuestionada por los propios marxistas durante los últimos años. Los estudiosos del problema también demostraron que el Marx maduro, el de las décadas de 1860, 1870 y sobre todo los primeros años de la de 1880 cambió rotundamente su visión del asunto[1]. Ese Marx maduro realiza un notable viraje que lo conduce a revisar muchos de sus propios juicios anteriores en torno a la periferia del sistema mundial: por ejemplo, sobre China, India y Rusia e incluso sobre los países atrasados, coloniales y periféricos dentro mismo de la Europa del siglo XIX como España e Irlanda.

Negri, un pensador sumamente erudito y notablemente informado sobre los debates académicos de las últimas décadas, no menciona ni uno solo de los escritos periodísticos o las hoy célebres cartas de Marx –como la que le envía en 1881 a Vera Zasulich- en este sentido. En estos materiales Marx reflexiona sobre vías alternativas y distintas a las europeas occidentales de desarrollo histórico, concibiendo a éste último de una manera mucho más matizada y totalmente ajena al determinismo evolucionista. También cuestiona su propia visión de 1853 sobre el colonialismo 'progresista' de Gran Bretaña en la India. En esa carta de 1881 llega a afirmar que, a partir del avance inglés, no sólo la India no fue para adelante, sino que fue para atrás.

Negri pasa olímpicamente por alto estos numerosos escritos de Marx, a pesar de que han sido traducidos, editados, analizados y ampliamente discutidos en las principales universidades europeas y latinoamericanas durante los últimos años.

Al apoyarse en la supuesta 'autoridad' de Marx para festejar y celebrar el carácter avasallante y arrollador de la globalización, Negri no puede hacer otra cosa que desconocer y obviar esos escritos donde el propio Marx cuestiona la centralidad absoluta de la sociedad moderna euro-norteamericana y la idea de 'progreso necesario' que traería la expansión mundial del capitalismo.

De allí que en *Imperio* Negri termine dibujando un Marx a imagen y semejanza de su propio planteo. Sólo partiendo del pensamiento del último Marx –el más maduro y el más crítico del eurocentrismo– se podría periodizar con mayor rigor el desarrollo del capitalismo desde un horizonte auténticamente mundial, no segmentado, provinciano o regional.

Tesis IV: la periodización del capitalismo y 'sus modos de regulación' propuesta por Negri en *Imperio*, aunque pretende tener un rango y un alcance universal, en realidad se sustenta en un marco de referencia estrechamente local y provinciano (el norte de Italia).

En *Imperio* nuestro autor intenta homologar tres procesos diferentes en un mismo trazo: el pasaje del imperialismo al Imperio, la transmutación de la modernidad en postmodenidad –como si una viniera cronológicamente después de la otra y no fueran coexistentes y combinadas– y, finalmente, el agotamiento del fordismo reemplazado por el postfordismo. Lo llamativo del caso reside en el criterio elegido por Negri para periodizar estos tres pasajes.

El filósofo adopta como parámetro exclusivo de la inflexión de cada etapa el auge de las luchas del '68 italiano; la siguiente década italiana que llega hasta la derrota de 1977, signada por la autonomía; y la innovación de las grandes empresas capitalistas italianas.

Esto significa que Negri intenta describir y explicar un fenómeno universal –la generalización y expansión del modo de producción capitalista para el conjunto del orbe– partiendo de un criterio exclusivamente local, circunscripto ni siquiera a toda Italia, sino tan sólo a las ciudades del norte industrial. La consecuencia no deseada de su planteo (que se origina en un balance maduro de su propia experiencia política anterior) es la limitación provinciana de lo que debería ser, según su propósito inicial, un marco de análisis mundial destinado a periodizar la lógica general que adquiere el capitalismo globalizado en todo el planeta.

Obviamente, no está mal que Negri haya partido de su experiencia vital para pensar el problema. Lo que resulta incorrecto es que haya generalizado esa experiencia biográfica como si correspondiera a 'la historia mundial'.

Tesis V: a pesar de la utilización del lenguaje clásico de la izquierda, en *Imperio* Negri decreta la muerte (súbita) de la dialéctica marxista y pretende reemplazarla por la metafísica del postestructuralismo.

El postestructuralismo ejerce sobre el lector neófito –obviamente no es el caso de Negri– una fascinación inmediata. Este fenómeno se repite una y otra vez con quien se choca por primera vez con este tipo de escritos. Pero el encantamiento dura poco.

Una vez que se decanta la fascinación inicial, puede apreciarse cómo el postestructuralismo corre el riesgo de merodear sobre un ramillete de conflictos y dominaciones puntuales sin llegar a vislumbrar el nexo global que subordina, incorpora y reproduce cada una de estas opresiones específicas al interior del modo de producción capitalista. Estos conflictos son de géneros, de etnias, de culturas, generacionales, nacionales, ecológicos, de minorías sexuales, etcétera.

La filosofía postestructuralista deja una peligrosa y tentadora puerta abierta para sublimar la lucha contra cada una de estas opresiones sin apuntar al mismo tiempo contra el corazón del sistema capitalista como totalidad. De forma análoga, la apología de 'contrapoderes' (siempre locales) –tema preferido de Foucault en su académicamente celebrada *Microfísica del poder*– muchas veces termina aceptando resignadamente una impotencia frente al poder sin más.

A pesar de no ser un recién llegado a la filosofía ni un aficionado, al Negri exiliado en París que viene de una derrota (la del movimiento de la izquierda extraparlamentaria italiana de los '60 y '70), el rechazo posestructuralista de la totalidad (y de la toma del poder mediante una revolución política), al igual que su adscripción a la metafísica pluralista de los nuevos sujetos sociales, le caen en la mano como anillo al dedo. No duda un segundo en adoptar las nuevas formulaciones.

Al empaparse de la cultura filosófica hegemónica en la Academia de Francia durante los '70 y comienzos de los '80, Negri hace suyos muchos de los presupuestos que estas corrientes universitarias traían consigo. Por una parte, Foucault, Deleuze y Guattari le proporcionan la jerga y la metafísica postestructuralista, centrada en la teoría del 'biopoder' y en la revalorización del antiguo pluralismo de origen liberal, leído ahora en clave de izquierda. Una lectura que mantiene no pocos guiños hacia la tradición anarquista. Por otra parte, el pensamiento de Louis Althusser –en su fase 'autocrítica' de los años '70 y '80, afín al eurocomunismo del Partido Comunista Francés (PCF)– le facilita adoptar uno de los lugares comunes a los principales pensadores franceses de aquellos años: la (supuesta) muerte del sujeto y el abandono de la dialéctica. Expresión filosófica, por aquel tiempo, del abandono eurocomunista de todo planteo revolucionario.

A partir de entonces, Negri no se despegará más de esta nueva manera de entender la transformación social. Mientras rechaza las formas despóticas y estatalmente centralizadas del stalinismo, al mismo tiempo el Negri exiliado, fascinado con el posestructuralismo, comienza a rescatar y revalorizar la vieja tradición pluralista que hasta entonces había pertenecido mayormente -en la historia de las ideas políticas- al acervo del liberalismo. Realiza esa adopción mediante un lenguaje muchas veces críptico, signado por numerosos neologismos que tanto le deben al estilo francés, típicamente académico, de Deleuze y Guattari.

De allí en más, a partir de su segundo exilio francés, Negri se apropia de todo el lenguaje del postestructuralismo intentando traducir las ideas del obrerismo y sobre todo del autonomismo italianos a la jerga filosófica francesa por entonces en boga. Cada página de *Imperio* es una fiel expresión de ese intento de traducción. Él mismo lo admite cuando identifica la genealogía del concepto de 'biopoder', remitiéndola directamente a la obra de Foucault.

Se comprende entonces por qué, en octubre de 1984, Negri le escribe una carta a Félix Guattari diciéndole sin ninguna prevención: 'Totalidad: es siempre la del enemigo'. Una afirmación metodológica que hubiera espantado a Karl Marx. Recordemos que éste último, en los *Grundrisse* (borradores de *El Capital* a los que Negri le dedicó su libro *Marx más allá de Marx*) había señalado a la categoría de 'totalidad concreta' como el concepto central de toda su metodología, su crítica de la economía política y su concepción de la dialéctica.

Tesis VI: la virulenta crítica de Negri a la tradición filosófica dialéctica y el intento de *Imperio* por expurgar del pensamiento emancipador contemporáneo toda referencia a Hegel constituyen un intento tardío por volver a poner en circulación las viejas y devaluadas lecturas dellavolpianas y althusserianas del marxismo.

Aunque las eufóricas reseñas periodísticas sobre *Imperio* publicadas en los grandes medios de comunicación lo desconozcan, la 'nueva' filosofía y el 'nuevo' pensamiento de Negri no hacen más que reactualizar en clave posestructuralista las antiguas perspectivas filosóficas de la escuela de Galvano Della Volpe (en la Italia del primer lustro de los '60) y, fundamentalmente, de Louis Althusser y sus discípulos (en Francia, durante su 'autocrítica' del primer lustro de los '70).

Después de la posguerra, y sobre todo de la muerte de Stalin (1953), el Partido Comunista Italiano permite que florezcan cien flores y que se abran cien escuelas ideológicas... siempre bajo la condición de que acaten unánimemente su línea política oficial: la institucionalización de la clase obrera italiana dentro del corsé empresario, las redes de la disciplina de la FIAT y el estado burgués keynesiano.

Entre esas 'cien flores' toleradas y permitidas, el PCI se encuentra por entonces dividido entre dos corrientes. La mayoritaria se postula como heredera de Gramsci, cuyos *Cuadernos de la cárcel* son leídos e interpretados desde la óptica de la ortodoxia marxista a través del filtro oficial elaborado por Palmiro Togliatti, el viejo líder político del PCI desde el encarcelamiento de Gramsci. La otra vertiente, minoritaria pero muy influyente, es encabezada por el filósofo Galvano Della Volpe.

La primera de estas dos corrientes, formada por los filósofos Luciano Gruppi, Nicola Badaloni y Cesare Luporini, entre otros, entiende el pensamiento marxista como una filosofía que otorga a la historia un lugar metodológico central en su reflexión. De allí que se la conozca en aquellos años como el grupo 'historicista'. Junto con la dimensión histórica, estos marxistas herederos de Gramsci también le atribuyen a la categoría filosófica de praxis un lugar destacado en sus libros y artículos.

La concepción del mundo de Marx es para el grupo historicista una filosofía de la praxis que hace suya la dialéctica de Hegel. Al mismo tiempo, este grupo de filósofos comunistas reivindica como tradición propia para los revolucionarios italianos la herencia cultural de pensadores humanistas como Giordano Bruno y Giambattista Vico.

La segunda vertiente dentro del PCI, encabezada por Galvano Della Volpe y nutrida por sus discípulos Lucio Colletti, Mario Rossi, Giulio Pietranera, Nicolao Merker y otros, postula en cambio un marxismo menos humanista y más cientificista. Este otro tipo de marxismo se encuentra mucho más cercano y proclive a la herencia experimental de Galileo Galilei. Por oposición a los gramscianos, se muestra extremadamente crítico de la dialéctica de Hegel.

La mayor confrontación teórica entre ambos sectores intelectuales ocurre en 1962, cuando se produce en diversas revistas y periódicos italianos de izquierda una discusión abierta entre los partidarios de las dos tradiciones filosóficas comunistas.

A lo largo de toda su trayectoria, Toni Negri, a diferencia de los pensadores Mario Tronti y Massimo Cacciari (con quienes compartió su primera militancia), nunca se acercó al PCI, ni en el terreno político ni en la órbita filosófica. No obstante, en las numerosas observaciones críticas que Imperio dedica al cuestionamiento de la herencia dialéctica de Hegel pueden rastrearse las huellas o al menos los ecos inconfesados de una atenta lectura de los escritos antihegelianos de Galvano Della Volpe. No casualmente Negri señala, en un pasaje irónico de un relato autobiográfico, que: "En Italia todos eran hegelianos, entonces, entre el final de la guerra peleada y el comienzo de la guerra fría: el tío Benedetto Croce y los sobrinos gramscianos" (Negri, 1993: 18). Allí pone en la misma bolsa a los liberales burgueses discípulos de Benedetto Croce y a los comunistas seguidores de la línea filosófica oficial del PCI impulsada por Togliatti y cuestionada por Della Volpe.

En forma paralela al impulso contra Hegel que la escuela filosófica de Galvano Della Volpe estaba promoviendo en el comunismo italiano, Althusser y sus discípulos encabezaron en Francia una arremetida anti-hegeliana de largo aliento. El principal objeto de crítica de esta escuela era Roger Garaudy y su "humanismo". Althusser cuestionó duramente el marxismo hegelianizante en el que bebía Garaudy –quien había publicado poco antes *Dios ha muerto, un estudio sobre Hegel*. No obstante, a diferencia de la crítica externa contra Garaudy de Foucault, Deleuze y Guattari, su impugnación del humanismo marxista se desarrolló estrictamente dentro de las mismas estructuras partidarias del Partido Comunista francés (PCF).

También polemizando con Roger Garaudy, pero desde dentro de este PC francés, Louis Althusser encabeza a inicios de los '60 una de las empresas teóricas más influyentes de aquellos años. Como profesor de la Escuela Normal Superior de París, Althusser dirigió en 1964 y 1965 –principalmente durante el verano de 1965– un seminario famosísimo de lectura sobre *El Capital* de Karl Marx.

Producto de este seminario se publicó la obra colectiva *Lire le Capital*, traducida al español como *Para leer El Capital*, donde además de Althusser escribían sus discípulos Etienne Balibar, Roger Establet, Pierre Macherey y Jacques Ranciere. Ese libro haría historia.

Garaudy pretendía legitimar las posiciones internacionales del Partido Comunista de la Unión Soviética en defensa de su coexistencia pacífica con los Estados Unidos apelando a la ideología del 'humanismo'.

Mediante esta filosofía, Garaudy argumentaba que tanto soviéticos como norteamericanos eran en última instancia, más allá de los conflictos ideológicos, 'personas' que pueden convivir en paz.

Althusser y su escuela atropellaron sin piedad contra este 'humanismo'. Rechazando este entendimiento con las potencias capitalistas, Althusser y sus discípulos caracterizaron al humanismo lisa y llanamente como ideología burguesa. A la categoría de 'hombre' la denominaron terminantemente 'mito de la ideología burguesa'.

¿En qué consistía el eje de su argumentación? En que toda la ideología del 'humanismo' giraba en torno a los conceptos de 'hombre', de 'esencia humana' –lo común a todos los seres humanos, más allá de las clases sociales y los sistemas políticos enfrentados–, de 'alienación' –la pérdida de la esencia humana– y fundamentalmente de 'sujeto'. De este modo, Althusser y sus discípulos proponían a todos los marxistas renunciar a esos conceptos teóricos debido a que conducían hacia posiciones burguesas.

En uno de sus más polémicos ensayos, en junio de 1964, Althusser llegó a sostener que el marxismo no sólo no es un 'humanismo', sino que incluso es un anti-humanismo teórico. Esa posición, central en sus libros de los '60, a pesar de sus autocríticas de los '70, vuelve a aparecer intacta en sus últimos escritos y entrevistas publicados durante los '80, poco antes de morir. Por ejemplo, en la entrevista que Althusser le concede a la profesora mexicana Marisa Navarro –texto que se publica en 1988 bajo el título *Filosofía y marxismo*– insiste otra vez con que la categoría de 'el hombre' –tan cara a Garaudy– equivale al sujeto de derecho, libre de poseer, vender y comprar en el mercado, es decir... al sujeto burgués.

Entre este último texto de los '80 y aquellos del '60 media la famosa 'autocrítica' de Althusser de junio de 1972. Su libro se llamará precisamente *Elementos de autocrítica*. En ella, el celebrado autor de *Lire le Capital* se cuestiona muchas categorías suyas anteriores: su definición de la filosofía, la relación entre la teoría y la política, la relación entre la ciencia y la ideología, su débil atención a la lucha de clases, etc., etc. Casi todo excepto su anti-humanismo y su crítica del sujeto.

Negri sigue atenta y puntualmente esa evolución ideológica, sin la cual poco se comprende de las afirmaciones filosóficas de *Imperio*, sumamente críticas de la concepción dialéctica.

Tesis VII: el 'novedoso' reemplazo del binomio Hegel-Marx por el de Maquiavelo-Spinoza propugnado por *Imperio* no hace más que desarrollar estrictamente el programa filosófico formulado por Louis Althusser –en total sintonía política con la mutación eurocomunista del PC francés– a partir de los '60.

El filósofo judío Baruch Spinoza ha tenido y tiene en la filosofía de Toni Negri una importancia fundamental. A él le dedica su celebrado libro –escrito en prisión–: La anomalía salvaje. Ensayo sobre poder y potencia en Baruch Spinoza (1981).

En consecuencia, para los lectores de Imperio, uno de los ejes de la filosofía de Althusser que resulta imprescindible conocer reside en aquellos tramos donde éste último se explaya sobre la relación del marxismo con Spinoza. En ellos, Althusser reconoce que, para poder someter a crítica la dialéctica de Hegel, no tuvo más remedio que dar un 'rodeo'. Ese rodeo se llama justamente Spinoza.

¿Qué adopta Althusser de Spinoza? En Para leer El Capital subraya "El hecho de que Spinoza haya sido el primero en plantear el problema del leer, y por consiguiente del escribir, siendo también el primero en el mundo en proponer a la vez una teoría de la historia y una filosofía de la opacidad de lo inmediato" (Althusser, 1988: 21). ¿A qué hace referencia Althusser con 'la opacidad de lo inmediato'? A la teoría marxista de la ideología, según la cual todo conocimiento inmediato, todo sentido común, todo conocimiento que no sea científico, es opaco, está teñido necesariamente por la ideología y por lo tanto no permite alcanzar la verdad de lo real. Al caracterizar a Spinoza como 'el primer filósofo en el mundo' en haber sentado las bases de la teoría marxista de la ideología, Althusser construye una estrecha unidad entre Marx y Spinoza... a despecho de Hegel. Ya no es Hegel el antecedente de Marx, sino Spinoza.

Esa altísima valoración de Althusser sobre Spinoza vuelve a aparecer en Elementos de autocrítica cuando le dedica al pensador judío un capítulo entero. En él sostiene que lo que adopta de Spinoza es en primer lugar su rechazo de toda trascendencia teológica. También hace suya su defensa de una teoría de la causalidad sin trascendencia.

En segundo lugar, lo que Althusser toma de Spinoza es su concepción de la realidad como un todo sin clausura –es decir, como un proceso de desarrollo que no se cierra al final, que no termina nunca. Ambos núcleos spinozianos le sirven a Althusser para cuestionar duramente a Hegel y su filosofía dialéctica. Hegel creía que toda realidad sólo encontraba su sentido y su verdad más allá de ella misma, en una finalidad –o teleología– superior que se encontraría al final de su proceso de desarrollo, pero que ya estaría preanunciada desde su mismo origen. Por el contrario, para Althusser, el comunismo no constituye el final feliz de la historia humana, preasegurado de antemano.

En su autocrítica de los primeros años '60, Althusser atribuye a la herencia de Spinoza sus mejores logros –el haber podido rechazar a Hegel– y sus peores errores –el haber subestimado la lucha de clases. Allí, en Elementos de autocrítica, Althusser reconoce que si bien Spinoza le ha servido para dejar de lado la dialéctica de Hegel, al mismo tiempo le ha tendido una trampa. Como Spinoza no había concebido la realidad como una sustancia en proceso atravesada por contradicciones, entonces Althusser, partiendo de su pensamiento, no ha podido crear un marxismo centrado en las contradicciones de clase, en las luchas de clases. Este cuestionamiento se lo hicieron muchísimos pensadores cuando criticaron su libro Para leer El Capital.

La adopción 'marxista' del pensamiento de Spinoza (y el consiguiente rechazo de las violentas contradicciones en las que se asentaba el marxismo dialéctico) fueron, en el pensamiento político de Althusser, funcionales a sus simpatías maduras por la renuncia eurocomunista a tomar el poder mediante una revolución.

Althusser falleció en 1990. Antes de morir, en 1985, había redactado su autobiografía. Ésta se publicó póstumamente en 1992 con el título El porvenir es largo. En ella vuelve sobre la sombra insepulta de Spinoza. En esos manuscritos explica que lo que lo llevó a saltar por encima de Hegel para construir la genealogía Maquiavelo–Spinoza–Marx (cuya 'originalidad' muchos atribuyen, erróneamente, a Negri y su Imperio) ha sido precisamente la idea spinozista del 'pensamiento sin origen ni fin'.

Toni Negri toma contacto con Althusser en su primer exilio francés de 1977. Son los años inmediatamente posteriores a la autocrítica. Más tarde, cuando regresa a Francia para exiliarse por segunda vez, durante catorce años, vuelve a chocarse con el pensamiento de Althusser. De él adopta la crítica terminante contra la categoría filosófica de sujeto y contra Hegel. Aunque es probable que ya haya incursionado antes en esta crítica debido a la influencia de la escuela italiana de Della Volpe, a pesar de que en su primera juventud Negri había publicado en Padua Estado y derecho en el joven Hegel. Estudio sobre la génesis iluminista de la filosofía jurídica y política de Hegel (1958).

Cuando muchos medios de comunicación celebran entusiasmados y de forma completamente superficial la crítica de Imperio a la dialéctica, no siempre queda en claro cuál es la fuente íntima de ese rechazo. En Imperio Negri vuelve puntualmente sobre Althusser rescatando de él precisamente su crítica del sujeto y su inscripción anti-humanista. Así plantea que "El antihumanismo que fue un proyecto tan importante para Foucault y Althusser en los '60 puede ser efectivamente ligado con una batalla que peleó Spinoza trescientos años antes" (H&N, 2002: 95).

Althusser será justamente la gran autoridad marxista europea en la que se apoya Negri para construir, retrospectivamente, una línea filosófica alternativa a la clásica conjunción que en el campo de la izquierda vincula a El Capital de Marx con la Ciencia de la Lógica de Hegel. De la mano de Althusser, en Imperio Negri construye una genealogía histórica anti-hegeliana –y anti-dialéctica– vinculando a Marx con

Maquiavelo y Spinoza. Esa vinculación que erróneamente muchos medios de comunicación atribuyen a la genial originalidad de Negri, sigue puntual y exactamente, oración por oración y palabra por palabra, las detalladas indicaciones de Althusser.

¿Por qué Spinoza y no Hegel? ¿Por qué el materialismo y no la dialéctica? Pues porque en Imperio Negri asocia la dialéctica de Hegel, no con la crítica revolucionaria contra el orden existente (como hacía Marx en el epílogo de 1873 a la segunda edición alemana de El Capital) sino con la apología del Estado.

A los ojos de Negri, si Spinoza expresa el surgimiento democrático de la multitud, Hegel en cambio corona todo 'el desarrollo contrarrevolucionario de la modernidad' y representa el momento represivo estatal. Para describir esta vía Negri recurre a una cuádruple homologación:

representación = abstracción y control = mediación = Estado

Al realizar esta caracterización, Negri vuelve a repetir textualmente los viejos y remanidos reproches que Eduardo Bernstein había formulado -un siglo atrás- contra Hegel y el método dialéctico en su obra clásica Las premisas del socialismo y las tareas de la socialdemocracia (1899). De este modo, Negri deja expresamente de lado, sin siquiera mencionarla, la extensísima bibliografía filosófica (desde el joven György Lukács hasta Herbert Marcuse, pasando por Henri Lefebvre, Jacques D'Ont o nuestro Carlos Astrada) que interpreta a Hegel como un pensador burgués progresista, no como un apologista del Estado.

De esta forma, Negri culmina uniendo la crítica de la escuela italiana de Della Volpe y Colletti contra la categoría hegeliana de 'mediación' –supuestamente por ser especulativa, metafísica y por no permitir el desarrollo experimental de la ciencia– con la crítica de la escuela francesa de Althusser a las categorías hegelianas de 'sujeto' y 'teleología'. A caballo de ambas críticas, en Imperio Toni Negri culmina disparando un ataque frontal contra todo el pensamiento dialéctico.

Si no se conoce el suelo filosófico del que se nutre ese ataque frontal contra la dialéctica que ensaya Imperio, se corre el riesgo –habitual en numerosas aproximaciones superficiales y de último minuto a la obra de Negri– de no comprender a fondo las razones de semejante pasión anti-hegeliana.

Con estas siete 'tesis' –que en realidad constituyen opiniones nuestras sobre núcleos problemáticos irresueltos por Negri- simplemente nos proponemos contribuir, críticamente, al debate sobre Imperio. Las discusiones sobre esta obra seguramente se prolongarán con la publicación de la segunda parte del texto que sus autores están actualmente redactando. Sea cual sea el resultado de ese debate, lo cierto es que para sopesar equilibradamente el valor, los aportes y sobre todo las falencias de Toni Negri y su teoría política, deberemos hacer un esfuerzo por pensar a contracorriente. Más allá de modas, 'ondas' y furores. Estas líneas pretenden tan sólo aportar un pequeñísimo granito de arena en ese sentido.

Bibliografía

Althusser, Louis 1988 (1965) *Para leer El Capital* (México: Siglo XXI).

Hardt, Michael y Negri, Antonio 2002 *Imperio* (Buenos Aires: Paidós). Edición original: *Empire* (Cambridge, Mass.: Harvard University Press, 2000). Hemos utilizado asimismo la traducción de Eduardo Sadier, mimeo, de más temprana circulación vía internet).

Kohan, Néstor 1998 *Marx en su (Tercer)Mundo* (Buenos Aires: Biblos).

Marx, Karl y Engels Friedrich 1975 [a] (1848) *Manifiesto del partido comunista* (Buenos Aires, Anteo).

Marx, Karl y Engels Friedrich 1975 [b] (1850) *Materiales para la historia de América Latina*. (México: Siglo XXI) [Preparación, traducción e introducción de Pedro Scarón].

Negri, Antonio 1993 "Meditando sobre la vida: autorreflexión entre dos guerras", en *Anthropos* (Barcelona), N°144.

Notas

1 Esa es una de las hipótesis centrales de nuestro libro *Marx en su (Tercer)Mundo* (Kohan,1998).

La rama dorada y la hermandad de las hormigas
La 'identidad' argentina en Latinoamérica: ¿realidad o utopía?

Eduardo Grüner*

En 1992, en una reunión de una revista en la que estaba implicado –o mejor dicho complicado- se discutía la necesidad de que la revista dijera algo a propósito de 'los 500 años'. La pregunta (sólo aparentemente ingenua) que surgía entonces, era: ¿qué podríamos decir los argentinos sobre esta cuestión, cuando en realidad, culturalmente hablando, formamos parte de los 'descubridores' y no de los 'descubiertos'? Por supuesto, esta perplejidad tributaria de aquél chiste, exagerado pero no del todo impertinente, del Borges que definía a los argentinos como europeos en el exilio, no pretendía en modo alguno minimizar aquello que en la historia argentina hay también de la sangrienta eliminación de *otras* culturas –ellas sí 'americanas', 'autóctonas'- precedentes. Simplemente pretendía dar cuenta, por su misma perplejidad, de las aporías inevitablemente convocadas en el momento de tratar de *pensar* la cultura rioplatense en relación a la cultura mundial (incluso, y sobre todo, a la latinoamericana, con la cual tradicionalmente nos hemos sentido –es lo menos que puede decirse- incómodos).

---

* Profesor Titular de Teoría Política en la Facultad de Ciencias Sociales y de Antropología del Arte en la Facultad de Filosofía y Letras de la Universidad de Buenos Aires (UBA).

Lo cierto es que la cultura rioplatense –me parece- siempre fue como una suerte de *campo de batalla* en permanente ebullición: batalla de lenguas (más aún: de *hablas*, a veces inconmensurables), de tradiciones y rituales muy diversos que a menudo quedaron ocultos –habría que decir, mejor: reprimidos, 'forcluídos'- por el mito del *crisol de razas* ('¿y qué pasó con los negros?' es una pregunta que retorna casi con cada turista primerizo, y que, conscientemente o no, recuerda que los procesos coloniales y postcoloniales en América no sólo afectaron a este continente, sino también, con similar dramatismo, al africano). Un campo de batalla atravesado incluso, y muy desde el principio, por la 'sobredeterminación' de la lucha de clases: porque, en verdad, y pese a lo que afirmen algunas leyendas, la Argentina se constituye muy rápidamente como un país capitalista, aunque, claro está, mal nos serviría el clásico modelo inglés para entender la naturaleza de nuestro propio capitalismo.

Tal vez sea esta ebullición permanente, esta especie de indeterminación constitutiva, lo que haga –me hago cargo del riesgo de la hipótesis- que la Argentina sea, *Argirópolis* sarmientina aparte, un país muy pobre en utopías. No hay nada en su tradición pre- o post-colombina que se asemeje a las utopías andinas, mayas o aztecas. Parecería que hay una especie de imposibilidad para la cultura argentina de pensarse como esa *alteridad radical* que requiere la imaginación utópica, pero también cierta capacidad (recientemente muy deteriorada, hay que decirlo) para estabilizarse en una suerte de *mismidad* autosatisfecha. Sea como sea, aquella ebullición, aquella indeterminación –hagamos de necesidad virtud, como se dice- es quizá lo más interesante que tiene la cultura argentina, rioplatense. Me refiero a esa mezcla impura y en eterno conflicto interno que está atestiguada en toda ella desde sus inicios. Podemos pensar en Esteban Echeverría, por ejemplo, cuando afirmaba que él había aprendido gramática en Francia, y que con *esa* gramática había escrito cosas como *La Cautiva* o *El Matadero* (algo que deja a la altura de un poroto los famosos epígrafes franceses del *Facundo* de Sarmiento); es decir, había escrito esas obras que no solamente ocupan un lugar de importancia, sino un lugar *fundante* de la literatura *nacional*. Y, en efecto: ¿por qué habría de ser menos *nacional*, en sus efectos, una literatura, por el solo hecho de ser *pensada* en francés? Es una pregunta retóricamente provocativa, por supuesto. Tan provocativa, en todo caso, aunque de signo contrario, como la otrora canónica (hoy está sumamente devaluada) enunciación a propósito de un así llamado '*ser nacional*'. Debo confesar que, en mi juventud, siempre me sorprendía al escuchar esta expresión: no me explicaba cómo en la Argentina, *justamente* en la Argentina, podía haberse producido una solidificación ontológica tan compacta como la que sugería esa noción. A lo cual habría que agregar el hecho de que –al menos en los tiempos en que yo era un estudiante de Filosofía- el *Ser* era la categoría universal por excelencia, y entonces no se entendía cómo podía tener a la vez *nacionalidad* (y en todo caso, si la tenía, era la griega, como hubiera dicho Heidegger). Es cierto que –para permanecer fieles al Estagirita- el Ser *se dice* de muchas maneras. Y para colmo, el castellano (ésta es una distinción que recuerdo haber leído con sorpresa en Canal Feijóo, aunque el que la hizo famosa fue Rodolfo Kusch) es la única de las grandes lenguas occidentales que distingue entre *ser* y *estar*.

La Argentina, pues, *estuvo siendo*, durante mucho tiempo, lo que pudo. Y es una cultura que entró, al mismo tiempo tardía y rápidamente, violentamente, en la Modernidad. Al menos, en la idea que las clases dominantes locales tenían de lo que ellas llamaban la modernidad: es decir, la sociedad burguesa europea. Este fenómeno tiene que ver, posiblemente, con lo que afirmaba Marx a propósito de que la burguesía alemana había intentado hacer en la cabeza de Hegel la revolución (burguesa) que no había podido hacer en la realidad. Y uno podría pensar, en esa misma clave, que la burguesía argentina constituyó en la cabeza de Sarmiento, de Alberdi o de Roca la sociedad que nunca concretó en la realidad. Si la Argentina entró rápidamente en la 'modernidad' fue porque la ideología de lo que Halperín Donghi ha llamado una voluntad de construir 'una nación para el desierto argentino' fue, desde el principio, una especie de imperativo categórico, influido seguramente por las ideas que un Tocqueville o un Montesquieu podían tener en ese entonces sobre lo que constituía una democracia moderna. Pero también, decíamos, entró *tardíamente*: no alcanzó a ser incluida –como sí ocurrió con el resto de América– en la construcción de esa iconografía de alteridad ejemplar de la que Europa se sirvió para construir *su propia* modernidad, a partir del Encubrimiento de un 'nuevo' continente.

No tenemos aquí tiempo para entrar en el complejo debate (que va desde el famoso capítulo XXIV del *Capital* hasta las tesis wallersteinianas sobre el 'sistema-mundo') acerca del rol que le cupo a la colonización de América –y, en general, de la 'periferia' extraeuropea– en el proceso de acumulación capitalista mundial. Pero sí –y esto es nada más que otra tímida hipótesis de trabajo– me parece que esa colonización fue decisiva en la conformación de una cierta 'identidad' europea (pongo la palabra entre comillas, desde luego, porque se sabe que toda 'identidad' es *imaginaria*, en el sentido estricto de que se constituye ideológicamente en una relación especular con alguna 'alteridad').

Entonces, es interesante –o lo sería: hay demasiado trabajo que hacer al respecto– ver las maneras en que América ocupa ese lugar del *Otro* en la construcción, por ejemplo, de algunas de las más connotadas filosofías políticas modernas. Podemos pensar en el *estado de naturaleza* del contractualismo hobbesiano, lockeano o rousseauniano; o podemos pensar en cómo América, junto a África y parte de Asia, pierde el tren de la Historia en el despliegue del *Geist* hegeliano. Pero también podemos pensar en el pensamiento llamado utópico, al menos de Tomás Moro en adelante. Es decir, no sólo en las filosofías más o menos 'oficiales' y dominantes, sino también en los discursos más críticos (incluido, debemos decirlo, el del propio Marx, que tuvo pocas palabras felices que decir sobre los americanos post-colombinos). O sea: en esta dialéctica muy particular con la que Europa *se* constituye su imagen de sí misma en su relación con América. Una dialéctica de lo Mismo y lo Otro muy expresiva, por otra parte, de esa canónica y siempre tan socorrida afirmación benjaminiana de que no hay documento de civilización que no sea simultáneamente un documento de barbarie. Así como en alguna medida la democracia ateniense fue posible gracias a la esclavitud, también se puede decir que, en la misma medida, la moderna teoría política europea fue posible gracias al colonialismo. Aunque, por supuesto, las condiciones de posibilidad de un discurso no invalidan su eficacia ni su valor. Ni pueden, por otra parte, controlar los efectos no buscados de ese discurso: la modernidad europea produjo también un Marx, un Nietzsche, un Freud: es decir, se autorreprodujo como conflicto y como desgarramiento perpetuos.

La Argentina, por ese lugar singular –y *'sinlugar'*– que ocupó históricamente entre la modernidad europea y lo que me gustaría llamar la *paramodernidad victimizada* del resto de Latinoamérica (un 'resto' al que sólo ahora, y por las peores razones, estamos empezando a comprender que pertenecemos) nunca pudo hacer mucho más que trasladar un tanto mecánicamente los gestos de aquel conflicto, de aquel desgarramiento de la modernidad europea. Y no es, claro, que esos gestos no hayan tenido efectos materiales, a menudo sangrientos; pero en la Argentina esos efectos, también demasiado a menudo, parecieron ser el resultado de cachetazos dados en la oscuridad, con muy poco apego por esa forma de racionalidad crítica negativa que asume el conflicto mirándolo de frente, y que reclamaba gente como los miembros de la Escuela de Frankfurt para discutir la modernidad desde su interior mismo. Una racionalidad, en definitiva, que asuma lo que tampoco me voy a privar de llamar el *malentendido constitutivo* de toda cultura. Es posible que sea el intento, demasiado 'narcisista', de *positivizar* ese sustrato conflictivo una de las razones por las cuales los argentinos nos matamos entre nosotros, sin poder terminar de definir claramente (no digo lo que *somos* sino) lo que *querríamos* ser.

Pero en fin, estábamos en las utopías. Se ha estudiado poco –que yo sepa- ese vínculo que podría establecerse, al menos hipotéticamente, entre la función *estructural* que tuvo la literatura utópica (y, dentro de ella, la 'utopización' del continente americano) en la constitución del pensamiento filosófico-político europeo, y la que tuvieron muchos de esos pensamientos utópicos retrasplantados a América, y para nuestro caso a la Argentina, en el pensamiento 'fundacional' de pioneros como Sarmiento, Alberdi, Echeverría o los 'intelectuales orgánicos' de la generación del '80. Quizá, con las honrosas excepciones de siempre, esa escasez no sea sino efecto de las rigideces de nuestra historiografía (y de nuestra política), o de los sempiternos prejuicios teóricos que confunden aquella innegable verdad de que la cultura es un 'campo de batalla', con la no menos innegable de que la cultura es, justamente, un *producto*, también él en permanente transformación, de esos conflictos. En todo caso, no seré yo quien pretenda, inmodestamente, superar esas rigideces y prejuicios. Las siguientes notas no tienen más propósito que el de arriesgar –sin duda de manera vacilante y provisoria- algunas ocurrencias sobre (casi) todo lo que venimos enunciando.

I

Me atreveré a empezar de manera, por así decir, un tanto indirecta, aunque quisiera creer que no del todo impertinente. En ese bello libro del fundador de la antropología cultural anglosajona, George H. Frazer, que lleva por título *La Rama Dora-*

da -un libro, por cierto, que a esta altura de la ciencia etnológica puede ser considerado casi como una extraordinaria novela de viajes exóticos- se relata, entre otras maravillas, la de la utilización, por parte de muchas culturas alejadas entre sí tanto espacial como temporalmente, de la magia ('homeopática' o 'simpática', dice el autor, para distinguir las fórmulas mágicas que actúan por lo que los lingüistas llamarían respectivamente 'contigüidad' y 'sustitución') con el objeto de construir simbólicamente *mundos deseables* cuya mera concepción representa una metafórica *denuncia*, una sesgada *crítica* de los mundos reales en los que los sujetos están condenados a vivir. El ritual mágico –como lo ha estudiado exhaustivamente, mucho más cerca de nosotros, el antropólogo italiano Ernesto de Martino- tiene entre sus funciones centrales la de ahuyentar periódicamente el temor del *Apocalipsis* cultural, de un siempre posible riesgo de hundimiento de lo que De Martino llama la 'patria cultural' en la que vivimos (las sociedades arcaicas, mucho más sabias que las nuestras, intuyen que *ninguna* sociedad tiene completamente garantizado su derecho a la existencia): la creación de aquellos *mundos deseables*, en este contexto, permite simultáneamente *repetir*, en el registro mítico, el feliz momento fundacional de la sociedad, y por otro lado *anticipar*, en el registro escatológico, una posible desaparición de la sociedad actual, para lo cual es necesario –por así decir- contar con la 'reserva imaginaria' de *otra* 'patria cultural' para el futuro (De Martino, 1977).

Esta configuración mítico-ideológica tiene un altísimo carácter de universalidad: con todas sus innumerables variantes, puede encontrarse prácticamente en todas las sociedades que alguna vez han sido. Sin embargo, no se trata por supuesto de una estructura meramente sincrónica, atemporal, sustraída a los condicionamientos históricos. En las –complejas y sofisticadísimas- culturas precolombinas de América que sufrieron ese gigantesco etnocidio conocido eufemísticamente como el Descubrimiento, la mitología apocalíptica y la utopía escatológica expresaron, a su manera, esa *denuncia crítica* de las desgracias del presente de la que habla Frazer, así como la esperanza –trágicamente frustrada, como sabemos- de una futura reconstrucción de la 'patria cultural' destruida que pudiera resurgir del Apocalipsis.

En otras situaciones históricas –pongamos: la de esa Europa occidental que ingresa a la Modernidad, y que lo hace entre otros motivos *gracias a* ese brutal etnocidio de lo que luego se llamaría América- las cosas no aparecen tan claras. La *razón utópica* aparece allí complejamente entremezclada con los inicios de esa *razón instrumental* moderna de la que hablan Weber o Adorno, generando una suerte de ambigüedad constitutiva con frecuencia fácilmente aprovechable por las más diversas ideologías o hegemonías culturales. Abordemos la cuestión, de nuevo, sesgadamente: la comunidad más o menos falansférica que a fines del siglo XIX fundara León Tolstoi dio en llamarse a sí misma *Hermandad de las Hormigas*, una denominación que pretende dar cuenta de una funcionalidad cooperativa que se opone al 'individualismo competitivo' liberal, pero en la que –no es cuestión de negarlo- el ideal de igualdad a menudo se confunde peligrosamente con una bullente uniformidad despersonalizada. Desde entonces, en la interpretación interesada de las clases dominantes y sus ideólogos y 'pensadores' que se apoderaron del concepto siempre equívoco de la Utopía, la imagen de la *hermandad de las hormigas* parece haber terminado por triunfar sobre la de la *rama dorada*: la metáfora ha servido simultáneamente, y no por 'azar' (ese recurso desconocido por la ideología), para (des)calificar *tanto* a la Utopía como a las sociedades llamadas 'totalitarias' —al menos, cuando ellas existían: como sabemos, hoy hemos alcanzado un huxleyano *mundo feliz* que, para ser coherentes con aquella comparación, ya no requiere *ni* de las utopías *ni* de los totalitarismos, puesto que estamos en el reino de la democracia globalizada, cuya íntima *verdad* ahora mismo, mientras estas líneas entran en imprenta, está cayendo nada utópicamente sobre las cabezas de los iraquíes.

En fin, sea como sea, ese triunfo de la imagen del hormiguero inhumano sobre la de la rehumanización postapocalíptica a la que nos referíamos tuvo necesariamente que partir de la premisa de establecer una equivalencia (utopía/totalitarismo) que, si no es totalmente injustificada, es por lo menos cuestionable. Se sabe: en la postmodernidad —a cuyo 'principio del fin', permítaseme augurarlo, estamos asistiendo- ha sido de rigor burlarse de todo discurso 'utópico' por ingenuo, cuando no condenarlo enfáticamente por terrorista o —este pensamiento es rico en eufemismos inventivos- 'fundamentalista'.

Con lo cual la clásica expresión de 'arrojar al niño con el agua de la bañera' adquiere una inesperada actualidad: si es plausible celebrar el ocaso de un *delirio de la Razón* productor de monstruos (como decía célebremente un Goya), que se imaginaba poder planificar hasta el último detalle una maquinizada vida futura, no es menos cierto que nunca como hasta ahora se había presentado tan drásticamente la posibilidad de liquidar, junto con sus delirios, a la Razón misma, para conservar sólo sus goyescos monstruos. El rechazo de la utopía *futura* en nombre de la 'democracia' *actual*, por ejemplo, nos priva de una *utopía democrática* -sobre todo teniendo en cuenta que esa 'actualidad' de la democracia, casi ni habría que mencionarlo, es la del craso mercado global que, en típica operación de *pars pro toto*, se identifica con *la* democracia: es decir, nos deja inermes ante una demanda de conformidad con una 'democracia' ya conquistada, acabada, 'hecha' de una vez para siempre, y no pensada y practicada como una *praxis* en permanente redefinición y refundación, orientada por un futuro deseable (aunque pudiéramos considerarlo inalcanzable)[1]. Es, en todo caso, un crepúsculo sin horizonte, un atardecer sin búho de Minerva que intente levantar vuelo hacia algún nuevo conjunto de ideales que sustituyan aquéllos inevitablemente derruidos.

Y sin embargo, no siempre fue así. La Utopía —el género utópico como tal- cumplió un rol fundamental en la constitución del pensamiento político y social en Occidente. Un rol, sin duda —repitámoslo- contradictorio, paradójico, incluso aporético. Pero sin el cual ese pensamiento, para bien o para mal, no hubiera sido lo que fue. Y aunque ese pensamiento haya sido hecho *aparecer* como una expresión característica —no importa cuán 'marginal'- de la modernidad europea, sus componentes (los malos y los buenos, los de la 'hermandad hormigueante' como los de 'rama dorada') formaron parte de los grandes proyectos de emancipación en otras latitudes, y especialmente en Hispanoamérica en las primeras décadas del siglo XIX. Pensadores y hombres de acción –los *escritores-jefes*, como los llamaría David Viñas- al estilo de Sarmiento o Alberdi, por nombrar solamente los casos argentinos más conspicuos, echaron mano de esos elementos utópicos o parautópicos cuando se propusieron construir *una nación para el desierto argentino*, según la feliz y ya citada fórmula de Halperin Donghi. La propia utilización ideológica de la metáfora del desierto es, trataremos de mostrarlo, tributaria de una larga tradición utópica o contrautópica que puede rastrearse ya en los clásicos griegos. Pero el abordaje de esta cuestión nos obligará, antes, a dar un pequeño rodeo teórico e histórico.

Se ha transformado ya en un cierto lugar común ironizar sobre cómo se utiliza la metáfora de la guerra para hablar de las relaciones sexuales. Pero ¿no ocurre también al revés? ¿No se usa a veces la metáfora sexual para hablar de la guerra y, en general, de la política internacional? ¿No tuvimos, por ejemplo, nuestra plena etapa genital de 'relaciones carnales', una vez superados los trabajosos preliminares de la seducción y la conquista? Se podría ver allí, supongo, algo así como el registro político de la imposibilidad de organizar adecuadamente el fantasma de la relación con el otro sexo, o simplemente con el Otro. No está de más recordar el nombre que la cultura occidental ensayó, a partir del siglo XVI, para hablar de esa historia de fantasmas, o de ese fantasma histórico: Utopía. Y nunca mejor dicho que el Otro no está en *ninguna parte*, y es justamente por eso que sirve para constituirnos, a través de la *ficción* que articula su (in)existencia. Hay que entender, cuando se dice 'ficción', que esa manera de decir no pretende minimizar, por ejemplo, el horror del genocidio americano (puesto que América es un continente por excelencia inspirador de utopías): más bien queda subrayado, ese horror, por la aparente trivialidad connotada en el uso vulgar de la palabra 'ficción'.

Pero la referencia a la relación amorosa -si es que todavía se puede llamar así a la relación con el otro sexo- apuntaba, en verdad, en otra dirección: a saber, la del *malentendido universal*, que califica tanto al equívoco del amor que nos constituye en sujetos deseantes, como al colombino error histórico que nos ha constituido como ¿osaremos pronunciar el nombre? *Americanos*. Si Todorov tiene razón cuando dice que la conquista de América es el modelo propiamente europeo de constitución del Otro, si la teoría postcolonial tiene razón cuando deconstruye los indecidibles *in-between* (el concepto es de Homi Bhabha), esos siempre movedizos espacios intersticiales entre las 'identidades', no es menos cierto que esa constitución tiene el estatuto de un *lapsus* translingüístico: entre el almirante genovés y la reina castellana, en efecto, no hay en común más que esa equivocación que un tal Vespucci vino luego a corregir con su nombre de pila. Ese malentendido, sin embargo, lejos de abrir el universo del sentido, contribuyó a *cerrarlo*. Literalmente: a *redondear* la imagen del globo, a darle su unidad bajo el techo del primer *sistema-mundo* histórico que puede llamarse en verdad universal, y que conocemos con el nombre de capitalismo.

Que la conquista de América haya sido una condición de posibilidad del desarrollo capitalista europeo puede ser un dato histórico. Que además haya sido el espacio imaginario privilegiado de un género político-literario, el de la Utopía, género que pueda haber servido para hacer la autocrítica -cuando no la catarsis- de aquel desarrollo, todo eso demuestra lo que dice Lacan cuando dice que no hay Otro del Otro: no hay metalenguaje capaz de sintetizar la distinción siempre dudosa entre la 'alteridad' y la 'mismidad', ni el hecho de que todo documento de civilización es también un documento de barbarie, para repetir una vez más la dramática constatación de Walter Benjamin. La Utopía, en ese sentido, es el género que da cuenta del carácter al mismo tiempo *inevitable* e *imposible* de la relación con el Otro. Y América es el nombre *europeo* de ese doble carácter inevitable/imposible. El primero en percatarse de ello, significativamente, es el escritor inglés que acuña el término en 1516, Tomás Moro (el que a la larga hará que la religión protestante tenga su propio, y competitivo, Santo Tomás). Desde entonces, el género no sólo se multiplica sino que se desdobla, se ramifica, arborece: desde los relatos de los viajeros a tierras exóticas hasta la antropología de gabinete de Frazer, desde los informes de los gobernadores coloniales hasta los estudios cepalinos sobre el (sub)desarrollo del Tercer Mundo, desde los *orientalismos* analizados por Edward Said hasta los recetarios del FMI, se podría trazar una genealogía, una línea de agrupamiento, incluso una tipología fantástica -a la manera del borgiano idioma analítico de John Wilkins- bajo el rótulo de *la gran narrativa de la administración del Otro*.

Nunca faltará, claro, un tributo a la eficacia de la ilusión retrospectiva: hay quien se empeña en incluir, digamos, a *La República* de Platón o a la *Ciudad de Dios* de San Agustín entre las utopías, y es posible que esa operación esté justificada, al menos en una perspectiva puramente heurística. Pero lo cierto es que el género -como el error del 'Descubrimiento' que, al menos en parte, lo inspiró- siempre estuvo atado a la modernidad: entre otras cosas, porque requiere aquel delirio omnipotente de la Razón, el sueño de la autonomía creativa del Individuo, que son invenciones posteriores al Renacimiento. Ni un ateniense del siglo de Pericles (donde la idea trágica de Destino todavía es un freno para las empresas reformadoras individuales) ni un místico de los inicios de la Edad Media (donde la idea cristiana de Providencia todavía impide interrogar críticamente la misteriosa justicia de los designios divinos) se hubieran permitido imaginar -como Moro, Campanella o Bacon- una ruptura radical con las *doxas* epocales. El género utópico pertenece a esa forma ambivalente de interrogación que la modernidad se hace a sí misma, cuando introduce en su propio interior el desgarramiento que hace coexistir el dogma con la herejía, esa *dialógica* -para abusar del concepto bajtiniano- por la cual los extremos de la oposición se 'interlocutan' mutuamente. Como esos 'extremos de la oposición' infinita, interminablemente conflictiva que son América Latina y Europa.

Porque todo esto, en fin, no era sino para mostrar una conclusión provisoria, inspirada en el origen 'utópico' de la construcción de América Latina por Europa. La conclusión es que esta intrusión del Otro en el espacio de lo Mismo no constituye tanto -como dijera famosamente Foucault- 'un desgarrón en el orden espeso de las cosas', sino más bien -o en todo caso, también- una nueva *sutura* que disimula la imposibilidad de *excluir*, lisa y llanamente, a la Otredad. Y esto es lo que conduce al nudo problemático y feroz de la cuestión con la que habíamos empezado: la de la *identidad* latinoamericana (¿y argentina?).

II

Como todo el mundo sabe (pero hace como que no, para vivir más tranquilo) el concepto de *identidad* es quizá el más resbaladizo, confuso, contradictorio e indecidible que ha inventado -puesto que es un *invento*- el pensamiento moderno -puesto que es exclusivamente *moderno*. En efecto: sólo la así llamada Modernidad (a la que además habría que calificar: la Modernidad *burguesa*) necesitó ese concepto para atribuírselo, en principio, a otro -y fundamental desde el punto de vista ideológico- de sus 'inventos': el Individuo y su expresión macroteórica, el Sujeto cartesiano, base filosófica, política y económica de toda la construcción social de la burguesía europea a partir del Renacimiento. Claro está que hay *otra* Modernidad, una Modernidad (auto) *crítica* ejemplarmente representada por el pensamiento de Marx, Nietzsche o Freud, que implacablemente se aplicó a cuestionar ese universalismo de la Identidad, ese esencialismo del Sujeto moderno. Y, entre paréntesis, y con una sólo aparente paradoja, semejante cuestionamiento -que supone una imagen *fracturada* del Sujeto moderno, fracturada ya sea por la lucha de clases, por la 'voluntad de poder' agazapada detrás de la moral convencional, o por las pulsiones irrefrenables de su Inconsciente- es infinitamente más *radical* que las declamaciones poetizantes (lo cual no es lo mismo, sino lo contrario, que decir poéticas) sobre no se sabe qué *disolución* del sujeto, a las que nos tiene acostumbrados -y saturados- la vulgata 'postmoderna'.

Como sea, la noción de 'Identidad', acuñada originariamente para hablar de los individuos, pronto se trasladó al ámbito de las sociedades, y empezó a hablarse de Identidad *nacional*. Otra necesidad burguesa, evidentemente, estrechamente vinculada a la construcción moderna de los Estados nacionales. Es decir: de la estricta delimitación territorial y política que permitiera 'ordenar' un espacio mundial cada vez más 'desterritorializado' por el funcionamiento tendencialmente (como se dice ahora) *globalizado* de la economía. La construcción de una 'identidad' nacional en la que todos los súbditos de un Estado pudieran *reconocerse* simbólicamente en una cultura compartida fue desde el principio un instrumento ideológico de primera importancia. Y desde el principio la *lengua* -y, por lo tanto, la Literatura, entendida como institución- fue un elemento decisivo de dicha construcción: por sólo poner un ejemplo fundante, ya en las postrimerías de la Edad Media Dante Alighieri provocó un verdadero escándalo *político* al escribir su *opera magna* en el dialecto toscano -que luego pasaría a ser el 'italiano' oficial- y no en el ecuménico latín, que era la lengua 'global' de los cultos.

Escribir en la lengua 'nacional y popular' de la comunidad, y no en el código secreto de la *élite*, era un movimiento indispensable hacia el logro de aquella *identificación* (léase: de aquél reconocimiento de una *identidad*) del pueblo con 'su' Estado.

Pero ¿es eso todo? Las cosas ¿no serán un poco más complicadas? Por ejemplo: la casi 'natural' predisposición del capitalismo -y *ergo* de la nueva clase dominante en ascenso, la burguesía- a expandirse mundialmente tuvo como rápido efecto (y hay incluso quienes dicen que fue una *causa*, y no un efecto) la promoción por los Estados europeos de la empresa colonial, que no sólo supuso el más gigantesco genocidio de la historia humana (unos 50 millones de aborígenes 'desaparecidos' solamente en América lo demuestran) sino -ya lo dijimos- un igualmente gigantesco *etnocidio*, que implicó el arrasamiento de lenguas y culturas a veces milenarias, y su sustitución forzada por la lengua y la cultura del Estado metropolitano, así como el invento de 'naciones', en el moderno sentido político y económico, allí donde, en la mayoría de los casos, sólo había delimitaciones lingüístico-culturales.

Las guerras de la Independencia, llevadas a cabo fundamentalmente bajo la dirección de las *élites* trasplantadas (con la única excepción de la primera de ellas, Haití, donde la conjunción étnica y de clase desató una insólita -para la época- insurrección protagónicamente *popular*), es decir de las nuevas burguesías 'coloniales' que habían desarrollado intereses propios y localistas, en general aceptaron -y aún profundizaron, con la ayuda de las potencias rivales de la antigua metrópolis, como Inglaterra y Francia- la situación heredada de 'balcanización'. Y sus 'intelectuales orgánicos', repitiendo forzadamente y en condiciones bien distintas el modelo europeo, se aplicaron a generar culturas 'nacionales' allí donde no había habido *verdaderas* naciones en el sentido moderno del concepto.

La situación es interesante por su complejidad: si por un lado el proceso de creación y definición de dichas 'culturas nacionales' tuvo mucho de *ficción*, por el otro cumplió un rol ideológico nada despreciable en la lucha anticolonial, tendiente a demostrar que las culturas 'locales' (en el sentido de la cultura de aquéllas *élites* trasplantadas: las anteriores, y realmente 'autóctonas', ya habían sido destruidas en distintas medidas) podían aspirar a la autonomía respecto de las madres patrias, España y Portugal. Pero, al mismo tiempo, y en tanto se había partido de una *ficción* de autonomía, no pudieron sino tomar su inspiración de la cultura de las nuevas 'madres patrias' informales, de las nuevas metrópolis neocoloniales, postcoloniales e 'imperialistas' cuya penetración económica (y, por vía indirecta, política) necesariamente tenía que acompañarse de lo que en una época dio en llamarse 'colonización cultural'. Esto creó una particular posición de culturas *intersticiales* (de culturas de *in-between*, según el ya célebre concepto del teórico postcolonial Homi Bhabha), bajo la cual la propia noción de 'cultura nacional' sufrió sucesivos desplazamientos, según fuera la ideología, la postura política, la posición étnica o de clase de quienes intentaran reapropiarse esa noción. Para ejemplificar con lo más obvio: de una 'cultura nacional' opuesta a los valores metropolitanos tradicionales pero inspirada en nuevos valores metropolitanos (la 'modernidad', el racionalismo, el positivismo o el liberalismo francés y anglosajón), se pasó en otros casos a la idea de una 'cultura nacional' resistente a esos valores 'nuevos', en la medida en que vehiculizaban ideológicamente también nuevas formas de dependencia, neocolonialismo o por lo menos heteronomía. Esa resistencia tuvo sus vertientes de 'derecha' -nacionalismo autoritario cerril restaurador de las tradiciones hispánicas y refractario a toda 'modernidad' aunque fuera pretendidamente racionalista/iluminista- o de 'izquierda' -antiimperialismo más o menos populista que no cuestionaba la modernidad *como tal* pero discutía su funcionamiento al servicio de los intereses de las nuevas metrópolis y de las fracciones de las clases dominantes locales que hacían de 'correas de transmisión' para aquéllas. Pero, salvo voces con una inflexión más compleja y mayoritariamente aisladas que se obsesionaron con la interrogación de qué significaba, en estas condiciones, una cultura ya no limitadamente 'nacional' sino *latinoamericana* (Mariátegui, Manuel Ugarte o Vasconcelos, por ejemplo), en general no se cuestionó seriamente aquel origen *ficcional* de la idea misma de una 'cultura nacional' que (incluso sin llegar a la metafísica abstrusa del 'Ser Nacional', como muchos lo hicieron) se dio por más o menos sentada. Otra vez: 'dialécticamente', como se dice, la *idea* de Nación -utilizada por los propios Imperios europeos como emblema de una 'superioridad' nacional justificadora del colonialismo- no dejó de tener efectos simbólicos importantes en la resistencia al propio Imperio. Y vuelve a tenerlos hoy, en el marco de la 'globalización', y también en los dos sentidos contradictorios antes citados: el de los neofundamentalismos reaccionarios y el de los movimientos de resistencia postcoloniales, cuando los hay. Pero aquel origen ficcional sigue sin someterse a verdadero debate.

Quizá -es apenas una tímida hipótesis de trabajo- esto explique por qué, si bien en *todo* intento de definir una cultura 'nacional' o 'regional' la Literatura, como hemos visto, tiene un papel decisivo, en el caso de Latinoamérica fue el espacio *dominante* -y casi nos atreveríamos a decir el único relativamente exitoso- de construcción de tal cultura: es como si dijéramos que la plena y conciente asunción de una materia prima ficcional fue la sobresaliente forma de *praxis* en la articulación de una 'Verdad' latinoamericana que pertenece en buena medida al orden de lo *imaginario*, lo 'textual' desbordándose a veces en un barroquismo cuyos *excesos de* 'significación flotante' denuncian una relación inestable con la 'realidad', lo *alegórico*, en un sentido benjaminiano de las 'ruinas' sobre las cuales construir un futuro aún indecidible, etcétera. Por otra parte, la (re)construcción de una Verdad a partir de materiales ficcionales no es ninguna operación insólita: es exactamente el mecanismo descubierto por Freud para el funcionamiento del Inconsciente -que se las arregla para decir una verdad *inter-dicta* (entre-dicha) mediante los 'textos ficcionales' del sueño, el *lapsus*, el acto fallido, y por supuesto también la obra de arte; y es por eso que el propio Freud podía afirmar que *la Verdad tiene estructura de ficción*.

Pero, entiéndase bien: no estamos adoptando un 'textualismo' extremo o un 'deconstruccionismo' a ultranza que vea en la ficción o en la dispersión escritural una no se sabe qué *sustitución* de la realidad material dura, desgarrada, conflictiva y frecuentemente mortal que los latinoamericanos -como tantos otros sujetos 'postcoloniales'- sufrimos en carne propia cotidianamente. Sólo estamos diciendo que el *malentendido* originario de nuestra propia 'identidad nacional' parece haber sido tomado por buena parte de nuestra Literatura como el sustrato mismo, el escenario o el telón de fondo de la producción estética (no sólo literaria); y aquí, por supuesto, serían necesarios análisis específicos que dieran cuenta de la irreductible *singularidad* de las textualidades concretas: de otra manera se corre el riesgo de caer en ciertas generalizaciones abusivas que más abajo criticaremos. Pero permítasenos al menos ensayar *esta* generalización: tal vez la gran Literatura latinoamericana sea el subproducto paradójico, en el plano de lo imaginario, de la *impotencia* de una praxis política y social renovadas en el plano de lo real. Tal vez pueda decirse de ese horizonte 'utópico' de nuestra literatura algo semejante a lo que en su momento formuló Marx, cuando explicaba la emergencia de la más grandiosa filosofía política burguesa, la de Hegel, precisamente por la impotencia alemana para realizar en su propia realidad 'nacional' (que a principios del siglo XIX era todavía una quimera) la Revolución que los franceses habían realizado en la suya. Tal vez pueda decirse, remedando aquél famoso *dictum* de Marx, que los latinoamericanos hemos hecho en la pluma de nuestros escritores la Revolución, la transformación profunda que aún no hemos podido hacer sobre el equívoco originario que 'oprime como una pesadilla el cerebro de los vivos'.

III

En este contexto, quisiera aprovechar esta oportunidad para ocuparme de un tema aparentemente lateral y específicamente académico, pero que a mi juicio tiene implicancias histórico–sociales, políticas e ideológicas mediatas pero de largo alcance.

Me refiero al modo en que, desde hace algunos años, la literatura latinoamericana está con cada vez más énfasis siendo tomada como objeto de estudio, en el denominado 'Primer Mundo', por los Estudios Culturales y en particular la llamada Teoría Postcolonial.

Es obvio, para empezar, que este interés no es azaroso, ni se da en un marco cualquiera. Si bien ya desde el tan promocionado *boom* de los años '60, nuestras literaturas por así decir ingresaron por la puerta grande al mercado cultural mundial y adquirieron carta de ciudadanía en los Departamentos de Lenguas Extranjeras o de Literatura Comparada de las universidades norteamericanas y europeas, hoy ese mismo interés se da en el marco de lo que eufemísticamente se llama *globalización*: lo cual, indudablemente, crea problemas, desafíos e interrogantes relativamente inéditos para una teoría de la literatura históricamente *situada*, como la llamaría Sartre (1966). Y ello aún teniendo en cuenta que, en cierto modo, para nosotros los latinoamericanos la 'globalización' empezó hace exactamente 508 años.

De modo que, si se me lo permite, no voy a hacer aquí el análisis de obras y autores particulares (aunque haré algunas menciones al pasar cuando me parezca necesario), sino que intentaré apenas abrir algunas cuestiones vinculadas a lo que me gustaría llamar ciertas condiciones de producción discursivas de la teoría literaria aquí y ahora, no sin dejar establecido que –con todas las mediaciones que se quieran– toda teoría literaria y cultural es desde ya *también*, en el sentido amplio del término, una teoría *política*².

Voy a partir, como corresponde en estos quehaceres ensayísticos que obligan a la brevedad, de una afirmación caprichosa y dogmática: una noción central para la teoría literaria y la crítica cultural contemporáneas es la noción de *límite*. El límite, como se sabe, es la simultaneidad –en principio indecidible– de lo que articula y separa: es la línea entre la Naturaleza y la Cultura, entre la Ley y la Trasgresión, entre lo Conciente y lo Inconciente, entre lo Masculino y lo Femenino, entre la Palabra y la Imagen, entre el Sonido y el Sentido, entre lo Mismo y lo Otro. Es también –y en esto se constituye en un tema casi obsesivo de la Teoría Postcolonial– la línea entre los *territorios*, materiales y simbólicos: territorios nacionales, étnicos, lingüísticos, subculturales, raciales; territorios, en fin, *genéricos*, en el doble sentido de las 'negociaciones' de la identidad en el campo de las prácticas sexuales, y de los *géneros* literarios o estéticos en general. Si esta cuestión de los límites se ha transformado en un tema tan central, es *no solamente* (aunque también sea por eso) por una subordinación característica a las modas académicas, sino porque es el *síntoma* de una inquietud, de un 'malestar en la cultura': el malestar ligado a una sensación difusa de borramiento de las fronteras, de dislocación de los espacios, de *desterritorialización* de las identidades.

Esa experiencia, hay que repetirlo, no es únicamente el efecto de la 'producción textual' o de las 'intervenciones hermenéuticas' del intelectual crítico o del profesor universitario –aunque se pueda nombrar más de un filósofo mediático que haya contribuido a dramatizarla, y generalmente a festejarla; es también, y quizá principalmente, por así decir el *efecto de sentido* (o de sinsentido) de las condiciones materiales de producción del capitalismo contemporáneo, cuya estrategia de *globalización* (eufemismo con el que se ha sustituido a términos más viejos y gastados, como 'imperialismo' o 'neocolonialismo', pero que efectivamente indica formas *nuevas* de esas antiguas operaciones) apunta por cierto a borrar fronteras culturales, y ello en sentido amplio pero estricto: la *cultura* –el 'territorio' de producción, distribución y consumo de mercancías simbólicas o imaginarias– atraviesa, desde el predominio tardocapitalista de fuerzas productivas como la informática y los medios de comunicación, *toda* la lógica de las relaciones económicas y sociales, de tal modo que se podría decir que hoy *toda* la industria es 'cultural', en el sentido frankfurtiano (Cfr. Adorno y Horkheimer, 1968). Toda ella incluye *constitutivamente* una interpelación ideológica productora de subjetividades sociales aptas para la dominación.

En el territorio que nos compete a nosotros directamente, ese desvanecimiento de límites puede verificarse en el borramiento de las distinciones entre lo Real y lo Imaginario, entre, digamos, el Mundo y su Representación, que ha sido tematizado hasta el hartazgo por las teorías postmodernistas, postestructuralistas, deconstruccionistas y demás yerbas de variada especie. Y hay que decir que, en estas condiciones, es muy difícil discriminar hasta dónde debemos celebrar la inmensa potencialidad de estímulos teóricos y críticos que esas condiciones abren, y a partir de cuándo ese borramiento de los límites –bajo la dominación fetichista de lo que Fredric Jameson llamaría la lógica cultural del capitalismo tardío (Jameson, 1991)– se transforma en una gigantesca y patética *obscenidad*. Pero, en todo caso, lo que sí se puede decir es que por primera vez después de mucho tiempo, la teoría literaria y la crítica de la cultura (especial, aunque no únicamente, en América Latina) se ven confrontadas de nuevo con sus propias condiciones de producción, con las condiciones de producción del mundo en el cual (y *del* cual) vive, y con el consiguiente borramiento de los propios límites disciplinarios. La cuestión de los límites es también, para la teoría literaria y cultural, la cuestión de *sus* límites.

Sin embargo, hay una cierta *incomodidad* asociada al concepto de 'límite'. Parecería ser una palabra que indica una terminación, una separación infranqueable entre territorios, una nítida distinción entre espacios. Pero esa impresión puede resultar engañosa, o peor aún, paralizante, en tanto implica la idea de un borde preexistente, de un punto ciego preconstituido, y no de una producción de la mirada; ya a fines del siglo XVIII, Kant era perfectamente conciente de esta incomodidad, cuando decía que una barrera es, justamente, lo que permite ver del otro lado. De aquí en adelante, pues, procuraré sustituir ese término por el de *linde*, con el que intento torpemente traducir la compleja noción del *intersticio*, del '*in–between*' de Homi Bhabha, ese 'entre–dos' que crea un 'tercer espacio' de indeterminación, una 'tierra de nadie' en la que las identidades (incluidas las de los dos espacios *linderos* en cuestión) están en suspenso, o en vías de redefinición (Babha, 1996). Aclaremos: no se trata aquí de ningún *multiculturalismo* –que supone, otra vez, la ilusión en la existencia preconstituida de lugares simbólicos diferenciados en pacífica coexistencia– ni de ninguna *hibridez* –que imagina una estimulante mezcla cultural de la que cualquier cosa podría salir, sino al revés, de la perspectiva que hace anteceder el momento del *encuentro* al de la *constitución*. El momento del encuentro: es decir, en última instancia, el momento de la lucha; es decir, el momento profundamente *político*.

En efecto: el concepto de 'linde' tiene la ventaja de llamar la atención sobre un territorio sometido, en su propia delimitación, a la dimensión del conflicto y de las relaciones de fuerza, donde el resultado del combate por la *hegemonía* (por la facultad de hacerles decir qué cosas a qué palabras, para expresarlo como el conejo de Lewis Carroll) es indeterminable pero no indeterminado, puesto que también él está *sobredeterminado* por las condiciones de su propia producción. Quiero decir: ese 'tercer espacio' también tiene sus propios *lindes*, en la medida en que la dispersión textual que supone en un extremo –la disolución de las lenguas y las identidades en la tierra de nadie, supone, en el otro extremo, la permanente pugna por un reordenamiento, por una 'vuelta al redil' del texto en sus límites genéricos, estilísticos, incluso 'nacionales'.

Supongo que no es para nada azaroso que estas nociones hayan emergido en el seno de ese capítulo de los estudios culturales que ha dado en llamarse 'Teoría Postcolonial'. La producción cultural, estética y literaria (y por supuesto, en primer lugar, la producción de la experiencia existencial) de las sociedades colonizadas, descolonizadas y re/neo/postcolonizadas en el transcurso de la 'Modernidad', no es otra cosa —en toda su compleja multiplicidad— que una conciente o inconsciente pugna por la definición de nuevos lindes simbólicos, lingüísticos, identitarios, y me atrevería a decir que hasta *subjetivos*, en condiciones hoy absolutamente inéditas: en condiciones en las que ya no hay, no puede haber, una 'vuelta atrás' de esas sociedades a situaciones pre-coloniales, pero donde no se trata, tampoco, de la conquista de una autonomía nacional plena, inimaginable en el mundo hegemónico de la economía globalizada; en condiciones en las que —frente al papel subordinado y marginal que les toca a esas sociedades en el llamado nuevo orden mundial— la emergencia de toda clase de fundamentalismos nacionalistas, religiosos o étnicos *no representa en absoluto* (como se han apresurado a calificar los teóricos neoconservadores al estilo de Huntington, 1996) un retroceso a míticas pautas culturales arcaicas o 'premodernas', sino al contrario, una 'huída hacia delante' como reacción a los efectos sobre ellas de la llamada *postmodernidad*, una reacción que por lo tanto es constitutiva de los propios *lindes* de esa postmodernidad; en condiciones, finalmente, en las que las dramáticas polarizaciones económicas y sociales internas a esas sociedades y el proceso de marginalización provocado por ellas han producido una gigantesca diáspora hacia el mundo desarrollado, con los consiguientes conflictos raciales, culturales y sociales que todos conocemos.

En todas esas condiciones, no es de extrañarse que se ponga en juego —casi trágicamente, podríamos decir— la cuestión de los *lindes*, de las identidades, de las aporías y paradojas de 'juegos de lenguaje' que no tienen reglas preestablecidas ni tradiciones congeladas a las que remitirse. En todas estas condiciones, la literatura (y, en general, las prácticas culturales) se transforma en un enorme caldero en ebullición, en el que se cocinan procesos de *resignificación* de destino incierto y de origen en buena medida contingente. Según afirman los entendidos, el *desorden* lingüístico–literario creado por esta situación desborda todas las posibles grillas académicas que prolijamente nos hemos construido para contener las derivas del significante, incluidas todas las sensatas 'polifonías' y 'heteroglosias' bajtinianas con las que nos consolamos de nuestras parálisis pedagógicas.

Y subrayo la frase *según afirman los entendidos*, no solamente porque yo no lo soy, sino también porque —lo cual no deja de ser asimismo un consuelo— parece ser que es imposible serlo. Y ello por una razón muy sencilla: no sé si siempre se es conciente —yo no lo era, hasta hace poco— de cuántas lenguas se hablan en los países llamados 'postcoloniales'; son algo así como cinco mil. A las cuales, desde luego, hay que sumar toda la serie de dialectos, idiolectos y sociolectos emergidas en el marco de la diáspora y la mezcla cultural. Solamente en la India, por ejemplo, hay veinte lenguas reconocidas por el Estado, y más de trescientas que se practican extraoficialmente. En todas ellas, es de suponer, se hace literatura escrita u oral, se produce algún artefacto cultural. En este contexto, ¿qué puede querer decir una expresión tan alegre y despreocupada como la de *literatura universal*? ¿O *literatura comparada*? ¿Comparada con qué?

Qué puede querer decir, me refiero, aparte del hecho de que esta situación revela, por si todavía hiciera falta, el escandaloso etnocentrismo de adjudicarle alguna clase de 'universalidad' a las cuatro o cinco lenguas en las que, con mucha suerte, algunos pocos eruditos son capaces de leer.

Todo lo cual, sin duda —y si nos despreocupamos de la suerte de unos cuantos cientos o miles de millones de personas (incluyendo las que todavía no nacieron, pero que ya tienen su suerte echada)—, crea un escenario, digamos, semióticamente apasionante. Para empezar, crea la conciencia (falsa, en el sentido de que todo esto no debería constituir ninguna novedad) de un nuevo *linde*, una nueva brecha, una nueva 'tierra de nadie' abierta entre ese desorden de producción textual y nuestra estricta (im)posibilidad de acceder a él, salvo por las contadísimas excepciones en las que podemos leer a, digamos, Kureishi, Mahfuz o Rushdie en prolijas traducciones al dialecto (estrictamente incomprensible para un argentino) de ciertas editoriales españolas.

Pero también aparece la posibilidad de una nueva acepción del concepto homibhabhiano de *linde*, justamente como concepto lindero, intermediario o 'puente' —o como se lo quiera llamar— entre la categoría de *orientalismo* (Said,1989), y la de *esencialismo estratégico* (Chakravorty Spivak,1996). Quiero decir: en un extremo, el 'orientalismo' puede ser entendido como una categoría general que da cuenta del proceso de *fetichización universalista* por el cual ese territorio indecible e indecible del desorden literario intenta ser subsumido y reordenado bajo la fabricación de una alteridad homogénea y autoconsistente que se llamará, por ejemplo, 'la literatura del Otro', y apareciera cargada de todo el enigmático exotismo inevitable cuando del Otro lo ignoramos casi todo pero pretendemos de todos modos dar cuenta de él (situación que conocen bien los escritores latinoamericanos, condenados a ser *for ever more* 'realistas mágicos', so pena de no encontrar más lugar en *papers* universitarios y congresos primermundistas); en el otro extremo, el 'esencialismo estratégico' puede tomarse como el gesto político–ideológico de pretender asumirse plenamente en la identidad cerrada y consolidada de ese Otro expulsado a los márgenes, para desde esa posición de fuerza abrir una batalla tendiente a demostrar que el lugar del Otro no era ningún territorio preconstituido u originario, ninguna reserva de rousseauniana pureza natural, sino el producto de una dominación histórica y cultural. En el medio, el *linde* aparece como una suerte de correctivo para ambas tentaciones 'esencialistas' u ontologizantes, recordándonos que en ese territorio indecible se trata, precisamente, de una *lucha por el sentido*, de un conflicto por ver quién adjudica las identidades, las lenguas, los estilos. Por ver, en definitiva, quién (cómo, desde dónde, con que capacidad de imposición) *construye* la identidad.

En estas condiciones, en fin, no es de extrañarse tampoco el interés de los teóricos postcoloniales por la teoría y la crítica postestructuralista. La lectura deconstructiva, la crítica del logocentrismo, la noción de 'diferencia' (que el propio Homi Bhabha, por ejemplo, opone a la de 'diversidad') parecen singularmente aptas para explorar los *lindes*. Sobre esto conviene, sin embargo, levantar algunas reservas, casi siempre pertinentes ante los excesivos entusiasmos del mercado cultural. Creo que la teoría postcolonial tanto como los estudios culturales deberían atender a los siguientes riesgos.

Primero: pese a las ventajas que hemos señalado, la fascinación postestructuralista tiene, para los fines políticos de la teoría postcolonial, sus aspectos que –con el único ánimo de asustar un poquitín– voy a llamar *de derecha*. A saber, la lógica de fetichización de lo 'particular', del 'fragmento', de la arreferencialidad (que no es lo mismo que el antirreferencialismo), de la ahistoricidad (que no es lo mismo que el antihistoricismo) y, para decirlo todo, del *textualismo*, entendido como la miltancia seudoderridiana del 'dentro del texto todo/fuera del texto nada'. El textualismo, está claro, tiene la enorme virtud de hacernos sensibles a las singularidades de la escritura, las diseminaciones del sentido, y otras ganancias que hemos obtenido sobre la hipercodificada y binarista aridez del estructuralismo 'duro', tanto como sobre los economicismos o sociologismos reductores. Sin embargo, no me parece tanta ganancia la posible caída en lo que Vidal–Naquet llamaría el *inexistencialismo* que desestima el *conflicto* entre el texto y la 'realidad' –cualquiera sea el estatuto que se le de a ese término problemático (1995). Si se trata de estudios culturales y postcolonialidades, me voy a permitir, con algunos matices, acompañarlo a Stuart Hall, un pionero en este campo de trabajo, cuando dice (cito):

> "Pero yo todavía pienso que se requiere pensar en el modo en el cual las prácticas ideológicas, culturales y discursivas continúan existiendo en el seno de líneas determinantes de relaciones materiales (...) Por supuesto, tenemos que pensar las condiciones materiales en su forma discursiva determinada, no como una fijación absoluta. Pero creo que la posición discursivista cae frecuentemente en el riesgo de perder su referencia a la práctica material y a las condiciones históricas" (Hall, 1994).

La 'materialidad' a la que se refiere Hall no es la del materialismo vulgar empiricista.

Es aquello que de lo 'real' *puede* ser articulado por una teoría que sepa que *no todo* lo real es articulable en el discurso. Pero, entonces, es necesario tener una teoría que reconozca *alguna* diferencia entre lo real y el discurso. Aún en el terreno del 'puro significante' de la poesía o la literatura de vanguardia, es discutible que no haya nada 'fuera del texto': la literatura más interesante de la modernidad occidental, justamente, es la que explícitamente pone en escena la imposibilidad de que el texto lo contenga *todo* (Kafka o Beckett, por citar casos paradigmáticos). La eliminación de la 'realidad' como lo Otro de cuya naturaleza inaccesible el texto se hace síntoma, me parece un empobrecimiento y no una ganancia.

Y ello para no mencionar –dentro de la misma vertiente 'textualista'– los riesgos de descontextualización de ciertas expresiones programáticas como la de la 'muerte del autor'. Sin duda en la obra de Roland Barthes, Foucault o Derrida ésta resulta una metáfora de alta eficacia, pero ¿qué pasa cuando en circunstancias históricas y culturales diferentes (como suelen ser las de la producción textual en condiciones 'postcoloniales', y en las específicamente latinoamericanas) esa metáfora se *literaliza*?

La muerte del autor, ¿puede ser tomada como mero fenómeno textual por, digamos, Salman Rushdie? Entre nosotros, ¿pudo ser tomada como metáfora por Haroldo Conti, por Rodolfo Walsh, por Francisco Urondo, por Miguel Angel Bustos?

Segundo riesgo: es el de otra forma de fetichismo (paradójicamente complementaria de la anterior), a saber el de la universalización abusiva, o del 'Orientalismo al revés', es decir un esencialismo por el cual se atribuye al Otro una infinita bondad ontológica, y a la propia cultura una suerte de maldad constitutiva tan deshistorizada como la del hipertextualismo. Es decir: dando vuelta el razonamiento de los 'modernizadores' más o menos rostowianos, que pretendían que el Centro fuera el modelo que mostraba a la Periferia su indefectible futuro, se hace de la cultura periférica una trinchera de resistencia a los males de la modernización, con lo cual quedamos en el mismo lugar en el que ya nos había puesto Hegel: fuera de la Historia. Latinoamérica y el Tercer Mundo, se nos sugiere, *no deben* pertenecer a la Modernidad, que fue la fuente de todos los males que nos aquejan, según venimos a enterarnos ahora, gracias a ciertas formas del pensamiento postestructuralista, postmarxista y/o postmodernista de tan buen *rating* en nuestras universidades, y que se precipitan en la condena de cualquier forma de racionalidad moderna o de 'gran relato' teórico. Aclaremos: no cabe duda de que el racionalismo instrumental iluminista, positivista o 'progresista' tienen un grado de complicidad imperdonable en el genocidio colonial y en la demonización o la subordinación incluso 'textual' del Otro (y, dicho sea entre paréntesis, no sólo del Otro 'oriental', como lo demuestran entre otras cosas algunos campos de concentración alemanes). Pero, nuevamente: ¿y Marx? ¿y Freud? ¿y Sartre? ¿y la Escuela de Frankfurt, ya que antes la mencionamos? ¿No pertenecen ellos también, a su manera *resistente*, a la racionalidad europea moderna? ¿No son, por así decir, la conciencia *implacablemente crítica* de los límites, las inconsistencias y las ilusiones ideológicas de la Razón occidental, desde *adentro* de ella misma?

Aquélla forma de *masificación textual*, pues, que opone en bloques abstractos la Modernidad a la no–Modernidad (sea ésta 'pre' o 'post'), o un Mundo Primero a uno Tercero (donde ahora hay, se sabe, un Segundo excluido) puede ser profundamente *despolitizadora* –porque tiende a eliminar el análisis de las contradicciones y fisuras internas de las formaciones culturales, y no sólo *entre* ellas, es profundamente *deshistorizante* – porque toma la ideología colonialista o imperialista como esencias textuales desconectadas de su soporte material en el desarrollo del capitalismo, es profundamente *ideológica* –porque toma la parte por el todo, achatando las tensiones y los *lindes* de la producción cultural, y es teóricamente *paralizante* –porque bloquea la posibilidad de que la teoría postcolonial y los estudios culturales constituyan un *auténtico* 'gran relato', incorporando las complejidades de la relación conflictiva de la Modernidad con sus múltiples Otros: se podría decir, en este sentido, que lo que la teoría postcolonial está potenciada para revelar y denunciar es justamente que la crítica a los grandes relatos occidentales tiene razón por *las razones contrarias* a las que argumenta el postmodernismo: a saber, porque la gran narrativa de la modernidad es incompleta, es un relato pequeño *disfrazado* de grande, en la medida en que se constituye a sí mismo por la *exclusión* o la 'naturalización' de una buena parte de las condiciones que lo han hecho posible, ejemplarmente (pero no únicamente) el colonialismo y el imperialismo. Tendremos que volver sobre esto. Pero, en todo caso, aunque fuera por las razones inversas, *dispensar* a las culturas periféricas de su inclusión en la Modernidad es otra manera de excluirlas, cuando lo que se requiere es pensar las maneras conflictivas y desgarradas, incluso sangrientas, de su inclusión en ella.

Desde adentro mismo de la teoría postcolonial, Aijhaz Ahmad (con buenas razones, me parece) le ha reprochado a Said –y al propio Fredric Jameson, en alguno de sus textos menos felices– hacer del llamado 'Tercer Mundo' una quimera homogénea y sin fisuras en su identidad de víctima, y de la cultura europea un bloque sólido de voluntad de poder imperialista, racista y logocéntrico (Ahmad, 1993). Como si *ambas* esferas (celestial una, infernal la otra) no estuvieran atravesadas por la lucha de clases, la dominación económica, étnica o sexista, la corrupción política, la imbecilidad mediática, en una palabra, todas las lacras del capitalismo tardío transnacionalizado, que hoy en día no tiene 'lado de afuera'. Claro está que le debemos muchas de esas lacras a la historia de la dominación imperialista y neocolonial que ahora llamamos 'globalización'. Pero *justamente por eso* es necesario que veamos también los lindes *internos* que atraviesan nuestras propias sociedades, nuestras propias lenguas, nuestras propias producciones culturales. Así como el Primer Mundo debería recordar *sus* propios lindes internos, de los cuales no siempre puede estar orgulloso, sería bueno recordar, por ejemplo, que la exquisita lengua francesa, con la que la cultura rioplatense tuvo siempre estrechas 'relaciones carnales', a la que nuestra literatura siempre le ha envidiado su papel progresista de profunda unidad cultural, era hasta no hace mucho apenas el dialecto hegemónico de la Ile de France; que en 1789, el 80% del pueblo que hizo la revolución llamada 'Francesa' *no* hablaba francés, sino occitano, bretón, *languedoil* o vasco, y que la celebrada unidad cultural bajo la lengua francesa se impuso muchas veces a sangre y fuego, por un feroz proceso de colonialismo 'interno' (Cfr. Calvet, 1973). Como diría Walter Benjamin: no hay documento de civilización que no lo sea también de barbarie.

También los latinoamericanos, precipitándonos muchas veces en la defensa irrestricta de nuestras literaturas y culturas 'nacionales', olvidamos a menudo nuestros propios lindes internos: preferimos encantarnos con nuestro reflejo homogéneo y cristalino en el espejo de ese Otro que nos han construido las culturas del centro para mantener *alguna* esperanza de que allá lejos queda una macondiana tierra incontaminada por el barro y la sangre de la Historia globalizada: con lo cual, está claro, nos condenan a unos cuantos cientos de años de soledad, en la espera de que nuestras literaturas sigan construyendo su 'alegoría nacional', como la llama Jameson en su famoso artículo sobre 'La literatura del Tercer mundo en la era del Capitalismo Multinacional'(1980). Y conste que cito críticamente a Jameson sólo para extremar mi argumento, puesto que estoy hablando del que posiblemente sea el más inteligente y sutil teórico marxista de la literatura con que cuenta hoy en día el Primer Mundo, admirable por ser de los pocos que en el vientre mismo del 'pensamiento débil' postmoderno no ha depuesto las armas de la crítica. Pero también él, en el fondo, quiere alimentar aquella esperanza, quiere absolutizar ese lugar del Otro, postulando que *toda* la literatura del Tercer Mundo no es otra cosa que la construcción textual de la 'alegoría nacional' y la búsqueda de la Identidad perdida a manos del imperialismo y el colonialismo. Pero es un flaco favor el que así nos hace, pasando un rasero igualador por nuestros conflictivos lindes y por esos nuestros malentendidos originarios que señalábamos más arriba, bloqueando la visión del campo de batalla cultural que constituye la literatura latinoamericana (para no hablar en general del 'Tercer Mundo', esa entelequia de los tiempos en que había otros dos).

Es hora de que seamos claros: no hay tal cosa como *la* literatura del Tercer Mundo; no hay tal cosa como *la* literatura latinoamericana; no hay ni siquiera tal cosa como *la* literatura argentina, cubana o mexicana. Por supuesto que –para circunscribirme a *las* literaturas argentinas– no niego la fuerte presencia de algo así como una 'alegoría nacional' en las obras de Marechal, de Martínez Estrada, o más atrás, de Sarmiento o Echeverría. Pero habría que hacer un esfuerzo ímprobo para encontrarla en Macedonio Fernández, en Bioy Casares o en Silvina Ocampo, o aún en el propio Borges, que siendo un escritor mucho más 'nacional' de lo que la crítica suele advertir, sin embargo la Argentina es para él, más bien al contrario, una alegoría del Mundo. Incluso, como puede leerse en *El Aleph*, un punto infinitesimal en una casa de un barrio escondido de Buenos Aires puede contener el Universo entero: ¿y qué tal suena eso, en todo caso, como alegoría de la globalización al *revés*?

Podríamos hacer el razonamiento, justamente, al revés, para mostrar que la función 'alegoría nacional' de la literatura no es privativa de Latinoamérica ni del Tercer Mundo: ¿acaso no podrían leerse *Rojo y Negro* de Stendhal o *La Guerra y la Paz* de Tolstoi como alegorías nacionales de esas sociedades que tienen que reconstruir su entera identidad después de las catástrofes de la Revolución Francesa o la invasión napoleónica? ¿No podría leerse como alegoría nacional el *Ulises* de Joyce, que traspone la epopeya homérica, es decir el propio acta de fundación de la literatura occidental, a las calles irreductiblemente *locales* del Dublín de principios de siglo? Claro está que aquí se me objetará con mis propios argumentos: justamente porque -al revés de lo que sucede con Francia, con Irlanda o con Rusia- Latinoamérica no ha *partido* de una auténtica Identidad Nacional, es que necesita 'alegorizarla' mediante la literatura de manera semejante a como Hegel y los románticos alemanes lo hicieron en su momento mediante la filosofía. Lo admito: yo mismo he empezado por plantear esa hipótesis; pero lo que estoy intentando mostrar ahora es que esas diferencias son *históricas*: tienen que ver con el desarrollo particular, 'desigual y combinado', de los distintos *segmentos* mundiales definidos y delimitados por las transformaciones del modo de producción capitalista, y no suponen una diferencia de 'naturaleza', ontológica.

Insisto: no es bajo la homogeneidad de la alegoría nacional, aún cuando ella exista, que se encontrará la *diferencia específica* de las literaturas latinoamericanas, o por lo menos no la más interesante. Más bien al contrario, estoy convencido de que nuestras literaturas —con su enorme fragmentación y diversidad estética y cultural, por no decir lingüística (pues hay una 'lengua' rioplatense como hay una 'lengua' caribeña)– nuestras literaturas, digo, constituyen en todo caso un modo de usar las lenguas llamadas 'nacionales' en descomposición como alegoría de un mundo que se nos ha vuelto ajeno, y en buena medida incomprensible, pero no porque estemos fuera de él, en algún limbo de Alteridad solidificada: estamos *dentro* del mundo capitalista globalizado, pero lo estamos como está un turco en Berlín, un argelino en París o un chicano en Nueva York: en una situación de conflicto con nuestros propios lindes, que por otra parte no son sólo nacionales, sino también de *clase*, aunque ésta sea una categoría que el 'textualismo' y el 'multiculturalismo' postmoderno tienda a hacernos olvidar.

Las literaturas de alegoría nacional, quiero decir, de todos modos no son leídas ni producidas de la misma manera por aquellos para quienes la 'Nación' es un mero coto de caza y depredación, que por aquellos para quienes es un dolor interminable e insoportable, una 'pesadilla de la que no se puede despertar', como decía el propio Joyce de la Historia. Tal vez sea esta inconsciente *resistencia* a alegorizar el Horror, a *estetizarlo* para volverlo tranquilizadoramente comprensible, lo que haya impedido a la literatura argentina, por ejemplo, tener la gran novela del llamado Proceso.

Y no hay 'estudio cultural' ni 'postcolonial' que pueda hacerse cargo de eso, que pueda integrar al *texto* de la teoría ese *plus de horror* indecible que sostiene nuestra Historia.

Dicho sea esto no como un llamado para *desesperar* de la teoría, sino todo lo contrario: para volverla eficaz señalándole sus *lindes*; para ponerle un límite que nos permita ver lo que hay más allá de ella, lo que sólo una *praxis* de construcción permanente, en la lucha interminable por el sentido, nos permitirá interrogar. Como diría el mismo Sartre: ahora no se trata tanto de lo que la Historia nos ha hecho, sino de qué somos *nosotros* capaces de hacer con eso que nos ha hecho.

IV

Pero hay una segunda cuestión, más general y 'filosófica', si se quiere decir así, a la que ya nos hemos referido de paso y que ha producido equívocos a nuestro juicio lamentables en la corriente principal de las disciplinas preocupadas por la cultura (incluyendo a la teoría literaria). La imposibilidad de un pensamiento histórico está ligada también –para las teorías 'post'– a la crisis de la Razón Occidental y de sus ideas de Sujeto y Totalidad. Puesto que esas nociones son características de la Modernidad (o sea, para decirlo sin los eufemismos de la jerga 'post', del Capitalismo), *todo* el pensamiento moderno queda masivamente identificado con una Razón y un Sujeto monolíticos y omnipotentes en su voluntad totalizadora e instrumentalista de conocimiento utilitario y dominación. Paradójicamente, ésta es una imagen a su vez monolítica y *falsamente* totalizadora de la Modernidad. Porque, por tercera vez, ¿qué pasa con, por ejemplo, Marx o Freud? Ellos son los *datos anómalos* de esta imagen, aquellos que precisamente *desmienten* esa autoimagen 'moderna' de omnipotencia de la Razón y del Yo, mostrando las heridas internas no cicatrizables de la Modernidad: nociones como la de lucha de clases o la del sujeto dividido denuncian los quiebres irreconciliables consigo mismos de esas 'totalidades' del Yo, de la Sociedad, de la Historia, identidades solidarias en su completamiento abstracto, *ideal*, del *modo de producción* que sostiene a la 'civilización' moderna. De un modo de producción donde *todo* el pensamiento puede ser un acto de violencia a veces insoportable, cuya máxima pretensión es, decía Nietzsche, 'la más formidable pretensión de la filosofía en la máquina platónica del racionalismo occidental: hacer todo manejable, hasta el amor'.

Hay, pues, al menos dos imágenes de la Modernidad: la imagen homogénea 'ilustrada' de la historia moderna como progreso indetenible de la Razón, imagen *compartida* por la crítica del antimodernismo 'post' (como reflejo especular de simetría invertida, podríamos decir), y la imagen dialéctica, desgarrada y 'autocrítica' que nos transmiten Marx y Freud *desde adentro mismo de la propia modernidad*, como constitutivo 'malestar en la cultura' en conflicto permanente con las ilusiones sin porvenir de una Razón instrumental. De una Razón cuyos límites y perversiones internas, radicalizando una vía abierta por Weber, van a ser mostradas –hasta las últimas consecuencias y de manera implacable– por Adorno y la Escuela de Frankfurt (Adorno y Horkheimer, 1968). Es decir: por los amargos herederos de una teoría crítica de la Modernidad que en su época está *obligada* a pensar el Terror, está obligada a pensar la *experiencia límite* de la humanidad occidental: la del campo de concentración y el exterminio en masa, que (y es absolutamente *imprescindible* no olvidar esto) es una experiencia, o mejor un experimento, *de la Razón*.

En efecto, es el inmenso mérito de la Escuela de Frankfurt el haber tenido el coraje de no sumarse al coro bienpensante de almas bellas que atribuyeron esa experiencia extrema a un inexplicable abismo de irracionalidad desviadora de la Historia y del Progreso: como si no estuviera en las posibilidades mismas de la forma dominante de la racionalidad moderna (de la racionalidad instrumental capitalista sobre la que habían alertado, de diferentes maneras, Marx y Freud). Como si la verdad no fuera –para ponerlo en las también famosas y terribles palabras de Benjamin– que todo documento de civilización es *simultáneamente* un documento de barbarie. Es su mérito, repito, haber visto esto sin por otro lado sucumbir a la tentación del irracionalismo o el cinismo.

Es claro que, pese a la radicalidad inédita de esa 'experiencia extrema', Adorno y sus compañeros podían haber advertido aún antes esta ironía trágica. La podían haber advertido, por ejemplo, en el lugar *fundacional* que para el pensamiento de Occidente tiene, según hemos visto, el genocidio americano (y más tarde, de todo el mundo no europeo bajo el colonialismo), en la autoconstitución etnocéntrica y racista de su propia imagen civilizatoria, de su propia imagen de racionalidad 'moderna', del Sujeto cartesiano, de una 'totalidad' histórica identificada –como puede vérselo aún en Hegel– con la 'Razón' de la acumulación capitalista europea, pero de la cual queda expulsada (por exclusión, por disolución en el silencio, o por liso y llano exterminio) el 'Otro' que en primer lugar permitió la constitución de esa imagen. Esto también es algo, quizá, que Freud podía haberles explicado a los filósofos historicistas y 'progresistas'. Es decir: podía haberles explicado que la Totalidad de la Razón sólo puede plegarse sobre sí misma 'tapando' imaginariamente el agujero de una Particularidad inasimilable, de unos *desechos*, de unas *ruinas* del Yo racionalizante, cuya *renegación* es precisamente la condición de existencia de la Totalidad. O sea: podía haberles explicado, en el fondo, lo mismo que autocontradictoriamente ya habría explicado *el propio Hegel* (un filósofo en este sentido mucho más 'materialista' que todos los positivistas que lo acusan de espiritualismo) si en su época hubiera tenido un Freud que lo 'interpretara': a saber, que es precisamente la existencia del Particular lo que constituye la condición de posibilidad del Universal, y simultáneamente la que demuestra la imposibilidad de su totalización, de su 'cierre'; demuestra que –dicho vulgarmente– el Universal viene fallado de fábrica. O –en una terminología más actual y sofisticada– que el Otro con mayúscula *es*, constitutivamente, un Otro castrado[3]. Tan 'castrado' como esa Totalidad Originaria a la que indefectiblemente se alude cuando se habla de una ontológica 'Identidad Nacional'.

Pero esto, desde ya, es algo muy diferente a la manía 'post' de pontificar sobre la lisa y llana *desaparición* de las identidades y los 'sujetos'. Para empezar, ni Freud ni Lacan, por ejemplo, hablaron jamás de semejante desaparición, sino en todo caso de la *división* del sujeto, lo cual es otra manera de hablar de la castración del Otro, de la imposible *completud* simbólica de la identidad. Pero, justamente: esa imposibilidad hace más necesarias (si bien inconscientes) las *articulaciones* entre, por ejemplo, la identidad de clase y la de los 'movimientos sociales', para retomar este problema que está en la actual picota. Y es obvio que este problema no puede ser pensado hoy del mismo modo en que podía haber sido pensado por Marx, pero ello no argumenta en contra de Marx, sino *a su favor*: demuestra que también la articulación de las identidades colectivas está sujeta a la *materialidad histórica*.

Y ya que estamos en tren de reconocer méritos es sin duda una gran virtud de la 'teoría postcolonial' (Said, Spivak, Bhabha et al.) la de haber *reintroducido* la historia —es decir, la *política* en sentido fuerte— en los estudios culturales, retomando la línea 'subterránea' de la historia de los vencidos, incluso en un sentido benjaminiano, al mostrar de qué diversas y complejas formas las *ruinas* del colonialismo siguen relampagueando hoy en los discursos y las prácticas del mundo (no tan) *post*–colonial.

Pero no deja de ser un mérito ambiguo: si por un lado el recurso a las teorías y técnicas de análisis 'post' y a ciertos autores–guías (Foucault, Lacan, Derrida, De Man) permiten a los pensadores postcoloniales *refinar* extraordinariamente sus categorías de análisis frente a las antiguas teorizaciones antiimperialistas (digamos las de un Lenin o las múltiples versiones de la teoría dependentista), especialmente en lo que hace a la crítica cultural e ideológica, por otro lado, y con escasas excepciones –Aijaz Ahmad es quizá la más notoria–, el recurso prácticamente *exclusivo* a esas metodologías implica el casi completo abandono de formas de pensamiento (Marx, Freud, la Escuela de Frankfurt) que, como lo venimos defendiendo enfáticamente aquí, siguen siendo *indispensables* para una totalización de la crítica a un modo de producción en buena medida constituido también por la experiencia colonialista y postcolonialista.

Por otra parte, y paradójicamente, la reintroducción de la dimensión histórico-política por parte de la teoría postcolonial adolece con frecuencia de un exceso metafísico y a la larga deshistorizante (lo que posiblemente también se explique por el recurso masivo a los textualismos 'post') que cae en ciertas ontologías sustancialistas muy similares a las propias de la vieja denominación de 'Tercer Mundo' como entelequia indiferenciada en la que todos los gatos son pardos: es problemático, por ejemplo, aplicar el mismo tipo de análisis a la producción cultural de sociedades nacionales –o a la de las metrópolis en relación a dichas sociedades 'externas'– que lograron su independencia política formal ya muy entrado el siglo XX (digamos, la India, el Magreb o la mayor parte, si no todas, de las nuevas naciones africanas) y por otra parte a las naciones (todas las del continente americano, para empezar) que conquistaron dicha independencia durante el siglo XIX, en alguna medida como subproducto de las 'revoluciones burguesas' metropolitanas –en particular la francesa, aunque también la revolución anticolonial norteamericana y las crisis metropolitanas– y mucho antes de que se constituyera como tal el sistema estrictamente imperialista y neocolonial. Aunque no sea éste el lugar para estudiar a fondo el problema, tiene que haber diferencias enormes entre la autoimagen simbólica y/o la identidad imaginaria de un país –digamos, Argelia– constituido como tal en el marco de un sistema de dependencias internacionales plenamente desarrolladas, de 'guerra fría' entre 'bloques' económicos y políticos conflictivos, de un Occidente en camino a un 'capitalismo tardío' en proceso de renovación tecnológica profunda, con 'carrera armamentística' y peligro de guerra atómica, con plena hegemonía de la industria cultural y la ideología del consumo, etcétera, y por otra parte un país –digamos, la Argentina– constituido un siglo y medio antes, cuando nada de esto existía ni era imaginable.

Es obvio que la producción cultural y simbólica de dos sociedades tan radicalmente diferentes en sus historias es por lo menos difícilmente conmensurable. Pero además está esa otra diferencia fundamental de la que hablábamos antes: mientras las revoluciones anticoloniales del siglo XIX (las latinoamericanas en general, repetimos que con la única excepción de Haití) fueron hechas por las *élites* económicas locales que buscaban un mayor 'margen de maniobras' para sus negocios y por lo tanto una mayor autonomía respecto de los dictados de la metrópolis, y sólo bajo su férrea dirección permitieron cierto 'protagonismo' popular, las revoluciones anticoloniales o postcoloniales del siglo XX (de Argelia a Vietnam, de México a la India, de China a Grenada, de Cuba a Angola, de los *mau-mau* a Nicaragua, etcétera) fueron *fundamental y directamente asumidas* por las masas plebeyas, por la conjunción de fracciones de la clase obrera y el campesinado, por el 'pueblo', más allá o más acá de que esos movimientos hayan sido luego absorbidos (o abiertamente traicionados) por las *élites* emergentes. Esto no sólo le dio a esos movimientos un carácter completamente diferente a los del siglo anterior desde el punto de vista de su *praxis* política, sino que en el plano teórico la diferencia misma obliga a reintroducir la perturbadora (pero persistente) cuestión de *clase*. Más adelante veremos que por supuesto ésta no es la *única* cuestión: en análisis como los ya canónicos ensayos 'proto-postcoloniales' de Frantz Fanon sobre la revolución argelina, las cuestiones étnica, de género, de psicología social y culturales en general tienen una importancia de primer orden; pero la tienen, precisamente, en su *articulación* -siempre específica, no reductible- con la cuestión de clase. De todos modos, lo que nos importaba destacar ahora es el hecho mismo de la diferencia entre seculares 'estilos' revolucionarios, que impiden su homologación bajo fórmulas teóricas generales. Pretender ponerlos en la misma bolsa implica una homogeneización ella sí reduccionista y empobrecedora, aunque se haga en nombre de Lacan o Derrida.

Eso es lo que a veces ha sucedido -para volver a un caso ya citado- aún con pensadores tan complejos como Jameson, cuando han intentado interpretar toda la literatura del 'Tercer Mundo' bajo el régimen hermenéutico global de la 'alegoría nacional', con lo cual sale el tiro por la culata y se obtiene, para continuar con la figura, lo peor de dos mundos: por un lado se dice una obviedad de un grado de generalización poco útil (*cualquier* producto de la cultura de *cualquier* sociedad transmite en alguna medida imágenes 'nacionales'), por otro lado se pasa un rasero unificador que tiende a suprimir toda la riqueza de las especificidades estilísticas, semánticas, retóricas, etcétera, que —tratándose de obras de arte— conforman propiamente hablando la *política* de la producción estética, que también está, entre paréntesis, atravesada por la dimensión histórica: en este sentido, ¿cómo podría compararse a, digamos, los ya nombrados Nahgib Mafouz o Hani Kureishi con, digamos, Sarmiento o Borges? Y ello para no mencionar que, aún comparando entre contemporáneos, aquella diferencia entre las respectivas historias suele ser decisiva para la estrategia de interpretación y lectura: no es difícil encontrar 'alegorías nacionales' —aún descontando el monto de reduccionismo de la especificidad estética que supone leer bajo ese régimen de homogeneización– en autores provenientes de sociedades de descolonización reciente que todavía están luchando por la propia construcción de su 'identidad'; la tarea es menos simple en los provenientes de sociedades de descolonización antigua, en todo caso sometidas a otros procesos de dependencia, neocolonialismo o 'globalización subordinada'. Aún extremando mucho la metáfora y buscando más de cinco pies al gato, se requieren esfuerzos ímprobos para encontrar la 'alegoría nacional' (al menos, para encontrarla como estrategia central de la escritura) en Adolfo Bioy Casares, en Juan Carlos Onetti o en Macedonio Fernández. Pero aún cuando es posible encontrarla de manera más o menos transparente (lo cual es más fácil en las literaturas de las naciones no rioplatenses, con una identidad étnica y cultural más compleja y contradictoria) resulta patente que ella se construye de un modo radicalmente distinto al de las sociedades que, como decíamos, todavía pugnan por encontrar su 'identidad', sólo muy recientemente enfrentadas al problema de la 'autonomía' nacional.

Y el problema se complica aún más cuando –como ocurre a menudo en los estudios culturales y los teóricos de la postcolonialidad– se amplía el concepto de 'postcolonial' para incluir a las minorías étnicas, culturales, sexuales, etcétera, *internas* a las propias sociedades metropolitanas, ya sea por vía de la diáspora inmigratoria de las ex colonias o por la opresión multisecular de las propias minorías raciales (indígenas y negros en casi toda América, por ejemplo). La extraordinaria complejidad que puede alcanzar la 'alegoría nacional' de un autor negro o chicano de Nueva York, de un autor pakistaní o jamaiquino en Londres, de un autor marroquí o etíope en Paris, un autor turco en Berlín, a lo cual podría agregarse que fuera mujer, judía y homosexual, esa extraordinaria complejidad de cruces entre distintas y a veces contradictorias situaciones 'postcoloniales' no deja, para el crítico –si es que quiere ser *verdaderamente* 'crítico' y no simplificar en exceso su lectura– otro remedio que retornar al análisis cuidadoso de las estrategias específicas de la producción literaria en *ese* autor, de las singularidades irreductibles del *estilo*, vale decir: para ponernos nuevamente adornianos, de las *particularidades* que determinan su autonomía específica respecto de la *totalidad* 'postcolonial'.

Recientemente un autor norteamericano no muy conocido, Patrick McGee, inspirándose asimismo en Adorno pero también en Lacan, ha utilizado un argumento semejante a éste para discutir algunas de las posiciones del 'padre' de la teoría postcolonial, Edward Said. En efecto, en un libro por lo demás notable en muchos sentidos (Said, 1997), Said escribe: todas las formas culturales son híbridas, mixtas, impuras, y ha llegado el momento, para el análisis cultural, de reconectar su crítica con su realidad'; a continuación de lo cual critica a la Escuela de Frankfurt (como lo hemos hecho, al pasar, nosotros) por su silencio ante la cuestión del imperialismo y el colonialismo, si bien admite que esto es así para la mayor parte de la crítica cultural de los países metropolitanos, con excepción de la teoría feminista y de los estudios culturales influidos por Raymond Williams y Stuart Hall. Sin embargo, como señala McGee, el propio énfasis de Said en el carácter fetichizador de las categorías de análisis estético dominantes en las metrópolis apunta hacia la pertinencia histórica de la *lógica* de la teoría adorniana (McGee, 1997). En la *Teoría Estética*, por ejemplo, la obra de arte autónoma no 'trasciende' la historia, sino que se constituye como una *forma histórica específica*, que depende de la 'separación de las esferas' socioeconómica y estética característica de la cultura burguesa, y que se remonta por lo menos al siglo XVIII, a mediados del cual, casualmente, con Baumgarten y luego con Kant, la Estética se autonomiza como disciplina. Si se ignora la autonomía de la obra de arte, entonces se supone que la relación entre la obra y su contexto es inmediata y transparente. Se asume que el 'mensaje' de la obra está completamente contenido en su significado, independientemente de la 'forma'. Semejante análisis, por lo tanto, ignora o al menos sobresimplifica la relación *sintomática* de la obra con su contexto histórico, en este caso su contexto post–Ilustración (que incluye, claro está, el contexto 'postcolonial', aunque Adorno no lo mencione). En cambio, cuando Adorno describe la obra de arte, leibnizianamente en apariencia, como 'mónada sin ventanas', su intención no es separarla del contexto histórico, sino articularla como *forma* social específica. Según Said, en la medida en que *esta* forma social es propia y única de Occidente, "es un error argumentar que las literaturas no–europeas, esas con más obvias filiaciones con el poder y la política, pueden ser estudiadas *respetablemente*, como si su realidad fuera tan pura, autónoma, y estéticamente independiente como la de las literaturas occidentales".

A esto puede replicarse, por supuesto, de varias maneras. Empecemos por reproducir algunos de los argumentos de McGee con los que concordamos plenamente, para luego exponer algunos propios. Como dice McGee, esta manera de pensar entraña el peligro —paradójico y contradictorio con los propósitos mismos de Said— de menospreciar el placer propiamente *estético* que se puede obtener de la lectura de los textos postcoloniales, 'tercermundistas' o como se los quiera llamar, puesto que sugiere para dichos textos una 'simplicidad' artística que desestima su real complejidad y sofisticación. Pero, justamente, si 'toda obra de arte es híbrida, mixta e impura', y Said hace de eso una condición de su complejidad estética, cuánto más híbridos, mixtos e impuros —por las razones ya apuntadas— serán los textos 'postcoloniales' en general, sometidos en mayor medida aún al entrecruzamiento de lenguas, culturas y constelaciones simbólicas heteróclitas, y en particular los textos latinoamericanos, construyendo sus propias 'alegorías' sobre las ruinas del equívoco primigenio de sus 'culturas nacionales'. ¿Por qué, entonces, negarles a ellos tal complejidad para reducirlos a una mera cuestión de 'contenido', de 'filiación con el poder y la política' inmediata y transparente? No es que esta filiación no exista, y probablemente sea *cierto* que ella es más evidente, por necesidades históricas, que en las 'altas' literaturas metropolitanas. Pero se trata de una cuestión de grado y no de naturaleza, que no afecta a la importancia de la *forma estética* en que dicha 'filiación' se articula para darle a cada obra su diferencia específica de *estilo*.

Pero entonces —agregaríamos nosotros— si el carácter de autonomía estética de la obra es tan válido para los textos postcoloniales como para los europeos, recíprocamente *no es cierto* que la literatura europea sea *intrínsecamente* tan 'autónoma', 'estéticamente independiente' y por lo tanto 'respetable' como parece creerlo Said: en primer lugar, aunque parezca una perogrullada (pero es una perogrullada que Said no parece tener en cuenta), la literatura y la cultura europea en general *no es ajena* –todo lo contrario– a la cultura no–europea, si se recuerda lo dicho más arriba sobre la importancia del colonialismo para la propia constitución de la 'identidad' europea moderna. En segundo lugar, la literatura y la cultura europea está tan atravesada como la no–europea por 'el barro y la sangre' de la Historia, sólo que sus 'estrategias de contención' ideológica (como las llamaría el propio Jameson) son más sutiles y sofisticadas, por la sencilla razón de que han tenido más tiempo y mayor necesidad de desarrollarse. Pero, al igual que sucede en *cualquier* literatura o texto estético, su autonomía relativa respecto de esas 'estrategias de contención', las estructuras en buena medida inconscientes y 'deseantes' de su 'productividad textual' (para recordar esa noción de Kristeva), frecuentemente rompen sus propios condicionamientos, y lo hacen en el terreno de la especificidad y la singularidad de su *forma estética*. Como lo subraya provocativamente el propio Adorno, "la junta militar griega sabía muy bien lo que hacía cuando prohibió las obras de Beckett, en las que no se dice ni una palabra sobre política". Por lo tanto, no es principalmente en la *naturaleza*, nuevamente, de las obras metropolitanas y postcoloniales donde debería buscarse la diferencia (que por supuesto existe, tanto en el registro de la 'forma' como del 'contenido'), sino en la *mirada* del crítico, que debería aplicarse a encontrar las maneras específicas en que actúan las contradicciones internas a unos y otros textos, la manera específica en que ese trabajo textual particular *sintomatiza* la relación con la totalidad histórica, tan compleja y sofisticada en unos y otros, aunque por razones distintas.

En verdad, un teórico como el nombrado Aijaz Ahmad ha llegado a sugerir que estas *faltas*, combinadas con los *excesos* del postestructuralismo, implican el peligro ya no de licuar el potencial radicalismo político de la teoría postcolonial, sino de precipitarla directamente en el conservadurismo, en la medida en que el recurso teórico a la diseminación del sentido, la disolución de las identidades ideológico–políticas y el textualismo pueden ser tema de apasionantes debates académicos, pero tienden a separar la teoría de cualquier forma de compromiso político con las prácticas de resistencia: "Las formas materiales de activismo son así sustituidas por un compromiso textual que visualiza a la *lectura* como la única forma apropiada de hacer política" (Aijaz Ahmad, 1997). Sin embargo, no es que Ahmad adopte una actitud de militancia populista contra la teoría. Como tampoco lo hace Bart Moore–Gilbert al proponer, sugestivamente, que "la teoría postcolonial ha sido decisiva para hacer visibles las interconexiones entre la producción cultural y las cuestiones de raza, imperialismo y etnicidad (...) pero ciertamente se puede argumentar que aún queda mucho por hacer en el campo postcolonial. Como lo he sugerido antes, el área de las *cuestiones de clase* todavía ha sido insuficientemente considerada, incluso en el análisis del discurso colonialista, y lo mismo puede decirse respecto de la *cultura popular*"(Bart Moore––Gilbert, 1997 -*cursivas nuestras* -).

Tanto Ahmad como Moore–Gilbert, sin embargo, descuidan un poco unilateralmente, en nuestra opinión, un factor del cual ya señalamos sus ambigüedades pero del que ahora quisiéramos rescatar su pertinencia. La teoría postcolonial -a veces incluso a pesar de sí misma- ha hecho el gesto para nosotros muy importante de reintroducir una dimensión no sólo histórica sino *estético–filosófica* en las ciencias sociales, contribuyendo, por así decir, a despositivizarlas. El problema es que lo ha hecho por la vía exclusiva y excluyente de la filosofía y la teoría estética 'post', cuando una mayor atención -no necesariamente excluyente, desde ya- a la *dialéctica negativa* (en el sentido de un Adorno, pero también, a su manera y aunque no la llame así, de un Sartre) permitiría pensar una relación más compleja y conflictiva entre, digamos, la Parte y el Todo: por ejemplo, para nuestro caso, entre la 'parte' *ficcional* de una noción como la de 'cultura nacional', y por otro lado los efectos materiales buenos o malos de esa ficción, y cuya 'bondad' o 'maldad' no puede ser decidida en abstracto, por fuera de las relaciones de fuerza que atan la 'Parte' latinoamericana al 'Todo' de un mundo que cada vez menos parecemos estar en condiciones de *no elegir*, al tiempo que cada vez más parece transformarse en aquella 'pesadilla de la que no podemos despertar'.

Pero, llegados hasta aquí, no podemos sustraernos de hacer(nos) una pregunta incómoda (que, por supuesto, no estaremos en condiciones de responder acabadamente): ¿qué relación podemos *pensar*, finalmente, entre nuestra 'latinoamericanidad' y esa cultura occidental que nos ha constituido en *su* Otro?

La primera tentación es la de responder(nos) que, como latinoamericanos, y por obvias razones históricas, tampoco podemos 'distraernos' del hecho de que la cultura occidental *es*, también, *nuestra*, en mayor medida quizá de lo que lo es para Asia o África, aunque no necesariamente por mejores razones. Lo es, sin duda, ambigua y conflictivamente: lo es como desgarrado 'linde' o *in-between* que todavía (aunque menos en el Río de la Plata que en el resto del continente) guarda la memoria de ese desgarramiento inicial. Esto no es ninguna novedad: los más lúcidos pensadores 'postcoloniales' -pienso, entre los argentinos, en una riquísima tradición que va desde Echeverría, Sarmiento o Alberdi hasta, digamos, Martínez Estrada- han sentido ese desgarramiento como *el* problema cultural mismo de América 'Latina'. En todo caso, lo que constituiría una 'novedad' sería el decidirse a plantear de una buena vez una batalla frontal para *reapropiarnos* de lo mejor de esa cultura como arma *contra* lo peor y desde *nuestra* situación de 'desgarrado *in-between*': desde una situación de Mismo/Otro, por lo tanto, que permitiría -en una proximidad crítica despojada de la fascinación del 'aura'- mostrar a Occidente como Otro de sí mismo, a la manera de Marx, Nietzsche o Freud. Y no es que esto no haya sido hecho antes -ahora pienso, por ejemplo, en un Mariátegui-, pero el abandono de esa empresa en las últimas décadas significaría que, kierkegaardianamente, semejante 'repetición' apareciera como una *novedad*.

Aunque a decir verdad, hay, en América Latina, una excepción notable tanto por su práctica como por la reflexión teórica que su propia práctica le provoca: el *movimiento 'antropofágico'* brasileño, a partir de Oswald de Andrade y su continuidad en poetas-críticos como Haroldo de Campos. En efecto, como punto de partida para abordar el problema de la 'identidad cultural' y la legitimación del desarrollo 'nacional' del trabajo intelectual en los países 'subdesarrollados', los poetas concretistas de esa generación fueron capaces de recuperar desde el emblemático *Macunaíma* de Mario de Andrade hasta las tesis críticas sobre el *logocentrismo* de origen platónico (y de proyección, diríamos ahora, 'orientalista') de Jacques Derrida. La 'identidad' brasileña fue concebida así como la constante *construcción* de una diferencia, búsqueda que *en sí misma* es el 'modo brasileño' de ser universal. El propio Haroldo de Campos desarrolla esta perspectiva *des-centralizante* en sus estudios sobre el desarrollo del barroco latinoamericano, sobre el modelo de la antropofagia oswaldiana, que 'digiere' otras culturas 'vomitando' lo que no le es útil a aquella construcción diferencial. Nuestras culturas, tal como son hoy, no tuvieron infancia -nunca fueron *infans*: no-parlantes: nacieron ya 'adultas', hablando complejas y múltiples lenguas culturales pero ajenas. "Articularse como diferencia en relación con esa panoplia de universalia, he ahí nuestro nacer como cultura propia" (Cfr. de Campos, 2000). Algo semejante -con toda la modestia del caso- hemos intentado sugerir nosotros mismos, al hablar en otra parte de la cultura argentina como de un *pentimento* (retomando la metáfora pictórica de las capas superpuestas de pintura en los cuadros de pintores 'arrepentidos' de su obra anterior, y que con el paso del tiempo empiezan a entreverse por detrás de la nueva pintura; también podíamos haber hablado, para el caso, de *palimpsesto*, a la manera de Gerard Genette): capas superpuestas y en competencia, de las cuales el 'cuadro' final -aunque siempre provisorio- es el testimonio de su *conflicto*, de la cultura 'propia' como *campo de batalla* bajtiniano, en el que no se trata tanto de los 'temas' como del *acento*, del predominio de la 'lengua' y el 'estilo'(Grüner, 1995). Otra vez, se trata aquí de la tensión *política* irresoluble entre el Todo que sólo es Todo porque reniega de su parte que lo hace *parecer* Todo, y la Parte que lucha por el reconocimiento de su conflicto con el Todo, y en esa misma lucha se arroja hacia un horizonte nuevo.

Pero de todos modos, este 'descargo', como hemos dicho, sería engañoso. Lo sería, en primer lugar, personalmente, puesto que el autor de este texto ha sido (mal o bien) *formado* principalmente en esa cultura, y no ve razón alguna para renunciar a servirse de ella críticamente. Aún así, ese dato autobiográfico es trivial. Lo realmente importante son las razones teóricas, históricas y 'alegóricas' que legitiman el llamado a un retorno de las grandes cuestiones excluidas -empezando por los fundamentos 'utópicos' de nuestra 'identidad'- como matriz y plataforma de lanzamiento de una *construcción* de *nuevos* fundamentos para *pensar y practicar* un futuro 'fin de las pequeñas historias' también para Latinoamérica y para la Argentina. Es decir: de regresar de la hermandad de las hormigas hacia el horizonte de la rama dorada.

Bibliografía

Adorno, Theodor W. y Max Horkheimer 1968 *Dialéctica del Iluminismo* (Buenos Aires: Sur).

Ahmad, Aijaz 1993 *In Theory* (Londres: Verso).

Aijaz Ahmad 1997 "Culture, nationalism, and the role of intellectuals", en Word, E. M. y J. B. Foster (Editores) *In defense of history: Marxism ant the postmodern agenda* (New Cork: Monthly Review).

Babha, Homi 1996 *The location of culture* (Londres: Routledge).

Bart Moore–Gilbert 1997 *Postcolonial theory: Context, practices, politics* (Londres: Verso).

Calvet, Jean–Louis 1973 "Le colonialisme lingüistique en France", en *Les Temps Modernes* Nº 324–6.

Chakravorty Spivak, Gayatri 1996 *Outside in the Teaching Machine* (Londres: Routledge).

de Campos, Haroldo 2000 *De la Razón Antropofágica y Otros Ensayos* (México: Siglo XXI).

De Martino, Ernesto 1977 *La Fine del Mondo. Contributo all'analisi delle apocalissi culturali* (Torino: Einaudi).

Grüner, Eduardo 1995 "La Argentina como pentimento", en *Un Género Culpable* (Rosario: Homo Sapiens).

Hall, Stuart 1994 *Critical dialogues in Cultural Studies* (Londres: Routledge).

Huntington, Samuel P. 1996 *El choque de las civilizaciones* (Buenos Aires: Paidós).

Jameson, Fredric 1980 "Third–World Literature in the era of Multinational Capitalism", en *Social Text* Nº 19.

Jameson, Fredric 1991 *Ensayos sobre el postmodernismo* (Buenos Aires: Imago Mundi).

McGee Patrick 1997 *Cinema, theory, and political responsibility in contemporary culture* (New Cork: Cambridge University Press).

Said, Edward 1989 *Orientalism* (Londres: Penguin).

Said, Edward W. 1997 *Cultura e imperialismo* (Barcelona: Anagrama).

Sartre, Jean–Paul 1966 *Qué es la literatura* (Buenos Aires: Losada).

Vidal–Naquet, Pierre 1995 *Los asesinos de la memoria* (Mexico: Siglo XXI).

Zizek, Slavoj 1994 *Tarrying with the Negative* (Londres: Verso).

Notas

1 Y no obstante, ¿no ha alcanzado la Argentina del 'post 19/20', dicen muchos, esa instancia de *praxis* refundadora de nuevas formas de generación democrática? Personalmente, sería cauto en el optimismo: las enormes ambivalencias del proceso solicitan una siempre aconsejable cuota de 'pesimismo de la inteligencia'.

2 Con lo cual quiero decir, simplemente, que le literatura es siempre, potencialmente, una interrogación crítica a la lengua (por lo tanto a las normas) congelada de la *polis*: no se trata, por lo tanto, de *reducir* la literatura a la política, sino al contrario, de *ensanchar* los bordes de lo que se suele llamar 'política', para hacer ver que ella no se detiene en las fronteras de lo institucional.

3 Para esta cuestión en Hegel, cfr. Slavoj Zizek (1994).

Problemas de la teoría política a partir de América Latina*

Gildo Marçal Brandão**

El telón de fondo de esta reflexión sobre algunos problemas de la teoría política en, y a partir de, América Latina es la situación brasileña, no sólo por mi conocimiento directo de la misma, sino también por los grados de institucionalización académica diferentes de las ciencias sociales en nuestros países. Diferencia que probablemente tiene que ver con el impacto desigual que los regímenes militares tuvieron en las comunidades universitarias –en algunas el escenario pos-autoritario fue de verdadera tierra arrasada; en otras, las dictaduras reprimieron la crítica y simultáneamente favorecieron la implementación de sistemas de postgrado – y con la forma en que estas comunidades practicaron estrategias de sobrevivencia y crecimiento. Sin embargo, en todos los casos la extensión de la derrota ideológica de la izquierda, el predominio asfixiante del liberalismo, la transformación de los Estados Unidos en modelo indisputado de la buena vida y de la buena teoría, y las políticas de fomento a la investigación adoptadas, han llevado a una progresiva 'americanización' de las ciencias sociales, en un movimiento que rompe con las mejores tradiciones latinoamericanas de *global trader* intelectual y restaura un colonialismo mental que parecía abandonado desde los tiempos de las teorías del subdesarrollo.

---

* Este texto retoma y amplía argumentos contenidos en Galvão Quirin, Célia 1998 *Teoría Política y Institucionalização Acadêmica.*
** Profesor del Departamento de Ciencia Política de la Universidad de São Paulo, coordinador científico del Núcleo de Apoio à Pesquisa sobre Democratização e Desenvolvimento.

De cualquier manera, es sintomático el resurgimiento, en América Latina y en el Brasil, del interés por la teoría –social y política– en un momento en el que la batalla por la institucionalización académica de las ciencias sociales parece haber sido definitivamente victoriosa. También es significativo que la aparición de intervenciones, que revelan una cierta incomodidad con algunos resultados de esa tarea, salga a la luz cuando las presiones de las agencias financiadoras de investigación y las disputas metodológicas internas a las propias disciplinas parecen forzar a un nuevo paso en el sentido de la clasificación unidimensional de la actividad científica y de una readecuación de la formación del cientista social. Es estimulante que este resurgimiento del interés ocurra cuando la profundidad de la crisis intelectual y la velocidad de las transformaciones económicas, sociales, tecnológicas y políticas contemporáneas están haciendo estallar los marcos putrefactos de nuestro pensamiento, tanto en su versión apocalíptica como en la integrada.

En la experiencia brasileña, la profesionalización de las ciencias sociales y las inversiones en el sentido de construcción de la teoría caminaron en sentidos opuestos. Como aludió Gabriel Cohn en su intervención en el *Encontro da Associação Nacional de Pós-Graduação e Pesquisa em Ciências Sociais*, los intentos más ambiciosos de producir teoría simultáneamente estimulante de la investigación empírica, actualizada frente a los desarrollos de la filosofía y de la reflexión metodológica internacional y sólidamente anclada en la defensa de la relevancia de los proyectos intelectuales para la vida pública, se agotaron en el inicio de los '60 con la polémica entre Guerreiro Ramos y Florestan Fernandes sobre la naturaleza y el papel de la teoría social. Después de eso, a lo largo del proceso de institucionalización de la ciencia académica durante el período militar, la teoría se transformará en un instrumento para ser utilizado de forma puntual, al tiempo que se produce una politización exacerbada de la ciencia social[1].

Es nítido, en este punto, el desfasaje entre las ambiciones de las cuales partimos, marcadas por la voluntad de responder al desafío marx-weberiano de producir un conocimiento capaz de enfrentarse con los demonios de nuestro tiempo, y algunos de los resultados a los cuales llegamos, cuando se intenta imponer la hegemonía de un 'partido académico' que secciona el conocimiento en latifundios autárquicos, reifica el método con independencia del objeto que se quiere investigar, y reduce la formación científica al aprendizaje y al refinamiento de procedimientos técnicos al tiempo que *externa corporis* profesa una fe desmedida en la ingeniería institucional, que entretanto no exime la mediación de los políticos profesionales en la vida pública.

Al contrario de la sociología de la vida intelectual que se construye a sí misma en sociología del conocimiento, no es posible explicar esta diferencia por las disputas políticas internas de la actividad académica o suponer que es el resultado, esencialmente, de las elecciones racionales de la élite de los académicos o de las estrategias micropolíticas de las *coteries*. Este hiato entre las ambiciones y los resultados también está ligado a los efectos perversos de nuestra historia política reciente y a los cambios en la propia estructura y en los modos de ser de la sociedad, lo que por otro lado asegura su no gratuidad. Evidentemente, no pasa por la cabeza de nadie dejar de lado lo que se conquistó durante esos veinte o treinta años, pero es preciso no minimizar la percepción de que alguna cosa se perdió en este proceso. Por eso mismo, los resultados que conmemoramos hoy, como diría el poeta Luis Vaz de Camões, 'diferentes em tudo da esperança', relativizan el discurso auto-congratulatorio en el momento de su triunfo.

Tratándose de la ciencia política, ese malestar tiene nombre y se manifiesta como retorno del debate sobre la cuestión de la teoría, hasta ahora reprimida por la ya mencionada politización exacerbada de la ciencia social, y también, quién sabe, primordialmente por la menos reconocida absorción acrítica de los resultados de la antigua 'revolución conductivista' y de la moderna 'institucionalista', que juntas contribuyeron a hacer olvidar la reflexión metodológica sobre los presupuestos conceptuales de la actividad de investigación que se estaba haciendo para fomentar el analfabetismo generalizado en cuanto a los problemas formales de la exposición y para encerrar la vocación en los estrechos límites de la profesión. Desde este punto de vista, los términos usados por Sheldon S. Wolin para combatir la *metodolatria*, y también los de Isaiah Berlin para criticar una ciencia política que no está destinada a educar el discernimiento político, continúan siendo plenamente actuales[2].

De cualquier forma, quien en las ciencias humanas habla de teoría está condenado a enfrentar el problema de la relación entre ciencia y filosofía por un lado, y de la relación entre teoría y la investigación empírica e historiográfica por otro, dado que ambas constituyen el campo neurálgico de la discusión. No existe una separación radical entre ambas. De hecho, la cuestión del método constituye la intersección entre las dos, sobre todo si la entendemos más en el sentido kantiano de crítica al conocimiento que como algo limitado a la utilización y al aprendizaje escolar de técnicas y procedimientos de investigación.

Por otro lado, y al contrario de las ciencias naturales, que precisan olvidar sus fundadores, las ciencias sociales no avanzan a no ser rehaciendo su propio camino y, por eso mismo la cuestión de los clásicos les es constitutiva: está inscripta en su propia estructura y en su modo de ser[3]. En el caso de la ciencia política esta amplia temática se ve exacerbada por la relación, ineludible, de la disciplina con su propia tradición - con el hecho de que ella no puede dejar de relacionarse con la historia (secular) de la teoría política, con pensadores que a pesar de no haber tenido la 'cuestionable dicha' de ser nuestros contemporáneos[4] establecieron modelos, crearon categorías, evidenciaron dilemas y nos legaron reflexiones sobre la experiencia humana y las instituciones políticas sin las cuales no se puede pensar[5].

Esta relación con la tradición se torna dramática en una ciencia política joven como la nuestra, en la medida en que a la apropiación de los clásicos y la capacidad de interpelar a partir de su circunstancia a los grandes textos fundadores son criterios seguros para cotejar la madurez intelectual de un país. Como dice Luiz Werneck Vianna (1997: ix):

"Se puede cotejar la madurez de la reflexión intelectual de un país, particularmente los del capitalismo atrasado, por su aptitud para apropiarse de la tradición clásica de un ramo determinado del saber. Esto hecho es todavía más expresivo cuando su cultura nacional no se limita a traducir los clásicos, sino que se empeña en la reconstitución de su trayectoria, en la interrogación de sus motivaciones e intenta, por esfuerzo propio, analizar el significado de sus contribuciones. En la apropiación de la tradición clásica, por mayor que sea el rigor del intérprete, el inventario de ideas es colocado, inevitablemente, bajo una nueva luz: indagado por una cultura distante de la propia, y que lo evoca a fin de establecer cimientos intelectuales propios, cada autor clásico en cierto modo nace otra vez, pudiendo incluso experimentar desarrollos ignorados en su contexto de origen".

Hay evidentemente quien se resiste a entenderlo, como ese analfabetismo ilustrado que se vincula exclusivamente con tablas y números, y que se molesta con la enésima lectura de Maquiavelo, Hobbes o Rousseau, sin siquiera advertir que no hay ejemplo de ciencia política en el mundo que las haya dispensado. A pesar de que en nuestro continente estamos comenzado a hacer las primeras lecturas de los clásicos, ya algunos de los análisis que están siendo producidos son interpretaciones de nivel internacional y, convengamos, bastante innovadoras. El hecho de que alguien como Machado de Assis todavía no sea internacionalmente reconocido en pie de igualdad con un Dostoievski o un Henry James –para citar un ejemplo del campo más institucionalizado de la literatura–, o de que tengamos que tragarnos un Anthony Giddens haciendo apología de su propio papel en la fijación de la tríada de clásicos de la sociología –introducción de su *Política, Sociología y Teoría Social* (1998)– cuando Florestan Fernandes ya la había delineado de mejor forma veinte años antes, tiene poco que ver con criterios literarios, y mucho con realidades sociales, económicas, geográficas y políticas. En este sentido, si no queremos condenarnos a comparecer en el mercado internacional de ideas apenas como productores de materia prima tropical para consumo e industrialización por parte de los intelectuales de los países centrales, la producción de teoría de primera calidad y la realización de lecturas innovadoras de los grandes pensadores políticos parecen ser un desafío institucional ineludible[6].

Lejos estoy de pretender cubrir aquí todos estos temas. Mi objetivo es acotado. Preocupado con la construcción de mi objeto, esbozaré dos o tres argumentos sobre lo que parecen constituir principios fundantes de la ciencia política institucionalizada: la compartimentalización del saber, la ruptura entre lo normativo y lo empírico, y la separación entre la teoría política y la historia de las ideas políticas. En la tentativa de relativizarlos, propondré la constitución o la consolidación de la teoría política como un área de investigación interdisciplinaria, autónoma intelectualmente, capaz de servir a la educación política de hombres socialmente empeñados y de contribuir para la internacionalización activa y no pasiva de la ciencia social que se hace en América Latina y en el Brasil.

Mi argumento parte de la tesis de que, si la teoría no es apenas una hipótesis de trabajo que se muestra útil para el funcionamiento del sistema dominante, sino, como quiere Horkheimer (1975), es un momento inseparable del esfuerzo histórico de crear un mundo que satisfaga las necesidades y fuerzas humanas, entonces el proyecto de construir Teoría Política no es posible sin relativizar principios básicos que han norteado buena parte de nuestra actividad académica.

De hecho, las ciencias sociales contemporáneas han caminado en otra dirección. Han trabajado con el presupuesto de que lo real es no sólo analítica, sino también ontológicamente divisible y pasible de ser descompuesto en sus elementos, cada pieza o parte teniendo en sí misma, en su desarrollo supuestamente inmanente, el secreto de su propia existencia. La ciencia política, en especial, aún cuando admite tácitamente la pertinencia de otras variables, se ha desarrollado postulando que la dinámica del conflicto político e institucional guarda relaciones esencialmente externas y formales con procesos que ocurren "fuera" de ella, no siendo posible la reconstitución de la totalidad, ni relevante la exploración de la reciprocidad de las determinaciones en juego.

En consecuencia, ha operado en dos registros distintos pero complementarios: ha condenado al ostracismo los análisis de las estructuras sociales (privilegiando la acción colectiva de determinados actores en coyunturas dadas) y abandonado el campo de la larga duración a los historiadores –situación rápidamente acogida por éstos, que de manera alegre y soberbia colocan 'a la política en su lugar'[7]. Y han dejado de lado la pretensión de formular teorías globales del cambio social en beneficio de teorías regionales y de alcance relativo, capaces de abarcar una diversidad de casos empíricos bajo un principio general. De la mano de los analíticos, esta orientación penetró inclusive en un terreno tradicionalmente refractario a este tipo de teorías, a juzgar por lo que dice Jon Elster (1989: 31), para quien lo que el marxismo precisa es el desarrollo de lo que Robert K. Merton llamaba 'teorías de alcance medio'.

A juzgar por sus resultados y sin caer en el oscurantismo, no hay cómo negar el extraordinario avance propiciado por tal perspectiva, que favoreció la comprensión de una serie de fenómenos y ayudó a refinar nuestro entendimiento de ciertos procesos sectoriales. Y seguramente, el desafío del institucionalismo y la crítica al paradigma otrora dominante, según el cual procesos y variables políticas no pasan de subproductos de tendencias macrosociales y macroeconómicas, representó, por lo menos desde el punto de vista académico, una verdadera "carta de liberación" del análisis político, por otro lado potencializada por las notables transformaciones de la sociedad contemporánea, las cuales le confirieron legitimidad. No hay, entretanto, cómo no darse cuenta que esa reacción acabó cayendo en el extremo opuesto, reduciendo a la política a lo meramente institucional y tratándola como si ésta pudiera explicarse por sí misma. En esta medida, acabó también por reforzar la notable ceguera que, bajo el impacto de la crisis de las grandes teorías, una ciencia 'societaria' como la sociología y otra "estatista" como la economía, desarrollaron sobre los problemas duros del poder, de la dominación de clases y de la explotación.

Pero si es verdad que la política y la ciencia que le corresponde son, no una parte destacable de lo real, sino el estudio del complejo de actividades prácticas y teóricas por las cuales los que gobiernan no sólo justifican y mantienen su dominio, sino también el análisis de como los gobiernos logran obtener el consentimiento activo de los gobernados - o, en términos weberianos, el estudio del complejo de acciones, ideas y instituciones por medio de las cuales individuos y grupos demuestran su vocación para la dominación - entonces no basta desmenuzar el objeto entre una "política", una "economía", y otra "sociología", especialmente si tenemos que confrontarnos con grandes transformaciones sociales, como las transformaciones morfológicas contemporáneas[8]. Por otro lado, no basta con refugiarse en formulaciones normativas para todo aquello que no se consigue fundamentar en términos materialistas.

En este sentido, llega a ser denodado el esfuerzo que se hace, especialmente en la ciencia política, para intentar olvidar que la fuente más común y permanente de los conflictos y de los procesos políticos continúa siendo aquello que Madison llamó 'distribución variada y desigual de la propiedad', y que el análisis de las formas institucionales de 'dependencia de lo político frente a lo económico han sido el objeto, no el programa', de cualquier teoría crítica digna de ese nombre[9]. Por eso mismo, no estamos condenados a tomar a los procesos políticos como variables independientes, y no se puede dejar de denunciar el carácter ideológico de esa operación, pues la verdadera dificultad analítica consiste no en el aislamiento, sino en la reconstrucción de los eslabones esencias de la cadena y en el modo de integrarlos, o en la posibilidad de actuar sobre ellos: los *linkages* a través de los cuales acciones, instituciones, ideas y procesos se determinan recíprocamente. En esta medida, no sólo se torna inevitable apelar a la explicación histórica –la misma que la *political science* descartara tanto al separar intelectualmente el examen de los valores y de las instituciones del análisis de los procesos como al aceptar que la historia humana había alcanzado su plenitud- sino también es indispensable deja de ser pensada la 'autonomía de la política' como autarquía, para tomarla como momento superior del conjunto de las relaciones sociales.

El objeto, en otras palabras, determina el método con el cual se lo abordará. Entendida de esta forma, la ciencia política:

> "Ya no dispone de libertad para elegir y construir sus conceptos, dado que los comprende como dependientes del proceso histórico-social en su conjunto, y estructurados por él. Esta ciencia histórica de la sociedad no se alza aislada frente a su objeto, sino que se considera inserta en la sociedad en cuanto totalidad histórica. Por añadidura, queda condicionada por los intereses sociales que actúan en ella, del mismo modo en que el interés del científico por su objeto ejerce una influencia sobre la sociedad" (Kammler, 1971: 15).

Evidentemente, las diferencias entre las disciplinas científicas continúan en pie, una vez que no son puramente analíticas: las transformaciones en las formas de pensar reflejan modificaciones profundas en el propio ser social, en las formas de su reificación. Como mostraron Weber y Habermas, una de las características básicas del mundo moderno es precisamente la creciente autonomización de las diferentes -pero relacionadas- esferas de la vida. Pero si no es posible eliminar la especialización por un acto de voluntad, tampoco es válido suponer que cualquier disciplina, o cualquier campo interno de una disciplina, que haya obtenido ciudadanía académica, corresponda necesariamente con las transformaciones e individualizaciones en el ser social. Aún si rechazamos el carácter absolutista y la falta de mediaciones de la crítica lukácsiana a la compartimentalización disciplinaria de las ciencias sociales, esto continúa no siendo verdadero, respondiendo antes a intereses desmedidos de las burocracias profesionales y apenas tangencialmente a las necesidades de la división social del trabajo intelectual. No se trata, por tanto, de ignorar esta división sino de relativizarla, de trascenderla, horizonte pluridimensional que lejos de ser utópico es reactualizado permanentemente por la exigencia, propia del movimiento del objeto, de implosión de las fronteras disciplinarias.

Planteada así la cuestión de esta manera, el punto decisivo a considerar es que la producción de un conocimiento capaz no sólo de clasificar hechos, identificar regularidades, generalizar proposiciones y encuadrarlas en sistemas conceptuales, sino también de entender las tendencias inmanentes al desarrollo de la sociedad global, y que además haya inscrito en su estructura analítica el interés por la organización racional de la actividad humana, exige y necesita del diálogo e inclusive de la alianza entre la ciencia social y la filosofía. No desconozco, por cierto, que con la crisis de las grandes teorías, con el retroceso hacia explicaciones *ad hoc* para la transformación social y con el énfasis compensatorio en el normativismo, las ciencias sociales fueron invadidas por una tendencia filosofante que recuperó lo peor del 'ensayismo' -su falta de rigor, la arbitrariedad formal y poca o ninguna preocupación por la investigación empírica- y proporcionando, *malgré lui même*, una apariencia de verdad al estilo de los viejos centuriones positivistas, que juzgan que investigación es lo que ellos hacen, y todo el resto es arcaísmo y pérdida de tiempo. Pero el hecho de que la pérdida de referenciales haya llevado a los cientistas sociales a producir subfilosofía no implica necesariamente que la relación deba ser desconsiderada. Y eso no sólo porque ninguna ciencia social se agota en la explicación, sino también porque la filosofía no puede ser tomada sólo como una ideología pre-científica, y sí como una forma de reflexión, ineludible, que tanto ha formulado verdades fundamentales al respecto de la naturaleza humana y de las relaciones de los hombres entre sí y con el mundo, como también, en otras ocasiones, demostrado con mayor conciencia que la ciencia social convencional que en el terreno de las cosas humanas el modo de decir es tan importante como lo que se dice, el camino es tanto o más importante que el resultado al que se llega.

Si tal alianza es tan difícil de enunciar como de llevar a cabo, es porque ambos lados tienen una conciencia precaria de su mutua dependencia. De hecho, la mayoría de los filósofos piensa la política como una región circunscripta y derivada del saber, y la actividad política como la aplicación práctica de una filosofía o de una ética, y no como una forma de ver y de relacionarse con el mundo de forma consistente y autosustentable. 'Instituyentes', pretenden formular principios fundantes de cualquier acción y apenas examinan el mundo a partir de las abstracciones que hacen de él. No casualmente, casi todos son una tragedia al intentar hacer política. Los cientistas políticos acostumbran ser ingenieros institucionales y esa característica, que se expresa en la predominancia ya sea de los institucionalismos o de las teorías de la elección racional, acabó produciendo una enorme cantidades de estudios sobre gobierno, élites, administración, partidos y elecciones, los cuales ponen entre paréntesis a la sociedad y a la historia, reducen la categoría 'poder' a la noción de influencia y hablan de todo el resto, menos del lado demoníaco del poder: de la dominación. Desde una perspectiva diferente, aunque llegando a los mismos resultados, buena parte de aquello que por convención se dio en llamar *Teoría Política* dejó tiempo atrás de preocuparse por el análisis de los procesos reales y de las fuerzas reales que pueden llevar a la transformación o a la conservación del *status quo* en beneficio de reflexiones abstractas sobre el "buen gobierno", sobre los principios de la "sociedad de justa", o sobre los valores e imperativos que deberían pautar la conducta racional de los individuos, siempre con independencia de la naturaleza efectiva de las relaciones sociales reales.

Para mi argumento, entretanto, no es necesario admitir que las ciencias sociales precisan ser filosóficas para ser científicas[10] -es suficiente considerar que sin una alianza entre ellas no hay posibilidad de asumir a la construcción de la teoría como un proyecto[11]. En el caso que nos interesa, la teoría política es el lugar donde tal cooperación es posible, y sólo en este ámbito ella puede ser construida. En este sentido preciso, ella es menos una subdisciplina de una ciencia política estricta que un modo de interpelar –perdonando el anacronismo– la totalidad, la sociedad en su conjunto[12].

No pretendo terminar con ninguna nota utópica[13]. Bien sé que una concepción unitaria y realista del mundo –la cual está subyacente, después de todo, en el modo de pensar la teoría política sugerido aquí– ya no cuenta siquiera con aquella garantía metodológica que un día se consideró propia de la dialéctica como método de análisis finalmente adecuado a las estructuras del capitalismo; como forma de pensamiento que, fuera de moda en las ciencias sociales, encontraba en las ciencias humanas su ambiente natural; como teoría cuyos conceptos y estructura categorial reproducían flexiblemente el desarrollo de la propia realidad. Dilapidada la sobrevida que había adquirido una vez pasado el momento de su realización, perdida la carga de universalidad que un día ambicionó, ella parece definitivamente reducida a un mero punto de vista, pesado y anacrónico, especialmente porque la propia evolución del capitalismo, la derrota política y el irremediable agotamiento de la pretendida transformación del mundo, parecen tornar obsoletas la constelación histórica y la ambición teórica que les permitieron nacer.

Pero a pesar de todo, ¿no continúa en pie el desafío al cual intentaba responder? ¿En qué lugar se encontraría otra orientación con el valor para pensar impiadosamente inclusive contra sí misma, en medio del "estiércol de las contradicciones"? En sus mejores días, esta perspectiva constituía "un preciso recurso contra la reducción positivista del hecho humano a la cosa, o al comportamiento fragmentado" (Giannotti, 1966: 7). Por más fuera de moda que esté, ella conserva sobre la ciencia convencional la ventaja, hija del escepticismo, de jamás olvidar que lo que los actores dicen no corresponde simplemente a lo que hacen, que las elecciones de los agentes no se dan en el limbo y no resumen el sentido global del proceso, que los individuos y las instituciones sólo pueden ser explicados históricamente y, fundamentalmente, que todo lo que existe merece perecer. Todo eso condicionado por la manera diferente de abordar el dato. Como dice Lucien Goldmann en sus últimos escritos:

> "El gran valor de la dialéctica es precisamente el de no juzgar moralmente y no decir simplemente: queremos la democracia, es necesario introducirla, queremos la revolución, es necesario hacerla – sino preguntarse cuáles son las fuerzas reales para la transformación, cuál es la manera de encontrar en la realidad, en el objeto, en la sociedad, el sujeto de la transformación, para intentar hablar desde su perspectiva y asegurar, sabiendo perfectamente cuales son los riesgos de la frustración, el camino para llegar a la transformación"(1972: 117).

Salvo engaño, esos son algunos de los desafíos. No puede ni debe hacerse teoría política sin confrontarse con el mundo, como si se estuviese en otro lugar del mundo. Desde ese punto de vista, la internacionalización de la ciencia o de la teoría que estamos proponiendo pasa por la nuestra integración sudamericana, y debe ser supranacionalmente asumida, no para reproducir acríticamente la agenda intelectual que se tornó abstractamente mundial, y mucho menos para dejar la 'teoría a los otros'.

Todos sabemos que como proyecto colectivo todavía estamos gateando, pero no por eso debemos hacer opción preferencial por la pobreza teórica. Al contrario, aquí como en cualquier otro lugar, es posible convertir el atraso en ventaja, la periferia en centro, siempre y cuando seamos capaces de enfrentarnos con los demonios de nuestro tiempo.

Bibliografía

Adorno 1969 "Aspectos", en *Tres Estudios sobre Hegel* (Madrid: Taurus).

Alexander, Jeffrey C. 1999 "A importância dos clássicos", en Anthony Giddens y Jonathan Turner (Compiladores) *Teoría Social Hoje* (São Paulo: Editora Unesp).

Berlin, Isaiah 1996 *The Sensy of Reality: Studies in ideas and their history* (London: Farret Streus & Giroux).

Braudel, Fernand 1986 *História e Ciências Sociais* (Lisboa: Editorial Presença).

Burke, Peter 2002 *História e Teoria Social* (São Paulo: Editora da Unesp).

Quirino, Célia Galvão, Cláudio Vouga y Gildo Marçal Brandão 1998 (Compiladores) *Clássicos do Pensamento Político* (São Paulo: Edusp/Fapesp).

Cohn, Gabriel 1997 "Teoría é para os outros", en *Programas y Resumos (Caxambu)* XX Encontro Anual da Anpocs.

Elster, Jon 1989 *Marx Hoje* (Rio de Janeiro: Paz y Terra).

Giannotti, José Arthur 1966 "Prefacio", en *Origens da Dialética do Trabalho* (São Paulo: Difel).

Giddens, Anthony 1998 *Política, Sociologia e Teoría Social* (São Paulo: Editora da Unesp)

Goldmann, Lucien 1972 *A Criación Cultural na Sociedade Moderna* (São Paulo: Difel).

Gunnel, John G. 1993 *The Descent of Political Theory – The genealogy of an American vocation* (Chicago: The University of Chicago Press).

Habermas, Jürgen 1981 *Theory of Communicative Action.* (Boston: Beacon Press) Vol. I: *Reason and the razionalization of society.*

Hamilton, Alexander, James Madison y John Jay, 1984 *O Federalista* (Brasília: Editora da UnB).

Horkheimer, Max 1975 "Filosofia y Teoría Crítica", "Apêndice" a la "Teoría Tradicional y Teoría Crítica" Traducción brasilera, en *Benjamin, Horkheimer, Adorno, Habermas, colección Os Pensadores* (São Paulo: Abril Cultural) Vol. XLVII.

Kammler, Jorg 1971 "Objeto y método la ciencia política", en Abendroth, Wolfgang y Kurt, Lenk *Introducción a la Ciencia Política* (Barcelona: Editorial Anagrama).

Lessa, Renato, Janine Ribeiro, Renato y Soares, Luiz Eduardo 1998 "Por que rir da filosofia política?", en *Revista Brasileira de Ciencias Sociales* (São Paulo) N° 36, Anpocs, febrero.

Lessa, Renato 2001 "Da arte de fazer as boas perguntas" en *Lua Nova* (São Paulo) N° 54, Cedec.

Miceli, Sérgio (Compilador) 2002 *O Que Ler na Ciencia Social Brasileira, 1970-2002* (São Paulo: Editora Sumaré/Anpocs) Vol. IV.

Vianna, Luiz Werneck 1997 "Prefácio", en Jasmin, Marcelo *Alexis de Tocqueville – a historiografia como ciencia da política* (Rio de Janeiro: Acess Editora).

Wolin, Sheldon S. 1969 "Political Theory as a Vocation", en *American Political Science Review*, APSA, Vol. LXIII, Nº 4, diciembre.

Wolin, Sheldon S. 1960 *Politics and Vision. Continuity and innovation in Western political thought* (Boston: Little, Brown and Company, Inc.).

Notas

1 "El período de institucionalización académica y profesional de las ciencias sociales en el Brasil coincide con una retracción en el esfuerzo de construcción de teoría. Los intentos más ambiciosos realizados en este sentido en el país se agotaron en el inicio de los años '60 (tal vez la polémica entre Guerreiro Ramos y Florestan Fernandes en los años '50 sobre la naturaleza y el papel de la teoría social sea decisiva para entender ese período). En las últimas décadas, el régimen militar, y en menor escala la preocupación en las cuestiones apremiantes de la "transición", inhibieron una actividad que tendía a presentarse como un "lujo", a ser dejada a otros en mejores condiciones. El problema, que viene de lejos, es: ¿quiénes son esos otros? Es bastante probable que las dificultades para identificarlos, e inclusive para tornar aceptables nombres y tendencias contemporáneas, haya contribuido a la tendencia al retorno directo a los clásicos (y su contrapartida, los modismos locales y pasajeros). En las nuevas condiciones de trabajo científico en escala mundial, la cuestión sobre los otros y sobre nosotros mismos ciertamente se redefine, y las cuestiones de fundamentación teórica vuelven en nuevos registros" (Cohn, 1997, traducción nuestra).

2 Cf. Sheldon S. Wolin (1960), Isaiah Berlin (1996). En la línea de Wolin, pero con los ojos puestos en las circunstancias brasileñas, el agudo comentario de Renato Lessa en el número especial de la revista *Lua Nova* dedicada a "Pensar el Brasil" (2001). Para una visión de los debates sobre la naturaleza de la teoría política en la academia norteamericana, John G. Gunnel (1993).

3 Entre la extensa literatura existente, cf. Jeffrey C. Alexander (1999).

4 Refiriéndose en el primero de los *Tres Estudios sobre Hegel* a la estrategia de discriminar "lo que está vivo y lo que está muerto" en un pensador clásico, Adorno dice que ella "anuncia, por parte de quien posee la cuestionable dicha de vivir después – y deba por su profesión ocuparse de aquel sobre el que haya de hablar- la desvergonzada pretensión de señalar soberanamente al difunto su puesto y, de este modo, colocarse en cierto sentido, por encima de él (...). No se lanza, en cambio, la pregunta inversa, la de qué significa el presente ante (él)"(1969: 15).

5 Keynes sabía que por detrás de cada economista vivo hay siempre un gran pensador muerto; los antropólogos, seguramente, y muchos de los sociólogos, que siempre son obligados a volver a los clásicos.

6 Lo cual podría complementarse con una política cultural diplomática más agresiva, que además de multiplicar la creación de centros de estudios brasileños en el exterior promoviese la traducción de las obras significativas e incentivase la publicación de artículos en revistas no restringidas a la temática 'étnica'.

7 Como en Fernand Braudel (1986). Para una lectura ponderada de la dependencia mutua entre estas áreas del saber, Peter Burke (2002). Entretanto, ninguna intervención reciente sobre las relaciones entre historia y ciencias sociales es tan brillante y precisa como el 'comentario crítico' de Fernando A. Novais al texto de Leopoldo Waizbort sobre "Influências e invenção na sociologia brasileira (Desiguais, porém combinados)", en Sérgio Miceli (2002).

8 Habermas, en su *Theory of Communicative Action. Vol. I: Reason and the razionalization of society*, considera que entre las ciencias sociales sólo la sociología mantuvo su capacidad de interpelar a la sociedad como un todo, rechazando la reducción a una ciencia especializada y asumiendo los problemas que la ciencia política y la economía fueron dejando de lado en la medida en que se convirtieron en disciplinas estrictas. Cf. Jürgen Habermas (1981).

9 Cf. Hamilton et al (1984: 149); y Horkheimer (1975: 168).

10 El marxismo hegeliano fue siempre enfático en la defensa de esta tesis, pero salvo engaño, ella fue compartida por casi todas las tendencias humanistas que se oponen al cientificismo dominante. Sin embargo, una excepción reciente, aunque de gran peso, es el historicismo de Quentin Skinner y J. G. A. Pocock, cuya importante obra legitimó a la historia de las ideas a los ojos del *mainstream*, aunque al precio de separarla radicalmente de la teoría política, llegando así, por una vía transversal, a los mismos resultados de la antigua 'revolución conductivista': una quería una teoría a-histórica, y la otro una historia a-teórica.

11 Desde perspectivas diferentes, Renato Janine Ribeiro, Luiz Eduardo Soares y Renato Lessa también exploraron la necesidad de esa alianza en sus intervenciones, en la mesa redonda 'Por que rir da filosofia política?' organizada por el último y publicada en el de la *Revista Brasileira de Ciencias Sociais* (São Paulo) Nº 36, Anpocs, febrero de 1998.

12 Como en Sheldon S. Wolin (1960) y de un modo general en toda la teoría crítica.

13 Retomamos, en el contexto de origen, la reflexión desarrollada en 'Idéias y intelectuais: modo de usar', publicada en el número especial de *Lua Nova*, op. cit.